记录历史

篤信致遠

曾康霖

张小军　马玥／著

考拉看看／策划

四川人民出版社

图书在版编目（CIP）数据

笃信致远：曾康霖 / 张小军，马玥著 . -- 成都：
四川人民出版社，2020.6
　ISBN 978-7-220-11870-8

　Ⅰ．①笃… Ⅱ．①张… ②马… Ⅲ．①曾康霖－传记
Ⅳ．① K825.34

中国版本图书馆 CIP 数据核字（2020）第 078224 号

DUXIN ZHIYUAN: ZENGKANGLIN

笃信致远：曾康霖

张小军　马玥　著

策　　划	考拉看看
特约编辑	考拉看看·孙晓雪
责任编辑	何朝霞　张东升
装帧设计	云何视觉·汪智昊
责任校对	舒晓利
责任印制	王　俊
出版发行	四川人民出版社（成都市槐树街 2 号）
网　　址	http://www.scpph.com
E-mail	scrmcbs@sina.com
新浪微博	@ 四川人民出版社
微信公众号	四川人民出版社
发行部业务电话	（028）86259624　86259453
防盗版举报电话	（028）86259624
印　　刷	成都东江印务有限公司
成品尺寸	170mm×240mm
印　　张	32.25
插　　页	14
字　　数	355 千
版　　次	2020 年 6 月第 1 版
印　　次	2020 年 6 月第 1 次印刷
书　　号	ISBN 978-7-220-11870-8
定　　价	98.00 元

曾康霖：三尺讲台五十载

少年曾康霖 16岁参加工作留念

大学期间 1960年工作照

1963年结婚照

业内演讲

出国访问，左一为曾康霖

2013 年获得"中国金融学科终身成就奖"

在银行监管国际研讨会上做学术报告

2014年在北京参加学科建设与人才培养会议，前排右四为曾康霖

与前中国人民银行行长戴相龙一起

与前中国银监会主席尚福林一起

与诺贝尔经济学奖获得者、
"欧元之父"蒙代尔交流

与美国著名经济学家、芝加哥学派代表人物之一弗里德曼合影，右四为弗里德曼，右二为曾康霖

与同行参观哥伦比亚大学，左
一为曾康霖

2003 年与部分博士生合影，前排中间为曾康霖

与金融泰斗、中国人民大学前校长黄达一起，前排左一为黄达

与金融学同行，右二为曾康霖

与开山弟子黄铁军　　　　　　　　　　　　与开山弟子王自立

与弟子们在学术报告厅前，前排左四为曾康霖

与本科学生

给研究生讲课

幸福家庭

幸福家庭

金婚纪念

全家在美国加利福尼亚州过春节

曾康霖、谢应辉夫妇

奋进　致知　究理　爱生

一位老师的坚守与追求

雷康霖　时年八十

目 录 ☰

序一

书写现代金融新篇章

曾康霖教授是我国著名的金融学家，他和他同时代的金融学家一起，用不懈的努力、辛勤的付出，书写了中国现代金融学科从无到有、从弱到强的新篇章。

曾康霖教授是马克思主义经济理论的追随者，他将马克思主义经济理论与中国金融改革、发展实践相结合，致力于研究金融学基础理论。他的系列学术专著系统地梳理和研究了金融领域中的历史和现实问题，他的财政银行体制的改革理论，他的"按现代企业制度建设商业银行""国有商业银行股份制改造"等研究成果，为金融改革实践提供了理论支撑和操作方案，为发展中国特色的金融学理论做出了卓越贡献。

曾康霖教授从教 50 余载，为人谦逊，诲人不倦，爱护学生，非常重视人才的培养，他为金融实践部门培养了大量的人才，是一位德高望重的尊师。

这本书及其学术思想记录了曾康霖教授的师者一生及其学术研究。师者的风范表率、丰硕的学术成果，将勉励着后辈金融教育和科研工作者不断学习、不断进步，为中国金融学科的发展做出贡献！

刘鸿儒

2015.5.19.

序二

站在金融潮头

《笃信致远：曾康霖》马上就要与读者见面了，这不仅是金融界的一大喜事，也是文化界的一大喜事。曾康霖教授作为金融学界著名的学者，不仅著作等身，学术观点在多个学术阵地独树一帜，更可喜的是他对金融教育执着追求，付出巨大的心血，桃李满天下，个个英雄才俊，居中国金融界各级决策群体的重要地位。由于曾康霖教授的金融修养与个人魅力，《笃信致远：曾康霖》将为金融界的理论工作者与实务工作者提供一套成功金融人生的思想方法与路径，同时对经济学及其他学界正在奋斗的年轻人也是一份学术大餐。我作为曾康霖教授的老朋友，不由自主地想为各方面的读者在开卷前讲几句话，共同寻找获取更大教益的背景思路。

我和曾康霖教授相识于1979年末的广州矿泉别墅，那是第一次全国货币理论学术讨论会。36年来，我一直以曾康霖教授为学习榜样，从内心里佩服其做人、为师、治学、科研各个方面的成就。我观察曾康霖教授在治学之路上有很多成功的诀窍，这部传记一定会披露他在学术上大量鲜为人知的心路历程，会为同行提供难得的治学经验与思想方法。

曾康霖教授重基础理论，根深基实，不断拓展。据我观察，曾康霖教授的金融学术研究路径，是从扎实的金融学基础理论研究开始的。他最初的研究成果，基本集中于金融学基本理论问题。扎根不深是不可能成为参天大树的。他对金融基础理论的扎实研究，是他成功的重要前提。1984 年他给我寄来了他的专著《金融理论探索问题》，之后不到一年，又收到他的《资产阶级古典学派货币银行学说》，一年出版两本理论专著，确是罕见的速度，其实也是他基础理论研究成果长期积累的结果。在这之后，1987 年到 1997 年的 11 年间，他先后出版了《货币论》《货币流通论》《资金论》《信用论》《利息论》《银行论》等多部金融理论系列专著，这在金融界是少见。可见他在金融理论研究基础上向金融理论专题研究深入的研究次序。

曾康霖教授善超前思维，在学科交叉地段寻求突破。由于有了深厚的金融理论的基础性研究，加上他一贯思想敏锐，思维超前，曾康霖教授随时都能够发现金融实务、理论与政策中的现实问题，不断拓展研究范围，包括货币问题、信贷问题、银行管理问题等，如他的《金融实际问题探索》《银行资产负债管理理论》《投资基金论》等。继而，他又向金融理论与实务周边拓展，如《金融经济学》《金融经济分析导论》《略论经济学研究的几次革命》《虚拟经济：人类经济活动的新领域》等。近年，他又盯住金融发展历史与金融文化伦理问题，一步步向金融学研究的深度掘进，如《百年中国金融思想学说史》，他研究了中国近现代上百名金融专家的学术思想和二十多个金融专题的理论演进，填补了近现代中国金融学说史研究的空白。在《百年自序》中，他探讨了儒释道文化与西方宗教对金融的影响，深入到金融文化、金融伦理的研究，提出了很多很好的创新性思想。

曾康霖教授喜社会交流，勤奋扎实不言停歇。我每次与曾教授见面，他都会谈到很多专业学术问题，随时随地脑子里都装着学术问题。加上他为人忠厚，做事严谨，

《曾康霖文集》（部分图书）

受人之托，忠人之事，承诺的事情，从来都是有头有尾，所以朋友很多，且为至交，这也许是他信息量最多、能够永远站在金融潮头的原因之一。他先后承担了数十项国家与省部级研究课题，均做得扎扎实实，大多评价极高并获得奖励。曾康霖教授在金融学讲台上执教55年，言传身教，其弟子多数都在国家金融机构与企业从事高层领导和管理工作，受到社会各方面的高视。现在，他虽然已近耄耋之年，但还在孜孜不倦，论著数量不减，质量越来越高。《曾康霖著作集》和《曾康霖文集》几个系列，接二连三推出。他在金融理论研究永立潮头的同时，始终没有忘记教书

育人的身份，金融学科建设发展与金融教育问题始终是他最关注的问题。他在 1997 年、2007 年、2014 年多次发起与组织全国金融学科建设与人才培养高层研讨会，编辑出版了《金融学科建设与金融人才培养》等多部金融教育论著。

曾康霖教授是大家公认的金融学大师，他曾说："我一向主张，无论是金融理论的教学者还是研究者，都应当做到既尊重经典又不迷信经典，既注重书本，更注重实际。对西方现代金融理论和思维逻辑要学习、借鉴、包容，但不盲从，要从实际出发建立具有中国特色的金融理论。同时，要注意加强金融与其他学科的交叉融合研究。"

1991 年，曾康霖教授因对中国金融教育的突出贡献成为国务院特殊津贴专家；2013 年，曾康霖教授获得了刘鸿儒金融教育基金会"中国金融学科终身成就奖"。西南财经大学原党委书记赵德武教授评价说："曾康霖教授的治学理念、学术智慧和人格魅力，已经成为西南财大名师大家文化的重要组成部分。"

祝曾康霖教授学术之树长青，身体永远健康。

中国金融史学家、中国商业史学会名誉会长　孔祥毅

2015 年 5 月 5 日

序三

为师为范铸师魂

西南财经大学诞生于民族危亡之际，历经 94 年岁月长河砥砺，在兴学报国，与时代发展、国家昌盛同频共振的历史中，名师荟萃，人才辈出。曾康霖先生是其中的一位名师，一名大师。

曾老 1935 年生于四川泸县，1956 年考入四川财经学院（1985 年四川财经学院更名为西南财经大学）财政与信贷专业，1960 年毕业并留校任教直至退休。从一名青年教师到博士生导师，从一位倾心学术的教授到系主任、金融学科带头人，曾老一生在西财，一生为教学，一生为金融，是西财人的典型代表之一，是西南财经大学的宝贵财富，更是改革开放以来中国金融货币理论和学科建设的积极推动者和卓越贡献者。

春风化雨　师恩浩浩

结缘恩师，结缘教育。不认识曾老前，便听说过曾老大名——学问好、为人好、培养了许多出色的学生。曾老在四川甚至全国都口碑在外，刚考上南开大学的我，内心油然而生敬佩之情，并幸得拜访曾老的机会。第一次见到先生时的情景仍历历在目：曾老笑容满面、和蔼可亲，为人耐心细致，让我紧张不安的心情放松不少。这次见面也为日后曾老和我之间的师生缘埋下了无声的种子。

时值1988年南开大学以超前的眼光与北美精算协会合作，首次招生并联合培养精算硕士，填补了我国没有成建制和正式的高层次现代精算科学和精算人才培养的空白，可谓我国精算学历史上的一件大事。

而我，后来有幸成为见证这一历史时刻的南开大学首批14名精算硕士中的一员。当时包括南开大学在内的大多国内高校都没有自己的精算专业师资，因此南开大学希望首届精算硕士不应局限在仅为实务部门培养，更应为大学储备师资从而培养更多精算人才。曾老以超人的前瞻性，爱才惜才的胸怀，克服阻碍、大胆作为的勇气，征得刘诗白校长同意，主动请南开大学为西南财经大学培养精算师资。

后来我毕业时，虽有不少包括实务界在内的不错的工作机会，但曾老对急需专业高度重视，对我亦寄以期望，最终我坚定地选择来到西财，成为一名青年教师。

工作伊始，精算学在国内仍属新兴阶段，为解决国内没有现代精算学教材的窘境，我决心编写教材，开始了往返于教室、图书馆、狭小房间之间的"三点一线"生活，由于设备技术和资料出版等限制，教材编写遇到许多问题。曾老听说后鼓励我放下思想包袱、大胆坚持，并为我解决很多实际困难。

在曾老的直接关心下，《寿险精算理论与操作》终于在1993年公开出版，后来该书获得全国人文哲学社会科学经济类二等奖，也在高校精算学专业教学中得到普及，实属和曾老的帮助密不可分。

曾老不仅时常关注新生事物、给予年轻教师雪中送炭的关怀，也充分尊重个人意见、重视平等交流。遇到年轻老师面临新的工作机会，他开明大义，不阻挠也不一味激进动员，而是尊重个人选择。曾老多年的培养和教导以及对教书育人的真挚热爱，深深打动和吸引着我，后来我有幸成为曾老迄今为止所指导的仅有的两个保险方向博士生之一。读博期间在曾老带领下练就的扎实的学术研究功底，耳闻目染曾老做人做事做学问的风范，都让我一生受益。曾老是我走上学术之路的引路人，是我的授业之师，更是我的人生之师。

师之楷模，化育英才。曾老是立德树人的楷模，是育人的良师。他在学生中营造充分尊重、严谨治学、相互成长的优良学习环境，课堂讲授循循善诱，深入浅出；课外带领学生深入实地调查研究，半个多世纪的教学生涯先后培养了50名硕士、78名博士，在学术上和学业上得到曾老教诲的人更是多不胜数。曾老主张先做学生，后做老师。曾老爱惜人才，提携后辈，有口皆碑。经常把自己的思想观点、资料文稿等贡献出来与大家共享。他的身上有一种朴素的责任感，把对年轻人的传帮带看作自己的本分。

对于带博士，曾老总结出"24字指导思想"，即"拓宽领域、以专带博、充实功底、掌握方法、小题大做、求得成果"。这些思想堪称经典，是曾老执着杏坛、默默耕耘的心血凝结。鉴于曾老的贡献，刘鸿儒金融教育基金会授予曾老2013年度"中国金融学科终身成就奖"。获奖当日曾老即决定将100万奖金悉数捐出，在西财设立奖学金，用于奖励金融学科品学兼优、科研出色的在读博士研究生。

"教书育人，言传身教，以身作则，为人师表"是曾老的座右铭，也是他一生治学、为师的真实写照。

求知求真　善学善行

作为一名教师、一名学者、一名经济学人，曾老在追求知识和真理的路上，不断探索和实践，善于反思，虚怀若谷，求知若渴。曾老将理论和实际结合，深入调研，理论研究上深刻缜密，实际检验中攻坚克难；两者相得益彰，硕果累累。

严谨谦逊，知行合一。曾老主张学术研究要从社会发展现实出发，要尊重经典但不能迷信经典，不能照搬照抄经典论述；主张理论研究要东西互鉴、博采众长，同时切忌盲从，要从实际出发建立具有中国特色的金融理论体系；根植理论却不囿于理论，在调查研究中发现问题、分析问题，通过实践升华理论成果；坚持与时俱进、不断创新，密切关注金融学术研究和金融改革发展前沿。

曾老常说聪明在于勤奋，知识在于积累，学术研究不能急功近利。正是这种严谨细致、孜孜以求的治学风范和淡泊名利、勤思敏行的品性人格，奠定了曾老在金融学界的地位。

创新理论，惟日孜孜。曾老一生致力于金融理论研究，潜心学问，著作等身。

1983 年之前，主要研究领域是马克思主义经济学基本原理，形成的著作有《资产阶级古典学派货币银行学说》和《马克思货币金融学说原论》。

从 1984 年至 1994 年的 10 年间，研究重心主要集中于当时金融前沿问题，集中收录在专著《金融理论问题探索》以及《货币论》《银行论》《信用论》《利息论》《资金论》《货币流通论》"六论"在内的"金融理论系列专著"。

1994 年至今，围绕我国社会主义市场经济新情况和发展新要求，不断深化对金融学理论认识，相继写作和发表一系列文章，代表著作《金融经济分析导论》《金融经济学》《百年中国金融思想学说史》，尤其是《百年中国金融思想学说史》填补了中国金融史空白，并因此获得孙冶方经济科学奖。

曾老的学术研究清晰反映了一条中国金融理论创新和实践发展相契合的逻辑主线，对创新和发展金融理论体系做出了卓越贡献。

奉献实务，其业兢兢。早在 1980 年，曾老在《人民日报》发表文章《现行财政银行体制需要改革》，率先提出财政银行分离，把银行定位为整个社会经济生活的"神经中枢"，这在当时是前所未有的，在学术界、银行界和决策部门产生强烈反响，成为推动银行业改革的标志性论述。

曾老的学术研究始终与中国金融业改革实践进程同步并随着时间的推移和进程的加速而逐步深入，较早系统论证了包括现代企业制度与商业银行运营、股份制改革、公有制与产权制度、健全金融体系、扶贫金融与"三农"问题等重大前沿问题，提出的不少学术观点，为深化金融业改革提供了理论先导。

兼收并蓄　传承突破

曾老不仅在研究领域专注执着，也注重平等交流、包容借鉴。他重视并实践着传承与发展，在学科建设和人才培养上做出重要贡献。

躬耕学科，突破创新。曾老是我国金融学科建设者、推动者，更是西财金融学科奠基人之一，在金融学科建设方面做了大量突破性和开创性的探索和实践。曾老最早提出"科学在发展，金融理论教学的内容需要更新和丰富，高校教学科研不能单纯地传授知识，要为发展这门学科做出贡献"。

曾老对我国金融学科建设起到了重要的推动作用，主编的《货币银行学》率先突破了资本主义货币银行学与社会主义货币银行学的划分，打破了传统的货币银行学结构；他建立一套以货币流通、货币资金运动为主线的新的货币银行学理论体系。曾老主编的《商业银行经营管理学》首创以商业银行各项业务为线索，以头寸调度为核心，以求得"三性"的最佳组合为目标建立课程体系。曾老倡导金融学科建设一定要把握住学科的发展史；要以科研为主导，为教学服务；学科建设要集各家之长，补己之短；学科建设必须培养学术梯队，金融学科要站在理论前沿，需要考虑师资队伍的适应程度。这些指导思想对推进西财金融学科的发展奠定了坚实基础。

聚焦培养，完善体系。在担任西财金融系主任以及后来做中国人文社科重点研究基地的西南财经大学中国金融研究中心主任和名誉主任期间，曾老开创了别具一格的人才培养格局。曾老倡导培养人才要跳出经济学与管理学的思维模式，强调实践育人，对学生因材施教，分层次育人。"宽口径、厚基础、重实际、强能力"的指导思想奠定了西财金融人才培养的总基调。对金融高端人才重点培养以"参加学术研究，承担研究课题"为核心的研究能力。

金融学科毕业生大都具有较高的知识素养和实践能力，工作以后多成长为金融等行业的中流砥柱，政策决策者、管理者和建设者，成为西财赢得中国金融人才库之美誉重要贡献者。

立德树人是大学的根本任务，是大学安身立命的基础。一所大学立校之基是教师，发展之源在教师；启迪学术理想，培育情怀使命的主体在教师。曾老一生严谨治学，求索真知，谦逊儒雅，激励后学，是西财的人文财富、精神力量和示范榜样，值得我们学习和传承。

西南财经大学 94 载风雨兼程，汇聚了一大批学贯中西、融通古今的名家大师，也涌现了众多代表时代学术思想高峰的经典之作，积淀了迈向世界一流的深厚的历史、学术和文化底蕴。

2020 年西南财经大学将迎来 95 岁华诞，也是奠定百年之基的关键之年。过去一代代名师大家和一代代西财人扎根中国大地，立足西部地区，把学问做在祖国大地上，把西财人的精气神注入"经世济民，孜孜以求"的不懈追求里。

展望未来，希冀传承和发扬大师风范、西财精神，激励和鼓舞我们必须担当起的时代使命和历史责任，在新时代为立德树人办好人民满意的大学，为实现教育强国，为中华民族伟大复兴贡献力量！

西南财经大学　卓志

2019 年 9 月于成都

写在前面
大国金融背后的大师

尽管这篇序言放在了本书前面，但它的完成却寄托着更多的期待，即便是全书主体内容已经完成，而序言依然迟迟未动笔，因为想说的话太厚重了，必须梳理成章。

爱迪生说过，成功的必然之路就是不断地重来一次。即便是成稿付印，这序言依然不能用"成功"来注解，而我们对于这部作品的质量，依然不敢说上乘，但已十分尽力。就好的方面来说，这是我们再次对曾康霖教授进行记录，因为有过去研究和写作的基础，可以吸收多方的意见和建议，既查漏补缺，又可推陈出新。这样的努力是否"成功"，一言以蔽之，还是交给读者评价。

曾康霖教授是一位不服输、锐意进取的人物，中国证监会首任主席刘鸿儒先生说过："中国金融学科是由一批老先生开创的，我、黄达教授、周骏教授和曾康霖教授算是金融学科的开拓者。中国金融学科从无到有，从弱到强，老先生们立下了汗马功劳，为金融学科教学和中国金融改革做出了巨大贡献。"①曾康霖教授把自身的坚守和追求概括为八个字，即"奋进、致知、究理、爱生"，奋进表明他不甘落后，致知、究理是他成长的过程，也是他追求的手段，爱生是他作为教师的本分，也是他为国育人的归宿。

《礼记》说，先生，师也。师者，传道授业解惑。中国金融的发展与崛起与包括曾康霖教授在内的这批先生紧密相关，他们既对中国特色金融之路做出探索，亦为这种道路的开拓培养出最重要的实践人才。曾康霖教授是中国转轨金融理论奠基人，在中国金融的历史和现实问题中，他通过财政银行体制的改革理论，以"按现代企业制度建设商业银行""国有商业银行股份制改造"等理论成果为中国特色金融之路指明方向并提供实践方案。

我们曾说，从曾康霖教授的经历，可见中国金融近百年之变化。作为本书之作者自序，想表达的一个观点是，做好金融工作，师夷长技是教育，中心是人，转轨要人的推动，人需要培养，培养需要引路，能够说大国要重器，大国也要大师。

曾康霖教授自 1960 年毕业于四川财经学院财政系并留校任教至今，从事金融方面教学和研究长达半个多世纪。他长期担任西南财经大学的金融系主任和中国金融研究中心名誉主任，他曾是中国金融学会常务理

---

① 新浪网.刘鸿儒：深化金融改革 从国际化人才培养入手 [EB/OL].[2012-04-23]http://news.sina.com.cn/pl/2012-04-23/110924315465.shtml.

事、四川省金融学会副会长、全国金融学会学术委员、四川省政府学位委员会委员、首批国务院特殊津贴获得者。他长期致力于中国金融改革与现实发展问题研究，著作颇丰，迄今共发表学术论文数百篇、专著10多部。其专著有《资产阶级古典学派货币银行学说》《金融理论问题探索》《资金论》《信用论》《利息论》《银行论》等均是中国转轨时期金融理论的奠基之作。他还是一名推崇科学的实践者，一名德高望重的老师。他通过锐意调研、掌握实际、进言献策和教书育人，潜移默化地影响着我国经济、金融等领域诸多重要时刻的抉择。

在老一辈金融学者中，曾老不喜言辞、为人低调。虽然在金融学界，他是公认的"宗师级人物"，但是他总是站在聚光灯背后，甚少露诸公众媒体。

如何用写书的形式来记录和概括曾老的一生；如何站在特定的历史背景下，重读和理解中国金融的改革、发展历程；如何去缅怀和分享中国近现代金融人的峥嵘岁月……这是对我们专业知识和分析问题能力的极大考验。

在《知行金融：曾康霖》的前言中，我们已回答了为什么要写曾康霖教授，概括来说，是为记录这位大师的故事和精神，希望有人传承，希望我们的创作能有益于人。这里，我们着笔介绍所了解的曾康霖教授这个人。

无论是第一次写作《知行金融：曾康霖》还是重新开始准备这部《笃信致远：曾康霖》，我们一直好奇的是，假如曾康霖教授的人生也重来一次，如今这个他和重来的他会完全重合吗？

现在，我们更加笃定，如果曾康霖教授不投身金融，他也会成为其他某个领域的专家，因为他总是满怀热情，从未停止对问题的钻研。

金融这个行业

曾康霖教授所研究的金融学，用他的话说是个存在奥秘的领域。

每个人都生活在离不开金融的世界中。它既是不可或缺的生活小事：储蓄、按揭、刷信用卡或是网上购物；也能在我们看不到的地方，迸发出巨大的能量或酝酿出巨大的危机。

金融是跨时间、跨空间的价值交换。有学者认为，人类仍处在金融洪荒时代，金融学的研究还有很长的路要走，探究金融具有非常重大的现实意义。

中国金融业历久弥新。中国现代金融业发展的一百多年，是"一次华丽的冒险"。近代以来，以银行业为代表的金融业先天孱弱，没有支撑起民族资本主义发展的脊梁，它时而成为统治阶级的工具，时而又潜伏于经济危机；新中国成立之初，在上海发生"银元之战"，投机者试图通过银元投机来阻止人民币进入上海市场流通，事件最终演变成为政府与利益阶层的对抗，毛泽东评价"银元之战"的作用不亚于一场淮海战役。

二战后，由美国主导的布雷顿森林货币体系建立，美元霸权走向全世界，并深刻地影响了世界经济秩序。中国经济学人在学习苏联模式后，又掉转头引进欧美经验，屡经碰撞后逐渐形成中国特色社会主义市场经济理论。"金融是现代经济的核心"，这是邓小平为明确金融与经济发展关系而提出的重要金融思想。

从20世纪80年代起，中国金融业开启了艰难的转轨。

对于每一位改革者，面对金融改革时都如履薄冰：朱镕基把维护我国金融安全、促进金融业健康发展作为改革的重点，他对我国银行业进行了大刀阔斧的改革，这一时期，我国在借鉴国外现代金融制度，完善银行的规章制度，健全信贷、财务和内控机制等方面取得了斐然成绩；温家宝在与中外记者见面并回答记者的提问时，称国有商业银行改革"背水一战"，他说："只能成功，不能失败。我们必须下大的决心来保证这次改革的成功。"金融改革在国家改革发展过程中占据着极其关键的位置，事关改革发展的成败。

幸运的是，经过几代金融改革者的努力，中国金融业取得了长足的进步。今天我们国家的金融业已经成为国民经济一个非常重要的产业，银行、证券和保险等领域已经成为人民生产、投资、消费等不可或缺的组成部分。中国倡导成立的亚洲基础设施投资银行（AIIB）的影响范围波及全球，我们开始积极地参与制定国际经济金融规则……而在成功的背后正是黄达、刘鸿儒、曾康霖、白钦先、张亦春、邱兆祥、孔祥毅等老一辈金融学人孜孜不倦、数十年如一日的努力。我们借这次写作，向他们致敬。

新中国经济建设的成就与金融息息相关，而中国过去的强大和曲折背后，同样延绵不断的也是金融血脉。

今天，我们对金融的认识和理解已到达前所未有的高度，今天中国经济的每一步，从"摸着石头过河"地追赶到引领全球的探索，同样都是新高度。金融是国家重要的核心竞争力，金融安全是国家安全的重要组成部分，金融制度是经济社会发展中重要的基础性制度。[①]

特别是改革开放以来，中国金融业发展取得了历史性成就。中国有

---

① 人民网.南方日报：金融安全是国家安全的重要组成部分 [EB/OL].[2017-04-28]http://opinion.people.com.cn/n1/2017/0428/c1003-29242864.html.

序推进金融改革、治理金融风险，金融业保持快速发展，金融改革开放有序推进，金融产品日益丰富，金融服务普惠性增强，金融监管得到加强和改进。

习近平说："金融活，经济活；金融稳，经济稳。经济兴，金融兴；经济强，金融强。经济是肌体，金融是血脉，两者共生共荣。"金融是现代经济的核心，金融安全是国家安全的重要组成部分。必须充分认识金融在经济发展和社会生活中的重要地位和作用，切实把维护金融安全作为治国理政的一件大事，扎扎实实把金融工作做好。①

穿越历史去回望新中国经济和金融，它的发展与中国金融学科建设和教育发展相辅相成，中国金融和经济近年的变化正是深化对金融本质和规律的认识，立足中国实际，走出中国特色金融发展之路。

中国特色金融发展之路背后，改革兴学，为"市场经济培养人才"的大旗之下，从曾康霖教授所在的西南财经大学到刘鸿儒教授创办的中国人民银行研究生部（即"五道口"），持续培养的金融人才是中国金融发展的过去、现在和未来的连接点。

我们希望这本书，可以为关心中国金融发展的人提供一种思考。

关于这本书

对于将要阅读这本书的各位，我们稍微介绍一下我们对这本书的认

---

① 人民网.把维护金融安全作为治国理政的大事 [EB/OL].[2017-06-02]http://theory.people.com.cn/n1/2017/0602/c40531-29313825.html.

识。这于我们作者来说，既是为读者服务和与读者沟通的义务，也是我们作者表达多年来坚持写作所主张的权利。

这部作品共分十一章，可以分为三部分来阅读，其中前三章的内容是讲述曾康霖教授出生到求学之路；第四章到第八章，主要介绍的是曾康霖教授的研究治学和教书育人；第九章到第十一章的内容主要介绍的是曾康霖教授的家国情怀，谏言与献策，以及他退而不休，再攀高峰。

为了方便读者更为清晰地了解曾康霖教授的人生经历，本书的开头部分公开了以时间为序的图片，结尾部分还有"人生坐标"，类似大事年表的内容。

这本书记录曾康霖教授人生历程，同时也要放进中国金融业的变迁和发展中看。曾康霖教授所经历的正是中国金融业变迁的一个缩影，研究中国金融，从了解曾康霖教授开始是一个极好的角度。

曾康霖教授拥有让人惊奇的东方式人生，他在中国金融发展史上有着举足轻重的地位，其低调而又执着的研究和用心育人的故事极为生动，非常时期的人生微妙而又充满传奇色彩。

在这本书中，我们试图描述这位出生草根，从乡村税务员到金融学大师，从金融门外汉到开创金融学科教育，50多年投身中国金融，80岁高龄依然没有停下研究和育人步伐的金融学大师的人生历程。同时经由这些历程的展现，从另外一个角度为读者打开中国金融进程的画卷。

另外必须要说明的，这是曾康霖教授传记的另外一个版本吗？又或者是他的回忆录或口述历史？又或者是评价之书？答案都不是，这本书既是历史的再现，也有回忆录式的表达，同时还有评介作品的思路，如果一定要给这部作品一个定位，我们认为它是一个全新的尝试和表达。这种尝试和表达是作者和考拉看看团队，还有曾康霖教授共同努力的成果。

我们多年来一直在整理和出版有关曾康霖教授的内容。在完成这本书之前，秦立军和我们在 2015 年曾完成曾康霖教授的首部传记著作《知行金融：曾康霖》，这部作品于 2016 年春天以精装版形式由华中科技大学出版社出版。

同一时期，我们还和刘方健教授、杨继瑞教授一起，执行主编曾康霖老师学术思想作品《曾康霖学术思想考》（西南财经大学出版社 2016 年 10 月出版），整理出版曾康霖教授研究中国金融核心问题的课题作品《读懂中国金融》（化学工业出版社 2016 年 1 月出版）。

直言不讳地说，就著述方面的工作，我们是最了解曾康霖教授的人之一。我们这个团队，在记录和整理曾康霖教授的内容和作品方面，可谓历时最久、涉及面宽，从目前所能触及的材料看，几乎包罗万象。到本书出版时，我们没有找到做同样工作的人或者团队，以及著述。我们的确很难找到对比，而和自己比，我们做得还很不够，也并不好。

我们这个时代对大师的敬仰正在觉醒，当然我们希望未来有超越者，对于大师们的记录和推崇，尤其还需要更多人的加入。顺带说一下，记录历史这个领域，需要更多力量的介入。

我们考拉看看这个团队在记录历史方面已经坚持了多年，也聚集了一批写作者和研究者。团队的使命之一是努力推动和参与历史进程的记录，尤其是人物方面。

英雄铸就历史，还是历史造就英雄？寻找答案首先需要记录，然后展开研究。目前考拉看看每年完成 2000 万字的记录，以各种形式推出大约 200 部作品。这相对生动而浩瀚的中国，它显得微不足道，但因为做

类似工作的人并不多，因此容易脱颖
而出。

考拉看看团队一直试图从作品的
角度向更多人介绍曾康霖教授，所以
持续在研究、创作和出版各种内容。
这部《笃信致远：曾康霖》是最新的
作品之一。

写这部作品尽管已有很多基础工
作已经完成，但它依然是一个浩大的工
程，先前《知行金融：曾康霖》从开始
到付梓，超过三年；这部《笃信致远：

《曾康霖学术思想考》，2016 年出版

曾康霖》尽管有基础，但依然也花了比较长的时间。这部作品的写作不
同于其他作品，既要回到历史中去，力求实事求是展现跌宕岁月，又要
回到现实语境中，探寻人与理论研究融合过程中的真知灼见，尽力做到
时间长河里的平衡。

《知行金融：曾康霖》出版以后，我们陆续收到一些读者的反馈，其
中也包括曾康霖教授本人的意见，我们曾考虑修订这部作品，但是基于
更为合适的角度，还是决定重新开始，所以有了这部作品。

在《知行金融：曾康霖》的前言中我们曾解释，我们是"记录一
代金融学大师的镜像、希望能把他的故事和精神记录下来，希望有人传
承"。此部《笃信致远：曾康霖》同样从此出发，希望抵达更多人。

这次"再记"是我们对曾康霖人生经历的重新梳理，两个版本相比，
这个新的版本我们不再以严格意义上的传记方式来描述，它更像一部综

合类的集大成作品。这部作品创作的框架、内容，包括后期的装帧设计和制作，我们也更多征求了曾康霖教授本人的意见。

曾康霖教授是这本书真正的第一作者，而我们不过是文字的搬运工。经由他的精彩人生，我们看到一个传奇和这个传奇背后的时代。

我们都要感谢这个时代。

曾康霖教授这个人

曾康霖教授曾把自己的人生总结为八个字：奋进、致知、究理、爱生。在这里，我想从另外一个维度来概括：大爱和大智。

曾康霖教授爱党、爱国、爱家、爱友、爱生，爱这个时代，爱历史的传承，因为这种大爱，他奋进、他究理、他致知，以己之全力，付之于为事，行之于为人。具体体现在这些方面：

（1）为四川，乃至全国经济发展进言献策，强调必须"打造绿色经济，扶持民营经济，发展配套经济，提升劳务经济，树立地区经济形象，锐意改革进取"（2001年8月）；提出"全面建设小康社会，要看到优势、差距，要把握重点"（2002年11月）。

（2）深入实际，调查研究，关心基层，特别是县域财政经济的疾苦，提出"以农村基础为前沿，以县域经济为基础，建设和发展社会经济"的主张。退休以后，他还与弟子们一起走南闯北，深入农村调查，提出"实施乡村振兴战略的切入点在于树人，压舱石在于产业振兴，推进地在于打造小镇"，体现着一个知识分子的良知：亲近农村，关注基层，脱贫致富。

（3）热爱集体，倾心母校，为教育事业建言献策，为学科建设和人才培养奉献，为学校"双一流"建设献言。

（4）尽忠职守，甘为人梯，作为教师处处为学生着想，全身心投入。

（5）关爱学生，不仅在校时关爱，离校后继续关爱；顺境时关爱，逆境时关爱；他把学生作为弟子，弟子视他为终生导师、再生父母。

（6）敬爱师长，缅怀恩师，每当师长同行同事喜事临门，都要亲临祝福道喜，把他们尊为良师益友，学习榜样，祝福他们学术之树长青，健康长寿。

"爱人者，人恒爱之；敬人者，人恒敬之"，用儒家先贤孟轲的哲理来概括曾康霖教授的大爱，应当是贴切不过了。

曾康霖教授特别关心关爱学生。在西南财经大学的教师宿舍里，曾康霖教授和我们有多次长谈，每念及弟子们，他总是洋溢着微笑，"每个都很优秀，我总是为他们骄傲"。他也老是说，"学生还是弱势群体，读书不易，工作也不易，我总想多为他们做点事。"就算是毕业很多年了，他也和大多数学生保持联系，心系他们的工作、生活和研究方向。有学生犯了错，他也如父亲般前去探望和开导。有关这些细节，我们将在本书中进行介绍。

曾康霖教授从1991年到2010年招收了19届共76名博士。"喜看桃李发，登高更几重"，如今他的学生遍布各大金融机构、高校和研究机构，其中不少已经成为高层管理的栋梁和学术界的翘楚，从金融学科建设、研究和金融实践，这些弟子们正在推动中国金融事业迈向新的征程。

曾康霖教授在教学中提出"拓宽领域、以专带博、充实功底、掌握方法、小题大做、求得成果"24字学习准则，以及"解放思想、启迪思维；注重实际、包容互鉴；承前启后，继往开来"24字方针。字如其人，业精于勤，行成于思。

曾康霖教授在西南财经大学从教 60 载，这所学校亦成为中国金融人才的黄埔军校。梅贻琦说，"所谓大学者，非谓有大楼之谓也，有大师之谓也"，此话深为世人推崇。

2020 年是西南财经大学 95 周年华诞，日月光华，薪火绵延，大学之成就，仰大师之为。

如今去看曾康霖教授在西南财经大学的人生片段，在"十年浩劫"中，当一些人以"打派仗"消磨时光时，他却孜孜不倦地刻苦钻研马列经典著作。在退休之后，他带队完成填补史学空白的巨著《百年中国金融思想学说史》。

所有的哲学家都在试图解释世界，可关键在于如何改造世界。[①] 如你有见曾康霖教授 2000 万字的著述，你会看到他的研究聚焦于金融的核心领域，他的思考和脚步从未停止过对金融的探索，这种探索形成了研究的结晶和实践的路径。

实践是认识的阶梯，科学沿着实践前进。[②] 从主导西南财经大学金融系对主干课程取消"姓资姓社"统一编写出版《货币银行学》到提出"银行经营管理应以各项业务为线索，以头寸调度为中心，以求得'三性'（即盈利性、流动性和安全性）最佳组合为目标"。无论是基础研究、前沿探讨，还是学科建设与人才培养，又或者是学术演讲和实际调研，曾康霖教授不仅是金融学的理论大师，更是金融行业的推动者和践行者。

---

① 马克思, 恩格斯 . 马克思恩格斯选集 第 3 卷 [M]. 北京 : 人民出版社 ,1972.

② 艾青 . 光的赞歌 [J]. 人民文学 ,1979.

1979 年 10 月，邓小平提出"要把银行真正办成银行"，仅四个月之后，《金融研究动态》发布曾康霖教授和严毅的文章《从我国银行的地位作用谈财政金融体制改革》。此后《人民日报》将此文标题改为"现行财政银行体制需要改革"发表，迅速在中国财经金融界引起巨大反响。此文率先提出财政银行体制需要改革，要有中央银行与专业银行（商业银行）的区别，并对如何改革提出"当前着手小改""今后进行大改"的设想和方案。

此后曾康霖教授持续发表有关金融业改革的系列文章。尤其是在1998 年，他承担中国人民银行总行的研究课题，完成《国有商业银行股份制改造研究报告》，此为中国国有商业银行的股改提出了理论支撑和操作方案。

1985 年到 2001 年是中国金融业改革取得重要成就时期，曾康霖教授对财政银行体制改革的研究做出的推动毋庸置疑，他之所以能成为中国转轨时期金融理论的代表人物，与此贡献息息相关。

复旦大学金融研究院撰写的文章《关于国有商业银行产权改革近期文献的综述》中评价，曾康霖教授是较早提出对国有商业银行产权制度进行改革的学者。

善行者尽其理，善行者究其难。[①] 曾康霖教授已到凌云仍虚心，而我们此拙笔一纸难尽其成就，借由第三方评价来做一个小小的总结。

1994 年时，英国剑桥名人传记中心做了《国际名人传记辞典》，曾康霖教授因为在学科建设、教材建设、学术研究、引领改革实践和人才培

---

① 荀况 . 中国国学经典读本：荀子 [M]. 哈尔滨：北方文艺出版社 ,2013.

养方面的突出表现而被收录在第 23 卷。在此之前，他已入选《当代中国经济学百家》，而在 1996 年 1 月，他又进入由国务院学位委员会编辑、由上海教育出版社出版的《中国社会科学家自述》。这部作品汇集社会科学各个学科中 450 余位学术生涯杰出人士，而他是货币银行学科榜上有名的 6 位经济学家之一，也是整个入选的最年轻的经济学家之一。

编辑这部作品的国务院学位办副主任奚广庆说："这是一部极富历史意蕴的书，这是一部迎接时代呼唤的书，历史将证明，这部书对于我国当代和今后社会科学的繁荣发展的功业将是不可磨灭的。"

时至 2013 年，曾康霖教授获颁"中国金融学科终身成就奖"。这些荣誉的背后是他在开创金融学科建设、调研教学、培养人才，进言献策这些方面的重大贡献。

……

《当代中国经济学百家》，1991 年出版

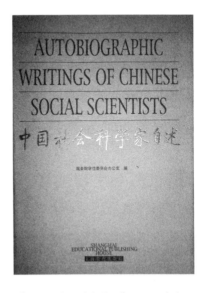

《中国社会科学家自述》，1997 年出版

一个知识分子的良知

时间检验一切，时间说明一切。

但丁说，爱是美德的种子，而我们中国人说先生：学问先达，德高望重。

我们之所以用大爱与大智来总结曾康霖教授，是因为我们看到，大爱无疆，上智无域，而知行合一，这种大爱超越世俗的物质观，这种上智拨云见日，助益于人，它不关乎名利，而是一种发自内心的追求和动力，是希望以己之力，推动社会进步。

2008年曾康霖教授退休，而他"退休以后，由于自己没有什么嗜好，怎么打发时间反而成了问题。家人说，教学几十年该休息了，您就做一点您感兴趣的，乐于做的事吧。可是这十年来，我并没有完全休息"。"在校的学生只要乐意与我讨论问题，我都欢迎；毕了业的弟子只要请我参会，我都应允。此外，每当学校、学院的领导来看我时，我总要提点希望和建议……持续这种状态，究竟是为了什么呢？"曾康霖教授说，这是出于一个老师的责任感，出于一个知识分子的良知；特别要指出的是，曾康霖教授这样做是为了感恩这个时代、环境和组织对他的培养。

曾康霖教授虽然离开了教学岗位，但依然密切关注着经济金融学领域的动态，"在思想上并没有退休"，关于中国金融学科建设，他说，要有自己的框架，不能"人云亦云"；外国人想到的，中国人也能想到，甚至比他们想得更多；传统的金融经济理论需要再认识；社会科学研究包括金融学研究要在特色、气魄、创新上下功夫。

关山初度尘未洗，策马扬鞭再奋蹄。在2018年6月，《曾康霖文集——基础与前沿》在西南财经大学出版社正式出版，我想借用他为什么在退休多年以后会不辞辛劳，继续出版这文集的观点作为本序的结尾：

"锲而舍之，朽木不折；锲而不舍，金石可镂。"这个比喻意在说明学习、做事情，只有坚持不懈，才能取得成就；浅尝辄止，将会一无所成。这部作品谈不上是我们锲而不舍的成就，但应是我们写作以来基于热爱坚持不懈的产物。总的来说，这本书希望描述的是我们尊敬的曾康霖教授的人生之路和不懈追求，而我们特别想给予读者的是他的"渔"而不是"鱼"，即大爱、大智和他学术研究、思考问题的逻辑和思维方式、方法。

张小军　马玥

2019 年 12 月 30 日

成都考拉看看图书馆

第一章　泸县往事

泸县硝烟

如果把"生命"二字拆开，个体无法选择自己出生在什么样的国家和时代，这是"生"，而决定走的路和走多远，那是"命"。"生"无选择，而决定和影响"命"的因素中，环境、性格以及诸多偶发因素形成了个体一生跌宕起伏的逻辑。

"我出生在一个什么样的家庭，自己真有点说不清楚。"曾康霖在临近耄耋之年回忆出生时，记忆已然模糊。经过回忆，他得出的结论是"家庭出身不能选择，家庭出身对人的成长有重要影响"。

1935 年，曾康霖出生在四川泸县五通乡学堂屋基。值得玩味的是，如今来看，这位日后对中国金融学科建设产生重大影响的金融大师正是出生在金融最为跌宕起伏的年份。

1935 年在中国历史上实为大收编的一年。当年，国内银行界突变，宋子文重新执掌中国银行，而彼时华商纱厂正纷纷陷入困局，当时的国民政府在危机爆发时不仅没有雪中送炭，反而借机对民营资本进行收编，不仅在实业界如此，金融业也突然被政府收编。

"千百年间，自有货币流通以来，中国民间的金融组织就没有被官方控制，特别是明清两代的钱庄、票号十分发达，成为社会自由经济的一个重要组成部分，而自 1935 年之后，政府突然将金融业收入囊中，自由经济之脉从此断绝。"中国企业史作家吴晓波在《跌荡一百年》中梳理 1935 年的历史发现，这一年最让人担忧的还不是经济，而是越来越恶劣的战乱局势。

此时的红军正在艰苦卓绝的长征途中，而不甘寂寞的日军则不断在华北挑衅，日本人的侵华战争很快就要全面爆发了。

1934 年，红四方面军由陕入川打得四川军阀落花流水，1935 年初，红军长征到达遵义，召开了具有历史转折意义的遵义会议。此时红军向赤水挺进，泸县中心县委为迎接红军入川，决定派李亚群任长江南岸特派员，在合江、赤水一带组织武装暴动，牵制川黔敌军。①

泸县城里百业萧条，义和祥、品香斋、利用恒、锦和祥等商号纷纷倒闭。保安队一直咬着川南游击纵队不放。国民政府刚刚宣布"法币政策"，泸县也开始使用中国、中央、交通、农业四大银行发行的法纸币，

---

① 泸州市地方志办公室.三渡赤水时期（二）合江石顶山武装起义 [EB/OL].[2019-06-08] http://www.scdfz.org.cn/ztzl/hjczzsc/zztp/hjzzzlz/content_20522.

"新生活运动"也在这个四川小城开始了。

然而，这时的泸县依然烟馆、赌馆和妓院林立。国民政府好些政令根本行不通。

时过6月，国民政府推行"新县制"，分四川省为18个行政督察区，泸县成为四川省第七行政督察区驻地，辖八县。根据《民国·泸州历史大事记》的记录，当时的区署就设立在泸县。

10月，四川的天气已经有点阴冷，局势可能比天气更加残酷。覆巢之下，焉有完卵！此时的泸县五通乡的曾家原先殷实的日子明显出现了变化，而距离他们不太远的朱家一样家道开始衰落。

1935年10月8日，结为姻亲的曾朱两家迎来新生命——曾康霖出生了，这显然是曾家和朱家在跌宕年代里的大喜事，小院子内洋溢着喜悦气息。

多年过去，如今曾康霖出生的院子满目沧桑，一些房屋已经垮塌，舂米的石盘安静地躺在院角，而先前院子中间长着梨树、橘树和花椒树的红土坡早已不见了踪迹，取而代之的是另外一家人的一栋农家小楼。院子中间的大坝子正在被稀疏的野草占领……

置身其中，我们仿佛看到，一个瘦弱的男孩在院落里等待父亲和母亲回家，而等待他的是早早当家的命运和一个大时代背景下的跌宕人生。

四合头大瓦房

2015年，曾康霖80岁。

79 岁回乡时在学堂屋基大朝门前

　　在 79 岁时，他特意回了一次家乡，儿时的记忆已经被逝去的岁月掩盖得若即若离，当年那个四川泸县五通乡"学堂屋基"如今已是另外一番景象。

　　"我现在回忆起我出生的屋子还在，当时的四合头现在只剩下四分之一了，其他的有的是撤掉了，有的倒塌了。"

　　"新中国成立后，这个地方被五通乡政府作为学堂大队办公处，后正式作为大队学校。四合头中间有个坝子，学校主管把它作为操场、学生集合和活动需要的地方。学校大约办到了'文化大革命'之前。后来不办学了，办过供销社，在那边开了一个门市部。"

　　2015 年春天，笔者和曾康霖的弟弟曾启益、侄孙曾邦桥一行再次到四合头大瓦房。

今天的学堂屋基已经是另外一番景象：为修教室，横堂屋被拆掉，原来的正堂屋几乎也就剩下一墙断壁，但从土墙上精工的实木窗花和偌大的平整石头地坝上，依然能看出昔日"四合头"的景象。

"屋基"在旧时的四川、重庆等地是指居住的地方，和今天城市的某个小区的名字差不多，只是今天的名字花样百出，那时不少地方都叫某某屋基。"屋基"不是一个特殊的地方，但取名"学堂"，的确有它的特殊性。据曾康霖的老一辈人回忆，新建的四合头大瓦房之所以称作"学堂"，是因为房子中间有一个"红土坡"，新中国成立前，在个人所办的私塾教育中，老师通常用"红土"作为圈点作业的原料。当然，这样的取名也包含着一丝书香门第的意思。

五通乡位于泸县东南，距县城 40 公里左右。五通乡在 1958 年时与设立两年的百和乡合并为五通公社，1984 年时又复乡。

尽管从 1935 年开始，出于战略考虑需要，国民政府投入大量人力、财力加大西南的经济建设，但是此时的四川经济大环境已经岌岌可危，更何况偏远的农村。国民政府投入到泸县的基建主要是公路和兵工厂等。

古语说"大兵之后，必有灾年"，天灾与人祸紧密相连，对于 20 世纪二三十年代的四川而言，战祸无疑是这一时期最大的灾祸之一。

据统计，自民国以来，四川的战争次数，大约有 500 次之多，仅从 1921 年到 1935 年，四川发生的战争就有 478 次。在这样一个动荡不安、经济落后、贫富不均、社会控制乏力的历史时期，战祸对经济造成巨大破坏。

尤其是在农村，有研究表明，当时的农民由于背负着苛捐杂税、兵差力役等沉重负担，农村金融枯竭，农民生活普遍贫困。加之这一时期四川军阀混战、政局动荡而且自然灾害频繁，农民作为小生产者，其社会经济地位极其不稳定，只要受到天灾人祸等意外事件的袭击，或家中遇到婚丧嫁娶等花费巨大的突发事件，就很有可能难以维系生活。

1939 年，曾康霖四岁。

这年 9 月 11 日，36 架日机轰炸泸县，根据《民国·泸州历史大事记》统计，这次轰炸"死 1160 人，伤 1445 人，毁住房 7000 多户"。20 多天后，又来了 18 架日机。

这些有关战争的记忆，似乎没有在儿时的曾康霖脑海中留下太多印象，曾康霖亦极少谈及。

如果以离开泸县的 1956 年为节点，曾康霖在泸县度过了大约 21 年时间，期间只短暂去重庆学习过，泸县的时局变化对他的未来究竟产生了何种影响呢？

2015 年年初，在成都西南财经大学校内接受采访时，曾康霖回忆人生旅程时说，"对我一生有影响的，还得从我的记忆中说起，现在我能记起来的是：在儿童时候，我生活在一座'四合头大瓦房'。"

所谓"四合头"，是指院落由四面房屋封闭而成。四合头大瓦房就是指四面房屋房头相连或相对的瓦房，这座大瓦房的名字就叫"学堂屋基"。

略微研究四川民居发现，农村的四合院往往简称"四合头"，四川地区夏季炎热，冬季少雪，风力不大，雨水较多。于是平房瓦顶、四合头、大出檐成为民居的主要形式。四合院住宅的屋顶相连，雨天可免受雨淋之苦，夏日强烈的阳光不致过多射入室内。

曾康霖的家庭并非标准农家，应该说在当时相对不错，但从他家拥有的土地来看，算不上十分富裕。

学堂屋基是他的祖父曾淮川修建，至于祖父为什么有钱修四合头则不得而知。在当地当时来说，四合头已是相对较好的房屋，那时的农村绝大多数是茅草房，瓦房也不多，四合头的大瓦房就更少了。

曾康霖推测，祖父曾淮川可能做过生意，在他幼年玩耍时偶然发现，在四合头大瓦房的一间"横堂屋"中，有算盘和账簿，而且账簿上还有收支明细的记录，记录是竖着写的。

曾康霖掌握的资料表明，祖父曾淮川原生活在泸县五通乡"河包田"，此地距离后来居住的学堂屋基约 3 公里远，按他推测，可能是祖父生意上赚了钱，就到泸县的五通乡买了地，重新修建了一所房产。

"实际上，买的地是我外公家的，外公家的房子是修在小河边，屋基的名称叫'河坝头'，我印象最深的是，外公家挂了好多匾，道光年间的、咸丰年间的、光绪年间的。匾是三尺长，一尺多宽，很精致的，是该户人家参加科举考试获得了所谓的进士后，皇帝颁发的，大约有四五个，新中国成立前都挂着的。"曾康霖回忆，外公家原来是一个书香门第，"我妈妈的前一辈，他们姓朱的取得了很多功名，朝廷授予了很多匾。到后来民国时期破落了，就卖地了。"

此时曾淮川能置地修房，应当是当地逐渐富起来的人家。20 世纪二三十年代，四川土地分配与占有严重多寡不均，四川农村在这一时期是以地主土地所有制为主导。彼时土地大量集中在地主、富农、军阀等少数人手中，人数众多的佃农和小自耕农则少地甚至无地。[①] 据 1935 年对四川重庆等地 30 个县的调查，四川农田 77.6% 为地主占有，7% 为富农占有。[②] 地主分大小，小地主多为本地土著，而大地主又分为新兴地主和旧地主两种：新兴地主是军阀、官僚、豪强等一类人物，他们是民国时期四川土地兼并的主要力量，并且占当时四川地主阶层的绝大多数；旧地主除少数蜕变为官吏、豪强等新兴地主之外，其余的多因商业崩溃、田地出卖而没落了。[③]

当时四川的生产状况"五口之家，有田二十亩，方足自给。不足二十亩的，占大多数"[④]。越来越多的普通农民失去土地，而当时的地主拥有大量土地却不亲自耕种，而是将土地出租，以收取地租的形式来实现土地的经济效益，进而满足自己寄生生活所需。

与此同时，大量少地甚至无地的农民也需要通过租种地主的土地，以地租的形式把自己的剩余劳动交给地主来换取对土地的使用权，以维持生产生活。

祖父曾淮川到底有多少地？

曾康霖的父亲告诉过他，80 石谷子田。80 石谷子田是多少亩地呢？如果以每亩产 750 斤（当时产量），每石稻谷 150 斤计算，则每亩产稻谷 5 石,80 石稻田则为 16 亩。这样的土地面积，以"五口之家，有田二十亩，方足自给"的标准衡量，显然不够。

---

①② 吕平登.四川农村经济 [M].上海：商务印书馆，1936.

③ 章有义.中国近代农业史资料 第 3 辑 1927-1937[M].北京：生活·读书·新知三联书店，1957.

④ 傅葆琛.从四川农村的现状说到四川农民的解放 [J].农学，1936.

六腊之战

"这是一个变化节奏快得让人应接不暇的年头，徘徊和彷徨、低回与落寞、伤痛与挣扎、崛起与沉沦，在光影切换中交替辗转。旧秩序脆弱不堪，以至于风雨一旦袭来，注定轰然倒塌。于是，火之运势随国运起伏，颠簸于潮流，风云变色，百转千回。"

在《革命与生意》中，作家吴比如此评价曾康霖父辈们生活的那个时代。大多数时候，历史宠爱英雄，偏爱宏大的主题，往往疏忽了个体。

曾康霖的父亲在家中排行老六，父辈是四兄弟，除他父亲外还有大伯、二伯和幺叔。

按彼时的四川习俗，女孩长大出嫁不能继承家产，只有男孩长大才能继承家产，而多子女家庭在儿子成婚后，也就要分家。分家不仅是形式上会和父辈分开吃住，同时也要分走父辈的家产。当曾康霖的父辈结婚成家后，祖父就决定分家了。

曾康霖的父亲虽然分到20石稻谷田（也就是4亩地），但是却没有分到大瓦房"学堂屋基"的一部分，学堂屋基被分作两份，分别被大伯和二伯分得，曾康霖回忆："于是我们这一房就只好搬出学堂，另外租房住。"

如何处理家中稻谷田？父亲提出的办法是将分得的20石稻谷田租给别人耕种，每年收租4石，作为赡养公婆的"奉谷"，而家庭生活收入来源则靠父亲教书的薪水和承包收税上缴后的剩余。

相比那些租地种的农民，曾家的生活还算将就，而当时租地的压力越来越大，很多农民感觉苦累。

根据记载，在四川江安等地"租谷时常任意提高，二年之内，已增三分之一。佃农生活自然之有日趋苦海"。而在资中，"近年因物价增高，遂亦高其租价。每石田由四五十千涨至百三四十千，最低亦须八九十千。佃户被迫明知所产不能偿付如此高价租额，但舍此亦无他业可营，只得忍痛承受"①。

童年的曾康霖，或许并没太多感受到那时的生活压力，这可能全靠父亲的精打细算。

曾康霖的父亲毕业于泸州师范学校，毕业后绝大部分时间是当小学教师，主要教算术和语文。他先后在泸州市澄溪口小学以及泸县五通、石马、立石、白云小学教书。

"他作为父亲，从内心来讲，当然是想让自己的子女多读点书，成才"，曾康霖谈及父亲，"在旧社会里，一个小学教师，每年都要遇到'六腊之战'，主要精力是放在谋生上，而对怎样培育教养儿女，花费的心思不多，让我们自发地成长。"

"六腊之战"是怎么回事？如今知道的人已经不多了。

> 每见师随官去来，
>
> 年年六腊战场开。
>
> 此名册乃不祥甚，
>
> 学海金堤要自培。

---

① 章有义. 中国近代农业史资料 第 3 辑 1927-1937[M]. 北京：生活·读书·新知三联书店,1957.

父母兄弟一家人（20世纪70年代）

以上绝句是教育家黄炎培先生1936年游四川所写。诗后有注："护国之役，泸州、纳溪间战役最有名，称'泸纳之战'。各校学期告终，教师争计以争位，戏名'六腊之战'。'泸纳'与'六腊'，蜀音相近故也。"

"六腊之战"，简而言之，即教师饭碗争夺战。

在新中国成立前，每年的六月份和腊月是教师解聘、应聘时期，在这一时期，总有一番较量。

那时，天可怜见，每到寒暑假期，就是学界恶性疟疾发作的日子，人人乍惊乍寒，身不由己地要战或颤。①

---

① 甘犁 . 闲话六腊之战 [J]. 红岩春秋 ,2001（03）:38-41.

"六腊之战"分为每年寒暑假，即农历六月和腊月两个阶段。"六战"大约发端于 5 月，收束于 8 月末。"腊战"则肇始于入冬，收束于春节后。吃粉墨饭的人，总归有小半年在为饭碗发愁。

其为战也，又要分为两大战役，一为校座争夺之战，二为教席争夺之战。新中国成立前学校类型很多，有公办、私立，还有教会办的。所说"每见师随官去来"，主要指公办。

比如季羡林大师新中国成立前是教过中学的，他在一篇回忆文章中说："每临假期，正是中学教员最紧张的时候，在教员休息室里，经常听到一些窃窃私语，'拿到了没有？'不用说拿到了什么，大家都了解，这指的是下学期的聘书。"这"拿到了没有"，借用《西厢记》中张生的心情，真个是"提心在口"。借用莎剧哈姆雷特的咏叹，那就是"生存或死亡，这还是个问题"。

在旧社会教书其实是非常清苦的事，所以俗话说"家有三石粮，不当孩儿王"。可是读书人却难有斗米之储。[1]

鲁迅先生写过一首诗：

> 煮豆燃豆萁，萁在釜下泣。
>
> 我烬你熟了，正好办教席。

有人形容当时的教习就是专熬读书人的大煎锅。

---

[1] 甘犁. 闲话六腊之战 [J]. 红岩春秋 ,2001（03）:38-41.

"那个时候，当个小学教师很不容易，当时是聘任制，如果校长继续聘任你，你继续当老师；如果不聘任你，你就靠边站。那个时候，与校长拉关系的，小学老师只要能教书就能够去。"曾康霖的父亲每年都面临"六腊之战"，如果校长不同意聘请他，生计就成了问题。其实那个时候的校长一样面临"六腊之战"，当时的普遍现象就是，从老师到校长，其实都需要拉关系才能坐稳位置。

尽管每年面临"六腊之战"，而曾康霖的父亲似乎还算一切安好，"我父亲教算术和语文，自然、历史、地理。我们上小学的时候，还学打算盘。一般小学都三四门课，还有画画、唱歌。"

随着国民党腐败政权的崩溃，"六腊之战"终于成为历史陈迹，人们今天只有在摆龙门阵时才会再提到它了。[①]

沉重的故事，给我们最大的启示在于：变革年代，人的命运难以把握。大环境的演进，需要时光的沉浮选择，才能慢慢清晰。

麻五类

父亲的一举一动都在影响着曾康霖，父亲不仅照顾他的衣食，也对他的未来产生着潜移默化的影响。

后来在讲阶级成分的年代，需要曾康霖在表上填写家庭出身时，他就填上"小土地出租"，但这样填写合不合适，他也不知道。出生于一个

---

① 甘犁. 闲话六腊之战 [J]. 红岩春秋,2001（03）:38-41.

什么样的家庭，曾康霖的确说不清楚，土改时，他家被评为"小土地出租"，据说这样的成分是基于家庭生活收入的来源。[①]

显然，这与父亲租出土地不无关联。

那个时候都要看成分，除了"红五类"和"黑五类"，可能很少人知道，还有一种"麻五类"，即介于革命的"红五类"与反革命的"黑五类"之间的那一种人。

"红五类"和"黑五类"是1949年以后，在政治运动中，中国社会上对某些人的称呼，彼时有鲜明时代特点。

"红五类"主要是指革命军人、革命干部、工人、贫农、下中农的一群人，他们的子女也被称为"红五类"。"红五类"当时在种种资源占有、利益分配上，他们往往享有优先权。

而"黑五类"则与"红五类"相反，是在"文革"时对政治身份为地主、富农、反革命分子、坏分子、右派五类人的统称，合称"地富反坏右"。

"有人说家庭成分都要遗传，'子承父业'，这样填写，我不属于'红五类'，也不属于'黑五类'，而属于'麻五类'。"曾康霖这样说道。

什么是"麻五类"？介于革命的"红五类"和反革命的"黑五类"之间的那一种人，就属于"麻五类"。当时处于中间的这一类人，不得不把自己的出身自嘲为"麻五类"。

"我出生于'麻五类'，对我的成长有没有影响？有多大影响？不得

---

① 张震中. 我曾经是"麻五类"[J]. 瞭望东方周刊，2009.

而知。"这些其实已经是过去的事情了，不需要较真回答。

曾康霖的人生旅程中还有一段抹不去的回忆，那就是母亲性格要强，不甘寄人篱下。在曾康霖眼中，母亲是个能干而倔强的女人，比父亲大几岁，父辈分家时，母亲坚持要搬出去住。

搬到哪里去呢？后来曾康霖能回忆起来的是搬到离学堂屋基大约1公里附近的玉龙湾，他们在玉龙湾的上房右侧租了一间大约30平方米的房子当卧室，没有厨房和厕所，就在旁边的空地上搭了两间工棚样的小屋当厨房和厕所凑合着用。

从四合头的大瓦房搬到厕所厨房都要自己搭建的小屋，"这对我当时幼小的心灵来说，是一种冲击，有很大的失落感"。

曾康霖甚至不理解为什么放着原来较长时间生活、习惯、熟悉了的大瓦房不住，而要搬出来住这样的破旧烂屋呢？

后来曾康霖逐渐长大，父亲才告诉他，这件事情是母亲的主意。根据父亲的描述，母亲是个很有骨气的人，分了家后，她绝不"寄人篱下"。

印象中，母亲对自己既溺爱又严厉，至今曾康霖还能记得一些事。曾康霖有个二姐，有一年曾康霖的婆（即奶奶，四川称呼叫婆）的娘家办喜事，当时曾家还没有分家，就请一大家人过去。奶奶娘家叫"坪上"，那里距离曾康霖祖父家的学堂屋基大约有七八公里远，而曾康霖的奶奶因为是小脚（旧时裹脚的后果）不能走路去，就必须要坐轿子。

当时曾康霖大约2岁，母亲要他和奶奶一同坐轿子前去，自己则走路去。

也不知道是什么原因，曾康霖又哭又闹就是不愿意去，后来母亲也就只好不去了，留在家里陪他。

那时母亲还有一个特别要求，就是绝对不允许曾康霖去大伯家玩，原因是，在母亲看来，大伯家有两个堂兄管教不严，任性贪耍，不好好读书，母亲担心曾康霖去与他们"混"，跟着学坏了。

三岁葬母

尽管这些关于母亲的记忆随着时间的流逝正在远去，但母亲后来离世的场景总在他心头挥之不去。

从学堂屋基搬到玉龙湾没有住多长时间，母亲就生病了。

"当时在农村根本谈不上什么医疗条件，只知道相信迷信，把生病的原因归咎于搬家的时间、地点没有选好，惊动了'地气''菩萨'，不能得到'菩萨'保佑，反而得到上天的惩罚。"

母亲生了病，没有条件去检查医治，而是求神拜佛。"记得当时我父亲不常在家，在离家约13公里的石马场任小学教师，十天八天回来一次，看望一下就走。母亲的病越来越重，没有几个月就去世了。"

曾康霖现在判断，母亲得的病可能是伤寒。

不过在当时，他大概才3岁。"约3岁的小孩根本不懂得丧母的悲痛，记得当时来祭奠的人很多，来了不少亲戚朋友。借玉龙湾的侧房举办出丧仪式（按农村习俗规矩，正房是不能让外姓人举行发丧的）。当时，我这个不懂事、不知悲痛、不孝的儿子，只知在人群中穿梭，不时还吃着别人送来祭奠用的糖果。"

曾康霖回忆，在母亲去世后，他们只好又搬回学堂屋基，由于父亲经常在外，这个失去亲母的小孩只好与二姐（她比曾康霖大 2 岁）相依为伴，与公（爷爷）、婆、幺叔、幺婶他们住在一起。

"可以说我从小就失去了亲生母亲的母爱"，尽管如此，但曾康霖在孙子辈中，特别受到公、婆的宠爱。

记得在小时候的冬天，每当曾康霖洗澡完后，婆总是把她穿的"皮衫"先解开，抱着他，让他投怀取暖；而他的公每到观音寺（学堂屋基后面一座塑着观音菩萨的寺庙，闲人常去休闲的地方）去耍，总要带着他去。

"现在回想起来，特别受到公、婆的宠爱，有两个原因：一是大伯家的两个堂兄，在公、婆看来，'不争气'；二是二伯家搬到泸州城里住了，三个堂兄隔得远，不在公、婆身边，而幺叔、幺婶还没生子，在他们身边的，只有我这个孙儿。"

幺叔、幺婶对曾康霖也是照顾有加。幺婶亲手为他做鞋，幺叔也亲自带他去买布做衣服。曾康霖还记得幺叔曾邀请他去逛泸州市"少成美"百货公司，最后选了一种淡黄色的卡机布做外套。当时曾康霖又惊喜又兴奋，因为那种布料拿来做衣服符合读初中童子军军服的要求，而且学校要求必须穿。

回忆儿时岁月，曾康霖说，"在我儿时，虽然失去了亲生母亲的母爱，但得到了我亲生父亲的爱。"那时因为贫困，一般家庭的大人都没有条件穿棉衣，更别说小孩子，到了冬天都冻得瑟瑟发抖。但曾康霖和二姐却早早就穿上了棉衣，那是父亲请裁缝专门做的，新布的面子，花布的里子，中间铺着棉花，穿着暖暖的。迄今为止，曾康霖对幼时这份父亲给予的温暖，仍记忆深刻。

后来父亲经亲戚介绍再婚。在曾康霖的记忆中，后母是操持家务的一把好手，特别是家庭泡菜做得很好吃，人人叫绝。后母很勤劳，几乎不得闲，当时曾康霖的父亲是小学教师，工资并不多，有时还领不到津贴，于是后母蒸泡粑①、卖水烟、包装橘柑、编织草帽，总是设法多挣点钱来补贴家用。那时，泸县教育部门刚刚给小学教师发一袋食盐当津贴，后母领到食盐后就带着曾康霖一起，坐在家门口卖盐。

"继母给我印象最深的关爱就是教我做家务。"身为大哥，曾康霖常常跟着后母学习，帮忙生火煮饭、洗米炒菜，从小练就一手好厨艺。曾康霖说，那时常吃甑子饭②，甑子饭要先下锅煮米，然后捞起过滤，置放一段时间后用甑子蒸，这时就要看煮饭的火候，火候不当就容易半生不熟、软硬不适。在后母的教导下，曾康霖早就熟练掌握了蒸出一锅爽口米饭的技能，炒菜配料及火候的掌握，也是后母手把手教的。

1940年，曾康霖满5岁后，父亲就要他和二姐一起上小学。那时，他的父亲在五通小学教书，学堂屋基离五通场大概4公里路，早晚上学起早摸黑，不方便，于是父亲要他到学校与他住在一起，而二姐则借住在场上的亲戚家。

二姐曾启华只比曾康霖大两岁，但却成熟懂事，生母去世后，每当

---

① 一种四川小吃，以大米和糯米蒸制而成，口感松软，香甜可口。

② 用木甑蒸制的大米饭。

天气变化时，她都会提醒曾康霖加减衣服，而且早晚起床睡觉，她一定会亲自替曾康霖穿衣解衣。姐姐的关爱渗透在每一个生活细节中，让曾康霖倍感温馨。后来二姐因病去世，曾康霖现在仍痛心不已。

曾康霖小学成绩应该不错，而他自己却说："（成绩）说不清，初小在五通场，高小在白云场，新中国成立前，我们一个乡找个中学生都很难，当时考到泸县中学是很难的。"

曾康霖的夫人比较那时的读书则说，"那个时候，我们整个地区只有两个县有中学，你们四川还比较先进，你读高中时，四川每个县都有中学。有些还有专门的初中、高中、师范。"曾康霖的夫人出生在贵州，在她看来，那时的贵州教育远远落后于四川。

住校读书有两件事给曾康霖留下至今难忘的记忆：他住校时是和大人们一起吃饭，由于人小个子矮，每当吃饭时，他总要先去搬个凳子坐上去，才好夹菜。因此每天吃饭前，他总要先去抢个凳子，占个位子。

有一天，曾康霖先占到一个位子，但后来一位同学进来说这条凳子是他"包了的"，尽管曾康霖先来，也不能坐。当时曾康霖的父亲不在饭堂，而那位同学的家长在，于是这位同学抢赢了，坐上凳子，而曾康霖只能在旁边站着，好一肚子的委屈，有口难言。

另一件事情是，每当集合排班站队，曾康霖总是要和二姐站在女同学旁边，于是就被别人讥笑，"是男孩，还是女孩？"（当然，有的人也许是善意的玩笑。）

后来他在五通小学读初小大概两年以后，即 1942 年，他家搬到白云场，就转学读高小了。

笔者多次和如今已逾80岁的曾康霖老师交流，曾老谈及童年岁月说："我较详细、真切地叙述了我的幼时人生，是想表达家庭对我的爱护和管教，对我的性格有很大的影响。我这个人性格内向，不大开朗，不善于言谈，不善于交往，有时还'胆小怕事'。我想这与我父母没有让我去'经风雨、见世面'相关，没有让我去'吃苦耐劳'相关，没有着意让我接触社会相关。"

像中了"状元"

1947年，12岁的曾康霖考入泸县县立中学。

曾康霖说："在旧社会，为了有个立足之地，父亲不惜负债送我上县城读书。"在曾康霖儿时的印象中，县立中学是公立的，能够被县立中学录取，去那里读书，在一些人看来，很不容易，非常体面。

当时一个县没有几所中学，泸县除了县立中学以外，还有三所私人办的中学，即桐荫中学、峨眉中学、江阳中学。

旧社会一个几十万人口的大县，只有几百人读中学，有的乡几乎没有一个中学生，可见文化教育事业的贫乏和落后。

但那一年（1946年）曾康霖所在的泸县白云乡就有三位"小升初"，也就是说与曾康霖一同考进泸县县立中学的，有三位白云小学的学生，为此受到一些人的称赞和叫好。能到县城读初中，像中了"状元"一样。

在泸县中学读初中期间，有两件事曾康霖记忆犹新、终生难忘。

一件是在寝室被校长刘麟打手心；另一件参加反对学校校长赵淳讨

好高中毕业班的活动。

关于被打手心这事，今天看来，一切在意料之中。

由于家境贫困，没有衣穿，寒冬腊月，冰天雪地，曾康霖还穿着单薄的短裤，腿脚冻得发红麻木。一天下午曾康霖和两个同学不在教室复习，而是悄悄溜回寝室，到床上用被盖捂住腿脚取暖。

不巧的是，那天下午正好校长清查寝室。一声尖叫的长笛后，校长便敲门进屋，见着有人二话不说，先打一个手心。"要知道，仅这一打，就会使你痛苦难当，手心红肿……所以同学们既恨又怕。"

1948 年，曾康霖 13 岁。

这一年的上半年，泸县中学高中 24 班、初中 5 班学生为反对县参议员、学校校长赵淳讨好高中毕业班 22 班，掀起请愿示威活动。曾康霖也参加活动，因为当时的校长赵淳在学校偏爱高中一个毕业班，对更多的学生生活上照顾不太公平。

"请愿队伍从学校后校门出去，分头出发的。当时泸县中学是在前泸州市的瓦窑坝，瓦窑坝后边有个山叫龙头关，翻过山是泸县的忠山。学生到泸县的忠山要签名，签名过后集中到专员公署。"

曾康霖第一次参加这样的活动，心情十分激动。"当时我们是初中生，主要是高中生一帮人带的头，也不知道害怕，只觉得是很好玩的事儿。后来我们奇怪的是有人管饭，总共有一百人呢，中午还有人管饭，后面还是有人支持这个事。"

隔了两个礼拜，泸县县政府召集去请愿的学生训话，出来训话的两个人，其中一位是当时的泸县县长伍心鍊。县长训话说："你们不能再闹了，再闹就在南门上架起机关枪等你们。"

"那时我还不能深刻理解：为什么政府总是站在校长一边，而跟我们学生过不去呢。"新中国成立后，曾康霖和同学们才逐渐了解，1948年那一次请愿示威活动是共产党地下组织所组织的。当时泸县中学也有共产党地下组织，除了不定期的学校社团活动以及编辑出版的墙报上有流露外，临近解放时，各班还邀请特定的老师做时势报告。淮海战役时，在报告中，大家就知道了敌我双方的部署，曾康霖也因此对陈毅、刘伯承等元帅大名早有耳闻。

第二章　新中国成立后的契机

深感新鲜

曾康霖的家乡是在 1949 年 12 月解放的。

当时的解放军是从合江白沙镇方向到泸县白云场的，那时家乡的人没有见过解放军，不知道他们是什么样子，看到周围有人出去避风头，曾康霖也被送到更远的乡下一个亲戚家，而家里毕竟还有一些搬不动的东西，后母就留在家照看。

"当时我没有见过解放军长什么样子，我还问留在场上的人，解放军穿什么衣服？是灰色的，还是黄色的？得到的回答是：天黑了看不清。满街都是人，那可能有成千上万，像赶场一样。"

曾康霖离开家的当晚，解放军就到了，他家的位置比较高，解放军就把电台架在他家的桌子上，"解放军没待多久，很快就往泸州走了，第二天我们回场，看到的是解放军的布告，布告称：中国人民解放军是解放全国人民的队伍，维护全国人民的生命财产安全，解放军纪律严明，不拿群众一针一线……"几十年后，当曾康霖叙述这段经历时还记得，"解放军在白云场的商店里，拿走杂糖后，还放了银元在那里。"

1949年12月3日是泸县历史上一个重要的时刻，这一天，泸县宣告和平解放。

根据《泸县志》记载，新中国之前的泸县由国民党七十二军驻守。1949年冬，中国人民解放军第十军第二十八师解放赤水后，与进军纳溪的第十六军第四十八师分两面包围了泸县。12月3日，人民解放军第十军第二十八师渡过长江，通过电话敦促国民党第七十二军投降。当天下午，解放军与国民党七十二军后卫作了短暂的火力接触，守军一触即逃。傍晚，解放军占领了泸州市，收编了国民党起义部队。

新中国成立后，曾康霖见到的第一张布告是《中国人民解放军告人民大众书》，他第一次知晓了解放军的总司令员是朱德，政治委员是毛泽东，而给他留下的最深印象是，解放军从不以"长官"相称，都称为"xx员"来表示地位平等。这是新中国成立后，他感受到的第一件新鲜事物。

他感受到的第二件新鲜事物是：政府、各事业单位、街道地名都以"人民……"相称，比如xx人民政府、人民币、人民银行、人民保险公司、人民商场、人民南路、人民百货公司等。一开始，曾康霖把"人民"当作一个普通的概念，认为"人民"与群众、老百姓相同，表明共产党领导就是为人民服务。后来才逐步理解，在不同的条件下，"人民"是一个具有特殊含义的概念，要为人民服务，也是不容易做到的。

泸县解放这一年曾康霖 14 岁。那时他就准备放弃学业，争取参加工作，为人民服务。

其实，曾康霖原名叫曾启光，按照曾家的辈分，分别是文、玉、朝、庭、启、安、邦、定、国、清，他是启字辈。1949 年，他刚念完初中，欣逢解放，机缘巧合，随后很快便参加税收工作。曾康霖这个名字是他参加工作以后才有的。

曾康霖还记得在白云场见到的第二张布告，那是《西南军政大学的招生简章》，招生简章规定有高中毕业学历才能报考。但当时曾康霖还不具备高中学历，只好遗憾作罢。而后，解放军第十八军随军干校招生，规定初中毕业也能报考。曾康霖便和一位同学一起赴泸州应考。考试的科目是中学的数理化，曾康霖读中学时数理化可是强项，笔试成绩很好，于是他便借口要赶回家要求进行复试。复试的问题并不多，其中他印象很深的一个问题是"你怕不怕死"。也许是年轻不经事，曾康霖没有多思考，就壮起胆说"不怕"。就这样，他被录取了。

但当回家向父母报告时，父母却犹豫了。一些亲戚朋友也向曾父说道："你们家只有一个，没有多的男孩，何必让他走远呢？"七说八说，错过了报到时间，曾康霖也失去了参军的机会。

1950 年，恰逢泸县兆雅区税务所招收交易员，曾康霖便通过父亲的介绍，从一个学生变成了一个收税员。事实上，当时他初中还没有读完。可从 1949 年 10 月份开始，他已经坐不下来读书了，因为局势不允许。当时四川并未完全解放，泸县也才刚刚解放，百废待兴，都在等解放军来（四川的解放具体时间），大家再没有一门心思读书的耐心了。学校给曾康霖开了个结业证，也就是一张纸，证明他初中的课程已经念完了。

或许是为了给新征程打气，曾康霖决定给自己改名字。参加工作时，他的名字就改成了"曾康宁"，也是其父取的名。至于"康宁"和"启光"的关系，曾康霖后来回忆说，为什么改成"曾康宁"，他本人也说不上来，可能跟旧时的"名、字、号"有关系。

不过今天的曾康霖，名字也不是那时的"曾康宁"。最后决定用"曾康霖"是他自己的主意。按他的说法，一是避免重名；二是其含义有差别，"康宁"只为自己，"康霖"要为别人。

2015年春天的一个周末，回忆起名字的变化，曾康霖还告诉笔者，他这个名字在网上检索，发现没有一个重名的。

在曾康霖父亲的墓碑上，曾康霖的名依然是"启光"。

背着枪去收税

1950年上半年，曾康霖成为一名税务员。"我有时候有点胆小怕事，我是十几岁就工作了，在农村收税，农村有狗，我那个时候就带了个棍棍。"

曾康霖说："我爸爸在新中国成立前收过税，新中国成立前的收税，是搞承包，在泸县税务局，谁承包的，一个场的归你收，交了钱后，剩下的就归你。新中国成立后，当时财政很困难，每个县成立税务局，每个区成立税务所，到处招人，实际上是我爸推荐我去的。我当时年龄小，怕资格不够，就虚报称18岁，年龄改过的，实际上15岁。"

当时收税怎么收？

当时把收税的人叫交易员，交易员就是所谓的经纪人。当时农村交易买粮食，买卖双方是不能讨价还价的，要由中间交易员来负责联系。农民饲养牲畜拿到集市上交易，也要按交易额的3%征收"牲畜交易税"，征收这样的税，数额不多，但繁杂。

四川的乡集一般是附近的几个集镇轮流进行，按照一四七、二五八、三六九来将时间错开。交易员们住在一个固定地方，每天都要集体去赶场（相当于农村赶集市），没有周末休假，因为有集市就有粮食买卖，交易员就要去用升斗量粮食。而且赶集之日必须提前到达，如果买卖双方已经达成交易，纳税人却没找到收税的人，这就是交易员的失职，很有可能"饭碗不保"。

曾康霖几乎是每天天不亮就起床，在8点之前赶到集市开始工作，一直到下午集市散了后才收拾回住地。每个场镇和住地都有相当远的距离，少则10公里，多则20公里，少年曾康霖就一步一步用脚丈量出这些距离，忙得不知日升月暮。那时的工作非常劳累，早出晚归，每天如是。但曾康霖精神饱满，热情很高。"解放区的天是明朗的天，解放区的人们好喜欢……""雄赳赳，气昂昂，跨过鸭绿江……"一路高歌，一路畅想，曾康霖与他的同事们一样，鲜明地反映出刚解放时年轻人的精神面貌。

交易员的职责是维护公平买卖。那时粮食交易的度量衡是"斗和升"。斗的大小是公家的，新中国成立前后用的度量衡是同一个斗，一般斗上会安装一个竹片，用来把装满粮食的斗刮平。量粮食有讲究，如果刮放松一点，买方就占便宜了。旧社会地主剥削农民，往往是"大斗进，小斗出，大秤进，小秤出"，而此时"交易员"一定要做到"公平公正"，不能使买卖双方吃亏。

曾康霖回忆说，当交易员时，要用竹片刮量，如"买米的时候刮刮，刮狠（深）了就少，刮薄了就多。那个斗，一斗十升，斗就大了"。粮食一倒进一倒出，确实也是个体力活，而"交易员"的回报就是用竹片刮后剩下来的粮食。

"那个是很艰苦的工作，每次上班回来，一身都是灰。"交易员那时还不算是正式员工，更不算干部。"开始当交易员就干这个事情。最初是供给制，我进去，就发了一套衣服，一个月吃饭公家负担，没有薪金。我从交易员转为正式干部之后，拿薪金确定为行政24级，也就是最底层，20世纪50年代也就拿二十几元。"

由于曾康霖的苦干实干、精神饱满、认真负责，很得领导赏识，于是1950年11月优先让曾康霖转为正式干部。这也就是说，他被录取为交易员，参加征收牲畜交易税，但依旧是临时工，表现不好或人数超编时，仍然要被辞退。事实上当时与曾康霖一起参加工作，而后被辞退的人不少。

转正之事很快批准下来，曾康霖于1951年1月成为泸县税务局税工干部。税工干部之职，首先是当"驻征员"，即住在一个场镇上负责征收各种税收，当时要收的税有：交易税、屠宰税、工商营业税、所得税、印花税、酒税等。学习懂得的税法较多，工作量较大。一开始曾康霖驻太伏镇，后来他负责太伏区（太伏区包括四个场镇，即太伏、新路、白云、万定）。后米从驻征员升格为"稽征组长"，也就是说要他负责一个区的征税工作，完成每年计划的税收任务。这一干就是 4 年。在这期间，曾康霖两次被县局评为先进工作者和优良工作者，获得笔记本奖励，并被选为代表参加泸州专区税工代表大会。1955 年与吕文钦同志一起被派到四川财干校学习，曾康霖很幸运当时自己被定为培养、提拔的对象。

负责一个区的征税工作着实不易，曾康霖那时觉得最难的工作是与工商户打交道。那时征收工商业税有几种类型，一是定期定额，二是评定缴纳，三是出厂计件，大部分是评定缴纳，而评税即评定税基是个很伤脑筋的事：一是工商户总是想减轻负担少交税收；二是少交了税收，又完不成税收任务。所以这二者的博弈，往往很激烈，很尖锐。一些工商户不理解税收人员的"苦衷"，甚至"仇恨"税工人员，后来有的工商户坦言说："我恨曾康

1951 年在泸县兆雅镇税务所留影

霖，收税把我整垮了，我曾搬着石头，在小巷子等着。"当时，曾康霖却没有想到这些。

现在回想起来，曾康霖也坦言，当时在农业合作化高潮的推动下，对场镇工商业者的改造（包括加重对私人工商业者的征税，促使他们走公私合营的道路）比较激进，把握政策偏左，伤了一些人，是不可避免的。

2015 年春节前，曾康霖对这段收税岁月和他的部分同事列了一个表：1951 年参加泸县兆雅税务所交易员工作，时任所长为陈志澄。同年 3 月 2 号调所内赶场从业，9 月 8 日调杨九镇驻场从业，10 月 25 日回所。11 月提升为干部。12 月 5 日调太伏区工作，当时与刘致兴、宋启瑞等同志一起……

关于这段时间，略为分析即可发现，曾康霖把自己的工作履历明显延后了，他实际上是在 1950 年上半年即参加了工作，但几乎对外所有的履历上的时间却是从 1951 年 1 月 1 日开始的，这又是为什么呢？

"主要就是为了好记，没有什么别的原因。"曾康霖回忆，"实际上在 1950 年下半年开始工作，我为了好记，参加工作都写了 1951 年 1 月 1 日，实际上是 1950 年 11 月转为干部。"

行文至此，必须要回顾一下当年的情况。

1950 年 1 月 1 日，中央人民政府财政部税务总局成立。随后《全国税收实施要则》《工商业税暂行条例》《货物税暂行条例》颁布，规定在全国建立统一的税收制度。新中国成立前后，新、老解放区实行的税制不同，计税价格和征收方法也不一样。也是从这年开始，全国税收开始统一，我国新税收制度逐渐建立起来。

和如今比较，1950 年的收税风险高出许多。当时在农村地区税收最大的是屠宰税，尤其是 1953 年前后，农村几乎每家每户都养猪，而且都喂得膘肥体壮，好些猪的重量超过 300 斤，税务所就在农村布点，农民赶猪去杀，税务员就在现场收税。

有老税收人曾回忆，尽管那时候的税收大部分来自货物税和工商业税，但是最难收的应当数屠宰税。那个年代，杀一头牛的税款要几块钱，而杀一头猪的税款也要几毛钱，这对很多屠夫来说是很高的成本，所以他们会避开屠宰场选择私宰。

更不安全的因素来自土匪，"那时候刚解放，社会还较为不安全，有时候还有土匪出来活动。"曾康霖回忆说，那时候收税，尤其是杀猪的时候，经常杀完已经天黑了，所以每个人都有一把配枪，"为了吓唬那些土匪，特别是晚上出去，收税要背着枪"。

其实不仅仅是四川当时如此，根据《厦门 60 年见证实录》记载，厦门那时带着枪的税收人员还曾经被屠夫缴了枪。当时的税务员吴国栋回忆，"有一次，我们半夜去查私宰，那时候文灶还是城乡接合部，是私宰比较集中的地方，我们就在小巷子里查到了一起，结果那些屠夫非常凶，上来就把一位所长的枪给缴了。"

曾康霖没有碰到被缴枪的情况，而他们虽然有枪，但都不随便开枪。他也没听说当时系统内有人开过枪。后来枪就被收走了。

"当时的钱面值非常大，比如一万元可能也就相当于今天的一元，收税都是用现金，特别是忙的时候。"曾康霖一直比较瘦弱，他用一个大大的背篼装着那些税金，那时候银行网点很少，他就从一个镇背到另一个镇去交。

曾康霖在太伏、兆雅等各个镇收税，那时候路不好走，如今从兆雅到太伏，开车十分钟就到了，但那时全靠走路。

"有一天下大雨，路又滑，钱是一捆一捆的，收到的税加在一起有三四十斤重"，曾康霖说，"现在想起来，那时候工作热情非常高，也不知道疲惫，更不知道有风险……"

长兄为父

曾康霖是家中的长兄，亲生母亲去世后，父亲后来娶了当时合江县观音乡的张姓女子为妻。后母在 1947 年和 1953 年又生了两个弟弟，他们的名字分别是曾启益和曾启力。

此时的中国，从 1952 年到 1954 年，城里正大兴土木，广大农村正在经历着粮食的"统购统销"。

1952 年 7 月到 1953 年 6 月的一年中，国家收入粮食 547 亿斤，支出 587 亿斤，赤字 40 亿斤。[①]1953 年的城镇人口比上一年增加 600 万人，农村吃商品粮的人口也高达 1 亿人。粮食形势严峻，不得不进行计划分配，节俭粮食。

此时的曾家，亦在艰难度日。

2015 年 4 月上旬，笔者见到 68 岁的曾启益和 62 岁的曾启力，他们和曾康霖同父异母，而三人的神态亦十分相似。

---

① 曹应旺. 陈云的八种比较与粮食统购统销 [N]. 学习时报，2005.

在曾康霖参加工作时候，他的弟弟曾启益才 3 岁，而弟弟曾启力在他参加工作后 3 年出生。"长兄为父，大哥应该说是给了我们极大的照顾"，曾启益描述曾康霖时，用长兄为父来概括，其实不仅仅是艰难岁月里，曾康霖给予两位兄弟诸多关照，到如今三个家庭早已生活安康，而每年春节，也都是大哥曾康霖带这两位弟弟一起团聚。

两位弟弟生活上有什么需要他照顾，曾康霖也都是尽力而为。"我记得有两次，大哥甚至是救了我的命"，弟弟曾启力 1978 年到成都做手术，曾康霖出钱出力，忙上忙下。

兄弟三人感情十分要好，而曾康霖本人一直没有提起他对两位弟弟的照顾，更多时候，他反而说自己给予家庭的照顾太少。相对两位年幼的弟弟来说，曾康霖早已挑起生活的重担，当时家中的主要收入来源就是他和父亲的津贴，两位弟弟都在上学，而他和父亲的津贴也就基本维持一家生活。

"我们的父亲 1981 年 1 月 16 日去世，那时候大哥正在广东出差，我们想大哥再看一眼父亲。"曾启益回忆，接到父亲去世的消息，曾康霖连忙往家赶。

此时曾康霖教书一个月大概 40 多元的工资，而那时曾家生活比较困难，亲戚朋友建议尽快下葬。三天后，曾康霖终于赶到了太伏，那时还没有公交车，曾康霖走路赶到家，可父亲已经下葬，没能见到父亲最后一面。兄弟几人抱头痛哭！

34 年后，曾启益谈及和大哥曾康霖的感情，尤其是在提及父亲去世时的光景，潸然泪下。

曾康霖为父亲的墓碑上撰联"从教一生为养家奔波操劳，梦筑未来望儿孙奋发向上"。

相对于在他3岁时就去世的母亲，曾康霖关于父亲的记忆显然深刻许多。他自认为自己是个很内向的人，并不那么善于表达感情，而父亲即便面临"六腊之战"，也那么坚持让兄弟几人念书成才，父亲对于曾康霖影响极大。

曾康霖说："这些年，随着年龄的增长，我逐渐明白了一个道理：一个人的成长、成就，家庭的培养是非常重要的。可以说，多数能够取得让人瞩目成就的人（包括诺贝尔奖获得者），都出身于名门望族，得到了家庭的教育培养。"

他感叹说："虽不能完全说这是因为他们从小受到父辈乃至祖辈的熏陶，但能够说是因为他们有条件去接受良好的教育，去接触先进的科学文化。我没有条件得到家庭的培养，但我孙子有条件朝着这方面去努力。我期盼着'后来居上'。"

曾康霖后来一直在高校从教，并非没有机会转做他业，这或许与潜移默化中受到父亲坚持从教的经历有关。

曾康霖儿时的记忆一方面是关于家庭，比如那座一直在他记忆中的四合头大瓦房，还有他在泸县念过的学校，或许那里不仅仅是他读书的地方，也有他父亲的影子。几乎每次回到泸县，曾康霖都会抽空到他读书的学校去看一看，他很是关心学校的发展，还在光明日报出版社购买国内外文化名著，赠送给学校。

时光荏苒，曾康霖小学念的五通小学如今已经变身为家属院，但"三层宫"的旧名依然存在。虽然那里的老建筑已经焕然一新，但每次曾康霖回到家乡，总要回到那里。当年他在这里生活、读书的场景仍然历历在目，那扇儿时进出的学校大门，依然鼎立如初。

局长批评

在进入高校学习和留校教书之前，从 1950 年开始，15 岁的曾康霖在家乡附近的几个乡镇奔波，那时新中国的税收工作刚刚开始系统规范管理。

"1953 年 9 月 1 日在泸县太伏区批准入团，介绍人简富顺、唐明建。1955 年 2 月 21 日离开太伏区去重庆的四川财干校学习，同去的有吕文钦。"曾康霖的工作笔记记录了收税的时间履历。

在后来他自己写的一篇回忆录中，他记录："凭着青少年的热情，凭着一股当革命干部的新鲜劲，我积极工作，任劳任怨。1953 年和 1954 年先后被评为县税务战线上的先进工作者和优秀工作者。"

至今，曾康霖保留着那些获奖的笔记本，上面大部分密密麻麻写着当时的学习笔记，还有一些生活见闻。他的字写得十分小巧飘逸，大约 5 毫米见方，值得注意的是，这些笔记十分工整，几乎都没有修改的痕迹。

1955 年上半年，曾康霖被派往四川财干校学习，当时这所学校在重庆凯旋路上，曾康霖在这里度过了半学期时光。这年 8 月 20 日，他学习完回到税务局被调到税政股工作。

"从干校学习完后，回泸县税务局上班，领导要求把学的知识用起来，派我到每个区的供销合作社稽查、清缴补漏税收。时值年终岁末，各税务所要完成当年下达的税收任务。经过稽查，每个供销社补漏的税收少则几千元，多则几万元。由此，局里的领导和同事都认为我学以致用，是局里少有的查账能手，都舍不得我离开。"

此时曾康霖的工作可以说是顺风顺水，因为在干部学校学习了会计，他的专业能力很快显示出竞争力，而当时很多和他一样的收税员其实也就是中学生，并不太懂得税务的专业知识。

从1952年开始，工商行业开展"五反"，其中就包括"反偷税漏税"，而当时的税务工作很容易出现漏税，不少地方的税务所都请他去查账查漏税，"我学了之后，我知道去查哪些账，贷方和借方怎么对比。"

曾康霖工作十分认真仔细，而且又有专业知识，他那时经常先找来明细账，然后看借贷方，看原始凭证，该不该上税，是否已经上税，有问题的地方很难逃过他的眼睛。

那时候他经常被请去查供销社的账，不知道什么原因，也许是经办的人不严谨，也许是有的人不知税法，一经清理，发现供销社漏掉了很多税要补。"当时泸县有很多区，每个区都有税务所，每个税务所都希望我去，因为一查一补，当年的任务就完成了。"

因为表现突出，1956年初，曾康霖出任泸县税务局税政股长。

在新的岗位上发生了一件影响曾康霖未来的事情，这件事情更激发了他考大学的愿望。

当时作为税政股长，曾康霖第一次草拟的文件送到局长那里，局长当面就向他指出："概念不清，文句不通，政策界限不明确……"

在承担具体的工作时，曾康霖干得井井有条，而作为一个刚上任的股长，自己草拟而且似乎十分满意的文件在局长那里竟然与要求相去甚远，这对于信心满满的曾康霖来说，的确是一个打击。

曾康霖反复考虑，"分析原因，认为除了自己政策水平不高，理解不清楚之外，更重要的是知识面窄、功底差、文字功夫不过硬"。怎么办？上大学也许是一条出路，曾康霖开始为自己的大学之路筹划。他暗下决心，准备去考大学，到学校去学习深造。

此时恰逢 50 年代中期，当时还一穷二白的中国提出了"向科学进军"的口号，大力培养科学家、工程师，让科学为国家服务。

1956 年 1 月，党中央在北京召开了全国知识分子问题会议，会议的第一天，周恩来代表党中央作了《关于知识分子问题的报告》。这个报告特别强调，科学是关系经济、国防和文化发展的决定性因素，必须迅速扩大知识分子队伍，提高科学文化水平，追赶世界先进水平，把我国建设成为一个社会主义现代化国家。

正是这一年，国家提出了"向科学技术进军""争当副博士"的号召，并提倡在职人员报考大学。真是天赐良机。曾康霖回忆："我就是在'顺乎时代之潮流''适应国家之需要'这股大潮中跨进了四川财经学院的大门，可谓天时、地利、人和让我交了好运。"

其实，此时有不少"顺乎时代之潮流"的青年瞄准了考大学，其中也包括后来成为曾康霖夫人的谢应辉，这位贵州籍姑娘和曾康霖同年进入四川财经学院，而且成为他的同学。此后文再进行描述。

1956 年 8 月 30 日，曾康霖离开泸县税务局到四川财经学院学习。从跨进四川财经学院大门那天起，曾康霖开始了他的另外一场人生，也就是从此时起，他几乎再没有离开过成都这个叫光华村的地方。

跨进大学校门，显然等待他的是和泸县截然不同的生活和际遇。这位光华园的书生究竟在这所充满传奇色彩的高校发生了怎样的人生旅程？

进大学

1949 年 10 月 1 日，中华人民共和国成立，中国结束了半殖民地半封建社会，从此，中国人民在中国共产党的领导下，走上了建设社会主义的道路。此后，为了培养具有马克思列宁主义素养和专业知识的新中国建设人才，中共中央决定以华北大学为基础，合并中国政法大学，调来华北人民革命大学部分干部组建中国人民大学。

这所大学成为 1956 年很多有志青年报考的第一志愿。当时中国人民大学是单独报考、提前录取的，如果没有被这所学校录取，也还有机会报考其他学校。在此之前的几年里，中国人民大学以培养新型工农知识分子为主，到 1956 年已经发展成为一所以培养马列主义师资和财经、政法干部为主的综合性大学。

曾康霖报考的第一志愿就是中国人民大学，而他夫人谢应辉首先报考的也是这所学校。不过，阴差阳错，两人都没有被中国人民大学录取，而是一起到了四川财经学院学习。

"我先考了人大，人大没有录取，就参加统考。当时分文科、理工科，还有医农体艺，第三类就是文科。一类、二类、三类。人大提前招生，科目是一样的。我们班 5 个人报考人大，4 个人被录取，只有我没有被录取。"谢应辉回忆，自己没有被录取的原因是"视力问题"，谢应辉一直戴一副近视眼镜，外界很少有人知道，她有一只眼睛几乎是先天失明。

曾康霖想考大学始于 1955 年。"那年我在重庆凯旋路四川省财政干部学校学习，同学的学员中有一位考上了中国人民大学财政专业，当时人民大学单独招生，比其他高校招生早，被录取的考生在《光明时报》上大版公布。这位被录取的同学就是在报上知道他被录取了。经过一番交流，知道他初中毕业后参加税收工作，刻苦自学，终于走进了高等学府。我深为他高兴，觉得要向他学习，自此我便暗暗下定决心，一定争取考上人大。"

曾康霖在重庆结束学习后，回到泸县，此后他的工作十分顺利。直到他当上股长，接着受到局长的批评，去上大学的愿望已是前所未有的强烈。

"我想读大学的念头，并未改变。1956 年是国家号召向科学进军的一年，从这一年的上半年开始，我就开始复习有关功课，并得到了当时税务所长刘致兴的支持。刘所长是河北滦县人，南下干部，为人很厚道。"曾康霖对这个过程记得十分清楚，后来他将考大学的过程，在一篇题为"往事并不如烟"的文章中记录下来。"经过一番努力，这年 8 月份我到成都四川大学参加了人民大学的单招考试，继后又在泸州参加了全国高考。当时，自我感觉考试的成绩一般，于是认为读大学的希望可能渺茫了，还是好好工作吧。但时隔不久，接到四川财经学院的录取通知，就这样，我在天时、地利、人和的感召下，进入了四川财经学院的大门。"

从泸县到成都，怀揣着强烈求知欲的曾康霖踏上了漫漫求学路。在

1956 年考入大学，税务局同事欢送，前排左一为曾康霖

成都下了火车后，他携带着行李，要了一辆两个轮子的人力车（有的人叫它黄包车），直奔成都新西门外的光华村。

人力车穿大街、走小巷，很快便到了青羊宫。从青羊宫到光华村，两旁都是农田，农民正在忙着收割水稻（四川话叫"打谷子"）。给人的印象是："当时光华村是成都的郊区，川财坐落在四面都是农家的农村里，大约离火车北站 10 公里，而当时人力车费才 8 毛钱。"

曾康霖离开泸县税务局到四川财经学院学习的那一天是 1956 年 8 月 30 日。同一天，毛泽东在中国共产党第八次全国人民代表大会预备会议上，做《增强党的团结，继承党的传统》的讲话，号召团结一切可团结的力量，搞好建设，不然就会被开除"球籍"。

毛泽东说，中国是有 6 亿人口的国家，在地球上只有一个。过去人家看不起我们，因为没有贡献。钢，以往一年只有几十万吨，1956 年是

400多万吨，1957年可突破500万吨，第二个五年计划超过1000万吨；第三个五年计划就可能超过2000万吨。美国是世界上最强大的资本主义国家，它建国只有180年，它的钢在60年前也只有400万吨。假如再有50年、60年，就完全应该赶过它，这是一种责任。"你有那么多人，你有那么一块大地方，资源那么丰富，又听说搞了社会主义，据说是有优越性，结果你搞了五六十年还不能超过美国，你像个什么样呢？那就要从地球上开除你球籍！"在此之前的1月，国家提出了"向科学技术进军""争当副博士"的号召，并提倡在职人员报考大学。

四川财经学院今天拥有另外一个名字：西南财经大学。四川财经学院的前身可以追溯到1925年6月3日创建的光华大学。西南财经大学官方网站对学校的历史沿革有专门描述：

1925年6月3日，在"五卅"反帝爱国怒潮中，爱国师生从圣约翰大学脱离，拥戴张寿镛先生创办光华大学，校名取自"日月光华，旦复旦兮"（《卿云歌》），象征着复兴中华，反抗帝国主义割宰和奴役的革命精神。

抗战爆发后，光华大学于1938年内迁成都，定名为光华大学成都分部，杜甫草堂迤西的这一片地方由此得名光华村。

1946年更名为成华大学。

1952年至1953年全国院系调整中，以成华大学为基础先后并入西南地区16所财经院校或综合大学的财经系科，组建四川财经学院，是新中国成立之初全国高等院校分区布局中的四所财经学院之一，由国家高教部主管。

与税务局领导在一起

曾康霖（中间排左一）与四川省财政干校第一期同学合影

20 世纪 50 年代，四川财经学院荟萃了我国著名经济学家陈豹隐、李孝同、彭迪先等一批著名教授。1952 年 10 月由西南军政委员会（1953 年 3 月改建为西南行政委员会）领导，1954 年 1 月划归四川省政府领导，1954 年 12 月由中央政府高等教育部直管。

在曾康霖 1956 年进入四川财经学院后，这所具有悠久办学历史的学校后来又发生多次变化。

1958 年 7 月改由四川省政府主管。

1960 年分设四川财经学院和四川科学技术学院，1961 年合并更名为成都大学，"文革"期间历尽沧桑，1978 年恢复为四川财经学院。1980 年划归中国人民银行主管，1985 年更名为西南财经大学。2000 年以独立建制划转教育部管理。

1995 年进入国家"211 工程"建设高校，2010 年成为国家教育体制改革试点高校，2011 年进入国家"985 工程"优势学科创新平台建设高校。

此后的岁月，这所学校改变了曾康霖的命运，而曾康霖也在努力推动着学校的发展。

◎ 附录

曾康霖早年工作履历

1951 年，参加泸县兆雅税务所交易员工作，时任所长为陈志澄。

1951 年 3 月 2 日，调所内赶场从业。

1951 年 9 月 8 日，调杨九镇驻场从业，10 月 25 日回所。

1951 年 11 月，提升为泸县税务局税工干部。

1951 年 12 月 5 日，调太伏区工作，当时与刘致兴、宋启瑞等同志一起。

1952 年 3 月，与高正棋同志一起工作，8 月与简富顺同志一起工作。

1953 年 3 月，与石昌全同志一起工作。

1953 年 6 月 13 日，与刘致兴所长参加泸州专区税工代表会议。

1953 年 9 月 1 日，在泸县太伏区批准入团，介绍人简富顺、唐明建。

1955 年 2 月 21 日，离开太伏区调重庆四川财干校学习，同去的有吕文钦。

1955 年 8 月 20 日学习回局，调税政股工作。

1956 年 8 月 30 日离开县局到财经学院学习。

1960 年学习期满，10 月份留校工作。

第三章 光华园书生

大观园

2015 年，西南财经大学上下都在忙一件事：迎接 90 周年校庆。

天府之国，钟灵毓秀；巴山蜀水，俊采星驰。

如今坐落在成都平原的西南财经大学，携光华、柳林两校区，辖地 2300 余亩，校园湖光柳影，芳草绿树，翩翩学者，蔚为大观，是著名的"园林式院校"。

当年曾康霖就读的四川财经学院就是位于今天成都光华村的光华校区。如今的西南财经大学光华校区外早已是车水马龙，不过时间回到 1956 年，彼时周边却是一片大农村。

曾康霖到学校报到前一个月，即 1956 年 7 月，中国第一批解放牌汽车才刚刚下线。

曾康霖大概是当年入学较晚的学生。到校门后，迎接他的同学居然是一个曾在泸县粮食局工作过的老乡，这位同学 1955 年考入四川财经学院，自然多了几分亲近感。

"尽管如此，但对大学之大，仍然感到陌生。"当时的川财绿树成荫，小溪纵横，流水潺潺，多是灰瓦平房，有的呈工字形，有的是四合院。

20 世纪 50 年代四川财经学院校景

四川财经学院的前身是成华大学，而当时成华大学的办学经费来自私人募捐，其基建投资也只能由私人赞助，谁赞助修建的就由谁命名。所以当时的灰瓦平房都有特定的名称，如康新芝、康新茹赞助修建的图书馆叫季琴图书馆；孔祥熙赞助修建的教学楼叫祥熙堂；富顺、荣县富豪赞助修建的教学楼叫富云堂。而学生宿舍称作明斋、俭斋，由谁赞助修建，则有待考证。

此外学校还有茅草平房和凉亭，房屋与房屋之间以碎石小路连通，小路两旁有整齐的丛绿间隔，房屋门前有流水小沟，可在宿舍旁前细听流水淙淙，篱笆侧后观赏秋菊黄白。真可谓："花开不并百花丛，独立疏篱趣味浓。宁可枝头抱香死，何曾吹落北风中。"[1]

---

[1] （宋）郑思肖《题菊》。

曾康霖初来乍到，感到一切都很新鲜美好，有刘姥姥进大观园之感。

"那时8个学生同住一间寝室，设上下铺。由于晚到，我只能住在临门的上铺，虽然难以避免人进出的干扰，但空气特别流通，乐得自在，进出方便。"曾康霖把那时学生的业余生活简述为：井水洗衣冬天暖，暑期留校可纳凉；露天电影周末有，交谊舞会在食堂。可谓丰富多彩，其乐融融，值得回味。至今难忘的是川财的学生伙食：学生到食堂吃饭，不需要自带碗筷，每当下课去食堂，只见洁白的瓷碗、丰盛的菜肴，早已放在桌上，当时是8个人一桌。学生拿碗盛饭，吃完就走。特别要说的是食堂还专门提供了病号吃的饭菜，供生病的同学享用。"有段时间，虽然我没有生病，但也'冒充'病号享受'特供饭菜'"，曾康霖说。

最让曾康霖感到惊奇的是大学的教学方式，"上了大学怎么求知，事前未听人说过，入学以后才感到大学的学习与中学大大的不同。"在曾康霖的记忆中，在中学，同一个年级，每个班的学生都固定有一个教室，不同的老师都在同一个教室为学生讲授不同的课程，而且每一门课都有教材，复习也都在同一间教室。"而50年代的川财，同一个年级每个班的学生，没有固定的教室，不同的课程有不同的教室，而且时间有时还需变动。当在某个教室听完一门课程后，要去听下一门课，就得转移教室了。"

有趣的是，曾经发生过有的同学听完上一堂课，而找不到下一堂课的教室的情况。那时，供学生听课的座椅是成华大学遗留下来的，没有桌子，在椅子右侧扶手上伸展一块弯曲的木板，就当作记笔记的衬垫。

"按教学计划规定，要学的课一般没有成熟的教材。要学的内容只能听老师讲，学生记。所以每听一门课，学生的思想都很集中。听完课后，也不是到固定的教室进行复习，而是到图书馆。所以，下午或晚上到图书馆占个好位，就成了大多数同学必备的'功课'。图书馆的图书需要借出才能带走，而杂志通常上架，让人们自主取用。"曾康霖对浸泡图书馆的日子回味无穷：当年上百人的图书馆阅览室，平静如水、鸦雀无声，同学们专心致志，尽显专心学习的场景。

曾康霖犹记得被录取之时的兴奋与激动，他也格外珍惜大学的学习时光。谢应辉回忆，当时曾康霖似乎没有什么特别爱好，就是特别喜欢泡图书馆，"他就进图书馆，其他活动参加不多。他很多时候都是在图书馆。"

追随大师

"上了大学，有一股强烈的向科学进军的期望和攀登高峰的勇气，不满足于老师课堂上的讲授，课余时间就蹲图书馆，争取多看一些参考书，读经典著作。"在当时，曾康霖感到，马列著作不容易读，需要借助外语的语法、词汇，结合老师的讲授，慢慢地理解，培养兴趣。"天长日久逐渐养成了习惯，好像一天不去图书馆就像失去了什么似的。"

"也就从那时起，看书写作成了我平生最大的乐趣。"当时的曾康霖，还有一个"敢为人先"的思想：课堂讨论争第一个发言，考试测验争第一个交卷，老师提问也要第一个回答。无论什么事，自己都敢于去干、去学、去闯。

如今回忆当年的场景，曾康霖说："记得有一次课堂讨论，我自以为是，与老师争辩，老师不仅没有听取我的意见，反而批评我'一知半解'，不虚心求教。"

在这以后，曾康霖总结了一条学习经验，一定要虚心向老师学习。大师是大学的灵魂。曾康霖很幸运，20 世纪50 年代，川财拥有一大批造诣深厚、受人尊崇的大师。"可是后来一个接一个的运动，不仅不能向老师求教，反而要违心地去批判老师，这是读大学期间最大的憾事，没有能把老师的学识接过来。"

曾康霖大学期间发生的那段"批判老师"的历史下

曾康霖（前排右一）与老师在一起

曾康霖为老师祝寿

文再述，在他的大学生涯中，"不能忘怀的是老师们对学生的关心和爱护"。

"当时给我们这一级学生开课的都是学校的知名教授，如给我们讲'会计学原理'的是归润章教授，讲'统计学原理'的是刘星铨教授，讲'货币流通与信用'的是梅远谋教授，讲'财政学'的是左治生、李锐教授，讲'哲学'的是刘洪康教授，讲'政治经济学'的是罗象谷讲师等。"

在今天已经桃李满天下的曾康霖看来，这些老师的"课堂讲授，板书工整、逻辑性强、抑扬顿挫、引人入胜"。

梅远谋是湖北黄梅县人，1897 年生。早年毕业于武昌高等师范（武汉大学前身），1932 年经李四光（著名地质学家）的推荐，免试入法国巴黎大学留学，获巴黎大学经济学硕士学位。后来到法国南锡大学，1936 年获南锡大学经济学博士学位。1937 年回国，经李四光（时任中国地质研究所所长，重庆大学客座教授）举荐，被聘为重庆大学商学院教授，与时任商学院院长的马寅初同开"货币银行学"课程。后因重庆遭"五三""五四"大轰炸，险些遇难，遂离重庆。先后到四川大学、东北大学（时迁四川三台）、云南大学、原北碚相辉学院任教，直到解放。新中国成立后，1953 年院系调整，到四川财经学院继续任教。梅远谋 1980 年 12 月病故，享年 83 岁。

作为我国著名的经济学家、金融学家，梅远谋曾任中国社会科学院外国经济学说研究会名誉理事，中国九三学社社员。著有《中国的货币危机——论 1935 年 11 月 4 日的货币政策》《论利率物价与储蓄之关系》《论利率与物价之关系及其控制之方法》《论救穷之道》《中国经济问题之总解决方法》及新中国成立后建议建立农村信用合作社等专著和论文数十篇，为推动经济学、金融学的发展和培养金融人才做出了巨大贡献。

提起梅远谋教授，比曾康霖年长一些的校友会不约而同地联想起他那魁梧的身材、翩翩的风度以及那神采奕奕的眼神和略带几分严肃而又和蔼可亲的笑容。在半个多世纪的教书生涯中，他有近 30 年的光阴在光华园中度过。

他是曾康霖的启蒙老师，手把手教他怎样教好"货币银行学"，当好一名高等学校教师。曾康霖在《中国的货币危机》一书中译本序言中写道："梅远谋教授是我学'货币银行学'的启蒙老师，在大学本科期间是他亲自给我们讲授'货币银行学'。大学毕业留校任教后，又是他手把手地指导我怎样当好一名高等学校的教师，怎样教好'货币银行学'……"

"讲完课后，每周有一次甚至两次固定的辅导时间，有专门的老师进行辅导。辅导老师也都坚守岗位，绝不提前下课。"

"让人难以忘怀的是刚从人民大学进修回来，时任助教的冯继志老师，她为人亲和、知识面广，乐于与年轻人交朋友。当时，学生对老师是崇敬的，特别是那些学术造诣高，发表了学术论文，出版了著作的老师。"

1957年，曾康霖和同班的同学争先恐后地去看学校办的书展。那时出版的专业书籍不多，但当他们看到许廷星的《关于财政学的对象问题》（重庆人民出版社1957年出版）、刘诗白的《原子能利用上的两条路线》（重庆人民出版社1957年出版）、吴忠观的《马克思主义产生是政治经济学的伟大革命》（上海人民出版社1956年出版）时，感到无比高兴。

后来曾康霖和同学们就一起打听这些老师在什么年级、什么班讲课，想去听听他们的高见和研究的独到见解。"当时同学们求知心切，有着钻研学问的精神。"

"川财一直关爱学生德、智、体的全面发展，除了每周必修的体育课外，还鼓励学生平常注重身体锻炼。每个学期举办的田径运动会上，同学们大显身手，获得名次并给予精神和物质双重奖励。"曾康霖的印象中，那时川财的篮球队在成都市特别出名，被誉为成都市的"冠军"，每

1960 年 9 月，四川财经学院财政系 56 级全体毕业同学留影，第二排左三为曾康霖

当出场比赛，场下总是人声鼎沸。

曾康霖是四川财经学院 1956 级财经系的学生，彼时的学校留给他很深的印象，"多少年来，川财致力于教学改革，以提高教学质量"。

20 世纪 50 年代中期（1956 年），川财的领导和有关部门多次召开会议讨论如何提高教学质量，提出：科研首先要结合教学；要加强集体教学研究，解决教学内容重复问题；系和教研室要深入实际了解教学情况；要印发讲义，减轻学生笔记负担；要编写中国化的教材。

"这些举措现在回忆起来，仍然有普遍意义和亲切感。"曾康霖清晰记得，1956 年 11 月 3 日，川财举行了第一次科学讨论会，不少教师、同学为这次科讨会撰写了专著和论文，财政系主任许廷星教授的论文《我国过渡时期财政的本质和职能》，首先提出"国家分配关系论"。但有的老师仍然没有摆脱苏联教材的束缚，坚持财政的本质是"社会主义货币关系体系"，认为"苏联教材是我的良师益友"。

新中国成立之初，我国财政理论界主要流行的是苏联"货币关系论"的观点。现在，"国家分配论"成为我国传统财政理论的主要流派之一。在我国现行的"财政学"教材中，基本沿用这一理论，并被学界广泛认可。

后来一次参加西南财经大学校庆，曾康霖忆及昔日恩师，动情地说："当年17所高校合并走在一起时的老先生们，大多数离我们而去了，但是他们的音容犹在，著述犹在，学生犹在，精神犹在。在这里，我想起了我熟悉的两位老师：一位是我的导师、留学法国的博士梅远谋教授，另一位是凯恩斯的弟子程英琦老师。"随后，曾康霖简述了他们教书育人，科学研究的动人事迹。

考试得三分

尽管大学生活很新鲜，但大学和中学一样也要考试，而且"期中和期末考试是严格的，但也是灵活的"。

当年的考试有口试和笔试。在川财，口试一般通过课堂讨论测定，笔试有的统一命题，有的采取先抽签试题后书写、交卷的方式完成。试题覆盖老师本学期讲的全部内容，也就是包括所有各个章节的内容，试题有繁、简、大、小之分。不同的试题需要进行搭配，以平衡每个试卷的质量和数量，通过考试，测试学生的学习成绩。这样的考试在曾康霖看来，"有利于推动学生系统、全面复习。"

大学四年中，曾康霖考试的成绩几乎门门得五分（当时学苏联，实行满分五分制）。只有 1957 年，即反右斗争那年，他的政治经济学考试只得了三分。当时老师出的题目是：定息是不是剥削？"回答是剥削的人得满分，回答不是剥削的人不及格。我回答的是：定息是剩余价值的组成部分，没有正面回答定息是剥削或不是剥削。"后来向人回忆起这次得三分的经历，曾康霖说："这一成绩使我真正体验了'政治经济学'的政治成分。"

定息在今天来看，亦是特殊时期的经济产物。当时经济学界有两种意见，一种认为定息是剩余价值，另一种认为，定息是剥削，不是剩余价值。

1954 年 9 月，全国人大颁布了新中国的第一部宪法，正式确定了国营经济的主导地位，明确提出国家对资本主义工商业采取"利用、限制和改造"的政策，逐步以全民所有制代替资本家所有制。同月，政务院通过《公私合营工业企业暂行条例》，时至 1956 年初，全国范围出现社会主义改造高潮，资本主义工商业实现了全行业公私合营。国家对资本主义私股的赎买改行"定息制度"，统一规定年息五厘。生产资料由国家统一调配使用，资本家除定息外，不再以资本家身份行使职权，并在劳动中逐步改造为自食其力的劳动者。

当时中国私营工商业实行全行业公私合营后，国家对工商业者的资产进行核定，在一定时期内按固定利率付给利息。这就是所谓的定息。即不论企业盈亏，在一定期间内，由国家按照企业合营时核实的私股股额，每年支付资本家以固定息率（一般是年息 5%）的股息。这就使得私股与生产资料的使用权相分离，企业的生产资料由国家统一管理和运用。定息停付后，企业就完全成为全民所有制企业。

定息一共发了 10 年。1966 年 9 月，定息年限期满，公私合营企业最后转变为社会主义全民所有制。比如今天的广州王老吉药业股份有限公司在 1956 年公私合营时叫"王老吉联合制药厂"。

私营企业家积极配合政府的决策，其中，北方的代表人物是乐松生，他是国内最出名的百年药号同仁堂的总经理，南方的领头者则是荣毅仁，他们先后都当上了北京市和上海市的副市长，一时人称"北乐南荣"[①]。

在公私合营时期，企业由资本家所有变为公私共有，公方代表居于领导地位。个别企业的公私合营，是在私营企业中增加公股，国家派驻干部（公方代表）负责企业的经营管理。由此引起企业生产关系在多方面发生深刻变化。

公私合营中出现的定息性质的界定，在当时其实也是有争议的，比如 1957 年 6 月出版的《人民日报》曾报道，时任中国民主建国会副主任委员章乃器在中国民主建国会全国工商改造辅导工作座谈会上就针对定息谈了话，他说："一些人认为定息的性质是剥削，我认为很值得研究。因为照剥削字面讲，被剥削者应该是很痛苦的，但我们又说资产阶级和工人阶级当前的矛盾，并不具有对抗性，这就说不通了。我认为不应该把定息说成剥削，而应说成是不劳而获的收入，这样，工商业者才能心

---

① 吴晓波 .1949—1956 曾经"消亡"的资本 [N]. 南方周末 ,2009.

平气和。"

章乃器的儿子章立凡后来在《章乃器1957年》一文中指出，章乃器关于定息得出的结论的理由是：一、私方交出的财产，其性质已经不是剥削的资本了；二、合营企业的职工已经不是剥削的对象；三、私方人员在企业工作，已经不是剥削工人的人了；四、定息是国家利润中间留下的一部分给私方的，假如利润不够或亏损，还要从上级专业公司或交通银行拿款子来给定息。"有些人在新中国成立以后，为了响应政府发展生产的号召，把银行存款提出来投入企业，过去几年股息的收入还不如存款，今天的定息也不如存款，还要负剥削的恶名，他们心中是不服的。对于这种情况，必须区别对待。"

这些在当时本来都是有争议的问题，按理来说，是能够发表不同看法的，但作为学生，人微言轻的曾康霖只能默默地认下这三分的成绩。

"拔白旗，插红旗"

在四年的大学生涯中，曾康霖经历了一次"教改"，那是1959年上半年，这次"教改"就是清理、批判教师在教学中宣扬、散布资产阶级反动思想，也就是所谓的"拔白旗，插红旗"。

高等科学教育领域是"拔白旗，插红旗"运动的重灾区。仅北京大学就拔掉了冯友兰等几百面"白旗"，著名数学家华罗庚也被当作"白旗"拔掉。在学校特别是高校的"拔白旗，插红旗"运动以思想改造、思想批判为中心，落实"教育为无产阶级政治服务，教育与生产劳动相结合"

的方针，方法是"拔白旗"——名教授、名学者和知识分子普遍具有的"轻视劳动，自私自利"的个人主义坏思想和坏作风；"插红旗"——大搞"教育革命"、批判"参加劳动是浪费人力论"和"教材神秘论"。教学内容也改成开会、向党交心、搞红专辩论，大张旗鼓地批判个人主义。^①

"现在记得起来的，在我所在的财政系财政专业主要针对三个人：一位是当时的系主任，教'财政学'的许廷星教授。许老师没有直接给我们上过课，但他参与编写教材，发给学生学习。"关于这场教改运动，曾康霖在一篇回忆的文章中记录，有人发现许廷星教授编写的教材中有一句话是："分配决定了生产"，于是就对这句话大做文章，说他"违背了"马克思的生产决定分配的原理，是反马克思的，连这样的基本原理都弄错了，还当教授？后来，有人问许廷星怎么会这样写，他说："哪里是我写的哟，是打字的给我打错的，我写的原文是分配决定于生产……"可见，把"于"字打成"了"字，一字之差就带来了一场风波。

"但在当时，不容个人申辩，只能忍气吞声，真是哭笑不得。更使人不能忘记的是，那些从教师的讲义中清查所谓资产阶级反动思想的做法，在延续、递增和重复"，曾康霖回忆，后来在中央文件没有确定我国经济体制改革的方向是社会主义市场经济体制以前，教材讲义中是不能写上"市场经济"这个词的，只能写"市场导向"，如果不小心写上"市场经济"，则一样作为散布资产阶级反动思想来对待。"这虽然是反右斗争以

---

① 网易新闻."大跃进"中"拔白旗、插红旗"运动的来龙去脉 [EB/OL].[2005-01-13] http://news.163.com/50113/3/19VT9VGM00011247.html.

后的一段小插曲，但联系到反右斗争的状况，与 1958—1959 年的做法，如出一辙，耐人寻味。"

1956 年，苏联共产党第二十次代表大会召开，赫鲁晓夫代表苏共中央向大会作了总结报告。这是苏联历史乃至国际共产主义历史的一个重要转折点。会上主要批判了对斯大林的个人崇拜，指出斯大林的错误。国际共产主义运动中有人提出了"和平过渡"的理论，当时给曾康霖和同学讲授政治经济学的罗象谷讲师在课堂上给学生介绍了赫鲁晓夫的这一理论。而针对罗象谷讲师的批判就是他在讲课中对学生的介绍。在教改中，全校组织批判他的修正主义观点。①

在学术界关于财政本质的讨论中，许廷星教授被誉为"国家分配论"的创立者，但当时许廷星教授的学术地位被降，"对许廷星教授还进行了组织上的处理，免去了财政系系主任的职务，调去省志办任闲职。"

另一位是当时教《货币流通与信用》的梅远谋教授。梅老师讲这门课用的是由布里格列编著、国内刚刚翻译出版的《资本主义国家货币流通与信用》，要清理、批判他的思想，没有讲义可查，就在他课堂讲授的内容、表达的词语上寻找。当时讲课中涉及凯恩斯的《就业利息和货币通论》（简称《通论》），梅老师在简要地介绍了凯恩斯《通论》的观点后，也做了批判，但在批判时用了"不攻自破"的词语，于是批判他时，就以这四个字做文章，说："'不攻怎么会自破呢？'这分明是保护、宣扬

---

① 在以后的批修中，联系中国国内实际批"三和一少""三自一包"。"三和一少"即对帝国主义、修正主义和外国反动派要寻求和平共处，对亚非拉的援助要减少。"三自一包"即自留地、自由市场、自负盈亏，包产到户。这样的批判，一直持续到"文化大革命"时期。

凯恩斯的观点……"有的人在批判中，还说："我不看到你头上有几根白头发，我不会听你的课……"

"对梅老师的批判，我也参与其中。在这里，我应当向我的专业启蒙老师赔礼道歉。"回忆那段跌宕的岁月，曾康霖在后来撰写的文章中，直言不讳，承认自己亦有过失。

曾康霖准确记得，受到批判的还有一位李锐老师，他也是当时教《财政学》的教授。李锐老师留学英国，回国后曾是南开大学经济研究所研究员，与我国著名的经济学家何廉共同撰写出版了一本《财政学》，新中国成立前纳入大学丛书。

"李老师给我们上《财政学》（资本主义部分），没有用他与何廉撰写的这本书，而是新编的讲义"，在当时，财院教《财政学》的教师中，李锐教授是较有名气的，他的口才比起另外一位叫作左治生的教授稍逊色，但他写作能力很强，写了很多东西。

"批判他时，从文字上找不到什么可发挥之处。"有人就编写了一个顺口溜："我，李教授，年轻时候就成才，著书一本财政学，人人都夸我有来头……"以贬低他的学术成就。当时，有人结合他生理上的状况（李老师很胖，行动不便，进城坐"鸡公车"①，常常被"扒手"跟踪，被偷窃）编成了一个节目，在学生食堂的台上演出，丑化他生活中的尴尬和行为特征。

"由学生编节目在舞台上演出，以贬低教师学术水平，丑化老师生活

---

① 一种历史悠久的独轮车。前有轮子，两翼是结实的木架，用于堆放货物；后面有两只木柄，方便推车人提起。

状态是当时财院教改的主要内容，不少教师都未能幸免。"

"拔白旗、插红旗"运动来势迅猛，但结束也快。随着 1958 年 11 月中共中央初步纠"左"的开始，这场运动很快收场。20 世纪 60 年代初期全面调整开始后，中央进一步采取措施对在"大跃进""反右倾"运动中受到错误批判的同志进行平反。1962 年 4 月 27 日，中央下发《关于加速进行党员、干部现别工作的通知》，指出："凡是在拔白旗、反右倾、整风整社、民主革命补课运动中批判和处分完全错了和基本错了的党员、干部，应当采取简便的办法，认真地、迅速地加以瓢别平反。"随后，绝大多数在"拔白旗、插红插"运动中受到批判和处分的人得到了平反。①

反右 1957 年

"在四年的大学生活中，不能忘的是那一个接一个的政治运动，即'反右、三面红旗和反右倾斗争'。"

从 1956 年入学到 1957 年夏天，是曾康霖集中精力读书的一年。然而从 1957 年夏天开始，随着全国政治形势的发展，四川财经学院与其他高校一样进入"大鸣大放""反右斗争"的运动时期。

中国共产党发起一场整风运动。许多知识分子和民主党派人士就党的工作提出了许多宝贵意见。"大鸣大放"即是在反右运动时出现的政治语汇。大鸣大放中的"鸣"与"放"，本指"百家争鸣"与"百花齐放"。

---

① 中共中央党史研究室第二研究部 . 中国共产党历史（第二卷）注释集 [M]. 北京 : 中共党史出版社，2012.

1957 年 6 月 8 日，中共中央发出《关于组织力量准备反击右派分子进攻的指示》。随后，全国陆续展开大规模的反右斗争。4 天之后，全国工商界的反右派斗争开始了，第一个遭到批判的就是章乃器，他被认定为"第一号大右派""右派的祖宗"。1958 年 1 月，他被撤去粮食部部长一职。

开始于 1957 年夏季的这场反右派运动，日后被认定是一场扩大化的运动，全国有 55 万人被打成"右派"，工商界是"重灾区"之一，数以十万计的人士受到公开批判。仅据 1957 年 8 月 5 日的新华社新闻稿报道，各地划出的右派分子中较为知名的就有：北京市工商联副主任委员刘一峰、北京市工商联常委阎少青、裕生祥机电厂副厂长吴金萃，上海市纺织工业公司副经理汪君良、公私合营新现代劳英教材工艺社私方经理黄苗夫，天津市工商联主任委员毕鸣岐、天津市工商联常委荣子正……四川省工商联秘书长李仲平、康心如等。在铺天盖地的大运动中，连一向积极配合国家政策、刚刚当了上海市副市长的荣毅仁也被波及。①

高校仍然是"反右斗争"的聚集区，曾康霖对四川财经学院反右斗争的情况曾回忆说：1957 年 5 月"学院党委"向广大教职员工和学生表示决心和态度，希望大家"解除顾虑，大胆地放、坚决地放、彻底地放"（见《四川财经学院》校刊 1957 年 5 月 16 日）。

学校党委多次召开会议，要求广大师生，为了帮助党整风，多提宝贵意见。许多教师也大胆批评学院现行领导民主作风不够（见《四川财经学院》校刊 1957 年 5 月 16 日）。可是时间不长，也就是 1957 年 6 月

---

① 吴晓波 . 跌荡一百年 [M]. 北京：中信出版社 ,2014.

8日《人民日报》发表评论员文章《这是为什么》以后，学校党委便转入反击"右派分子向党进攻"阶段。

当时，曾康霖从校刊上看到，学校的大右派有两个，一个是会计系的教授李伯琼，一个是工经系的教授张永言。"这两个人对我来说，既不熟悉，更不认识。早先只是在四川财经学院校刊上见过他们的文章。"原来当时李伯琼在百家争鸣专栏中发表文章，讲"必须百家争鸣，但要消除不必要的清规戒律""要以马列主义为争鸣武器，但不必明定指导标准"。继后，曾康霖才知道李伯琼竭力主张"教授治校"。

"在当时，动员大家解除顾虑地放、坚决地放、彻底地放的形势下，财院师生中不少人为了帮助党整风，发表了不少有益于改进党风的意见，但也不可否认，一些人的确也讲了不少'不合时宜'的，'有个人图谋'的，'发泄私愤'的，'对现实不满'的言论，其中也不排除有的人对党不满，甚至仇恨。"让曾康霖感到十分不解的是，"但讲了同样的言论，表达了类似思想的人，比如主张'教授治校'，在当时的校刊就不止一个人说过和赞成，为什么有的成了右派，有的没有呢？"这个问题困扰曾康霖好长一段时间。

在反右运动中，使他不解的还有：班上原来领导反右的小组长，后来也被划为右派。后来他所在财政系班上老同学聚会，曾康霖才知道，其中的缘由之一是要完成上面下达的任务。偶然说到当时的反右斗争的情况，有老同学告诉他，当时鸣放后，班上哪个是右派，哪个不是右派，是经过反右小组充分讨论的，据说争论激烈，争论的焦点是围绕着"交心交出来思想的人该不该划成右派"。

运动，运动

除了反右斗争外，在曾康霖大学读书的四年中，不能使他忘怀的还有"三面红旗"和"反右倾斗争"。

1957 年底，开始于 1953 年的第一个五年计划完成。在这五年之中，中国工农业发展迅速，在亚洲地区，中国与日本并列为工业经济增长最快的国家，而后来崛起的韩国，此时的经济总量只相当于当时的中国山东省。

1956 年毛泽东发表了著名的"开除球籍"的论断之后，苏联在 1957年 10 月和 11 月先后成功发射了两颗人造地球卫星，而 11 月在莫斯科参加十月革命胜利 40 周年庆典时，赫鲁晓夫告诉毛泽东，苏联将在 15 年后超过世界头号资本主义国家——美国，彼时毛泽东则告诉赫鲁晓夫，15 年后，中国可能赶上或超过英国。

到了 1958 年"大跃进"，国家强力号召破除迷信，解放思想，鼓励大家敢想敢创。1958 年，《人民日报》在《乘风破浪》的新年社论里说，不仅要"又多又快又好又省地进行各项建设工作"，而且"必须鼓足干劲，力争上游，充分发挥革命的积极性创造性"。社论发表后，引起人们的高度关注。[①] 曾康霖和同时代人所经历的"三面红旗"即总路线、"大跃进"、人民公社。

这是反右斗争后 1958 年党中央提出的，目的要"多快好省"地建设

---

① 贺吉元 . "三面红旗"是怎样形成的 [N]. 扬子晚报 ,2009.

社会主义，当时提出来要"超英赶美"。总路线就是"鼓足干劲，力争上游，多快好省地建设社会主义"。伴随着总路线的实施，"大跃进"运动也随即兴起。1958年7月1日，一篇题为"全新的社会，全新的人"的文章在《红旗》杂志第3期发表。党中央的刊物上第一次出现了"人民公社"四个醒目的大字。这篇文章指出把合作社办成一个既有农业合作，又有工业合作的基层组织单位，实际上是农业和工业相结合的人民公社。

"公社"这个词应该算是舶来品，出自欧洲中世纪，专指当时西欧实行自治的城镇。1824年前后，空想社会主义者罗伯特·欧文在美洲买地成立了"欧文公社"，进行未来理想社会的试验。在这个2000多人组成的生产和消费组织内，个人日用品以外的一切都变成了公有财产，而产品按需分配。之前更知名的公社是法国大革命时期的"巴黎公社"。

按照人民公社的章程，农村的一切财产和生产资料都是公有，农民实行集体劳动，而报酬计工分，粮食实行供给制，公社还要进行全民武装，青壮年编成民兵，要接受军训。

1958年8月，人民公社运动全面展开，免费医疗、大食堂、政社合一。小生产被消灭，要集中出工干活，家庭不能拥有锅碗瓢盆，统一在公社食堂吃饭；分配论工分，但要到来年才能兑现。由于高度集权，和此时提出的"合理的个人崇拜"，不合领导人胃口的信息不能发送，领导人被大量虚假信息包围，干部们层层加码，放卫星，相互攀比，达到荒谬的程度。同月，大炼钢铁又开始了。乡村和城市机关单位，也开始土法炼钢。成熟的庄稼，却烂在地里无人收割。

无论是总路线、"大跃进"还是人民公社，彼时的中国希望能尽快强大，比如当时"超英赶美"中，要超过英国的重要指标被定位是钢产量。按照当时的计算，英国年产钢 2000 万吨，再过 15 年，可能涨到 3000 万吨。中国呢？再过 15 年，可能是 4000 万吨，岂不超过英国了吗？

"以钢为纲，带动一切。"随后，大江南北，紧急行动起来，为完成跃进计划而努力奋斗。一场全党全民大炼钢铁的运动在 960 万平方公里的大地上开展起来了。当年中国的钢产量约 520 万吨，再过 5 年可以达到 1000 万到 1500 万吨，而 15 年就可以达到 3500 万到 4000 万吨。

在反右斗争后，刚从中央某个部下放到川财的新任副院长在全校动员大炼钢铁的会上说："今年钢产量要在第一个五年计划完成的钢产量的基础上翻一番是政治任务，只能超额，不能减少！"此事让曾康霖十分难忘。

随后就是全校停课，必须完成炼钢任务。当时，那位领导强调，这是一场政治任务。"没有燃料，把学校的桌子、板凳烧了，也要完成……""于是，当时停课大炼钢铁，我们班的任务是炼焦煤，近 30 位同学分作两组，一组去江油炼焦，另一组就近在学校炼。于是球场旁边，职工宿舍空地，焦炉林立。"此时的学校的确已经成为一座钢厂，"炼焦没有多大的技术，是体力活，要运煤、洗煤，要善于上炉点火、浇水，及时出炉。这样才能保证所炼焦煤的质量。"

当时，在饱满的热情下，夜以继日，有的人连续三天不睡觉。"说实在的，我虽然也挺过来了，但打乱了生活节奏、生理平衡，从此神经衰弱，夜里睡不好觉。如果说，个人的付出算不了什么，那么大炼钢铁，社会和国家付出了多少？又有多大收获呢？有没有掂量过、评价过？不得而知。"后来曾康霖发现，学校炼的钢大多是在广大农村收集来的破铜烂铁，比如被打破了的铁锅、火钳等铁器，后来这些东西怎么处理，就不得而知了。但他总在想，这样炼出来的钢，有用吗？

"在'三面红旗'实践活动中，要说有亲自体验的，是到农村去体验人民公社的成立和吃不要钱的食堂"，曾康霖和他的同学曾去过的人民公社有：四川德阳的黄许人民公社、四川富顺的顺江人民公社和四川简阳的红塔人民公社。

他们在德阳黄许人民公社待的时间比较长，经过一番了解后，由他执笔，还写了一篇文章，题目是"黄许人民公社农业生产管理责任制（草案）"（见《财经科学》1959年第一期）。这篇文章主要内容是：根据公社化后的新情况，迅速建立一套新的生产管理责任制，把各级的责任明确起来，是深入细致地做好生产管理的关键，是实现大面积高产的重要保证。黄许人民公社根据集体与个人负责相结合的原则，确定了生产管理责任制。对于这篇文章，后来曾康霖认为，"这称不上是一篇学术研究论文，只能说是一篇应时之作。"不过在当时的语境下，其实是有建设性的。

> 一山飞峙大江边，跃上葱茏四百旋。冷眼向洋看世界，热风吹雨洒江天。云横九派扶黄鹤，浪下三吴起白烟。陶令不知何处去，桃花源里可耕田？

1959年7月1日，毛泽东在庐山会议召开前夕，曾写了这首《登庐山》的诗，后来有人认为，从诗中隐约可以看出毛泽东当时对国内外复杂形势的心境。

随后庐山会议召开，彭德怀、黄克诚、张闻天、周小舟被定为"反党集团"，全国掀起了"反右倾"运动。曾康霖回忆道："1959 年 8 月公布的共产党中央八届八中全会决议，决议的题目是'关于以彭德怀同志为首的反党集团的错误的决议'，同时公布了《为保卫党的总路线反对右倾机会主义而斗争》的文件。"

两个决议公布后，当时曾康霖这些学生其实并不清楚到底是怎么回事，"川财在'反右倾'有什么动静？经过一段时间以后，学校卢昭副院长被派遣到牛奶场去养牛了。有人说，这是因为他有右倾言论。"

"'反右倾运动'是 1959 年开始的，在川财'反右倾'的声势没有像反右那样大，可能主要限于党内。当时，我不是共产党员，只记得当时班上党支部书记向我们布置写一些歌颂'三面红旗'、反击右倾翻案的文章。"

"说实在的，'右倾机会主义'什么含义，我不明白，更不知内情。但为了完成任务，表现自己，当时也写了一篇批判电影《早春二月》的文章"，曾康霖坦承，"说实在的，这是随大流。"

"文章上交后，还得到支部书记的表扬，说：'跟党走，响应党的号召'。现在想起来，真有点可笑，文不对题，张冠李戴。"

关于这段历史，一些学者亦有研究。

"试图通过'三面红旗'把工作重心转移到经济建设上来，快马加鞭地推动国家的经济建设，使中国尽早跻身世界先进国家的行列。这个愿望和决心是好的，毋庸置疑的。但由于决策本身的某些缺陷和实际施行中的巨大偏差，加之三年严重的自然灾害，没有达到预期的效果，反而造成了全国范围内经济生活出现严重困难，各项建设难以为继，国民经济几乎到了崩溃的边缘。"出版过多部党史、国史类著作的赵丰教授在《"三面红旗"风云录》中分析，1958 年前后，在中国共产党和中华人民共和国的历史上是极不寻常的一个时期。以毛泽东为代表的中国共产党人，以"落后就要挨打"的忧患意识、"开除球籍"的危机感和"尽早改变我国落后面貌"的强烈愿望，以"多少事，从来急；天地转，光阴迫。一万年太久，只争朝夕"的豪迈气概，带领全党和全国人民接连干了几件震撼世界的大事：制定建设社会主义的总路线，以及在它引领下发动"大跃进"运动和在全国范围内大搞人民公社化运动。

高举"三面红旗"的执政理念和实践，在经济上造成了巨大的损失，据统计，仅直接经济损失就高达 1200 多亿元，间接损失更是大得无法计数。①

1959 年到 1961 年，即现在所称"三年困难"时期。"放卫星"导致高征收，再加上自然灾害的影响，从 1959 年到 1961 年，国民经济陡然跌入空前的萧条和低迷。三年中全国工厂关停近半，农村甚至爆发了大面积的饿死人现象。与此同时，苏联突然在 1960 年召回全部援华专家，与中国彻底决裂。内外交困，年轻的新中国在她的第十个年头遭遇到了空前的困难。

饥饿也从 1959 年下半年开始。如何填饱肚子，成为更多人的想法。

---

① 赵丰."三面红旗"风云录 [M]. 南宁：广西人民出版社，2011.

刚刚到四川财经学院时，曾康霖感觉伙食非常不错，甚至还有机会装个病开个小灶，"那时，川财的学生伙食办得特别好，在成都市大专院校中是出了名的。不仅菜式常翻新，搭配得当，而且清洁卫生。食堂管理员艾致昭先生，为了让学生吃饱、吃好，他终日辛苦操劳，几年如一日，每当开饭以后，他总在周围漫步观察，倾听学生的反映，看同学们是否吃得香。"

"可是好景难继，1958 年"大跃进"以后，粮食定量，物资匮乏，就开始装盆蒸饭分块吃了。"曾康霖回忆道。

毕业分配

1960 年，曾康霖即将结束四川财经学院的学习。25 岁的他此时还并未意识到社会是如此复杂，"在学校经历这些运动，我都是以'书生'之见看待事态的进展，不知其中复杂的斗争。记得鸣放初期，在财大学生中引起波动的是四川大学传来的一份《化三呼吁书》"。

今天的曾康霖对这份呼吁书写了什么内容已不太记得清楚了，他只是隐约有印象，其中好像包含着对专业的不满，向主管教育部门提意见。"呼吁书传到学校后，激起了争论，争论分为两派，有赞成的，有反对的，我们班上也是如此。"

这时，"有执着的上进心、不甘落后"的曾康霖写了一张小字报贴在寝室的门上，大意是：现在是帮助党整风，有什么意见都可以发表，何必争论呢？然而，让他万万没有想到的是，这一小报后来被"积极分子"收录，据说用它来作为他有右派言论的依据。

"在当时，我根本不感到有什么问题，毕业分配时，才知道它起了作用"，曾康霖说。毕业时，他没有提出什么要求，只在分配志愿书上写了"服从分配，党指向哪里，就奔向哪里"。结果他被分配到人民银行总行外汇管理局。同班当时分配到外汇管理局的只有两个人。

在别人看来，这是对曾康霖的重视和优待。由于分配去北京，离四川较远，于是他先回老家看望父母，然后才去报到。但等他从老家回校准备去北京时，组织上通知他："你的分配变了，留校任教。"曾康霖问："那谁去代替我呢？"他得到的回答说是冯宗良，冯宗良是班上的副班长，而在分配前，组织安排冯宗良留校。其实，曾康霖也没有更多的想法，他的想法极为简单，"服从分配，党指向哪里，就奔向哪里"，很快他便报到上岗了。不过，后来有人告诉他说，外管局不接受他是因为他的毕业鉴定上有"右派言论"。他说，"怎么鉴定的，有什么右派言论，我至今不得而知。"

西南财经大学校友通讯曾发表过曾康霖一篇作为老校友回忆的文章，这篇文章曾康霖说是"主要献给没有经历过那个年代的校友"，内容核心则是大学时代的经历，他在这篇文章中回忆："1957年反右斗争后，对当时在校的大学生都是划分为'左''中''右'的。在'左'的一级中，又分了'中左'和'中右'，实际上是五个等级。""后来，有人告知，'中右'实际是没有戴帽的右派。每个学生都有一级，'对号入座'，本人也许不知道，组织上掌握使用。这样的划分，对一个人有什么影响，不得而知。据说，以后取消了。""回顾以往，自我感觉在这一生相当长的时期中，是在无知、幼稚、书生气中度过的。自我评价的优点是有执着的上进心、不

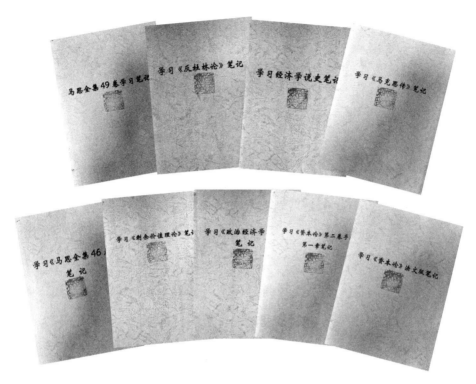

曾康霖部分学习笔记

甘落后。但不懂得社会这么复杂，这么残酷，这么富于挑战。"

　　服从组织分配，曾康霖毕业后留校任教。而这段时间运动不断，极不平静，但在川财老师们风范的激励下，曾康霖走上了教学岗位，也在这段时间内继续研读经典著作，主要是马克思、恩格斯的著作。他初步读了马克思的《资本论》《反杜林论》《政治经济学批判》等。他读书很认真，除了在书上眉批外，还坚持写读书笔记，现在仍保存了21本读书笔记，大约200多万字。曾康霖退休后，整理自己过去的学习记录，有的纸页发黄，有的字迹模糊。他的弟子看见说，这样的东西实在难得，应该整理出来保存。

爱　情

曾康霖说："我有个温馨的家庭，夫人是我的同班同学。四年读书期间没谈恋爱，临毕业时才确定的。"曾康霖的夫人是他的大学同学谢应辉，也是他上学时班上的搭档。

"夫人能够看得起我这个穷小子，看得起我的家，倾心对我的爱恋，我接受了。"曾康霖回忆说："没有仔细想过选择配偶要有什么标准。只是想不仅要看得起我，而且要看得起我家"，曾康霖一直认为自己家穷，"另外要'志同道合'，那时自己踌躇满志，想干一番事业，只想起码我要找一个大学毕业生。"

"没啥说的，没正儿八经谈过恋爱"，谢应辉谈到两人的恋爱时说。尽管两人是同班同学，但两人在一起还是有媒人，"有一个人沟通了一下，算介绍。"

毕业时，两人就一起回家了，不过他们正式结婚却是在1963年，原来谢应辉毕业后去了财政厅，很快就被下放到外地，1962年回到成都。

对于曾康霖这个同学，谢应辉的印象是，"他是书呆子。大二，支部改选，他原来是支部书记，反右过后，我们都是团支部委员。而且，大概有一年，他是宣传委员，我是组织委员，有一年，他又是组织委员，我是宣传委员。"

至今，曾康霖对外介绍夫人时总是说她是自己的合伙人，而他们一

年轻的曾康霖夫妇

些照片的合影备注，他也这么写。两人的确也算是"合过伙"，那是1958年下乡去调研。笔者和他们聊起这段往事，两人都有清晰记忆。谢老师说，那时两人到黄许镇人民公社调研，合作写过一篇文章。

1963年10月，两人的小家庭添了一个小男孩，"老二是1970年出生的，是个女儿"。

谢应辉出生在贵州毕节，比曾康霖小一岁。"我们家出身叫城市贫民，划成分的时候划的。我是毕节黔西县的，但实际上我父亲是湖南的，到贵州来做生意，我母亲是贵州人。"谢应辉出生40天的时候，她的父亲就去世了，所以她说："我父亲什么样子，我都不清楚。"谢应辉在家里排行最小，兄弟姐妹7个，她有4个哥哥，2个姐姐。她的父亲去世的时候，最大的哥哥20岁，家中大姐很能干，大姐新中国成立后才结婚，那时已经30多岁了，"她做点小生意，我们家里头的兄弟姐妹都是读了书的。"

1949年，谢应辉小学毕业，她是全县第一名，就保送到了黔西中学。当时的贵州教育相对落后，毕节地区只有两所高中，谢应辉所在的黔西中学一个年级只有一个班，从初中到高中，而高中好像只有一个班。初中全校只有100多人，一个班三四十人。

"我的印象中，是我大姐当家，我母亲是个小脚女人，母亲也做小生意。我们摆个地摊，从一个簸箕摆起。后来，我哥哥姐姐都出去了，实际上家里只剩我、我大姐和母亲三个人在黔西了。"谢应辉关于少时的这些记忆描述似乎比曾康霖的记忆更清晰一些，"我大哥工作得早，都在外地，1945 年参加民盟了，去革命了。后来成了右派。"

"高中毕业那年，我们那个学校教学还是可以的，在整个贵州省都算可以的。相当于现在的重点中学，主要是老师的水平都比较高。"谢应辉高中毕业考大学，先报的是中国人民大学，因为视力问题未能如愿，他们家的人近视的比较多，她大姐、三哥都近视。

今天的西南财经大学，彼时的四川财经学院是她报的第三个志愿，而她的第一志愿是西南俄语专科学校（现为四川外国语大学），第二志愿是北大历史系。"我也不知道这个是搞啥子的。"关于大学的报考，谢应辉告诉笔者，"第一个反而是专科，人大是提前招，我报的是人大马列主义基础，我幸好没有去那个专业。"

这亦和当时苏联援助中国的背景有关，1953 年 3 月 5 日，苏联领导人斯大林去世，同月，北京与莫斯科就中国的第一个五年计划达成共识，苏联方面同意援助中国 156 个大型工业项目，这就是日后对中国企业史影响深远的"156 工程"。尽管当时"156 工程"未见诸报端，但"一五"期间中国不但出了汽车，还试制成功喷气式飞机……这些项目，其实都有苏联的扶持。

1956 年，谢应辉 20 岁。谢应辉说话语速比较快，而且十分干练，当年她就是独自一个人从贵阳到成都上学。那时她先坐邮政车，到重庆和贵州交界的地方，一边是贵州的松坎，一边就是重庆的赶水。"那个邮政车是封闭的，只有那个窗子，可以出气。坐到赶水后，又赶车到重庆去坐火车。"

谢应辉的高中同学有5个人考人大，有一个考的是哲学，有2个考的是计划统计，她问其中一个人说为什么报统计，这个同学告诉她，因为薛暮桥，薛暮桥挎着一个背包，很威风的。四川财经学院的财政系在当时并非谢应辉喜欢的专业，"开始到大学时候，不喜欢这个专业，觉得枯燥。我们应届生普遍都不安心，叫闹专业。"

"我们只有5个应届生。应届生和调干生之间有点不融洽，他们调干生每个月还拿钱，最少都有20多块钱（曾康霖认为：只有十几元钱），我们都有点嫉妒，我们不仅没钱，还要家庭供，当时可以申请助学金，叫人民助学金。"第一年，谢应辉申请了助学金，5元钱，最高的好像9元钱。

"5块钱连吃饭都不够。我为什么申请呢？我有个哥哥，最小的哥哥去当志愿军了，他工作了，每个月给我寄8块钱，所以我只申请了5块钱。两年后，我主动放弃了，我哥哥一个月给我寄14块钱。"谢应辉毕业后分配到四川省财政厅农财处，1981年成立会计制度处，她被调到会计处。在这个地方，谢应辉一直做到退休。

谢应辉是高级会计师，负责职称评定。据她说，"实际上，我就负责管评职称。等于全省的高级会计师都由我们高级会计师评委会认定，我是具体负责这个事情的。"

曾康霖说："我的夫人性格外向、开朗，有男娃娃性格，平时甜言蜜语不多，但心地很善良。每当我生病或身体不好时，她总是无微不至地关怀，使人感动和欣慰。夫人还是个'活字典'，我想不起来的词和字，她都能随问随答。"

如今，曾康霖夫妇已达"金婚"之年，在"金婚"纪念照上，呈现着一副对联：康寿南山举案齐眉，琴瑟和谐享相应。霖泽四海育李培桃，道德文章共生辉。

温馨家庭

曾康霖和夫人谢应辉如今住在西南财经大学光华校区的教师宿舍，校园绿茵中，两位老人经常一起散步，曾康霖接受笔者采访多次，每次谢应辉都陪伴左右。

"我出生在一个比较贫穷的家庭，父亲是小学教师，没有条件接受较好的家庭培养和教育，父母没有创造条件让我去'经风雨，见世面'，接受社会的磨炼，认知社会。"曾康霖谈及人生："在一个人的成长中，家庭培养、教育是重要的，必需的。家庭出生不能选择，但家庭出生对人的成长有重要影响。"

"我一儿一女，生活在我们身边。遗憾的是，他们都没有被高校录取读全日制大学，也就是说，他们现在的学历都是自学成才，儿子毕业于研究生班，女儿通过自考取得了大学本科文凭。"谈及儿女，曾康霖对一事一直记忆深刻。

有个关心他家庭的弟子不止一次对他说："曾老师，您自己的事业有成，成了知名教授，但您子女没有安排好。凭您的威望和众多弟子的资源，您的子女应当找到好的工作岗位，比如到哪家银行当个支行行长什么的……"听了他的话，曾康霖有些感慨内疚。在他看来，的确，多少年来，他把精力都放在自己的事业上了，对子女关心不够或基本上没关心，特别是在子女的学习方面。

"这些年，他们已经结婚生子。每当看到他们事无巨细地关心我的孙子学习生活的时候，如亲自接送他们到学校，安排他们吃好、休息好，安排他们外出旅游、观光、见世面等，他们对儿女们的爱在我内心引起波动。"曾康霖的确在内心深处感觉对子女照顾不够，而他在一篇谈及家庭的文章中写道："对比反观，感到内疚：当年，我就没有这样对待他们。这除了客观条件，比如没有钱，主观上没有去着力想过怎样使他们成才；于是，总感到当父亲的，欠了他们一笔账。"曾康霖大学毕业后，从1960—1980年按行政级别22级拿工资，每月52.5元,20年没有变动过。

至于为子女找工作，他倒是费了一番心思的，儿子开始在工行，后在建行，再后在证券公司；女儿开始在银行，后来在证券公司，再后在学校。

"总觉得不好开口，直接向我的弟子说怎么关照。其原因之一是我这个人还是比较'书生'，对当今社会要'讲关系，凭关系'的这一套处世哲学，不去想，不去做。"其实还有一个原因，在曾康霖看来，"总觉得开口求人，就欠了别人'一笔账'，欠账是要还的，拿什么去还账呢。"

"现在儿子、儿媳、女儿、女婿的工作都固定了，不向他们寄予另外的期求，只希望他们'本分做人，踏实做事'。"

曾康霖和夫人如今安享晚年，提及家庭，他用"温馨"来形容："我这个温馨家庭，不只是夫人、儿女很体贴，儿女不时带孩子们回来看我们，女婿、儿媳对我们也好，很关心、体贴。女婿每个星期六或星期天都要陪我去'洗脚、按摩'，洗脚、按摩的技师都说'您女婿真好！像自己亲生儿一样'，我说：'本来嘛！女婿就是半个儿'；当我患痛风病的时候，儿媳亲自为我配药、治疗。他们的一声声爸的呼唤，让我暖流全身。总之，他们都望我健康、长寿。"

对于家庭的未来，曾康霖把希望寄托在两个孙子身上。他曾鼓励孙子多多当一名科学家，也曾鼓励外孙顺子当一名医生。在他看来，科学家是珍贵的，是推动科学发展的主角，是推动社会进步的脊梁；而当一名医生，救死扶伤，受人尊敬，深受敬仰，"老来红"。

"现在看来，只是一厢情愿，不现实。一是他们的志愿、兴趣不在这方面，二是他们的身体素质也达不到要求，比如学理工农医，当科学家，眼睛视力要好，不能近视。所以，他们能不能成才，还得尊重他们自己的选择，还得顺应社会需要。"

曾康霖说："在有的人看来，我对子孙们的期盼，为的是'光宗耀祖'，其实这是偏见。'光宗耀祖'，期盼过高。从内心上说，我期盼我的孙子，要做自力更生、有所作为的人，要做奋发向上、敢为人先的人，要做有益公众、关爱社会的人。"

第四章　锐意改革

重新开门办学

在从事金融教育和研究 50 多个春秋后，曾康霖回顾自己的职业生涯，感慨道："我首先要感谢这个伟大的时代，是时代激励着我。"在他的第一本专著《金融理论问题探索》的"序言"中，他把职业生涯分为两个阶段：其中近 20 年（自 1960 年前后算起），由于特定的历史原因，"少有思考和研究，大部分时间过着'两耳但闻运动声，无心苦读圣贤书'的生活。真正的学习和研究应该说是从 1978 年开始的。这一年，我们国家发生了历史性的转折，在解放思想、实事求是的路线指引下，我国的知识分子迎来了得之不易的学术春天，我与同时代的知识分子一道，也幸运地在这欣欣向荣的春天里开始了自己的学术生涯"。

1978 年，曾康霖已过不惑之年。"去日不可留，来者犹可追。"他感受到光阴流逝的催迫，至此之后，他几乎把全部的精力都放在了学术研究、学科发展和学生培养上。

1978年4月的一天，成都西郊，光华园内绿树葱葱，冬日里干涸的小溪已然春水荡漾。人们都在有意无意地等待一个消息。尽管早些时候，这个无法证实的消息在全校教职工之间已经广泛传播，但没有最终的那声呐喊，谁都不敢从噩梦中醒来。春日的成都已经没有寒意，闲待多时的人们开始走出屋子聊天或听广播。晚上8点整，学校的高音喇叭在中央人民广播电台播放《全国新闻联播》时突然打开，音量被调到最高。有消息灵通者拿出了长串的鞭炮。现场如同黎明之前的寂静，听不见鸟叫蝉鸣，人们说话都是低声细语。

8点15分，广播里开始播报教育部恢复和增设高等教育学校的名字，"四川财经学院"，这个久违而熟悉的名字响彻校园。鞭炮在《祝酒歌》中点燃，震耳欲聋的欢呼声中，一名老教授说了一句"我能教书了"后，已泪流满面，哽咽难言。①

5月，教育部《关于同意恢复和增设普通高等学校的通知》手抄件传到学校。7月4日，中共成都市委《关于建立中共四川财经学院委员会的通知》发到学校，"中共四川财经学院委员会由张洪、赵力、刘洪康、林云、高振荣五位同志组成。张洪同志任书记，赵力同志任副书记"。至此，四川财经学院复校。

很快学校领导开始忙开来，组织师资，重整校园。院领导在当时的

---

① 屈小燕，张庆珂. 复校纪实温故1978[N]. 西南大学校报. 2008.

"茅屋"里办公，各系办公室在一排盒子房的二楼，而楼上住着多年未见的新生。

1977 年，在邓小平等老一辈革命家的推动下恢复了高考，这一年是恢复高考制度后的首个学年。据原四川财经学院院长张洪回忆，复校当年秋季招生第一批学生有 300 多名，设有财政金融、政治经济学、工业经济、会计、统计共 5 个系 6 个专业。

光阴荏苒，作为一名教师，专业知识被荒废，让他倍感痛心。专业性的知识长期不用，有的已经遗忘。还有就是学科在发展，犹如逆水行舟，不进则退，"那只得先当学生，再当先生"。

几十年后，他回忆了这段历史，感叹道："大学毕业留校任教，把我推上了高等学校的教育岗位，可是在读大学期间，受'以阶级斗争为纲'的影响，没好好地学，毕业后又是一个接一个的运动，不仅原来学的一点专业知识早还给了老师，而且曾一度想离开高校，去搞实际工作。中共十一届三中全会以后带来了科学的春天，也带来了教育的春天，春天给人以信心和力量，学校恢复招生，逼着我重新思考如何胜任教学。开始尽力捡起丢掉的知识，可是那些知识，有的已经过时，有的已经不能解释现实，特别是随着时代的进步、科学技术的发展、改革开放的推进、西方经济学的引入，迫使我需要'知识更新'，否则不能满足学生要求。"关于这些，正如他夫人谢应辉所讲，他是个踏实人，不喜欢浮夸，能胜任则干，不能胜任则学。

但不管怎么样，曾康霖终于可以抛弃压在心头的负担和顾虑，该教学就教学，该研究就研究了。历史的车轮越过障碍继续前行，知识分子找到了久违的用武之地，东方巨龙再次觉醒，正开始一场华丽的转身。在这个关键时刻，中国知识分子热爱祖国的特性，在曾康霖的身上充分体现出来，他意识到——新使命来了！他的锐意改革，也正是从打倒"四人帮"以后，四川财经学院重新开门办学的那段历史开始。

首批金融学子

在遭遇了中断之后，金融教育重新开篇。曾康霖也回到了他熟悉的讲台。其间还有个插曲，早在 1960 年时，四川财经学院进行过一次调整，即新设立的四川科学技术学院（其实和财经学院是一个学校两块牌子）为了配合当时大局的需要，设立了数学、化工、物理等专业，曾康霖所读的财政系被取消了。这一状况在四川财经学院其后调整为成都大学时也没有恢复。

1978 年新的四川财经学院复校后，由学校总体布局，原来的财政系老主任许廷星教授被请出来，安排组建新的财政金融系，并出任系主任，曾康霖也被安排到财政金融系当老师。老主任许廷星并非金融类专业出身，这一时期，曾康霖和刘邦驰等老师作为教学骨干，主要负责拟定系里的教学计划。当时，刘邦驰主要负责财政专业的教学计划制订，而之前讲过"财政与信贷"课程的曾康霖则负责金融专业的教学计划制订。此时，曾康霖正值壮年，一腔热血压抑太久，终于到甩开膀子干的时候了。

复校后的第一年，金融虽然是一个专业，但学校行政还没有独立的金融系。到 1979 年时，经济系主任何高著被抽调出来，牵头组建新的金融系。也是从这一年开始，四川财经学院正式设立金融系，第一届金融系主任由何高著担任。这一年金融系首届招生秋季开始，步入学习和研究金融学科的学子120多人，他们分别来自云、贵、川三省，年龄最大的28岁，最小的15岁，平均年龄二十出头。

自此，如何将学科教学与经济形势紧密结合，为社会实践部门培养符合要求的金融人才，是曾康霖等人致力工作的主题。四川财经学院原来并没有金融专业，当金融专业单独作为一个系成立后，在高等教育界，在同行业中，认知也不多。曾康霖回忆："中国在半殖民地半封建社会时，金融业并不发达，在大学里曾经有过银保系、金融和财政混在一起，财政系里就没有金融系这个概念。"根据不少学者回忆，从清末开始的高等教育，主要根据细分的行业需要设立专业，比如货币银行、保险，联合起来的叫"银保专业"。这次分离，体现出一个较为系统的金融概念，这在当时全国高校中也产生了一定的示范作用。

金融系在何高著的带领下办得风生水起。出生于1919年的何高著，是四川罗江人，1944年武汉大学经济系毕业，1952年在中国人民大学财政信贷专业攻读研究生，毕业后一直在四川财经学院任教。他主要致力于社会主义金融理论与实践的研究，尤其在币值与物价的关系研究上，颇有见地。

曾康霖的博士生、著名金融学家刘锡良回忆："最初，四川财经学院的金融系有三个海归教授——梅远谋、程英琦、温嗣芳，一个副教授何高著，这四位老先生支撑着金融学科。曾康霖是金融系最年轻的老师，也是最年轻的教研室副主任——货币教研室副主任。那时，曾康霖老师经常穿着一双黄色解放鞋、吊着裤腿，很是淳朴。"

曾康霖教授的弟子、原中国世界经济学会常务理事、中国光大银行集团副总裁、首席经济学家吴富林撰文回忆：1980 年他刚刚入校，四川财经学院办学依然很艰苦，然而物质上的简陋阻挡不了一个具有无限潜力的新学科的前进步伐，组建伊始的金融系生机盎然。当时，程英琦、温嗣芳等年逾古稀的海归老教授重执教鞭，新中国第一部《社会主义货币银行学》的主编何高著教授主持系务，曾康霖、何泽荣等中年骨干则成为教研一线主力。

金融系虽然是个新系，但是成立伊始，她的人物构成和学术渊源就不简单。曾康霖、何泽荣等正值学术壮年，何高著教授是他们的老师，温嗣芳教授等又是何高著教授的老师。如果算上正在培养的莘莘学子，这样一来，20 世纪 80 年代的金融系活脱脱一番"四世同堂"景象。

吴富林认为，四川财经学院虽在西部，但是那时的金融学者要排出个"豪华"阵容并不难。除了"英伦双星"——英国伦敦政经学院出身的程英琦教授和英国爱丁堡大学出身的温嗣芳教授，还有法国南锡大学出身的梅远谋博士、德国莱比锡大学出身的李景泌先生、国内武汉大学出身的何高著教授。这些都是早已享有盛名的学者。

如果再往前追溯，到 20 世纪三四十年代，西南财经大学的前身——光华大学沿革下来的金融论著广泛和深刻，学者们集中研究币值、物价、利率、汇率、货币本位等核心论题，可谓兼有史论、策论，并重国际、国内。梅远谋关于货币本位与货币危机的论著，彭迪先关于通货膨胀的论著，程英琦关于凯恩斯货币理论的论著，温嗣芳关于利率、汇率与货币战的论著，何高著关于币值和物价的论著，可谓在学术上薪火相传，在人脉上交替接班。

对此，吴富林感叹道，对比分析曾康霖等该校金融学者的论著及其学理渊源，是一个需要深入研究的"群体现象"，"大约学派的形成亦是如此"。值得一提的是，曾康霖的恩师梅远谋教授，无论在曾康霖求学阶段还是在后来的留校任教期间，老先生对曾康霖的学术思想有很大的影响。当时四川财经学院学术氛围极其浓厚。30多年后，1979级的学生再次聚首，见到当初的恩师曾康霖等人，无不感慨流金岁月。

机会来之不易，很多同学既把学校当成学习专业知识、提升自己的摇篮，更把学校视为培养自己领悟人生真谛的精神家园。据他们回忆当时的情形：课堂上，学子们聚精会神，专心听课；讨论中，激烈争论，大家思想活跃、敏锐、宽广。阳台上高谈阔论，宿舍里"夜话"绵绵，运动场上你追我赶，校园里谈天说地，小溪边窃窃私语，学子们交知心朋友，抒内心之豪情，展个人之风采。探讨专业理论和实际问题，议国内外大事，评论社会新闻。诚可谓"书生意气，挥斥方遒"——他们亦是因为参加高考，改变人生轨迹和命运的最早一批金融专业学生。

后据四川财经学院1979级金融同学会粗略统计：在完成四年学习后，122位学生中大部分（68人）被分配到金融系统工作，遍及北京、天津、河北、广东、安徽、西藏等12个省市区，17人去高校任教或攻读研究生。他们在我国金融领域做出了突出贡献，很多优秀的学子在国家经济发展中发挥着重要作用。

金融人才摇篮

尽管学术底蕴深厚、师资力量强大、学生也很优秀，但或许是一切太仓促，负责金融专业教研安排的曾康霖很快就感到了压力。20世纪80年代，金融专业的发展遇到了一些现实问题：何高著年岁已高，他为了整个金融学科的发展，四处奔波，身体状况很差，视网膜脱落，眼睛近乎失明；程英琦老师已经不能自如下楼。当时，金融专业最缺的是能讲专业课的老师。怎么办？向社会招聘。

据曾康霖介绍，因为金融是一个比较务实的专业，所以他们就把目标锁定那些曾在金融管理部门或银行体系工作过的优秀人才。但能够快速转行当老师的人还是难找，"这既需要懂理论和实践，还必须能讲"。所以，四川财经学院金融专业的发展，其实是在实际部门配合下渡过难关的。

培养高水平的金融人才是改革开放后我国发展国民经济的当务之急。对于四川财经学院来说，除了"天时"极佳外，1980年划归中国人民银行总行主管、领导是"地利"和"人和"。她成为人民银行总行直属的最早的4所高校之一，且是其中唯一一所"211"重点大学。"这表明，刚上大学的金融学子，适改革开放之时，逢发展金融事业之需，步入了学习和研究金融学科的殿堂。"回忆此次调整时，曾康霖如此感慨。

人民银行直接主管相关几所高校，主要是中央高层急切发展金融教育、培养金融人才的需要。1979年10月4日，邓小平在接见各省、市、自治区委员会第一书记座谈会上提出"要把银行真正办成银行"。这是中国金融体制改革的一次重要呼唤，人们意识到中国金融业大发展的春天来临，但中国金融领域最直接的挑战就是人才匮乏。

实际上，此前一年，金融业人才匮乏的问题已经显现出来。因此，中国人民银行总行党组提出建立全国教育体系的设想和规划，把金融教育事业和人才培养当作大事来抓，同时成立科学技术教育局（后于1982年改为教育司），负责领导和管理整个金融教育工作。在"要把银行真正办成银行"的方向下，为整个金融业培养人才的重任落到了人民银行身上。人民银行主管和兴办教育、培养金融人才的工作也正是在这一背景下开展的。

人民银行在1979年和1980年报经国务院批准，先后接收了陕西财经学院、四川财经学院和湖南财经学院，并同有关专业银行、保险公司等金融机构共同筹建了中国金融学院。1981年9月，为满足金融体制改革对高素质金融应用型人才的迫切需求，中国人民银行总行金融研究所研究生部应运而生，1994年更名为中国人民银行研究生部，成为我国金融系统第一所专门培养金融高级管理人才的机构（由于坐落于北京市海淀区五道口，人们称其为"五道口"）。

行属院校在1979年至1996年间得到了飞速发展，仅中专学校数量就达到29所，累计向金融部门和社会输送毕业生近10万名。人民银行接收和创办的4所全日制本科院校、7所高等金融专科学院和1个研究生部，在1978年以后的10年时间里，向社会输送了14000多名毕业生，还承担了大批在职干部的培训任务，在推进金融事业改革和发展上发挥了非常重要的作用。

1980年上半年，中国人民银行总行教育司在四川财经学院召开了金融专业教学研讨会，在这次会上确立了"宽口径、厚基础、重实际"的教育指导思想。在这一思想指导下，着力师资队伍建设、教材建设，以及加强与实际部门的联合和合作，为提高教学质量创造了条件。

可以说，四川财经学院金融系在中国金融人才培养体系中的地位是举足轻重的。划归人民银行总行后，学院确立了以金融学科为重点的办学思想，培养人才。

1983年，曾康霖被破格评为副教授，并出任金融系主任。学科发展的重任落在他的肩上，上任后，曾康霖显露出与众不同的才能，开始崭露头角。这时，曾康霖48岁，是当时四川财经学院最年轻的系主任。刘锡良说："在当时的年轻教师中，曾康霖老师是最突出的。这与他在1966年开始的那段时间的学习有关，他认认真真地研究了一些问题。"

在此期间，曾康霖在学科建设方面也起到了关键作用。1984年，他出版的第一本专著《金融理论问题探索》获得了省部级奖励。1986年，他主持撰写《资产阶级古典学派货币银行学说》，较早对金融学史进行系统研究，被评为"四川省第三届哲学社会科学研究成果一等奖"。1989年，与何高著教授等共同撰写出版《马克思货币金融学说原论》，为学科建设奠定坚实的理论基础。

同一时期，学校其他学科的学者和教师也非常有建树。比如刘诗白、袁文平等在社会主义经济理论与实践问题研究中，较早提出了"社会主义市场经济"的概念，并对四川经济改革提出若干重要建议；王叔云、郑景骥、张思文教授等密切关注农村联产承包责任制进展，提出了系统的理论研究成果；刘洪康、吴忠观教授提出了用以指导中国人口问

题研究的马克思"两种再生产"理论……[1]

对于如何培养学生，还有一件小事触动了曾康霖的心灵。当时一个金融系的学生毕业参加工作两年左右回来，学生对他说："我到银行去了很长一段时间以后，才看懂了银行的报表。"说者无意，听者有心。晚年曾康霖叙述起这段往事时说："这件事让我们反思，他的意思是读大学期间，连报表都看不懂，老师也没有讲过这些。此外，当时还有人评价川财金融系道：'金融系的学生毕业出去教书可以，实践不行。'这就是说我们只会讲理论，不会讲实际。"于是，曾康霖此后在教学中特别强调，金融学对学生的培养要重实际，他提出了12字的教学指导思想："宽口径、厚基础、重实际、强能力。"1981年，川财金融系开始招硕士研究生。到1984年，金融学的师资力量主要有几个部分：一是78级金融学毕业生留校；二是前两批金融学研究生；三是从其他科系转过来的老师；四是从实践部门转过来做老师。1985年和1986年，金融系教师最多的时候有六七十人。

总体来说，20世纪80年代，是四川财经学院金融专业发展的兴旺时期，是曾康霖研究金融学的黄金时代，思想很活跃，成果很多。他在教学方面也取得了很大的成绩。特别是出任金融系主任之后，他励精图治，本身又是金融学科的专家，把系里工作干得有声有色，金融系成了四川财经学院甚至西部教育界的一张名片，金融系的生源很充足。学校划归中国人民银行总行后，曾康霖组织年轻人承担总行的各种课题，主

---

① 中国金融教育发展基金会.中国人民银行原行属院校发展简史[M].北京：中国金融出版社,2014.

编《货币银行学》《银行经营管理学》等教材，并承担了原国家教委的
研究生系列教材之一《商业银行经营管理研究》的编写工作。

1985 年，四川财经学院更名为西南财经大学，在原金融系基础上
逐步建立了金融学院。西南财经大学是公认的培养金融人才的摇篮。金
融学专业始终是学校培育人才的重点专业，这里培养的金融人才走向了
全国甚至世界，遍布国家政治、经济和文化等建设的方方面面。在财政
和金融的监管系统、各商业银行、政策性银行、证券公司……西财金融
系的学生都是一道亮丽的风景线，而曾康霖老师的很多学生是其中的佼
佼者。

一面旗帜

20 世纪 90 年代，以曾康霖为学科带头人的西南财经大学金融学科
已经在学界奠定了领先地位。尤其是在金融基础理论、货币银行学、金
融史及金融学说史等学科教研方面，已经领先国内其他高校或研究机
构。

"90 年代关于金融知识的各种辞典，只要是关于学术史的部分，都
是西财主编。"刘锡良回忆道，大家都去研究热点去了，放弃了本源性
的、基础性的东西，而这些恰好又是最为重要的。

实际上，自改革开放开始之后，在传统马克思经济理论上，各高
校、教研机构陆续自发或自觉地引入了西方经济理论。

早在 1979 年 5 月，全国各地 17 位在西方经济学领域颇有造诣的

人士联名发起"成立外国经济学说研究会创议书",名誉会长为许涤新,会长是陈岱孙,李宗正、厉以宁和黄范章协助筹备工作,发起人都是当时经济学界响当当的人物。[①]

当年 6 月,官方发出支持声音,国务院财经委员会召开会议,呼吁大家研究当下我国经济情况和政策。时任社科院副院长的于光远斩钉截铁地说:"没有理由拒绝对西方经济学的研究,没有理由拒绝吸收西方经济学发展马克思主义";"偏爱可以,偏见不可"。

这相当于官方对外公开表明态度,由此,一场研究西方经济学为社会主义所用的行动轰轰烈烈地开始了。

从 1979 年 11 月至 1981 年春,由外国经济学说研究会举办的国外经济学讲座先后在北京、上海、沈阳、武汉等地召开,讲座共进行了 60 次,同时印发《国外经济学讲座》4 册,每周讲一次,内容包括宏观经济学、微观经济学、经济增长和发展论、消费经济学、国际经济学、企业管理理论、部门经济学、经济计量学、数学在经济学中的应用、国民经济核算、经济预测理论,此外还包括比较经济学、福利经济学、工业区位理论、国外经济学主要流派的学说。

关于西方经济学的讲座,柳红评述道:"这是 1949 年以后,在中国第一次系统地介绍、传播非马克思主义经济学,既是为改革提供思想资源的学习班、培训班,又是西方经济学的扫盲班、普及班,也是思想解

---

① 柳红.八〇年代:中国经济学人的光荣与梦想 [M].桂林:广西师范大学出版社,2010.

放运动的重要实践。"[1]

于金融来讲，西方经济学的作用巨大，当时中国人民银行总行副行长刘鸿儒曾说："要培养一批骨干搞金融改革，不懂西方经济学没法改。"[2]学界引入西方经济学最早源自厉以宁在北大开讲这门课程。1980年，厉以宁在78级和79级学生中首次开讲西方经济学大课，而后1983年，《现代西方经济学概论》出版，且在1980年前后，厉以宁先后出版了4本相关书籍。1987年，宏观经济学、微观经济学成为财经类专业的必修课。

当时，曾康霖这样评价马克思主义经济学："马克思主义经济学中的基本原理具有普遍意义，但对经典作家一些理论的理解不能僵化，在当时的条件下，经典作家依据那样的事实，进行那样的抽象，得出那样的结论是正确的。但是如果时间、地点、条件变化了，依据的事实不存在了，或把抽象的因素加进来考虑，则又另当别论。西方经济学具有阶级性和庸俗的成分，但它是市场经济的产物，是西方经济学家的研究成果，它揭示了市场经济条件的一些基本理论、规律和运行机制。"

"从某种意义上说，西方经济学是市场经济学，我们要搞市场经济，需要借鉴别人的研究成果。"这是曾康霖的认知。

借鉴先从系统性地研究学说发展史开始。曾康霖认为，西方经济学说的发展史表明，经济学说的发展经历了"三次革命"：第一次是"斯密革命"，确立了"看不见的手"的原理，强调市场自由竞争，把人的

---

[1][2] 柳红．八〇年代：中国经济学人的光荣与梦想 [M]．桂林：广西师范大学出版社，2010.

经济行为描述为，在看不见的手引导下在市场竞争中追逐自身利益最大化，同时有利于增进他人及整个社会利益。第二次是"边际革命"，尽管其理论基础是主流的效用价值学说，必须受到批判，但把研究的重点从基础转到应用，从生产转到消费，从供给转到需求，解决了当时社会经济生活中面临的而传统理论又不能解释的问题，不能不说是经济学研究上的一次飞跃。第三次是"凯恩斯革命"，确立了"总量分析"理论，发展了"有效需求"理论，主张国家干预、调控市场，成为宏观经济学产生的重要标记，是经济学研究的又一新的转折。[①]

上述研究在 1990 年以后发表在曾康霖的系列著作中。当时他以较大篇幅评价了西方经济学中的一些代表人物（包括诸位诺贝尔经济学奖获得者）的思想学说和主张，评价的初衷是让人们了解他们观察事物的立场、观点和方法。

学说史梳理过后，如何借鉴西方经济学中有用的理论和方法？"不仅要掌握它的含义，必要时还应赋予它新的内容。"曾康霖认为。例如，当时，政府工作报告中经常强调，宏观经济的调节要实现总需求和总供给的平衡。这一概念在西方经济学中是什么意思，我们用它又是什么意思，这些问题需要研究。

在西方经济学里，总需求是指个人、企业、政府对投资品和消费品的需求，但投资品和消费品与我国的社会产品是不相同的，不能与通常所说的生产资料和生活资料等同。此外，西方经济学里的国民收入（国

---

① 　曾康霖. 曾康霖著作集（十一）[M]. 北京：中国经济出版社,2004：63.

民生产总值 GNP 是广义的国民收入）的概念与我国的国民收入概念也不同。具体表现在：其一，西方经济学里的国民收入如果是广义的，则包括固定资产折旧，如果是狭义的，则不包括固定资产折旧，而我国的国民收入是不包括固定资产折旧的；其二，西方经济学里的国民收入无论是广义的还是狭义的都是指最终产品，不包括中间产品，而我国的国民收入实际上包括中间产品；其三，西方经济学里的国民收入包括劳务，而我国的国民收入不包括劳务。[①]

因此，西方经济学的引入，通常需要结合马克思主义经济学的原理，结合我国现实加以改造和发展。在曾康霖看来，西方经济学是市场经济的产物，也是人类宝贵的精神财富，我国建立和完善市场经济体制，离不开市场经济基本理论、规律和运行机制的指导，少不得要批判地学习和借鉴。

1990 年，西南财经大学申报金融学科博士点并获得批准，曾康霖不再出任金融系主任，任金融研究所所长。然而，1992 年邓小平"南方谈话"推动了思想理论的新解放，金融系部分教师感到外面的世界大有可为，想离职下岗，此时的曾康霖思想比较解放，基本上如愿满足了想离职下岗的人，但他也有些彷徨。博士点拿下来了，而人又走了，怎么办？据刘锡良回忆："这时的金融系全靠曾老师牵头，外加我们几个副教授支撑。"1993 年，刘锡良评上教授，中国人民银行想把他调走。曾康霖得知这个消息后，望他权衡，后来刘锡良做了金融系主任。

---

① 曾康霖.曾康霖著作集（十一）[M].北京：中国经济出版社,2004.

此时，曾康霖的精力主要集中在写作货币的一系列著作，从 1987 年到 1997 年的 11 年间，曾康霖教授对金融基础理论进行了系统研究，先后出版了《货币流通论》《资金论》《利息论》《信用论》《货币论》《银行论》等金融理论专著。这奠定了他的学术地位。

博士点申报下来之后，"怎样招生，怎样培养，诚惶诚恐，心中没数。"曾康霖说。为了向老一辈学习、讨教，为了吸收兄弟学校培养博士生的做法和经验，1991 年，在曾康霖倡导下，由西南财经大学金融系、成都汇通城市合作银行共同发起召开"中国首届金融学博士生培养高级研讨会"，参加者都是金融学界大家，全国货币银行学专业的知名教授、金融学博士生导师黄达及赵海宽、陈观烈、江其务、林继肯、周升业、张亦春、刘诗白、许廷星等 40 余人出席了会议。据当时的材料记载，会议集中讨论了六个问题：为谁培养；怎样选好苗子；怎样进行教学；怎样依靠社会力量培养；怎样解决在职博士生的工学矛盾；怎样评价博士论文质量。[①] 在这场讨论会上，很多问题都取得了共识，会议对于加强货币银行学学科建设以及培养更多更好的金融学博士具有积极作用。1997 年曾康霖发起召开的"金融学科建设与人才培养高级研讨会"，在全国掀起了一个高潮，得到了全国高校的支持。参加此次会议的人士表示，"能参加这个会，那都是很骄傲的"。这场会议的主题有两个：人才怎样培养；金融教学如何转型。会议集各家之长，补自己之短，汇同行之智，适时代之需，增进了同行专家的学术交流和感情，出版了《金

---

① 赵科.中国首届金融学博士生培养高级研讨会在成都召开 [J].金融科学,1992（01）:101.

融学科建设与人才培养》。在 1999 年出版的《黄达文集》中，我国金融学大师、中国人民大学前校长黄达教授将曾康霖的这一成果称为"我国金融研究的转折点"，这是业内对曾康霖在学科建设方面的最高评价。

两次会议以后，曾康霖在教学中探索，在探索中前进，逐渐在实践中有了一些想法。对于怎样带研究生，特别是博士生的问题，他有了自己独到的看法。每一届博士生入学后，曾康霖都要讲"师傅引进门，修行在个人"，并总结出"24 字"（拓宽领域，以专带博，充实功底，掌握方法，小题大做，求得成果）的博士生学习研究的指导思想，具体为：拓宽领域，包括中外古今、边缘学科、跨学科、综合性学科等；以专带博，以研究方向为核心，向相关知识领域拓展；充实功底，要求掌握理论的来龙去脉；掌握方法，包括规范的方法、实证的方法、比较的方法、数理的方法等；小题大做，要求见微知著、由小及大、从实践中升华；求得成果，包括见解、方案、文章、报告、模型等。

1993 年，西南财经大学在全国文科类院校中率先通过国家"211 工程"预审。1998 年，国家发展计划委员会正式批复同意将西南财经大学列入"211 工程"及"九五"期间重点建设的 61 所大学之一。

1999 年，时任教育部部长陈至立提出高等学校专门设立 100 个社会科学重点基地，包括南开大学、湖南大学等 7 所院校申请设立中国金融研究中心，西南财经大学金融系在申报学校之列，刘锡良负责筹备，曾康霖作为带头人。"他在后面指挥，我在前面做事。"刘锡良回忆。

申报基地有个条件：必须学科排名第一。在学科排名上，西南财经大学金融学位列第一。同时，其他兄弟院校中，老一辈金融学家年岁已高，新生力量不足。而西南财经大学金融学中，曾康霖作为一面旗帜，后面跟随中坚力量，用刘锡良的话说，就是后继有人。因此，西南财经大学成为教育部唯一的中国金融研究中心，被教育部正式列为人文社会科学百所重点研究基地之一。金融学博士点也变更到中心来，曾康霖、刘锡良、何泽荣三个教授带博士。黄达老师为中心学术委员会主席。

2002 年，教育部又提出建立金融工程专业，西南财经大学作为备选的 7 所院校之一。"是建立金融工程专业，还是仅仅将此作为一个研究方向，这在当时是存在争议的。"曾康霖说，"但我认为，我们还是有条件建的。"最终，西南财经大学于 2002 年开设金融工程专业。

如今，西南财经大学金融系共有 5 块牌子：中国金融研究中心、金融学院、保险学院、证券期货学院、金融研究院。可以说，从 1979 年开设金融专业以来，至今 30 多年时间里，在老一辈梅远谋、程英琦等教师的感染下，在中坚一代何高著、曾康霖等人的不懈努力中，西南财经大学金融系实现了从无到有的创建、从弱到强的发展，成为中国金融学科中的一个先锋，其曲折坚韧、探索追求的办学精神也映衬着中国金融业的发展旅程。刘锡良评价："学校一定要有旗帜，也要有旗杆。西南财经大学金融学科是几代人的努力，曾康霖是集大成者。"

身体力行

1981 年，曾康霖在《金融研究》第 8 期中发表了《金融理论教学的内容需要更新和丰富》一文。这是他在这一时期，对金融学科发展方向的一次重要思考。

为了更新教学内容，曾康霖开始新教学教材的编写工作。他亲自指导教学计划改革与调整，对主干课程取消了姓"资"姓"社"的区分，统一编写出版了《货币银行学》。在新的教材和教学资料名称前不再冠以"资本主义"或"社会主义"，更为客观地按照事物发展的规律来做研究和教学。

《货币银行学》率先引进信用通胀、派生存款、货币乘数等概念，并系统地进行了阐述。在这本书中，他不同于一般的教科书那样论述货币的本质和职能，而是着力结合人民币的实际，分析它的性质、职能、流通和购买力。在当代，国民经济的运行在很大程度上要靠货币去推动，为此增加了《货币资金》和《金融与经济发展》两章，阐明货币到货币资金的转化及货币资金的运动规律。这些在当时学界都是比较先锋的。

《金融理论教学的内容需要更新和丰富》刊发后，即在金融教育系统产生了广泛的影响，全国金融学科建设出现新局面。作为落地呼应，在曾康霖的母校四川财经学院，教务处很快也全文印发，分发到校内各处室和教研机构。这种情况也开始被其他金融教学单位效仿，产生了广泛的影响力。

也就是从这一时期开始，为适应我国独特的国情和经济金融发展需求，曾康霖开始了他的转轨金融理论体系的构建。《金融理论问题探索》《资产阶级古典学派货币银行学》《货币论》《货币流通论》《资金论》《利息论》等一批著作和科研课题在这期间完成。这些成果与其后所编著的《信用论》《银行论》《银行资产负债管理论》《投资基金论》等反映了他的金融理论，为金融学科建设做出了贡献。

2004 年出版的《曾康霖著作集》收集了他的 12 本著作，其中 9 本专著和 3 本论文集，系统地梳理和研究了金融领域中的历史和现实问题，得到同行赞誉；其中 8 部获得省部级奖，曾康霖被媒体称为"中国金融理论界宗师级人物"。曾康霖在他的学术总结之作《回顾与反思》序文"我思，故我在"中写道："20 世纪 80 年代是我国思想非常活跃的年代，也是思想激烈交锋的年代。"

中国共产党十一届三中全会上，邓小平提出：解放思想，实事求是，团结一致向前看。但此阶段"文化大革命"的影响并未完全消除，在一些领域"左"的影响仍然较大。他们非议办经济特区，指责办经济特区是培育"和平演变的温床"；反对搞股份制改革试点，责难搞股份制是推行私有化；不赞成实施家庭联产承包责任制，认为这是瓦解公有制经济；非难引进外资，把引进外资看成是做国际资产阶级的附庸。在这些"左"的思潮的影响下，当时中央在思想战线上提出：要在以经济建设为中心之外，着力"以反和平演变为中心"；在舆论宣传上要划分清楚两种改革的界线，即所谓的坚持经济体制改革的社会主义方向，反对资本主义方向。

20 世纪 80 年代有两件事对文教、宣传部门影响较大：一是"清除精神污染"，二是"反对资产阶级自由化"。应当说这两件事情对社会科学的研究产生了一些影响。但是，它们的影响没有妨碍曾康霖对一些经济理论问题，特别是专业问题的再认识，没有消减他的研究兴趣。相反，时代激起了他求知的欲望，探索的热情。他勇于面对实际，对经济和金融领域中的理论和实际问题进行广泛探讨，力争做到从感性认识到理性的升华。

"善学者尽其理，善行者究其难。"曾康霖在反思中前进，也在反思中审视改革。从金融领域来说，他在锐意改革这一方面，值得人们瞩目的有以下几点：

（一）率先提出财政金融体制需要改革

改革开放是决定当代中国命运的关键抉择，沉寂多年的银行在认识上被提到一个新高度。"金融是现代经济的核心"，这是邓小平为明确金融与经济发展的关系而提出的重要金融思想。

1979 年 10 月邓小平在省、市、自治区委员会第一书记座谈会上提出："银行应当抓经济，现在仅仅是算账，当会计，没有真正起到银行的作用"；"银行要成为发展经济、革新技术的杠杆。"

中国的财政银行体系一直是"大而统"的体制，作为金融学者，曾康霖等人很清楚，这样的体制难以为继，必须改革，而改革必须有理论支持。而这样的理论必须具备三个条件：一是具有普遍意义，符合经济发展规律；二是符合中国国情，毕竟中国的经济体量有无限大的可能性；三是在操作上要可行。

正是在这样的背景下，1980 年 10 月 6 日，《人民日报》发表了一篇名为《现行财政银行体制需要改革》的文章，使业界和学界炸开了锅。

1980 年 3 月，曾康霖与当时在人民银行四川省分行的同学严毅共同撰写了《从我国银行的地位和作用谈财政金融体制改革》。该文指出："三大中心"不能正确地说明银行的地位。因为"三大中心"（即信贷中心、结算中心和现金出纳中心）是沿用苏联教科书中的概括，是从现象上看问题，是就工具论工具。这在当时，应当是颠覆性的认识，因为新中国成立后苏联专家到中国来就是这样传授的，而且这样的提法一直延续了几十年。

该文强调应当确立"银行是整个社会经济生活的调节者"，这种地位是银行的功能所决定，不可动摇的。文章阐述道：银行已有几百年的历史了，在资本主义的前一段，银行在社会经济中处于"信用授受机构"的地位，发挥着信用中介和支付中介的作用。到了资本主义的后一阶段，银行就由"普通的中介人变成万能的垄断者"一跃成为"现代经济生活的中心""全部资本主义国民经济体系的神经中枢"。

文章认为所谓"神经中枢"就是"广泛深入地涉及社会生产、分配、交换、消费的每一个领域、部门和企业，对社会经济事实上起着控制和调节的作用"。该文密切结合中国实际，提出我国"大财政，小银行"的分工局面必须改革，而且具体地提出"当前小改和今后大改"的思路和方案。

是时，曾康霖在金融理论方面虽有一定的建树，但还是一个名不见经传的青年教师。严毅在四川省人民银行主持办公室的工作，被视为金融方面的"才子"。两人都是20世纪50年代进入川财的学子，关系一直不错。

三十多年过去了，曾康霖在回忆这篇文章时提道："关于写这篇文章的最早思路，其实还是在教学和实践调研中体会出来的。"他和严毅合作，一方面两人都是搞金融的，兴趣相投；另一方面，两人都有忧国

严毅（右）与曾康霖

忧民的情怀，关心国家的建设。当然还有个因素：两个人住得比较近。

据曾康霖回忆，当时他们一家住在成都市暑袜街附近的财政厅宿舍，而老同学严毅住在附近的中新街，严毅在四川省人民银行工作，两人一个在高校一个在具体的金融管理部门，空闲时两家人喜欢聚会。曾康霖和严毅也不时探讨下各自的业务问题，讨论中发现了很多问题，并经常碰出火花。于是，两人共同执笔写成《从我国银行的地位作用谈财政金融体制改革》。

出乎他们意料，这篇文章迅速引起轰动，尤其在财政金融界和同行学者中影响更甚。彼时，赞成者有之，反对者有之，观望者亦有之。人们纷纷猜测，到底是何方人士写出这篇文章，背后是否受到权威人士授意。

曾康霖回忆，文章刊发后，影响很大，超出了学术界的范围，当时很多同行和财政、银行系统的人当面或写信来问他，为什么要写这篇文章。毕竟如此直接地点名某个领域需要"改革"，触动很多人的利益，而且影响还这么大。

几十年后，曾康霖在《曾康霖文集：回顾与反思》中提到，写作这篇文章，完全是受到时代的鼓舞，出于专业的偏好和个人的教学、研究心得。多少年来，曾康霖学金融教金融，学得更多的是过去苏联的那一套，教的是照本宣科。从书本到书本，他总感到联系中国实际不够，特别是受到邓小平的"必须把银行办成真正的银行"的启示，让他萌生了想法，深化了认识。

现在看来，这篇文章确实在引导我国金融领域改革方面作用独特。这篇文章的可取之处在于：提出"财政银行体制需要改革"，要有中央银行与商业银行（当时提的是专业银行），要改变我国长期存在的"大财政，小银行"的局面；强调指出"银行是整个社会经济生活的调节者"。至于怎么改，文章虽然提出了"当前着手小改""今后进行大改"的设想和方案，但仍在"分口管理"上做文章。

如今看来，或许站得不高，深入不够，仍囿于就财政金融论金融。但值得肯定的是：曾康霖教授基于专业视角，提出了财政金融体制改革的思想和主张，继承了经典作家的立论，符合时代的要求。可谓传承经典，与时俱进。

这是一次大胆而有气魄的为我国银行地位正名的举动。这篇《现行财政银行体制需要改革》引起轰动之后，大批学者开始关注银行的地位和功能，重新审视银行业在国民经济中的地位和作用。尤其是在银行业与财政系统的关系论证过程中，曾康霖等人的观点为决策者提供了参考。

《现行财政银行体制需要改革》这篇文章，后来也经常被刘鸿儒等改革者和管理者提引。由于影响很大，也被视为推动中国银行改革的标志性论文。

（二）商业银行不能搞承包

在讨论金融体制改革时，值得关注的是商业银行要不要搞承包。要知道，20世纪80年代中期，在厉行经济体制改革时，企业承包成了重头戏。一些经济学权威论证承包，政府的一些部门实践承包，一时间承包风兴起：行业承包、企业承包、企业内也搞承包。

其实，承包制最早来自农村实践。在1982年初，中国共产党历史上第一个关于农村工作的一号文件正式出台，明确指出包产到户、包干到户都是社会主义集体经济的生产责任制。此后，中国政府不断完善家庭联产承包责任制，鼓励农民发展多种经营，使广大农村地区迅速摘掉贫困落后的帽子，逐步走上富裕的道路，中国因此创造了令世人瞩目的、用世界上7%的土地养活世界上22%的人口的奇迹。[①]

但是，金融与其他国民经济生产部门还是存在极大的差别，在金融领域，银行能不能搞承包也成了热门话题。

一些实际部门和学术组织专门召开会议，讨论如何开展银行承包，

---

① 曾康霖.承包·企业化·实验区——再谈金融体制改革 [J].财经科学,1988（09）:32-34.

少数媒体也专门开辟专栏，报道银行承包的经验和业绩。据曾康霖介绍，当时学术界也有人极力主张银行搞承包，如金融界的杨培新，就有"杨承包"之称。有的高层管理人员，如中国农业银行的郑良芳著文《从承包起步走向企业化》（见 1988 年 2 月 15 日《金融时报》），提出专业银行内部实行分层次承包是银行企业化改革可选择的一条理想途径，并提出了企业银行分层次承包的种种措施。在实践中，中国工商银行在江苏无锡支行试点，有关部门请专家论证、检验。1988 年 2 月 15 日，《金融日报》以半版的篇幅报道，并肯定这是银行企业化改革的必由之路。

当时，提出银行也要搞承包的主张有三种：一是专业银行系统承包；二是基层单位经营承包；三是各种业务项目承包。

曾康霖对这种"承包制"引导银行"企业化"的观点一直持怀疑态度。他提出："银行作为一种企业，其业务活动可不可以承包，这问题需要研究。首先要分析银行经营商品的特点，其次要分析银行经营的特点。银行经营的商品是货币资金，它既具有一般商品的使用价值，又具有其他商品所没有的特殊价值。"尤其是在当时的情况下，他认为银行还不能单纯以盈利为目的，银行不比其他的工商企业。

曾康霖连续在《经济体制改革》（1983 年第 2 期）上发表了《我国银行体制改革需要解决的几个理论问题》，在《金融时报》上发表了《十三大的精神与金融业的发展与改革》等文章。这一组文章不仅深入地分析了"银行业务经营的特点和承包的难点"：一是权责利不易落实；二是财务收支不易量化；三是经营效果不易考核；四是政府干预不易摆脱。而且还从理论上指出了"财政资金与信贷资金的同一性"和银行的能耐。他特别提出："银行能耐在于它业务活动对经济运动具有较强的渗透力"，因为银行在收集、整理、传递经济信息方面大有作为，人们要广泛利用经济信息来指导生产、平衡供求、满足需要。现在看来，这些观点几乎已是人们的常识，但在 20 世纪 80 年代初（即 1983 年）就这样提出问题，在理论上加以确立，并要人们接受，还不是那么容易。

曾康霖说不能认为银行搞了承包就是实现了企业化。当时有权威人士认为银行企业化的内容包括两点：一是健全金融企业内部经营机制；二是建立健全各种形式的责任制和内部考核指标体系。而曾康霖认为：银行企业化的内容应当是把银行确立为商品经营者。对此要改造的是外部关系，而不是内部关系。内部落实权责利，建立健全各种责任制和考核指标体系不应当是企业化的内容。因为即使不搞企业化，为了提高工作效率也应当建立健全责任制。人们可以将此称为企业化管理，但绝不是企业化的内容。①

曾康霖认为，当时银行企业化难要从金融组织结构上找原因：我国的金融体系是按马克思的"信用必须集中于国家手中"及列宁的"大银行思想"建立的。"这几年虽然成立中央银行，分设专业银行，发展其他金融机构，但仍然没有打破旧有的框框。"这表现在：第一，国家所有的金融机构仍占垄断地位；第二，从中央到地方层层设立"大一统"的分支机构；第三，基本上是按行业分工，按行政区域组织金融活动；第四，中央银行的业务活动带有专业银行的色彩，专业银行的业务活动

---

① 曾康霖 . 承包·企业化·实验区——再谈金融体制改革 [J]. 财经科学 ,1988（09）:32-34.

带有中央银行的色彩。

由此容易出现"一刀切""齐步走"和"大而全""小而全"。所以现在看来，银行企业化不宜搞承包，不能搞承包，而应该首先找组织结构上的原因。

其实，到了 1988 年，中国经济已经经历了一个快速发展的飞跃阶段，可以说综合国力迈上一个新台阶。但与此同时，随着经济的快速发展和经济体制的转轨，深层次的矛盾也逐步暴露出来，并影响社会稳定和经济的健康发展。

当时，社会总需求超过社会总供给，且这一矛盾仍然在不断扩大，形成投资和消费双膨胀的局面，由此导致严重的通货膨胀。在 1988 年，工业生产增长 20.7%，能源、原材料、运力供应极度紧张；固定投资增长更是达到 18.5%。[①]春节之后，大中城市纷纷放开粮、油和其他农副产品价格，到 8 月从南到北刮起抢购商品、挤兑储蓄存款的风潮。据统计，1988 年银行各项贷款比上年增长 16.8%，现金发行近 680 亿元，年末现金流通量同比增长 46.7%，零售物价上涨 18.5%。[②]

面对这些复杂的情况，曾康霖认为，双轨价格机制改革和金融业的结构调整已经迫在眉睫。他主张开辟新的金融改革的试验区。虽然之前我国已在一些地区进行了金融体制改革的试点，给予这些地区的金融机构以更多的自主权，如贷款调剂权、利率浮动权、利润分配权等。"但

[①] 　人民网 . 中华人民共和国国家统计局关于 1988 年国民经济和社会发展的统计公报 [EB/OL].[2008-04-22].http://finance.people.com.cn/GB/8215/103889/119367/7150899.html.

[②] 　中国人民银行 . 中国共产党领导下的金融发展简史 [M]. 北京 : 中国金融出版社 ,2012.

基本格局仍然是条条管理"，没有消除企业"吃银行的大锅饭"，专业银行"吃中央银行的大锅饭"的局面。

曾康霖倡导提出的"开辟金融改革的试验区"，不是指在政策上给予这些地区优惠，而是指重新构造这些地区的金融组织，使其基本上摆脱条条干预。

（三）按现代企业制度建立商业银行

党的第十五次代表大会提出建立现代企业制度，据此曾康霖思考：在我国能不能按现代企业制度建立商业银行。他深入地研究了现代企业制度的特征和意义，于 1998 年初撰文指出：现代企业制度的基本特征是"产权明晰、权责明确、政企分开、管理科学"。

他认为，从我国的现实出发，建立现代企业制度需要从两个方面进行改革，即：产权制度改革和内部管理体制改革。产权制度改革的核心问题是把所有权与经营权分开，而这种分开的重要意义在于：要由所有者去约束经营者，让经营者维护所有者权益，并防范经营者发生损害所有者利益的行为。

对此，要解决好三个问题：一是落实谁是所有者，让所有者到位，不能让所有者虚置。二是明确委托—代理关系，也就是权责明确，使所有者能正确评价经营者的业绩，并给予应有报偿，使经营者真正能自主经营，自担风险、自负盈亏。政企分开的实质意义，也是为了排除在这方面的干扰。三是建立健全内部管理制度，也就是科学管理。科学管理的核心是建立各种约束机制和激励机制，其中特别要防止企业所有者对企业经营者权力失控的局面出现，经济学家把这种现象称为"内部人控制"。内部人控制意味着经营者的权力在企业内缺乏制衡，在企业外缺乏约束，可任意支配企业财产，这是与现代企业制度不相符的。

现代企业制度不同于传统企业制度的标志之一，就在于企业不仅要受政府的法律约束，而且要受到出资人即所有者、客户、中介组织、社会公众、新闻媒介的监督。故而在不损害社会整体利益的前提下，现代企业制度追求自身利益最大化，经营性金融机构，一般采取"公司制"的形式。

股份制是公司制的一种形式，但二者不能完全等同。在中共十五大上，将股份制明确为现代企业制度的一种资本组织形式，以股份的方式组织资本建立的企业可采取公司制的形式，以其他形式如独资、合资等方式组织资本建立的企业可采取公司制的形式。这就是说要把经营性金融机构建立为现代企业制度，走"公司制"的道路，既可采取股份公司的形式，也可采取独资、合资等有限责任公司的形式。但无论走哪种形式，都要权责利明确，在机制上相互制衡。

结合我国的实际，从资本组织形式上说，有不少已经是股份制的形式，而有的仍然是国有独资形式，在这种情况下，怎样按"公司制"的形式把它们建成为现代企业制度呢？

对此，曾康霖提出了有针对性的建议。对股份制商业银行来说，一是要使所有者到位。要看到现有的股份制的商业银行中，仍然存在所有者缺位的状况；二是要真正按"公司制"的章程去运作，这包括经营者的遴选，监督机制的建立和权责利的分配。在利益分配中，特别要承认、维护各所有者独立的利益。

对国有独资商业银行，按"公司制"的形式把它们建成现代企业制度要解决的问题更多。首先要解决政企分开的问题。我国国有商业银行既是独立经营货币资金的经济实体，又是政府用以分配社会资源、调节金融的工具。因而解决政企分开问题，主要是怎样把这二者合理地结合起来。这种结合从原则上讲，应当是"国家调节市场，市场引导企业"。国有商业银行是金融市场的主体，应以市场主体的身份参与金融活动，而不应以政府机构的代表身份参与金融活动。

解决了政企分开以后，还要解决：其一要法定这样的企业应有多少注册资本金。当前几家国有商业银行的资本有多少，应当说它的现有的资产规模与以后的发展趋势是不相适应的。其二明确应当有多少注册资本金以后，其资本怎样组织。可以继续维持国有独资的资本组织形式，如果这样，政府就要投资，也可以选择在国有控股的条件下的股份制的资本组织形式，如果这样，需要向社会募股。其三向社会募股，对此，需要确定股权结构和募股方式，需要选择是定向募集还是向社会公众募集，如选择向社会公众募集，则除了法人股外，允不允许个人股存在，也要确定。把需要多少资本，由哪里来这个问题解决以后，要使所有者到位。

以股份制方式组织资本的现代金融企业，所有者到位相对来说比较容易，不容易到位的是难以确定谁是国有股所有者的代表。过去，全民所有制实际上是国家所有制，但国家的机构很多，哪一家是国有股的真正的代表，并对这一部分的资产负责？众多机构都想争，而又不想承担其资产不致流失、有效地保值增值的责任。如果这些问题没有真正解决，那么即使名义上有国有产权，而实际上产权仍然是不明确的。

他进一步指出：把经营性金融机构按公司制建立为现代企业制度，除了要借鉴一般工商企业的经验和做法外，还要考虑金融企业的特殊性。金融企业的特殊性相对一般工商企业来说：其一它经营的是货币资金；其二其运用资金中相当大的部分来源于负债，负债经营是金融企业的重要特征；其三除了经营货币资金外，它为社会提供各种服务，金融业是社会公共服务事业；其四金融业是风险比较集中、变动比较频繁的行业，在经营管理中受到冲击的可能性大，但在防范和化解风险中，可选择的途径又有多种。这些特殊性为所有者与经营者关系的建立增加了复杂性和艰巨性。

同时他还指出按现代企业制度来建立商业银行，要努力创造一个适合于建立这种制度的环境：一要建立和强化社会成员的信用观念；二要建立、规范社会信用秩序并严格执行；三要推进工商企业和其他企业的现代企业制度改革；四要实施现代商业银行内部的劳动人事、收入分配、财务体制、税收政策方面的配套改革。

商业银行所有者与经营者是委托—代理关系，建立这种关系的核心问题是怎样降低代理成本。代理成本是建立这种关系要付出的代价，降低代理成本也就是要把这种代价缩小，而增大所委托的资产的经营收益。商业银行的经营可以是一级法人也可以是多级法人，作为一级法人与下属机构的关系一般是授权与被授权的关系，建立这种关系的核心是权利大小的界定，大了不利于控制，小了不利于调动积极性，因此重要的在于适度。

基于上述认识，曾康霖教授承担了全国金融研究重点课题《国有商业银行股份制改造研究》，研究报告系统地研究了商业银行的产权制度比较、组织形式选择、追求目标权衡、治理结构评价、商业银行发展趋势，并提出了操作方案和实施步骤为推进按现代企业制度建立商业银行，做出了理论支撑和技术操作框架，是我国推动这一事业发展的研究成果之一。

（四）从实践和理论上推动企业股份制改革

中国整个改革开放的过程，有一个形象的说法，那就是"摸着石头过河"。1980 年 12 月的中央工作会议上，陈云讲话说："我们要改革，但是步子要稳……随时总结经验，也就是要'摸着石头过河'。"[①]这句话得到邓小平坚定的支持，乃至成为改革开放三条经验——"猫论""摸论""不争论"中的一条。

1980 年初，曾康霖等人开始对金融理论及实践进行思考研究。

1984 年底和 1985 年初，上海人民迎来一件大事，股票出现了。1984 年 11 月 15 日《新民晚报》以题为"接受个人和集体认购股票"，报道飞乐音响公司发行股票。

本报讯　本市出现一家接受个人和集体自愿认购股票的新

---

① 陈云.陈云文选（第三卷）[M].北京：人民出版社,2005.

型公司——上海飞乐音响公司。它对社会发行股票一万股，每股五十元。

　　记者今天上午在武夷路上海飞乐音响公司见到公司董事长兼上海飞乐电声总厂厂长秦其斌，他透露说，将于本月十八日开业的上海飞乐音响公司采用集体、个人自愿认购股票形式来筹集资金。对全部个人股票实行"保本保息"优惠方法。股票按银行一年定期储蓄存款息率计算股息，每年用现金支付一次，以确保股东个人利益不受损失，对个人或集体认购股票，实现自愿原则，即："自愿认购，自由退股。"公司委托工商银行发行股票。当个人或集体认购股票后，不论金额多少，均为公司股东，享受平等权利，有权参加股东（或股东代表）大会，向股东大会提出议案，向董事会提出质询，或参加公司组织的其他活动等。每年年终，根据公司税后盈利情况，董事会拿出部分利润按股东认购的股金份额分发红利。剩余部分，留作公司扩大经营规模、为全体股东和公司职工兴办集体福利之用。

　　股票一出，立即引起人们追捧。当时股票热到什么程度？仅仅在上海，11 月 24 日发行股票那天，成千上万的人赶去排队，门刚一打开，人们一窝蜂涌了进去，前面踩伤了 30 余人，其中有 4 个人还是重伤。后来上海银行的同事想办法先出售购股证，30 元一张。凭认购证购买股票，但不是买到认购证的都可以买到股票，买到认购证以后还要抽签，大概有 50% 的机会，认购证也要排队购买，最后认购证甚至炒到

1000 多元一张。30 元的面值、连号的认购证，还有人用每张 1600 元的价格买下，一次就买 10 张，这样，无论抽签抽到单号还是双号都可以中签。①

身处改革的大潮，人们积极地寻找机会，试图在改革洪流中能够闯出一条路。股票热正说明了这个道理，于百姓而言，追捧的是手中的一张凭证，而对于敏感的商界，不少企业向往股份制，搞股份制几乎成为"改革"的同义词。

在实践进行得如火如荼时，总有一批沉静的学者，他们追本溯源，寻找真相，他们的目的是找到理论根据，寻求到最佳路线，为实践提供理论基础。这批人中就有曾康霖。

四川在推动股份制改革方面一直领先，这与知识界的参与、舆论的推动密切相关。20 世纪 80 年代初，四川财经学院金融系部分老师乘改革春风率先深入四川广汉等地，深入实际调查研究，宣传股份制改革的主张，帮助企业设计股份制方案。具有代表性的是帮助"广汉化纤"进行股份制改造，并助其成功上市。

广汉化纤是四川最早的上市公司之一，股改后，在上海证券交易所上市，上市公司名称叫作"广华化纤"，代号为：600672，后来因连续亏损退市了。

当时，厂长方小方心有疑虑，提出了一个有趣而又谨慎的问题：为什么一元面值的股票上市后能够按超过它面值几倍的价格卖呢？价格超

---

① 曾康霖. 曾康霖文集：回顾与反思 [M]. 成都：西南财经大学出版社，2013.

《股票的发行与管理》，1984 年出版

过几倍，企业的利润是否也要同步上涨几倍？股东是否也要找企业给他几倍的回报呢？这表明，要推动股份制改革，还必须宣传、普及股份制的知识，增强人们对股份制的认知度，消除企业家的疑虑。

为此，1984 年 11 月，四川财经学院金融系的几个老师，率先编写了一本小册子《股份的发行与管理》。参与编写的老师有曾康霖、王史华、张一昆、温思渝、税尚永、张玮、邓乐平，全书最后由曾康霖、王史华和李在中做总的编纂。

这本书除了对当时人们关心的有关股份制的 80 个问题做了通俗的解答，还以"代前言"的形式写了长篇论文，从理论上论述了"股份制的存在是发展我国社会生产力的需要"，"股份制的存在是改革我国经济管理体制的需要"，"承认资金所有权与使用权的分离就应当承认'入股分红的合理性'"。这些问题，现在看来几乎是常识，但在当时（1984年）敢于正面论述清楚这些问题，要决策者采纳、要人们接受，还是相当困难的，可以说，阻力很大。因为在当时，"文化大革命"的影响并未完全消除，在一些领域，"左"的影响仍然存在。

此外，这本书还对海外股份制度法规做了综合介绍，对当时我国股份制度的推行做了评价，对当时我国十一个地区推行股份制改革做了案例分析，在我国改革时期，这是一本难得的书，可以说这是一本宣传股份制改革、具有实用价值的小百科全书。

随着四川股份制改革的推进、股票的发行，成都红庙子民间股票市场蓬勃发展，这一民间股票交易市场的出现，震动了西南，震动了全国，引起业界、学术界及普通老百姓、证券买卖者的关注参与，其交易品种之多、数量之大、价格之协议、秩序之井然、诚信之恪守，前所未有，使人大开眼界。

红庙子是成都青羊区一条狭窄的小街。在 20 世纪 90 年代初，谁也没有想到，只因为这里是原四川证券管理机构所在地，平凡的红庙子一夜之间成了新中国发起时间最早、交易规模最大的"一级半"股票交易市场。它随着企业股份制改革和中国证券市场发展的大潮兴起，也伴随着股票交易的规范化而没落。到过成都红庙子的人提起当时的场景依然唏嘘不已。当时的红庙子，从早上 8 点到天黑，一直熙熙攘攘。

北京大学经济系肖灼基教授曾描述：红庙子一条街有三四百米长，估计这条街有三四百个买卖股票的个体摊贩。一人摆一张桌子，一边放股票，一边放现金；一手交钱，一手交票，秩序不错。整条街密密麻麻都是人，我目测有一两万人在买卖股票，这是坐商，还有行商在吆喝："买股票！买股票！""据说每天吸引 10 万人在这里交易，风雨无阻。"[①]

---

① 杨晓维.产权、政府与经济市场化——成都自发股票交易市场的案例 [J]. 中国社会科学季刊，1995.

一位老股民穆先生曾对媒体记者讲述了他见过的红庙子："沿街摆摊都是大户。他们一般是一把小竹椅，一个小桌子，再立上一张写满股票名字的纸板，买卖就开张了。街上熙熙攘攘挤着的都是散户。这些散户把股票、股权证、身份证复印件拿在手里，举在胸前，一边拥挤着往前走，一边讨价还价。既是卖家也是买家。""那时候从街南头500元收一张可转债，挤到街北头卖掉，就能赚500元甚至1000元。"他提起当时的情景，言辞中难掩留恋，而20世纪90年代初，成都人的月平均工资也不过500元左右。

在利润的刺激下，无论是农民、工人、商人，还是学生、干部、教师，都从四面八方赶来，参与交易。市场的范围也从红庙子街向四周延伸。据媒体公开报道，当时高峰期这里每天涌入的人数超过10万，大捆大捆的钱放在桌面上或者是麻袋里，所有的人都为炒作那些原始股票和权证而疯狂。

据了解，红庙子的真正火爆还是源于一只股票的发行上市。这只名为乐山电力的股票于1993年4月26日正式在上海证券交易所上市。此时，面额1元的乐山电力股票在"红庙子"已经炒到13元。而上市当天，乐山电力盘中最高飙到50元。有人因此一夜暴富。而正是这些故事，引来了包括辽宁、天津、深圳等全国各地的炒家。

曾任职成都市经济体制改革委员会的丁弘，后来在媒体公开谈及这一时期红庙子的市场逻辑时，做过这样的描述："鼎盛时期的红庙子，只有疯狂，没有理性；只听消息，没有道理。股份有限公司的股权证、法人股，拟发行的认购证，有限责任公司的出资凭证、交款收据，本地的、外地的，红庙子一概都炒。什么公司的盈利能力、资产情况、发展趋势，什么市盈率、市净率、分红情况都不管，也都不懂，有钱赚就行。"

1994 年前后，正当红庙子以及与其关联而生的各种风险一天一天叠加，地方政府迅速出手，强令关闭了红庙子。关闭红庙子之后，政府一度将这类股票交易引导至成都的城北体育场。据资料记录，当时在体育场内"搭建了统一的摊位，并设立临时的管理办公室，负责场内的秩序和治安"。再以后，市场又迁至成都冻青树一带。但此时市场人气一日不如一日，原先兴盛局面已难维持，不久，这个市场就从成都消失了。从盛到衰不过短短两年多，但是红庙子对推动企业股份制改革，普及股票知识起了重要作用，也对推动柜台交易纳入立法，以及此后的多层次资本市场建设有着深远的影响。

在股票大热、股份制改革受追捧的同时，曾康霖思考的是搞股份制的真正意义何在，需要付出多大的代价或成本。他连写几篇论文，包括《股份制改革的理论与我国的现实》《关于股份制问题》《论股份制企业中公有制的实现形式》等一系列文章，对股份制与企业经营机制的转换、股份制与货币资金的积累、股份制与资源的分配、股份制与财政收支，以及产权、治理、信息披露中的公有制实现形式等关键问题做出了理论研究。

第一篇对股份制改革的理论与我国的现实研究发表在 1993 年第 5 期《四川财政》上，由曾康霖和夫人谢应辉合作完成。曾康霖直截了当地提出，现代企业的经营管理所有权与经营权必须分离。

在这篇文章中，他写道：《股份制企业试点办法》指出，推行股份制的第一个意义是"转变经营机制"。这些年来，围绕转变企业经营机制曾采取过若干措施，如"放权让利""搞承包""破三铁"等，应当说都取得了一定成效。但总的说来，没有达到预定的目标，其重要原因之一是没有真正做到"政企分离"。如承包制，企业向主管部门承包，而主管部门又代表政府，无异于承担政府下达的任务。承包任务完不成，或请求调整承包指标，或请求上级在政策上松动，再加上"包盈不包亏"，赚了钱归自己扩大分配，亏本也不减少企业分配。从某种意义上说，还强化了政企关系。

因此，曾康霖认为，只有明确权责利才能做到"政企分离"，而只有真正做到"政企分离"，才能转换经营机制。

他进一步解释说，转换企业经营机制，就是要使企业成为"自主经营、自负盈亏、自我发展、自我约束"的经济实体，建立起激励机制和约束机制。问题是这"四自"中，核心是什么？

答案是自负盈亏，不是自主经营，因为自主经营不一定能自负盈亏，但要自负盈亏，就必须自主经营，同时只有自负盈亏才能自我约束、自我发展。如果说这"四自"中，自负盈亏是核心，那么以什么去自负盈亏？应当说企业以自己的资产去自负盈亏。

讲到这里，问题的本质已经浮出水面，当企业都争先恐后去进行股份制改革时，是否认清本质已经被忽略，人们一窝蜂地改，却又一窝蜂地败，问题在哪儿？以股份制改革而言，曾康霖指出的几个现象是那时最普遍的现象，承包不是真正的承包，放权不是真正的放权，股份制改革也没有触及核心。

在这篇文章中，曾康霖一语中的，股份制改革是要企业去自负盈亏，这就要企业以自己的资产去改，什么是自己的资产，思路已经很清晰了。如果企业没有自己的资产，则会形成名义上要企业自负盈亏，实际上是国家统负盈亏，因为资产最终是国家的。从理论上讲，自负盈亏者不应当是经营者，而应当是所有者，要经营者去自负盈亏是不合理的。因此，不明确企业的产权，企业的经营机制难以转换，自负盈亏也就是一句空话。

这样的理论给改革实践注入了一剂清醒剂，那是中国理论与实践最相辅相成的年代，中国没有现成的路径可循，西方土壤完全不同，理论不能照搬，现实问题一个接着一个，无论是经济金融还是其他方面，理论界对改革实践的指导和引领必不可少。

曾康霖晚年回忆当时的情况，讲过一个很小的故事。股票开始出现的时候，大家根本不知道股票是什么样子的，上面应该印什么，怎么买卖，在这个新生事物面前，曾康霖这一代学者肩上的担子更为沉重。曾康霖《关于股份制问题》一文所涉猎的细节问题更多，理论体系更为完整。

首先他厘清了股份制的几个基本理论问题，比如：为什么要以股份的方式来筹集资本？是不是以股份的方式筹集资本的都叫股份公司？是不是所有的企业都可以实行股份制？是不是股份制企业的股票都可以上市？有什么条件？什么是有形资产？什么是净值？股息怎么分配？

这些在现在都算是常识的问题，在当时，大多数人都解释不清，而曾康霖思考的还不只是这些细节，他有着更多深入的思考。

他提出了五大问题：一是实行股份制的意义何在，很多人认为是筹措资金，实际上，曾康霖认为这还没有抓住主要的问题，他觉得，实行股份制的重要作用是转变企业的经营机制。二是我国有些什么样的股份制形式。三是国有企业如何实行股份制。四是当前影响推行股份制的因素有哪些。五是买卖股票有什么风险。

曾康霖指出，除了内部职工持股的股份制企业、企业法人之间相互参股持股的股份制企业、合作股份制企业、向社会公开发行股票的股份制企业、股票能够上市流通的股份制企业这五种之外，在实践中还有其他形式的股份制企业，其中一种就叫联合股份制，是国有企业联合起来，以股份制的方式组成，实际上是搞企业集团。还有一种是分层股份制，这是浙江温江地区创造的，分层股份制就是分散生产，集中销售。这两种股份制不太普遍，但作为一种趋势是可以研究的。

可见，曾康霖的研究与改革实践密不可分，他总在恰当的时候对改革实践提供理论分析。

三十多年后的今天，曾康霖的很多学生这样评价，很多专家学者提出一种前所未有的理论和观点而受人关注，但他未必就是一个真正的学者，而曾康霖的观点和理论是非常成体系的，他提出的论断，都经过深入思考，成体系、有逻辑，有理论基础、有实践路线，这是极为难得的。

（五）试办汇通城市合作银行

时光流逝，名噪一时的汇通银行在人们的记忆中逐渐消失。但是，在我国商业银行发展史上，它是一次不能忘却的尝试，也是那一代银行理论家和践行者的一段不能忘却的记忆。当然，也是曾康霖永远无法抹去的记忆。

1986 年，成都市一条不起眼的街道旁，一间名为"汇通城市合作银行"的银行悄然诞生，这个被标贴为新中国"第一家民间股份制合作银行"[①]的金融机构的出现，在当时震动了国内外金融界。也有业内人士把汇通城市合作银行的成立视为现代民营银行的起源。

在现代银行业成为社会经济发展重要领域的过程中，这间银行的产生极具偶然性。可以说，基本是由学术机构和民间资本推动形成的。"实际上，从专业学术角度讲，汇通城市合作银行还不能被认定为银行，它更像是信用合作社。"曾康霖也认同这一观点。但无可否认，汇通城市合作银行作为中国金融行业的一次重要实践，是中国金融发展史上的一件大事。

1983 年曾康霖担任四川财经学院金融系主任之后，教研学方面的事情一直是其工作的重心。大家都希望有一个灵活的平台，既能解决一些教学实际问题，也能为学生实践创造一个良好的条件。正是在这样的背景下，以金融系老师为主体的一些学者成为金融改革的弄潮儿，包括四川省社会科学院财政经济研究所的王史华，西南财经大学金融系的温思渝、张炜、张一昆，四川省工商银行干校的陈道明等走出了书斋，进入金融改革的前沿。[②]这些开拓者中还有四川财经学院金融系的老师和学生。

据曾康霖介绍，汇通城市合作银行在设计时，就是采用股份制架

---

① 冯先受, 储学军. 我国首家民间股份制城市合作银行的求索 [J]. 瞭望周刊,1990（41）:18-19.

② 冯先受, 储学军. 我国首家民间股份制城市合作银行的求索 [J]. 瞭望周刊,1990（41）:18-19.

构，学校作为发起股东，投资了 35 万元。主要的运作团队还是金融系的老师。当时作为金融系的系主任，他安排了系里的一个副主任，还有日后成为汇通城市合作银行标志性人物、1978 级学生张炜等人参与筹建。张炜亦是曾康霖的学生。

"也许大家当时考虑的并不多，最初的目的可能就是希望创点收，给学生提供个灵活的实习平台，同时解决教职工家属的就业问题。"曾康霖回忆道，这个银行建立有一定的偶然性。但是大的背景还是其产生的重要原因：20 世纪 80 年代中后期，国人做生意、办工厂、个体户创业方兴未艾，不论是高居庙堂的官员还是深坐书斋的学者，难免心动。商业作为社会经济和国民生活不可或缺的部分，开始被更多的人所接受。更为重要的是，做生意赚钱不再被贴上道德、做人境界不高的标签，而被很多人不屑。当然更多的人做生意的动力还是"没有办法""没有出路"。

1960 年开始的"婴儿潮"导致人口暴涨，无论是农村还是城市，就业成为一大难题。比如在曾康霖所在的学校，学生和教师的数量在 80年代增长很快。与此同时，学校教职工的家属子弟数量也多起来，其中不少也成为城市待业人口的一部分。实践推着政策走，这也是经济基础和上层建筑之间相互作用的一种体现。

1985 年 2 月，由四川财经学院主管的汇通金融公司在成都市光华街挂牌营业。1986 年 10 月 14 日，经人民银行成都市分行批准，汇通金融公司易名为汇通城市合作银行。汇通城市合作银行的出现震惊了国内外金融界，它是我国第一家股份制的民间银行，同时也是全国首家由教学单位主管的教学、科研实验银行。[①]"汇通"的取名极富有乐观色彩：汇集资金，为君招财进宝；搞活金融，促进生产流通。取其头尾两字而成"汇通"，这样的释义也直截了当。

经过几年的实践、探索，在建立和完善符合股份制企业特点的管理制度方面，汇通城市合作银行逐步形成了一套具有"汇通"特色的管理模式，并成为金融改革理论研究的重要样本。更为可喜的是，汇通城市合作银行在极短的时间内就成为一家具有一定社会影响力的民间金融企业。

汇通城市合作银行成立以来，在以曾康霖等为代表的经济、金融学者的理论指导下，较早地建立和完善了具有"汇通"特点的股份制企业的三级管理机制，即实行董事会下的总经理负责制，总经理下的部主任负责制。

第一，按照人民银行的要求以及根据股份制企业的性质，于1989年4月份召开了首届股东代表大会，选举产生董事会。股东代表大会是汇通城市合作银行的最高决策机构，董事会是常设机构。

第二，在首届股东代表大会上通过了汇通城市合作银行董事会章程和银行章程，并报经人民银行批准执行。两个章程的通过，明确了董事会和银行各职能部门各自的职责范围，使各自的行为规范化，从而使银行的日常经营活动受制度的约束。

第三，由董事长提名，经董事会批准，任命了正、副总经理，并由总经理组阁，任命银行各部门的负责人，实行董事会下的总经理责任

---

① 刘欣.发展中的汇通城市合作银行 [J].经济学家,1990（02）:124-125.

制，并在总经理责任制下实行分级管理，各部门负责人对总经理负责、总经理对董事会负责。

第四，建立了具有"汇通"特色的民主管理制度——行务会制度。行务会制度是实行民主管理的具体体现，是日常经营管理决策的最高形式，这是汇通城市合作银行的独创。实践证明，建立这一制度不仅有助于树立和培养全体行员的参与意识，强化民主观念，同时也有利于明确银行各级干部的责任，强化各级、各部门之间的约束机制。

可以说，这种三级管理机制的创立，是汇通城市合作银行在股份制企业管理方面的重要尝试，解决了股份制企业普遍存在的所有制形式和管理制度不吻合、相互脱节的矛盾。

在当时，汇通城市合作银行与其他传统银行和信用合作社有很大区别，不仅在相对落后的金融改革领域是超前的，在整个行业发展过程中也是一面旗帜。

好制度的力量是惊人的，汇通城市合作银行的社会影响也远远超出了实验的范畴。《瞭望周刊》1990 年报道汇通城市合作银行时提道：高笋桥工程塑料厂，是位于成都市郊的一家乡镇企业。前些年，该厂曾在"汇通"贷款 4 万元生产塑料制品。由于种种原因，该厂一度濒临倒闭的绝境。此时，"汇通"并未釜底抽薪，而是果敢地进行"再输血"，在仔细分析了该厂内部经营状况及市场动向之后，"汇通"对该厂进行了全面的管理咨询，八方奔走，促使他们与一家科研单位联合开发新产品，使这个厂在半年内扭亏为盈。

类似于这样的"输血"，"汇通"做了许多。在"汇通"的扶持下，成都工业用呢厂引进一条机械化生产线，填补了西南地区空白；成都市食品企业开发公司引进了西南第一条快餐生产线；光大商务公司成为西南地区最大的盒式录音机经销单位，超过了名列全国十大商场的成都市人民商场。

据统计，自汇通城市合作银行之前身——汇通金融公司成立的1985年2月算起，至1989年底，"汇通"已累计发放贷款3.5亿余元，贷款客户累计近千家企业，贷款结构也逐步得到调整，资金运用已由原来较单一的以流通企业为主转变为生产与流通企业并重的格局。

从10万资产起家的"汇通"，目前已拥有自有资产500多万元，分支机构扩充到37家，经营的业务也从过去简单存、贷、散、转账结算、现金收付等寥寥几项扩展到存、贷结算、贴现、经济咨询、项目可行性研究、市场预测、管理人员培训、代理发行证券等诸多方面。

当时，在国内外影响力较大的《瞭望周刊》认为："汇通"及其同类的城市集体金融企业的出现和发展，标志着我国金融界已开始由国家银行"一统天下"逐步走向多层次的金融机构"百花争艳"的局面。"汇通"的企业化经营，展示了我国金融企业改革的一种新思路，让人们认识到银行带来的不仅仅是利润、效益，还可能是倒闭、破产。而实践证明，"汇通"的生命力正在于此。

汇通城市合作银行总经理张炜曾在媒体上明确表示，作为一家民间股份制银行，"汇通"实行企业化经营，意味着背后没有大树可靠，"盈亏""生死"全掌握在自己手中，意味着企业并不对政府直接负责，而是向全体股东和客户负责，意味着企业必须按商品经济规律办事，搏击市场风云，争取最大效益。

他的管理手段在当时也比较"出格"。银行在劳动、人事管理上形成了一套严格的制度，对职工进行约束。银行职工一律公开招聘、择优录取，实行合同制和聘用制，不称职者，随时被"炒鱿鱼"。短短两年，汇通城市合作银行开除不合格员工十几人。这在习惯端"铁饭碗"的年代并不多见。

张炜的观点和管理方式一度引起轩然大波，不过这也在一定程度上说明了办金融企业的一些真实内涵。这位争议颇大的经营者被认为是改革开放后较早的银行家，那时他的事业风生水起。

据相关统计，在资金来源方面：截至1989年末，汇通城市合作银行各类存款已达到5100多万元，在四川全省城市信用合作机构中位居第一，各类存款户达1万余户，其他方面拆入资金近千万元。企业存款比1988年上升16.15%，储蓄比1988年上升124.69%。在保证资金来源方面，汇通城市合作银行采取稳定大户，不断拓宽新的存源策略，动员银行员工加强宣传，主动拉存款，并不断增加储蓄点。

1989年，汇通城市合作银行共发放贷款1.2亿元；贷款户共215户，办理贷款的人数占客户总数的6.76%。年末贷款余额3000多万元，基本上符合人民银行下达的贷款规模指标；全年贷款利息收入达到400余万元，占总收入的80.78%；贷款利率也按人民银行的规定控制在基本利率上浮50%的范围内，并实行差别利率。

汇通城市合作银行还成立了拍卖典当部。截至1989年年末，共收进抵押品（含动产和不动产）近250万元。取得这样的成绩在当时并不容易，特别是在 1989 年贯彻中央"治理整顿"方针和银根紧缩的形势下。当时，为防止出现信贷膨胀，国家有关部门制定了一系列新的宏观调控政策，包括规定贷款总规模及各专业贷款限额，对贷款进行有弹性分配等。

可以说这在当时是一个比较闭环的银行发展样本。在张炜等人的带领下，汇通城市合作银行资产增长也显示出金融企业独特的一面。汇通城市合作银行 1988 年曾向社会各界发行股票 230 万元。1989 年银行对全部资产进行清理。核资后经过计算，原发行的股票已经增值，增值率为 60.3%，即汇通城市合作银行股票的实际价值已超过票面价值，每百元股金的实际价值约为 160 余元。

其实，从成立到 1989 年，银行还发放过两次股红息。1988 年，股息大约在 18% 左右，1989 年因利润突破百万元大关，股红息又上升两个百分点，普通股股息达到 20%。这在当时的股份制企业中实属少有。1990 年 1 月兑付股息期间，汇通城市合作银行可谓是门庭若市、热闹非凡，要求增发股票的人激增。①

汇通城市合作银行的成功几乎实现了初创者的全部愿望。汇通城市合作银行自成立以来，先后接待了几批西南财经大学、深圳大学学生进行教学实习。他们在这里体验了一家自主经营、自负盈亏的银行如何经营，很快懂得什么是竞争，怎样在竞争中生存。汇通城市合作银行除接受国内新闻界采访外，还接待了国外新闻界的诸多采访和金融界、学术

---

① 刘欣，殷孟波.民间股份制金融机构的经营管理——来自汇通城市合作银行的报告 [J].经济体制改革,1990（02）:77-86.

界的调查和访问。

然而，头几年迅猛发展的势头并没有延续下来，到 20 世纪 90 年代中后期，汇通城市合作银行发展的步伐开始慢下来，在资金链管理和风险控制中逐渐出现了隐患。

由于多种原因，汇通城市合作银行在 20 世纪末中国经济发展最快的时候戛然而止。2000 年 1 月，成都汇通城市合作银行关闭，其资产和合法负债由成都市商业银行接收。2002 年 1 月 29 日，成都市公安局立案侦办"成都汇通城市合作银行违法发放贷款案"。据公安系统通报：汇通城市合作银行总经理张炜、常务副总经理鄢某、副总经理刘某等违法发放贷款 204 笔，共计 10.2 亿元，造成直接经济损失数千万元。张炜等人被判入狱。此案也被当年四川公安系统列为十大经侦案件。

意气风发的张炜遭遇人生滑铁卢，成为具有争议的人物。屹立于成都府南河边，期冀成为成都市城市地标的汇通城市银行办公总部在 1998 年主体封顶后停工，成为成都著名的烂尾楼，后来被拍卖。银行配置的几辆豪华奔驰轿车也被拍卖。不少人为汇通银行的关闭扼腕叹息。

这样的收场，让正积极进行着银行体制改革的参与者一时有些茫然不知所措。但是，汇通银行的实践意义却没有结束，它的成立、兴起和关闭，无论对理论界还是对改革实践都是一个重要的样本。

（六）举办研讨班，解放思想，推动改革

在 20 世纪 80 年代，四川财经学院金融系的老师除了自己试办汇通城市合作银行外，还为四川省政府举办金融体制改革研讨班，参加该

班的学员，主要是地、市、州的领导和企业管理层。研讨班一共办了6期，都是金融系的老师进行授课。授课的内容除了宣传推行股份制外，还分析金融改革的突破口在于银行要实现企业化。这在当时是一大创新。对此，金融系的几位老师还在金融学会上提出：金融改革的突破口在于银行企业化，这是与五道口研究生提出的金融改革的突破口在于建立发展金融市场并驾齐驱的学术观点和主张。总之办班的初衷是培训干部，解放思想，推动改革。

◎　附录

四川省金融体制改革研讨班简报

为了加速我省金融体制改革的步伐，经省委、省政府决定，由省社会科学院、西南财经大学、省人民银行、成都市政府联合举办金融体制改革研讨班。研讨班于十月六日开学。成都、乐山、德阳、绵阳、自贡、内江、泸州七市的市政府领导、人民银行、成都市专业银行及省有关部门的同志共五十人参加了研讨班的学习。

研讨班采取上午由专家、学者作中心发言，下午讨论的方式，对"我国经济体制改革的形势和任务""我国金融体制改革的现状与前景""进行结算改革、促进商品经济发展""金融体制改革与地方经济的发展""融资工具与金融市场""股份公司与股票的发行和管理""如何办集体金融组""如何开展信托租赁业务""地区货币流通和信贷平衡""现行金融管理法规介绍"十个专题进行了较为深入的研究探讨。通过学习和讨论，大家增加了对进行金融体革必要性、迫切性的认识，进一步解放了思想，开拓了思路，明确了搞活地方金融的一些措施和办法。并认为，这次省委省政府委托举办的这种研讨班，理论联系实际，针对性强，效果较为显著，是贯彻中央对内搞活，对外开放政策的一种很好的形式。

研讨班的同志认为，当前全国兴起的金融改革热潮，对四川来说，是一次不可多得的重要机会，看准时机，全面动作，可以为振兴四川经济筹集相当数量的资金，形势逼人，时不我待。先知先觉者先受益，地方筹资的理论依据在于加速货币流通速度和增加货币供应量，在不改变货币供应量的前提下，流通加速意味着地方可用资金的增多，而使用可流通的银行本票、商业票据等融资工具、发行股票、债券则意味着增大地方可自主支配的资金，加速货币流通速度和增大货币供应量的可行途径是积极开展横向资金拆借，采用多种新的融资工具、发展信托、租赁业务、新建各种形式的非银行金融机构、发行股票和债券、开放证券发行和交易市场等，所有这一切都是当前中央所大力提倡的，地方政府、中央银行和专业银行应统一认识，弄通道理，协同一致，大有可为。

为使我省金融体制改革能按上述思路全面、迅速铺开，研讨班提出几点建议。希望能得到有关部门的重视和采纳：

一、专业银行的支持是改革能否顺利推行的一个关键，应讲明道理，辅之以利。

二、非银行金融机构的审批权限适当下放地市人行二级分行，对社会集资规模的现行控制办法亦应当放宽。

三、应给予非银行金融机构较为宽松的利率浮动权限。

四、非银行金融机构应享有较为优惠的纳税待遇。

五、就此发一个文件，以保证改革的全面推行。

研讨班的同志们认为，通过对形势、有关理论、具体做法进行研究探讨，让干部建立起一套明晰的思路，弄清一项政策形成的形势背景、理论依据、经济关系及可供选择的执行方法，对于增强执行者的自觉性，发挥主观能动性和创造性，从而扩大政策的实施效应大有好处。这种方式，较之以行政命令传递下去，效果会大不一样，希望今后多采取这种形式。

研讨班将于十月十五日结束。

一九八六年十月十二日

第五章　学科建设与人才培养（上）

　　"学高为师，身正为范"这8个字是我国著名教育家陶行知先生的名言，意思是：学高方可为人师表，身正才能师为人范。这道出了作为一名合格教师的标准，除了要有扎实的专业知识，较高的文化水准外，更重要的是教师应有良好的道德素质。陶行知指出：教师的道德品质，不仅是规范自己行为的需要，更重要的是用于教育学生的需要，教师职业的特殊在于育人，不仅用自己的学识育人，更重要的是以自己的德育人，不仅通过自己的语言去传授知识，而且要用自己的灵魂去塑造学生的灵魂。

　　半个多世纪以来，曾康霖教授知行合一，用实际行动诠释了这8个字的深刻内涵。"文章千古事，得失寸心知"，"板凳要坐十年冷，文章不写一句空"，他以严谨的治学精神，用勤劳和智慧，深耕细作中国金融学科这片土地，浇灌中国金融学科建设蒸蒸日上，金融人才茁壮成长。

在已刊印的文献中，对曾康霖教授学术思想归纳和整理的文章和专著不少，如《曾康霖主要学术思想述评》（杨继瑞，2013）、《曾康霖学术思想考》（刘方建，2016）等，对曾康霖教授作为一名教育家，在探索和推动中国金融学科建设、中国金融人才的培养方面的思想进行归纳和整理的文献不多。

"科研必须服务于教学""学科建设问题作为学术研究的出发点和归宿"是曾康霖教授半个多世纪以来一以贯之的观点。因此，在领略这位学术大家学术思想的缜密和博大的同时，要想更加深切地了解其学术思想的起源，必须要去研究曾康霖教授作为一名以教学和培养人才为己任的老师首要关心的问题，即：学科建设和人才培养。

中国金融学科建设

（一）金融学科建设和发展历程

曾康霖教授曾评析过我国金融学科和发展的历程。他提出了"三个阶段论"，即传承阶段、交融阶段和发展阶段。传承阶段是指中华人民共和国成立后到改革开放前期（1949—1983 年），交融阶段是指改革开放后到提出建立市场经济前（1984—1994 年），发展阶段指提出建立市场经济体制以后到现在（1995 年至今）。他认为在各个阶段，我国金融学科的建设和发展，都有其丰富的内容。

第一个阶段即传承阶段。这一阶段，主要是学习苏联教科书的那一套，着力于"姓资"的腐朽性与"姓社"的优越性的评析，而且把对金融学科的认识，基本上限于"货币流通和信用"，即所谓"资本主义的货币流通和信用"和"社会主义的货币流通和信用"。

他指出，在这个阶段，人们对一些金融理论、金融现象持批判的态度，比如通货膨胀，在批判时就指出它是资本主义特有的现象，有利于资产阶级，不利于无产阶级，也就是说强调这些经济范畴的阶级性、剥削性等。所以在这个阶段，我国金融学科的建立和发展处于一个"僵化"的时期，认识上僵化，思想上简单化，只有形式上的传承，谈不上发展。

但曾康霖教授也指出，在这个时期，中国的知识分子在"一边倒学苏联"的同时，也深入地学习、研究马克思经济学的基本原理（其中包括金融理论、思想）。在这方面，曾康霖教授进行了自我评析："我和我的同事的贡献，集中体现在两本书上：一是《资产阶级古典学派货币银行学说》；二是《马克思货币金融学说原论》。"这两本书分别于1986年、1988年由中国金融出版社和西南财经大学出版社出版发行。前一本书系统地评价了资产阶级古典学派货币银行学说，为学习马克思货币金融学说奠定了理论基础（详见《中国社会科学》1988年第5期发表的李善明著《评价金融学说的力作》）；后一本书系统地评价了马克思的货币金融理论，并在原本地理解原著的基础上，做了深入浅出的解读。

第二阶段即交融阶段。对这一阶段，曾康霖教授指出，重大课题的讨论值得关注，如：要不要商业银行；在我国商业银行中有没有派生存款；存款是不是货币；管住现金发行是不是银行工作的重点（所谓的"1∶8"规定）；人民币是不是"劳动券"，或是否代表黄金的一般等价物，还是信用货币；我国是否会产生通货膨胀；银行信用是不是分配关系，是否为国家积累资金；财政收支与银行信贷收支的关系，什么是信贷收支的真正平衡等。

对于这些问题，曾康霖教授都发表了意见，集中体现在他写的《金融理论问题探索》一书，这本书于1985年由中国金融出版社出版发行。其中值得关注的是，他在书中系统地提出人民币是信用货币的理论，应当说这在我国是领先的，后来被大多数人接受并体现在教科书的内容中。

第三阶段是发展阶段。对这一阶段，他指出，值得肯定的是，我国广大学者在学习、借鉴西方金融理论和思想的同时，密切结合中国实际，提出并建立了繁荣中国实际、具有中国特色的大金融理论和思想。曾康霖教授说，在这方面"我做的努力比较集中地反映在我写的《金融经济学》中"。在该书的"引论篇：中国转制时期金融作用于经济的理论"中，曾康霖概括地论述了十大问题（详见该书第59—74页），即宏观货币需求理论、倒逼货币供给理论、财政信贷综合平衡论、货币政策调节经济结构论、外汇储备增大货币供给论、控制现金购买力论、"货币多—物价涨，物价涨—货币多"理论、制度性金融风险论；"债转股"论、经济货币理论。

这十大问题在西方金融学中并没有，因为这是基于中国实际概括出来的，体现了从抽象到理性的认识。此外，在该书"本体篇"中还讨论了金融业作为一个产业的特点、能够产生的正负效应、它的投入产出及发展趋向等问题，这在国外的金融理论和思想中，也是少见的。在西方，金融业一般被作为服务业来看待，纳入第三产业。但在发展中国家，金融是经济的核心，金融业是国民经济的先导产业，对此必须从理论上加以认识。在西方，讨论货币政策和财政政策在宏观经济中的调控的配合作用较多，而讨论政策的替代作用较少。

此外，该书"互换篇"中论述了货币政策与财政政策的替代、通胀与失业的替代，提出了是治理通胀优先，还是治理失业优先；是强化财政政策的作用，还是强化货币政策的作用等问题，完全从中国的实际出发，不仅有实际意义，而且有理论价值，为我国深化改革和发展经济提供了理论准备和决策参考。

我国金融学科的研究范围，相当长的时期囿于货币银行领域，这是受计划经济体制、传统经济思想的影响。改革开放后虽有所突破，但也限于四大领域即银行、证券、保险、信贷。这表明金融研究受制于我国金融业的发展和金融决策的需要。企业财务活动、家庭收支活动被排除在金融研究之外。

随着改革开放的推进，企业股份制改革的兴起，金融研究逐步深入到企业、家庭。在这一方面标志性的事件是 1997 年由西南财经大学、汇通城市合作银行、中国人民银行四川分行及《金融时报》四家主办、在成都召开的"金融学科建设与人才培养"高级研讨会。在这个会上，学者们提出什么是金融，有没有宏观金融与微观金融之分；货币信用包括在金融体系中合不合理；怎样规范、拓展我国金融研究，以利于人才培养等问题。会议的观点引起国内同行的震动（请参见《金融学科建设与发展研讨会摘记》和西南财经大学出版社出版的论文汇编《金融学科建设和人才培养》）。对这些问题，曾康霖教授论述现代金融与传统金融的分界线和标志，并指出现代金融被认同的时代背景和客观依据；论述货币流通与信用包含在金融中的合理性和局限性；提出中国金融学科建设与西方现代金融学科的衔接和包容；强调研究宏观金融要以微观金融为基础，研究微观金融要以宏观金融为导向。

（二）学科建设必须处理好三大关系

曾康霖教授认为，学科建设必须处理好三大关系：一是如何对待经典经济学家特别是马克思主义经济学中的金融理论；二是如何对待当代西方经济学中的金融理论；三是如何从中国的实际出发，由实际到理论提出我国转制时期具有特色的中国金融理论。

1. 既尊重经典，又不迷信经典

曾康霖教授说，正确的态度应当是既尊重经典，又不迷信经典。马克思主义经济学中的基本原理具有普遍意义，但理论的生命力在于运动和发展，哪怕是经典作家的经典理论也概莫能外。理论总是依据一定的实际进行抽象概括而得出的，而任何实际都是具体的、历史的，是存在于一定时空和条件之中的，如果特定的时空条件变化了，依据的事实不存在了，则理当得出不同的结论。

马克思为什么在《资本论》中说货币天然是黄金，是具有价值实体的一般等价物？因为如果不如此，就难以阐明"劳动价值论"和剩余价值学说。

但马克思不仅讲货币天然是黄金，同时还讲了信用货币、纸币、劳动券。曾康霖教授认为信用货币理论对中国金融家是有指导作用的，人民币是信用货币（当然，也有人认为人民币具有信用货币和纸币的双重属性），其他国家的货币也可以说大都是信用货币。从这个意义上说，马克思经济学中的货币理论需要继承发扬。

他也特别强调，马克思经济学中的其他金融理论，特别是资本理论更是需要继承和发扬。

2. 学习、批判、借鉴、包容

曾康霖教授说正确的态度应当是学习、批判、借鉴、包容，但不盲从。西方经济学（无论是正统的西方经济学，还是非正统的西方经济学）是市场经济的产物，也是人类的精神财富。我国有的经济学家和金融家认为，搞市场经济离不开市场经济条件下形成的基本理论、基本规律和运行机制。所以学习、批判、借鉴和包容是必要的，特别是要学习借鉴其中分析观察问题的思维方式和方法。

但西方经济学的研究，无论是逻辑推导还是建立数理模型，都离不开若干假定因素。假定实际上排开了一些因素去讨论问题，或者将其他因素"存而不论"，也就是说他们的逻辑推导和建立数理模型是有条件的，而不是无条件的。他认为，如果条件变了、假定的因素不存在了，或者把假定的因素纳入，又当别论。

曾康霖教授举例说，大家比较熟悉的由威廉·夏普（William Sharpe）等提出的"资本资产定价模型"，实际上是通过数理分析，分散风险，求得效用最大化，但这一模型是建立在若干假定的基础上的。有人介绍说有七个假定，如投资的资金来源不成问题、交易无成本、资本市场无税收等。如果这些假定不具备、不充分或受到其他因素干扰，比如投资资金来源受到限制、交易有成本、资本市场存在税收等，则通过数理分析、分散风险，求得效用最大化是不可能的。

他认为，建立模型进行决策是把复杂的经济过程理想化、简单化，往往缺乏有效性和适用性。但不可否认，威廉·夏普和马柯维茨提出的

"证券投资组合选择"及量化风险和收益是对证券投资理论发展做出的重大贡献，所以他们凭此获得诺贝尔经济学奖。

3. 让实践升华到理论

曾康霖教授说，正确的态度应当是密切联系中国实际，丰富感性认识，再升华到理性认识，在增强理性认识的基础上建立具有中国特色的金融理论。他举例说，在这方面值得肯定的有正如他在《金融经济学》中指出的十大问题："财政信贷综合平衡论""制度性金融风险论"以及"货币多，物价涨；物价涨，货币多"互动关系等。

（三）学科建设要注重学科之间的交叉和融合

曾康霖教授强调，当代学科建设需要注重与其他学科之间的交叉融合。他举例论证了金融学与数理经济学的交叉融合，与心理学、社会学的交叉融合，与法学的交叉融合，与消费经济学的交叉融合。其分析如下：

1. 金融学与数理经济学的交叉融合

一般人认为，现代金融理论以 1952 年哈里·马科维茨（Harry M. Markowitz）发表《证券投资组合选择》一文为开端。该文提出了"投资组合"理论。简单地说，该理论认为，在证券市场上有系统性风险和非系统性风险，系统性风险不会因多样化投资而消失，因此可称作不可分散的风险；非系统性风险可以通过多样化投资分散，因此可称作可分散风险。由于风险有不可分散与可分散之分，因而投资者能够在既定的风险状况下获得较高的预期收益，或者在同样的预期收益水平下，冒较小的风险。为此，投资者不能把"鸡蛋放在一个篮子里"，而应选择多样化的投资组合。这样，投资者关心的就不是单个证券的收益和风险，而是整个证券组合的预期收益和风险。整个证券组合的预期收益和风险能够通过数理分析和计量，如通过方差去实证检验。

曾康霖教授认为，数理分析不仅需要数据，而且需要假定。威廉·夏普的"资本资产定价模型"（CAPM）就是建立在马科维茨的"资产选择理论"上，假定：所有投资者追求单周期的财富期望效用最大化；根据期望收益的均值和方差选择资产组合；能够无限量地拆借资金；对所有资产的收益回报有相同的估计；他们都是价格的接受者；资产总量是固定的，没有新发行的证券，并且证券可以完全分离，交易无成本；资本市场无税收。他的这些基本假定集中表明一个问题，即人的行为是完全理性的，人们完全可以在理性选择的基础上借助数理分析进行决策，求得效用最大化。这些基本假定还告诉人们：如果假定的条件不具备、不充分或假定的条件受到其他因素的干扰，比如交易是有成本的、资本市场存在税收、不可能无限量拆借资金等，则通过数理分析分散风险求得效用最大化是不可能的，所以，建立模型进行决策是把复杂的经济过程理想化、简单化，缺乏有效性和适用性。

2. 金融学与心理学、社会学的交叉融合

在西方，行为经济学家们把心理学纳入对证券投资者的行为分析。在这方面最早进行研究的应该是美国籍行为经济学家阿莫斯·特沃斯基（Amos Trersky）和美国行为经济学家丹尼尔·坎内曼（Daniel Kahneman）。他们在 20 世纪 70 年代通过观察和实验对比发现，大多数投资者并非是理性投资者，而是非理性投资者，行为也不总是回避风险，其行为的期望值是多种多样的。在此基础上，他们提出了投资行为的"期望理论"。简单地说，该理论认为：投资者对收益的效用函数是凹函数，而对损失的效用函数是凸函数。意思是：投资者在赢利时随着收益的增加，其满足程度下降，而投资者在亏损时，随着损失的加大，其风险厌恶程度增加。该理论实际上是把投资者的感受和情绪纳入投资行为反映中，这可说是典型的行为金融学。

行为金融学成为一个引人注目的学派，大约是 20 世纪 80 年代。其代表人物主要是芝加哥大学的理查德·塞勒（Richard Thaler）和耶鲁大学的罗伯特·希勒（Robert J. Shiler）。塞勒主要研究了股票回报率的时间序列、投资者的心理账户等问题，希勒主要研究了股票价格的异常波动、股市中的"羊群效应"、投机价格与流行心态的关系等。由于他们的研究成果能够解释金融市场中异常现象，符合现实，逐步被学术界认同和同行接受，因而形成一个新兴学派。

行为金融学研究投资者心理与行为的关系。它把投资者的心理区分为理性趋利与价值感受。理性趋利：就是通过"套利定价理论""资产组合""资本资产定价模型"和"期权定价理论"等，在资本市场求得收益最大化。价值感受是指投资者在资本市场上的心态和情绪。不同的人有不同的心态和情绪：有的人自控能力强，有的人自控能力弱（即容易受别人的行为感染）；有的人是风险偏好者，有的人是风险厌恶者；有的人追求不留下遗憾，有的人对遗憾无所谓。基于投资者的理性趋利提出的各种理论和建立的模型，学术界称为"数理金融学"；基于投资者的价值感受提出的各种理论和建立的模型，学术界称为"行为金融学"。有人说行为金融学只不过是将心理学引入金融学。

行为金融学对投资者的决策也给予了若干假定：决策者的偏好是多样化的而且是可变的，这种偏好往往在决策过程中才形成；决策者在决策过程中是随机应变的，他们根据不同的环境做出不同的选择；决策者不追求效用最大化，只追求满意；决策者不一定是理性投资者，非理性投资者还可能获得比理性投资者更大的效益。行为金融学的这些假定集中表明一个问题，即人的投资行为受人的心理感受影响，而人的心理感受又受人的遗传基因、人的素质以及他人行为的影响，所以这样的分析又引入了社会学。

行为金融学着眼于个体投资者在投资决策过程中的主观分析，忽视了客观条件，因而有它的合理性，也有局限性。特别是当资本市场上的主要投资者是机构投资者的状况下，行为金融学的理论就只能解释部分投资者的行为，而难以对机构投资者的行为做出合理的解释。

3. 金融学与法学的交叉融合

近年来，国内外学术界重视法与金融活动的研究，这种研究大体来说是两个方向：一是结合法律制度去研究金融活动，如金融机构的法律地位，金融活动的法律规范，金融产品的法律含量，金融监管的依法运作等；二是从金融活动的视角去研究法律问题，如金融机构授信的法律效力，金融消费者权利的法律保护，非正规金融活动的法制规范等。金融与法的这两个方面的交叉融合，反映了金融活动本身是权利与义务的确定和交换，在权利与义务的确定和交换中必须规范，这种规范不是隐性的，而必须是显性的、透明的，显性的、透明的规范必须以法规的形式确定。法规是社会公众意志的集中体现，是一种社会契约，社会契约是公共产品，因而履行法规既是社会成员的义务也是社会成员的权利。金融与法的结合，把社会成员的金融活动置于履行社会契约的境域中。

20 世纪 70 年代，在西方国家出现了"法与经济学"（Law And Economics）的结合，90 年代出现了"金融政治经济学"（Financial Political Economics）理论。据说它是金融学领域新兴的一个分支，以法律的方法、政治决策的方法去考察研究金融领域中的问题，比如投资者之间的权利冲击如何协调，金融市场中投资者如何有序竞争，金融运营机构如何合规运作，金融管理机构如何依法监管等。按曾康霖教授的理解，提出这一命题的核心思想是：在既定的制度规则下着力从技术层面上如金融中介机构的调整、金融产品的设计以及金融风险的管理去讨论资产的保值增值是不够的，甚至是无效的，因为经济行为（包括金融行为）并非是经济理性思考的结果，它渗透着社会文化、人们意识的影响和政治权力的运作，所以"金融政治经济学"的核心是"政治权力的运作"，而政治权力集中地体现在法律上，法与金融的结合是当前金融学讨论的新热点。

曾康霖认为，要不要将法与金融结合的理论和技术，概括为"金融政治经济学"可以研究，英语"political"作为形容词有政府的、行政的、政治的意忠，但与"economics"联系起来，直译为"金融政治经济学"就值得研究。通常称作政治经济学的具有宏观经济学的含义，但所谓的"金融政治经济学"讨论的侧重点是微观金融领域中的问题，在利益集团的冲突与协调背景下，研究政治权力规则及其运作对公司治理、金融产品设计、金融组织的确立、金融风险管理等方面的影响。如果按提出者的论述，核心思想是"政治权力的运作"，则表述的是金融活动需要政治权力的介入或干预，如果这样理解能够成立的话，则法与金融结合的理论和技术与其称作"金融政治经济学"，不如称作"金融规治经济学"，因"规治"主要是政府行为，政府通过立法、执法治理金融，推动着人们从法的角度去考察金融，从金融的角度去审视法律。

曾康霖说，查尔斯·K. 罗利（Charles K. Rowley）（1989）认为法和经济学"应用经济理论和计量经济学方法去考察法律和法律制度的形成、结构、程序和影响"，如果把他的这一理念移植到"金融规治经济学"来，则金融规治经济学应当考察和研究的内容不仅是金融管理部门要依据市场经济运行的状况和规律立法、施法，而且要金融行为主体依法、执法，同时要以法律的观念去寻求效益，去实现资源的配置。前者，如公司治理结构中如何在责任与权利均衡的基础上，建立委托—代理关系，后者，如资本市场中有价证券的流动，如何赋予参与者相应的权利等。总之，必须关注当代金融与法学的交叉融合，这不仅是因为需要依靠法治去调整金融结构，适应经济、社会的发展，而且还因为需要运用法治去协调金融活动中的各种矛盾冲突。

4. 金融学与消费经济学的交叉融合

人们对金融的需求按传统的概括有：实现价值的需要、融通资金的需要、保存价值的需要。在当代人们对金融的需求则有：信用消费的需要、信用保证的需要、信用强化的需要、资产选择的需要、追索债权的需要、人力资本变现的需要等。人们对金融需求的变化，改变着金融业的地位、金融机构的性质和金融商品的属性。通常把金融业作为第三产业，但它兼有第四产业（信息业）的属性；通常把金融机构作为资金中介来看待，但它更有给人们提供劳务的功能；通常人们多关注金融商品的特殊性，但它的一般性却不能忽略。当代，人们越来越认识到金融机构不仅提供具有个性的特殊商品，而且提供一般商品，具有"公共品"的性质。"公共品"在人们经济生活中具有经常性和连续性，购买金融机构供给的"公共品"是人们对金融产品的消费。

金融消费这个概念怎么规范，需要研究，可以有广义的金融消费，也可以有狭义的金融消费，不论广义的还是狭义的，都应当与金融投资区别开来。曾康霖教授曾经著文把狭义的金融消费与金融投资的不同做了五点区分，认为金融消费是社会成员实现金融需求，购买金融公共品和享有或占有金融服务的一种行为。他认为必须明确金融消费这个概念，让金融与消费经济学交叉融合。

金融与消费经济学交叉融合，需要讨论的问题是：如何保护金融消费的权利；金融机构如何提供金融产品，引导、协助社会成员进行金融消费；如何提高整个社会的金融消费质量等。回答这些问题不能不借助消费经济学的理论。当然，除了借助消费经济学的理论外，还要借助其他经济学，比如如何收费就必须参照商品交易学和财务管理学等。

对中国金融学科建设的重要贡献

（一）较早提出金融理论教学的内容需要更新和丰富

1981 年，曾康霖教授重新走上教学一线，面对社会主义市场经济改革大潮所带来的社会生活的巨变，深刻感受到金融学科沿用计划经济时代多年不变的教材，已经严重脱离了经济、社会发展的实际，亟须更新和补充新的知识对经济改革中出现的新事物、新问题做出理论解释。但是，长期以来，中国金融学科的发展受到苏联教材的束缚、传统观念的影响、极左思想和各种错误认识的干扰，以及对权威的盲从，导致金融学科的发展严重脱离了实际。

因此，曾康霖教授提出要更新和丰富金融理论教学的内容。这一呼吁应该说是敢于解放思想、以实事求是精神，勇于冲破种种力量的束缚，为中国金融学科建设发出充满时代使命感和责任担当的呐喊，引起教育部门的高度重视，并在教育系统产生影响，对于推动中国金融学科的基础设施建设做出了重要贡献。

（二）传承经典，立足现实，出版一系列在金融学科领域产生较大影响的著作

曾康霖教授毕生致力于三件事：一是培养金融人才；二是推动本学科发展；三是服务经济社会发展。他将培养人才作为首要任务，在他的著作和一些访谈记录中，反复提及，"与研究者相比，其实我更看重自己作为教师的身份""老师的职责就是要教好书""科研要为教学服务"，等等。

"不忘初心，方得始终"，一个甲子以来，曾康霖教授教书育人、笔耕不辍，迄今共发表和出版学术论文数百篇，专著10余部，是"金融理论系列专著"等丛书以及多部全国统编教材、重点教材的主编。

（三）坚持文化自信，梳理百年中国金融思想发展脉络

中华民族的文化灿烂多姿，博大精深，源远流长。21世纪初，黄达

教授为中国金融学科的发展贴上了民族文化的标签，他指出，"任何社会科学都摆脱不了本民族文化的根基""要将东方文化的精髓引进现代经济学，包括金融学的研究"。

曾康霖教授在治学育人生涯中，始终坚定中国金融学科建设要有自己的框架，"金融学科的建设要传承中华文明，要与大国地位相称"，儒家文化所倡导的"修齐治平""厚德载物""格物致知"等，应成为金融事业发展和金融学科建设的根基，并以此作为金融学科建设的指导思想，推动学科建设。社会科学研究包括金融学研究要在特色、气魄、创新上下功夫。

因此曾康霖教授强调，在推动中国金融学科的发展进程中必须克服两种倾向：一是认为金融学就是现代西方流行的金融经济学，否认中国长期以来所积累的金融学科建设成就；二是盲目排斥其他国家金融实践的先进经验和新的理论承诺，一切都强调中国特色。

换言之，既要学习借鉴西方，又要继承发扬传统，解放思想、实事求是，做到既不"媚外"，也不"排外"。借鉴、学习西方经典理论，但不能照搬照抄，必须结合中国实际，在理论和方法论上创新。

"为天地立心，为生民立命，为往圣继绝学，为万世开太平"，这是《曾康霖文集——基础与前沿》自序引用的北宋名儒张子厚的"四为"名言，用来砥砺自己。作为中国金融学科的"擎旗者"之一，继承和发扬中国人在金融理论和学科建设上的成就，曾康霖教授以古稀之年仍然勇挑这一重担，彰显了中国文人的骨气、责任和担当。他主张治学问者必须传承传统，以史为基，倡导学生要加强金融史的学习和研究，特别是深入研究各个时期的金融思想学说及其产生的历史背景。在他主持推动下，三卷《百年中国金融思想学说史》近千万字的鸿篇巨制得以完成。此书耗时八年，以编年、人物为线索描绘了百年中国经济金融思想史的图谱，丰富和发展了中国金融思想发展史的研究，反映了中国人在推动金融事业和金融学科发展方面做出的贡献，使后人得以了解和把握前人在金融领域中想了些什么、说了些什么、做了些什么，给后人留下一份值得学习、思考、参照的精神财富。

（四）开创扶贫性金融理论体系，丰富和发展了金融学科研究范畴

早在 20 世纪 90 年代，曾康霖教授便提出了"扶贫金融"，而联合国 2005 年才提出"普惠金融"。提出"扶贫金融"这一概念有别于"普惠金融"，它是基于中国实际，在科学发展观思想指导下提出来的，主要指"弱势群体"的融资。

1999 年，曾康霖在《建立和健全我国中小企业融资制度的探讨》一文中指出：无论是发达国家还是发展中国家，小企业总是绝对的多数。在市场经济条件下，"小"辐射着社会经济生活的广阔面，"大"需要"小"的支撑。所以，高度重视发展小企业绝不是权宜之计，而是适应社会之发展、时代之潮流、人们之需要的长远方针。

从这篇文章中可以看出，曾康霖在这一时期开始有针对性地研究有关弱势群体的实际问题。而后，他一直在丰富和发展这方面的理论观点。

2004 年是中国商业银行进行股份制改造的一年，各银行股份有限公司相继成立，被媒体称为"背水一战"。商业银行已经坚定地走上了

一条义无反顾进行改革的道路。这年 12 月 30 日，曾康霖写了一篇题为"我国金融事业发展的缺陷需要弥补——从以科学发展观发展金融事业谈起"的文章，发表在《金融研究》上。文章指出："仅有商业性金融和政策性金融是不够的，因为这两类金融能够实现企业融资和政府融资，而难以实现家庭融资、弱势群体的融资，要按科学发展观的导向，在我国现阶段应该发展互助性金融和扶贫性金融。"这是当时学界首次提出的"扶贫性金融"概念。

观点提出后，立即引来争议，有人说："扶贫不是金融的事情，应该是财政的事情。"特别是针对曾康霖提出的农村地区有一些贷款需要豁免等观点，有人直截了当地提出："曾老师不要宣传这种观点，这会增加银行的负担。"

2004 年，新一届政治局常委中，有一位精通资本市场的领导人，他主管金融工作，是中央掌管金融（资本、证券）市场的最高负责人。他就是黄菊。他对资本市场的贡献被载入史册，他大力倡导落实"国九条"，切实保护投资者利益。在 2004 年的一次座谈会上，他总结发言时说，资本市场今年明年是转折点，明后年是大发展年。资本市场将是一个波浪式、螺旋式上升的状态，各部门要从大局出发。这个判断对于资本市场而言，是最高、最新、最权威的表态。

《金融时间简史 2004—2005》一书总结说："从 2004 年'9·13'以来到 11 月 2 日，在这 50 多天里，高层三番五次重申要落实'国九条'，副总理亲自出马主持召开座谈会，可以看出，资本市场这一块，分量有多重！"

2004 年 12 月，黄菊副总理收到一封西南财经大学曾康霖的来信，信中提出"以人为本，培育和发展互助性金融和扶贫性金融"。当时，"扶贫性金融"在国内还是一个新鲜的概念，认真读完曾康霖的信后，17 日，黄菊就把这封信批转给央行行长周小川、银监会主席刘明康阅。

随后不久，周小川批转总行研究局仔细研究论证，经过专家讨论，最终这封信于 2005 年 5 月 16 日得到了上层的回复，总行研究局在回信中说："强调'以人为本'的农村金融制度设计是很有现实意义的。"这意味着曾康霖提出的互助性金融和扶贫性金融得到官方的肯定。

2005 年，曾康霖再论扶贫性金融，提出扶贫性金融的四个理论基础。他在文章中指出：第一，确定金融系统的分配、再分配功能，在分配机制中既讲究效率，又注重公平，这为扶贫性金融奠定了理论基础；第二，近年来，我国货币供给量持续高速增长，金融把闲置的货币收入转化为现实的货币收入，是扶贫性金融的又一理论基础；第三，尽管弱势群体现在弱，但不排斥他们未来会强，因此，风险补偿是扶贫性金融的又一理论基础；第四，人人都会讲信用，不论他们是强势群体还是弱势群体。"权利与义务"的制衡，"在信用面前人人平等"是扶贫性金融的终极理论基础。

在制度安排上，曾康霖认为，需要科学界定扶贫性金融。他提出，弱势群体相对于强势群体而言，它的特点是"不仅是面对现行的生活和生产经营的困难，而且面临着未来的较多的不确定性"。这一界定，不但将低收入群体纳入扶贫性金融的范畴中，而且在外延上，将没有承受力的创业投资企业特别是搞科技开发的小企业也纳入弱势群体，理由是他们同样面临着较多的不确定性，承受着较大的风险。

2006 年 8 月，曾康霖在《光明日报》上发表文章《金融在缩小收入差距中有何作为》，再次阐述了金融要"扶助弱势群体"的见解。

首先，在观念上要转变，不能认为金融只能锦上添花，不能雪中送炭。其次，必须确立金融系统（包括银行）在国民经济中具有分配、再分配的功能，金融活动也是一种分配机制。金融系统在其活动中既有对国民收入、社会资源的分配，也有对国民收入、社会资源的再分配。比如利息收支是对国民收入的初次分配，而存贷款是对金融资源的再分配等。第三，金融要为人们转移、降低经济活动风险，同时要对弱势群体进行风险补偿。

扶贫性金融的提出在一定程度上凸显了曾康霖在金融学术研究上的创新。曾康霖对"扶贫金融"进行的高度理论概括，丰富和发展了中国特色的金融学科的研究。

（五）提出了金融学科建设措施

推动金融学科建设需要有明确的方向，找准着力点。早在 20 世纪 80 年代，曾康霖教授就大声疾呼，科学在发展，金融理论教学的内容需要更新和丰富，金融高校教学科研不能仅仅满足于传授现成的书本知识，更要为推动金融学科发展做出贡献。这一呼吁引起了社会广泛讨论，并得到很多有识之士的理解和认同。

在学科建设的着力点上，曾康霖教授将其归纳为四点：第一，学科建设一定要把握住学科的发展史，要理顺本学科的来龙去脉；第二，学科建设要以科研为主导，高校的科研应当推动学科的发展，为教学服务；

第三，学科建设要集各家之长，补己之短；第四，学科建设必须培养学术梯队，使之后继有人。沿着这一目标，在建设措施上，一要充实和建设师资队伍，培养学科建设带头人，师资队伍有进有出，优胜劣汰，人才流动；二要加强与国内外有关学校的交流、合作，交流合作不能只是派人访问、座谈，要共同承担科研、教学任务；三要密切同实际部门的联系与合作，针对我国金融领域出现的有价值研究课题，相互合作，取长补短。

金融人才培养思想

中国金融业真正的春天始于 1979 年。这年 10 月 4 日，邓小平接见各省、市、自治区委员会第一书记，在座谈会上，他毫不留情地指出：现在每个省市都积压了许多不对路的产品，为什么？一个原因就是过去我们的制度是采取拨款的形式，而不是银行贷款的形式。这个制度必须改革，任何单位要取得物资，要从银行贷款，都要付利息。

这番谈话一针见血地将过去计划经济体制下银行的本质问题剖析开来，10 月 8 日，邓小平再次在会上指出：是否设想这么一个问题，把财政制度改为银行制度，把银行作为发展经济、更新技术的杠杆。银行本身就是讲利钱，要不然那个银行办什么？可是我们现在的银行只是算账，当会计，并没有真正起到银行的作用。"必须把银行真正办成银行"，这是本次会议上邓小平做出的指示。人们意识到中国金融业大发展的春天来临了，中国金融业将迎来翻天覆地的变化。

改革方向清楚了，接下来最直接的挑战就是人才短缺。在"必须把银行真正办成银行"的方向下，为整个金融业培养人才的重任落到了人民银行身上。原行属院校正是在这一背景下成长壮大的。行属院校，中国人民银行所属院校的简称。其中，本科院校 4 所，高等专科学校 7 所，成人高等院校 5 所，金融中等专业学校 29 所，曾康霖教授所在的西南财经大学便是 4 所本科院校之一。

1980 年，刘鸿儒任人民银行副行长，分管金融教育工作，1982 年，总行把科教司一分为二，成立专管金融教育的教育司，李皓原担任司长。总行已经在 1979 年和 1980 年报经国务院批准，先后接收了陕西财经学院、四川财经学院和湖南财经学院，并先后建立了 4 所职工大学，但离完整的金融教育体系还相差甚远。李皓原回忆："1982 年，我临危受命担任中国人民银行教育司司长，任务是大力发展金融教育，又多又好地培养现代金融人才，以适应经济和金融事业大发展的需要。"[①]

曾康霖的弟子、现为西南财经大学证券与期货学院院长的冯用富博士回忆道："中国搞经济建设，就需要金融支持，而当时只有银行，银行是支持实体经济发展的重要方面，而后有了债券市场、信托投资公司，这么多金融机构，人才从哪里培养呢？从整体上来看，金融是一张白纸。"

随着金融在中国经济建设中起到越来越重要的作用，以及金融体系的延伸和发展，大量的金融人才成为必需，人才从哪里来？谁来培养？

当时，西南财经大学作为行属院校中唯一一所重点大学，自然承担了

---

① 中国金融教育发展基金会. 中国人民银行原行属院校发展简史 [M]. 北京：中国金融出版社,2014.

金融体系人才培养的重任。1991 年，西南财经大学就有了金融学博士点，曾康霖是西财金融学的带头人、带路人，是他继承老一辈的事业，在领导的大力支持下，团结全校的同事们，把西南财大的金融系发展壮大的。

在 20 世纪 80 年代，改革开放初期，如何将教学与经济形势紧密结合，为社会实践部门培养人才，是作为金融系系主任的曾康霖致力研究的问题。

1983 年，曾康霖被破格评为副教授，并出任金融系主任，学科发展的重任落在他的肩上。也正是从这个时期开始，曾康霖显露出与众不同的才能，开始崭露头角。这时，曾康霖 48 岁，是当时四川财经学院最年轻的系主任。

刘锡良说："在当时的年轻教师中，曾康霖老师是最突出的，他认真真地研究了一些问题。"除了在金融学科建设的建树颇多，对于金融人才的培养，曾康霖也思考甚多，并不断进行实践，形成了科学的认知：

（一）金融人才培养需要对金融产业有科学的认知

曾康霖教授始终躬耕在教学一线，为国家培养了大量金融人才，根据几十年的总结和摸索，形成了一套完整的人才培养体系。首先他认为讨论金融人才的培养，应当科学地看待金融这个产业，因为不了解金融是什么样的产业，就难以把握需要什么样的人去拓展、去推动、去管理、去经营。

在此基础上，曾康霖教授将人才归纳为六种类型：开拓进取型、人际交往型、务实操作型、知识全面型、法制建设型、基础理论型。从金

阅读论文

融企业角度划分，将金融人才归纳为四种类型：管理类人才、专业类人才、销售类人才、操作类人才。

同时曾康霖也强调，当前，我国金融人才培养取得了一定的成绩，但是仍然存在一些问题：一是缺乏具有开拓精神、竞争观念、风险观念和人才观念的银行家；二是缺乏熟悉监管业务的监管人才；三是缺乏熟悉国际法律的开放型人才；四是缺乏高级的金融管理人才。

（二）跳出学科体系到实践中培养金融人才

衡量学科建设成功与否的标志一是学科的科研数量和质量，二是金融人才培养的数量和质量，从这个意义上说，学科体系是因，人才培养是果。

　　曾康霖教授主张，不能局限于学科体系去培养人才。人才要在实践中培养，不能仅靠课堂培养。因此，他主张在教学课程体系设置上，要引入社会学、心理学、法学、工程学等，在培养方式上主张对不同的对象（本、硕、博）施以不同的授课内容、培养不同的职业能力，培养手段上要创造条件让学生走入实践，直面一线问题，找出解决问题的方法。

（三）金融人才培养既需要横向思维，也需要纵向思维

　　知识的形成和积累，是一个汇涓流以成江海的过程，需要厚积薄发、与时俱进。曾康霖深信，能否做好学问不全在于是否天资聪颖，关键是要具有善于发现、勤于思索和坚持真理的科学精神，学术智慧来源于厚重的实践和独立的思考，在不断延展和深入的思想之旅中，曾康霖教授更新着知识与观念。

　　当前，国内财经类院校，对于金融人才的培养都赋予很多有意义、有价值的实践，提出"以学生、学术为原点""有特色、多科性、国际化、研究型"等办学和人才培养思路，突出培养特色，寻求与国际接轨。曾康霖教授认为金融人才培养不仅需要上述横向思维，还需要有纵向思维，即大学里的"大家"思想怎么传承的问题。

（四）金融人才培养需要分层

　　曾康霖教授指出，金融人才的需求不仅有量的问题，还有质的问题，即：金融业需要高级金融人才，也需要中级、初级金融人才。对于高级、中级、初级的区分，不能简单以学历来划分，而应该以视野和能

力来确定。

他指出，高级金融人才应该具备三个视野：国际视野、关联视野、超前视野。国际视野就是要善于捕捉国际政经变化对国内经济、金融的影响；关联视野就是要善于发现经济社会中其他领域的变化如何影响金融业；超前视野就是要具备敏锐洞察问题和发展趋势的能力，或者"先知先觉"的能力，这是对高级金融人才理论知识素养、市场经验、个人天性等的全面要求。除此之外，高级金融人才还要具备较强的交往能力、协调能力、学习能力、反思能力。

初级和中级金融人才主要面向一线的业务操作岗，强调沟通能力、动手能力和实用能力，强化职业道德、法律意识、敬业精神、团队精神的训练。

高校是金融人才供给的主要源泉，高校通过课程体系的设置塑造金融人才基本理论素养，引导学生打开视野，提升能力。针对本科、硕士、博士不同学习阶段，采取分类培养方法。对这三个层次的教学，曾康霖教授提出了独特的教学理念：本科不能忘了加强"三基"学习，"三基"即基本理论、基本知识、基本技能。对金融领域的一些重要概念，不能似是而非、囫囵吞枣，比如货币、准货币、货币替代品、特别提款权、世界元等；基本知识，如 M0、M1、M2 是怎么统计出来的，包括因素有哪些。本科阶段培养财务报表科目分析等实用能力。硕士阶段，应在本科基础上，以横向拓展为主，适当纵深，培养研究问题的能力。博士阶段，在硕士基础上，以纵向拓展为主，力争站在学科前沿，培养发现问题、研究问题和解决问题的能力。

（五）博士培养的24字学习准则

近20年来，曾康霖教授作为专职博导，将主要精力放在培养博士研究生上，每届博士生入学后，他都要告知学生"师傅引进门，修行在个人"，鼓励博士生要充分发挥主观能动性，挖掘潜能，锤炼发现问题、研究问题和解决问题的能力。

师傅的作用在于引领，他提出24字学习准则以指引博士生确定自己研究、学习的路径，即"拓宽领域、以专带博、充实功底、掌握方法、小题大做、求得成果"。"拓宽领域"指博士生的知识领域要能涉猎中外古今、边缘学科、跨学科、综合性学科等；"以专带博"指以研究方向为核心，向相关知识领域拓展；"充实功底"要求掌握理论的来龙去脉；"掌握方法"要求掌握规范的方法、实证的方法、比较的方法、数理的方法等；"小题大做"要求能够"见微知著""由小及大"，从实践中升华；"求得成果"包括见解、方案、文章、报告、模型等。

在24字学习准则中，"以专带博"是完成博士研究的关键环节，也是具体要求。几十年的博士生培养过程中，曾康霖教授一直在反复斟酌究竟该"以专带博"还是"以博带专"，文字顺序不同，所蕴含的培养思路迥异。具体说来，"以博带专"要求博士生入学后多读经典，扩充知识面，夯实理论基础。在此基础上，研究问题，提出并确定博士论文选题，最后完成论文。"以专带博"则要求学生入学后就要确定研究方向甚至研究题目，集中思考、研究一两个问题，根据所要研究的问题去读书、学习。在早期博士培养中，曾康霖教授采取"以博带专"方法，实践检验下来，效果并不理想，重要原因是很多博士入学后，忙于各种事务，很难静下心来认真读书。为取得更好的培养效果，后期的博士培养，他开始尝试"以专带博"的方法，效果显著，很多博士论文做到"见微知著""小题大做"。但也存在一些问题，有的学生迟迟定不下合适的研究方向，甚至需要老师来帮忙确定研究方向，确定选题。为了解决这一问题，曾康霖教授强调博士生思维方法和思维模式的训练，通过引导、启发学生的思考，对新观点、新方法予以肯定，并鼓励他们深入社会相关领域进行调查研究，不能闭门造车、流于清谈。

在博士培养中，曾康霖教授非常注重锤炼学生思维方法和思维模式，通过与学生一起学习、讨论，在讨论中及时肯定学生的智慧、思想火花，同时指出其中的不足。主动给博士生找资料，将包括自己所见的一些学术动态、信息、有价值的书、好文章，及时通报他们，要他们去找、去看、去关注。创造条件，带博士深入实践去调查研究，锻炼他们学习、发现、解决问题的能力。总之，一方面调动博士学习、钻研的积极性，从严要求；另一方面要全面关心，以知识育人，以情动人，甘做博士成材的"人梯"。

对于学科建设和人才培养的发展，曾康霖教授总结说，金融学科建设与金融人才培养，本来就是两个问题。既有密切联系，但又有区别。

金融学科建设需要深化金融研究。2008—2013 年我国金融研究取得长足发展，在研究内容上有前进，研究范式上有创新。但曾康霖总觉得有点"应时式的研究""模仿式的研究"。缺乏基于中国国情的"前瞻性研究"和"战略性研究"。

他认为，要发展繁荣金融学科，在引进、借鉴、包容的同时，要传承和弘扬中华文化传统，要把近百年来中国发展改革的实际，从感性认识上升到理性认识。当前是两个不够：传承弘扬历史不够，密切结合中国的实际上升到理性认识不够。

他在主编《百年中国金融思想学说史》时，深深感到中国发展改革的实践是丰富多彩的，中国人是很有智慧的。中国人在金融学科建设中取得的成就是外国人没有的。从近期说，如黄达教授提出的"财政信贷综合平衡"的理论；周升业教授提出的信贷收支差额问题，最终是货币流通问题的观点；刘鸿儒教授提出的"公有股分步骤也能进入市场交易"的观点，"资本市场的健康发展要强化两根支柱，理顺一个观念"的观点。从早期看，100多年前，孙中山就提出中国要独立、富强，必须首先防范外国的金融控制。梁启超的"公债发行必须由自利达到利国"的观点。他认为，这些理论和观点在当时是了不起的，不是生搬硬套国外，而是密切结合中国实际，深思熟虑的结果。金融学科建设，就是必须结合中国的实际，从感性认识，到理性认识。

至于说中国金融人才的培养。有目共睹的是，目前取得了巨大的成就。影响中国金融业的有几大流派，"五道口派""人大派"等财经院校流派，这表明改革开放后，金融专业培养的学生，在金融领域发挥了重要作用。

但现在也存在一种观点，即中国的金融人才，不能在国内培养，只能在国外培养，或必须让外国人来培养，"土鳖"不如"海龟"。此外，金融领域是不是都需要培养"复合型人才"，需不需要"专业型的人才"应当讨论，也需要讨论。

在曾康霖教授看来，金融人才的培养，有个层次问题、成本问题。金融业的存在和发展需要些什么样的人，这些人怎么分层次？不同层次的人怎样培养？作为一种人力资源，培养与收益怎么对称。近年，大学毕业生人数暴增，就业难，金融机构进入的"门槛"在抬高，"柜员"必须是大学全日制本科生。曾教授就纳闷这种状况正不正常？是合理的，还是不合理的？暂时的，还是持续的？这叫不叫人力资源配置不当？

总之，曾教授强调了两点：学科建设，人才培养必须要尊重知识，尊重人才，尊重创造，必须要有一个宽松的学术环境。只有尊重知识，尊重人才，尊重创造，才能多元包容，交流互鉴；只有多元包容，交流互鉴，学科才能繁荣发展。学术讨论不仅应有良好的经济态势，而且要有宽松的学术环境。只有宽松的环境，才能解放思想；只有解放思想，才能百花齐放，百家争鸣。

◎　附录

早期的重要学术观点

引自《中国金融博导》第335页（中国金融出版社，1998年出版）

1. 在货币学研究方面：较早地提出人民币是信用货币的观点，认为人民币是间接的"一般等价物"；要从社会再生产过程的四个环节去考察货币的作用；社会主义条件下也能派生存款；要把派生存款与虚拟存款区别开来；指出了银行的钱与顾客在银行的钱的区别和联系；等等。

2. 在信用学研究方面：比较系统地评价了古典的、马克思的、西方的信用、利息学说；有开拓性地研究了当代商品经济是信用经济的特征（见信用论）；各种信用形式与货币流通的关系；其他信用形式与银行信用的关系。

3. 在财政学研究方面：系统地评价了古典的、马克思的、西方的资本学说；比较早地对资源、资产、资金等人们常用的概念加以科学的规范，并指出它们之间的关系；认为财政收支不完全是对物资的集中和分配，而分配的是社会各阶层人们的货币收入，财政收入作为货币无所谓虚假，不存在虚假财政收入，但有名义财政收入与实际财政收入之分；认为财政收支引起的上缴下拨也是货币流通，既要把财政活动作为一种分配去研究，又要把财政活动作为一种货币流通去研究。

4. 在企业财务学研究方面：较早地提出流动资金这一概念应当发展（见1964年《经济研究》第一期关于《流动资金的实质的几个问题》）。后来，在《资金论》中，对固定资金与流动资金的区别与联系又进行了系统的论述；提出了社会主义企业的资金应划分为运营资金与非运营资金，所占用资金与所耗费资金；比较科学地分析了产值与利润、资金与利润的关系，特别提出资金与利润相互转化以成本为中介的论点，既有理论价值，也有实际意义。

5. 在银行学的研究方面：较早地提出我国银行的地位和作用不能局限于"三大中心"，而应立足于社会经济生活的调节等（见《人民日报》1979年3月16日）；指出我国社会主义专业银行作为企业，相对于工商企业来说在经营管理上的特点；指出现阶段专业银行的管理行具有某些中央银行的色彩；指出了中央银行调控基础货币的局限性。

执着金融学科建设——访西南财大曾康霖教授

来源：《中国教育报》 日期：2003 年 1 月 29 日

记者：曾教授，您从教几十年来，在学科建设和人才培养方面做出了很大贡献，能否请您就此谈点自己的感受？

曾康霖教授（以下简称曾）：几十年来只不过做出了一些努力，尽了一份当老师的责任。西南财大金融学科能够被国内同行认可为全国重点学科是团队的力量，我个人在其中只起着一些作用。要说感受，大体上可以做这样的归纳：学科建设一定要把握本学科的发展史，要理顺本学科的来龙去脉。"文革"后复校以来，我对金融学说史进行了比较系统的研究，1986 年撰写出版了《资产阶级古典学派货币银行学说》，1988 年与何高著教授等共同撰写出版了《马克思货币金融学说原论》。这两部著作的内容不是对经典作家的论述做简单的介绍和解说，而是根据作家的原意做了深入浅出的理解和发挥，同时有所发现，有所前进，为学科建设奠定了坚实的理论基础。可喜的是，这两部著作都获得了四川省政府优秀学说专著奖。

记者：能不能请您举个事例说明在学习前人的著述中"有所发现，有所前进"？

曾：我在学习经典著作和金融业发展史中，发现银行业是国际贸易发展的产物，而不是所谓的"金匠"的演变。再如，我发现英格兰银行成为世界上最早的中央银行之一的时间不应当是 1694 年，而应当是1857 年，因为这个时候英格兰银行才集中管理其他银行的金融储备。由此我在理论上提出，什么是中央银行与中央银行是什么。这是两个不同的概念，不能混为一谈。马克思指出，中央银行是信用制度的枢纽，那是在 1857 而不是 1694 年。但长期以来，人们都沿用习惯的说法，其实，这样的说法是缺乏科学考证的。

第二点感受是学科建设要以科研为主导。高校的科研应当推动本学科的发展，应当为教学服务。从 1987 年到 1997 年的十年间，我自己动手并组织撰写了《金融理论系列专著》，现已出版了 8 部。这套书的共同点都是从学说史评价起，不仅系统地评价了国外学说，而且评价了国内学说，以此领略前人研究问题的思路和方法，并继承和借鉴他们的研究成果。这样的研究也许有人认为从理论到理论，脱离现实，但我们不这样认为。因为要完成这一系列的专著不仅要阅读大量的中外名著，研究历史，而且要熟悉现实，研究现状，探讨人们关心的问题。

记者：您比较具体地谈了自己的感受，使我们体会到你们在学科建设中所经历的艰苦过程。您还能进一步谈谈怎么站在学科前沿吗？

曾：这个问题比较尖端，因为在金融学科领域，什么是金融都存在异议。20 世纪 60 年代以后，发展经济学的兴起，注重金融与经济的相关性研究，运用若干经济变量去考察相关的量度，相关的传导机制，相关的紧密度，相关的正负效应等。所有这些都表明金融学科的研究注重揭示事物之间本质的（而不是表象的）、稳定的（而不是偶然的）联系。把这种联系看成事物之间的因果关系和变量之间的函数关系，从理论上加以升华，让现实和未来去检验，应当说不仅有实践意义，而且有理论价值。就学科本身来说，当代"新货币经济学"的问世、"金融工程学"的兴起和"金融学"概念的新的规范，把金融学科的建设拓展到一个新的领域。《新帕尔格雷夫经济学大辞典》将"金融"词条的内涵概括为三点：（1）金融的基本的中心点是资本市场的运营、资本资产的供给和定价；（2）金融不研究实物经济所发生的问题；（3）金融不研究在静态和确定性世界中所发生的问题。做出这样的定义，也许是基于对发达的市场经济国家现阶段金融业的发展状况的一种概括，因为在那里金融业的产出在GDP中的比重大大上升，金融机构的传统业务在削弱，新兴业务正方兴未艾，加之金融创新推出集中在资本市场上，因而资本市场的运营便成金融学内容的基本中心点。值得注意的是这样的定义把货币和银行排除在"金融"概念之外，但我认为结合中国和大多数发展中国家的实际，应把货币和银行纳入金融之中。对于这一点在我新近出版的《金融经济学》中有相应的阐述，这里就不再赘述。

在这里谈谈我对学科前沿的看法。什么是学科前沿？有人说学科前沿就是"新理论、新知识、新方法"。如果要说"新"，西方已有的，我们没有，叫不叫新？个别人或一些人提出的，一般人没有，叫不叫新？所以，我认为，只是一个"新"字很难概括学科前沿。学科前沿应当代表这个学科发展的方向，这个学科与其他学科的交叉与融合，它具有前瞻性。近年来金融学科领域中出现了一些前瞻性的问题：如基金的兴起会不会取代商业银行？电子货币的兴起、网络银行的出现，央行的货币政策还管不管用？欧元区形成后还会不会出现亚元区、美元区，全球的货币会不会走向统一？行为金融学会不会取代功能金融学，等等。这些问题算不算前沿？我认为：学科前沿不等于学科热点，更不等于对策性研究。要站在学科前沿，必须把握住学术动态、注重经济生活的变化和时代的发展。

实践出真知，真知不能都在"老外"手里，中国人是聪明的。所以，不能认为，学科前沿就一定存在于西方经济学领域。这些年，我在关注国外学科发展的同时，着力从中国的实际出发，尽力站在学科前沿，进行跨学科和交叉学科的研究，继承和弘扬前人的研究成果和研究方法，近年撰写出版的这方面的著作和论文，有《金融经济学》《中国金融理论前沿》《金融经济分析导论》《略论经济学研究的几次革命》《漫谈经济学研究》等。

记者：请您就金融人才的培养谈谈您的看法。

曾：这些年我主要是培养研究生。每届博士生入学后，我都讲，"师傅引进门，修行在个人"，并提出了一个24字的学习准则，即"拓宽领域、以专带博、充实功底、掌握方法、小题大做、求得成果"。知识经济时代，知识更新、知识爆炸，要学的东西很多。在这种情况下，我们还能够尽点什么力呢？我想能尽力的是调动学生的积极性，促进他们刻苦学习，圆满地完成学业。一是全面地关心他们的学习、生活、工作，要他们德、智、体全面发展；二是要善于出题目，引导、启发他们思考；三是要帮助他们解放思想，拓展研究思路；四是给他们找资料，提供信息；五是创造条件，带博士生去调查研究，让他们到实践中去锻炼，在实践中学习和发现问题，并提高分析问题的能力。总之，要为他们的深造做"人梯"。

有特色、有气魄、能创新——著名金融学家曾康霖谈"学术智慧"

来源：《四川日报》　日期：2006年4月17日

比较而言，从西南财大教授曾康霖身上看到的是一个真正的学者形象。21世纪之初，我国学术界的发展与裂变日趋显豁。在这样一个时代转型的社会里，拥有独立的思考能力，拥有对以学术事业为时代转型的良心放言，曾康霖是一个敢于讲真话的学者。在谈及自己40余年的社科研究感受时，他这样说道："我国的社科研究就是要有特色，要有气魄，要能创新；从事社科研究的工作者就是要讲实话、讲真话、讲中国话。"

一、有特色，就是要从中国实际出发

在不断延展的思想之旅中，曾康霖以一个经济学人的角度，观察与思考着这20多年里经济金融改革和建设中的理论、实际问题。

尊重经典、又非迷信经典，注重书本更注重实际，是曾康霖贯一持守的学术理念。在他看来，马克思主义经济学中的基本原理具有普遍意义，但理论的生命力在于运动和发展，哪怕是经典作家的经典理论也不例外。

他认为，社会科学特别是经济科学要从中国的实际出发，不仅需要研究物力资源的培养和分配，更要研究人力资源的培育和分配；不仅要研究宏观经济调控，还要研究区域经济协调，研究地区间的配合。因此，实际是生发理论和创新理论的土壤。我国特定条件下的改革开放事业为理论研究提供了丰富的实践宝藏，特有的经济转型更是世界上独一无二的研究模本。

二、有气魄，就是要继承中华民族的传统

较之时下社科界一些"人云亦云""照搬西方"理论的做法，曾康霖坚持以"自信、自强、自立"的气魄来做学问。

譬如，对于学科前沿的认识，曾康霖认为仅用一个"新"字很难概括其意义，"学科前沿应代表这一学科发展的方向，而这一学科在与其他学科的交叉与融合上，应具有前瞻性"。

这些年金融学科领域中，学术界讨论了不少热点问题，如基金的兴起会不会取代商业银行；电子货币的兴起、网络银行的出现，央行的货币政策还管不管用等？对这些问题的讨论，有的人就认为是站在前沿，但曾康霖认为，"学科前沿不等于学科热点，更不等于对策性研究；而是要考察它是否推动了本学科的创新与发展。"

"要站在学科前沿，就必须把握住学术动态、注重经济生活的变化和时代的发展。"在曾康霖看来，金融学科的研究注重揭示事物之间本质的（而非表象）、稳定的（而非偶然）联系。就学科本身而言，当代"新货币经济学"的问世、"金融工程学"的兴起和"金融学"概念的新的规范，将金融学科的建设拓展到一个新的领域。尤为一提的是，结合中国和大多数发展中国家的实际，曾康霖将货币和银行纳入金融之中，这一观点在他新近出版的《金融经济学》中有详细阐释。

三、能创新，就是要与时俱进

坚守知识分子的使命，曾康霖要求自己保持在学科前沿的位置上思考问题。"经济的迅猛发展，就更应当冷静下来实事求是地思考存在的问题。"针对有些人说我国经济发展是"三高两低"，即高投资、高能耗、高污染，低质量、低效益，曾康霖说："这样的概括是否抓住了主要问题，是否反映了实际，需要研究。"在曾康霖看来，与时俱进地研究中国社会、经济问题，就是要研究在中国怎样扩大内需，怎样解决就业；如果把这两个问题解决好了，就是创新，就是为社会的发展做出贡献。

近年来，曾康霖陆续出版、刊发了《金融经济学》《中国金融理论前沿》《金融经济分析导论》《略论经济学研究的几次革命》等厚重的著作、论文。在这一漫长而庞大的治学工程中，曾康霖教授以矢志不渝的信念见证着他勤奋与启迪世人的"学术智慧"。

第六章　学科建设与人才培养（下）

金融学科建设是一件牵一发而动全身的事情，绝不能一蹴而就。

在学科建设方面，曾康霖教授始终是沿着传承历史，联系实际，展望未来，理论升华的思路砥砺前行。曾康霖教授退休后，仍积极参加学术讨论的论坛。在学术论坛上，点赞同行的研究成果，肯定别人的学术见解，商榷不同的观点分歧，发表自己的体会心得，可谓是联系实际、比较分析、孜孜不倦。可以说，曾康霖教授在学术论坛上的见解，浸透了他深入思考的思维逻辑，充满他毕生奋进的思想感情。

随着改革开放的推进，曾康霖教授集同行专家和实际工作者的智慧，探讨了拓展我国金融研究的若干重大问题。在学科建设与人才培养方面，他先后撰写了近三十篇文章，发表自己独特的见解，成果斐然，影响逐步显现。在这些文章中，曾康霖教授探讨了：第一，金融学与经济学的

关系，提出了金融学科的建设
需要相关学科的交叉配合和适
当超前。并提出当代金融学科
建设的着力点和不同的视角。第
二，探讨了学科建设、专业设
置、人才培养之间的关系，关注
我国金融学科建设的过程和当代
国内外金融学科的推进和发展。
第三，适应金融事业的发展，提
出了应着力培养两类金融人才

《曾康霖著作集》

（精通某一方面的专家，熟悉操作技能的能手）。要考察金融产业的深度和
广度。金融人才的需要是分层次的，金融人才的培养也应分层次。提出了
现阶段在金融人才培养中需要强化的方面。第四，提出金融学科建设人才
培养要跟上时代的步伐，要与大国的地位相称，要传承中华文明。

在这里，我们来回顾曾康霖教授在学科建设方面已经取得的成就以
及治学理念的认知。

金融学科建设的成就再回顾与进一步认知

"十年浩劫"后，我国迎来了科学的春天。和其他学科一样，金融学
科也开始沐浴阳光雨露，开始了根深叶茂的发展。中国金融人对金融理
论和实践的推进是开拓性的，其过程也是曲折艰难的。金融学科的建设

《曾康霖著作集续集》

是一场革命，必须在理论、传统习惯和思想认知上达成共识。作为从事金融学科的人民教师，曾康霖教授饱含激情，穷究学问，全身心投入金融领域的理论分析和思考。曾康霖教授认为，社会主义是一种思想体系和社会制度，进行社会主义建设没有固定的模式，只能在实践中探索，金融理论作为社会主义经济理论的组成部分，也应当在实践中不断丰富和发展。于是在教师生涯中，他边学习，边教学，在为国家培养金融栋梁的同时，不断丰富金融理论教学内容。

2004年，中国经济出版社出版了曾康霖教授多年的研究成果，即《金融理论问题探索》《货币论》《货币流通论》《资金论》《信用论》《利息论》《金融经济学》等12本著作，合为《曾康霖著作集》。这套巨著鸿篇真实地记录着这位著名金融学家、金融学科的擎旗者几十年来的学术思考及学术贡献，也是曾康霖教授对于真理孜孜不倦的追求，对经济改革热切关切的集萃。

其中《金融理论问题探索》曾于1985年出版，是当时的扛鼎之作。该书是曾康霖教授针对中国改革开放初期所面临的一系列主要基本理论问题进行的系统探索。书中的许多理论观点和研究视角受到学术界的高度重视。上海财经大学财政金融系刘絜敖教授如此评价此书："曾康霖同志的这部《金融理论问题探索》是当今关于社会主义货币金融理论的一部水平很高的不可多得的佳作，可用以丰富和扩展社会主义货币，信用学的内容，可作为我国制定金融政策的参考，值得财经院校师生、理论研究工作者和各级银行干部细加阅读。"[1]

《货币论》《货币流通论》《资金论》《信用论》《利息论》《银行论》等的出版，浸透着曾康霖教授几十年对教育事业的热爱，是曾康霖教授智慧的结晶。这一系列著作的研究思路特点鲜明，高度重视学说史的研究，在系统介绍和评述前人的理论研究成果方面，从研究方法和研究思路的基础上，继承和发扬了前人的学术研究成果，同时，重点仍然放在对中国改革开放现实问题的研究上。这种研究思路的优点有三：一是便于读者了解学术发展的渊源及来龙去脉，为其他学者提供了扎实的学说史基础和浑厚的思想史铺垫。二是便于后人站在前人肩膀上思考理论和实际问题，开拓后来者的研究视野，丰富学科探索的道路。三是便于后来者发现、跟踪学术前沿理论，并高屋建瓴于学术前沿。此后曾康霖教授担任国内几部重要的金融学辞书、学术史部分的主编，进一步确立了西南财经大学金融学科在国内学术界的地位，凸显了西南财大在全国金融学科中的特色。

《金融经济学》于 2002 年 3 月出版，也被收录在《曾康霖著作集》中。国内关于《金融经济学》的著作出版较多，大体可分为两种版本或两种体系。一是借鉴西方金融经济学的理论体系、研究方法，注重对微观金融、资本市场的研究。一是在传统货币银行学的基础上，加上资本市场和金

---

[1] 刘絜敖. 不落窠臼敢创新见——曾康霖《金融理论问题探索》评介 [J]. 中国金融,1987（09）:19.

融与经济发展关系的内容，真正从金融与经济之间的关系入手。曾康霖教授的《金融经济学》真正以中国特殊的国情为案例，建立起中国金融经济学的学科体系，在研究思路上独树一帜。

在这一著作中，曾康霖教授把金融与经济的内在关系概括为：媒介、渗透、主导、主体、互换五个方面，在曾康霖教授看来，金融从这五个方面融入经济社会肌体中，并以特有的动力机制来维持社会经济的平衡，催化经济生长，激发经济活力。金融媒介主要作用于社会经济成员的权利交换，对经济产生外部效应；金融渗透主要作用于企业资本运营，对经济产生结合效应；金融主导作用于社会成员的行为选择，对经济产生引力效应；金融主体主要作用于国民经济结构调整，对经济产生内部效应；金融互换主要作用于人们的权益权衡对经济产生替代效应。这五种效应各具效能、相辅相成，从不同角度推动着经济的增长与发展，是金融之所以被称为现代经济核心的五个有力佐证。

从这套著作不难看出曾康霖教授治学理念的几个特点：

第一，尊重经典，但不迷信经典。书中，曾康霖教授许多学术观点的形成，都有扎实的文献基础和深厚的学说史基础，都是他在反复深入研究前人的学术成就和方法的基础上厚积薄发而形成的。他指出：前人的论述离不开当时的社会经济环境，经典作家的论述在当时、当地的环境下是正确的，但如果环境条件发生变化就应另当别论。以发展的视角看待经典是曾康霖教授治学理念的可取之处。

第二，注意学习、借鉴西方经济学、金融学的一些理论与方法，但并不迷信这些理论或方法。曾康霖教授认为外国人可以出思想、出理论，中国人照样可以。他常说："西方经济学是市场经济的产物，也是人类宝贵的精神财富，我们搞市场经济，离不开市场经济条件下的基本理论规律和运行机制的指导。从一定意义上说，西方经济学是市场经济学，但我们少不得也要批判地学习和借鉴。"他强调，中国人在学习借鉴西方理论、观点、方法时，关键是要与中国的实际结合，分析中国的案例，解决中国的实际问题，形成中国人自己的理论或思想。

第三，注重理论联系实际。理论源于实践，曾康霖教授不仅关注理论发展的前沿及动态，更关注实践的发展。他经常带领学生深入实际调查研究，从实际中发现问题、分析问题、进行理论归纳与梳理。《曾康霖著作集》体现了他深入实际调查研究的理性认识成果。在其他书中难得一见。

第四，始终站在金融学术研究和中国金融改革发展的前沿，与时俱进地进行学术研究。曾康霖教授认为，前沿性问题代表了学术发展的方向，是当代社会经济生活中存在而又急需给予理性阐释的热点问题。但前沿性问题又不等于热点问题，更不等于对策性问题。他随时随地关注理论发展和改革进程，经常深入实际，发现问题，研究问题，对中国改革实践中的一些经验教训进行了细致的总结，给予了严密的理论解释。这些论述《宏观金融论》和《微观金融论》中可见。

第五，重视对方法论的研究。曾康霖教授曾发表过几篇方法论研究的论文，如《略论经济学研究的几次革命》《漫谈经济学研究》，并出版了《金融经济分析导论》这本较多涉及方法论的著作，对经济学、金融学研究对象、研究方法等进行了颇有价值的讨论。他在重视基础研究的同时，特别提倡跨学科的交叉研究，主张将数学、法学、社会学、心理学等融入金融学研究之中。海纳百川，包容并蓄，是曾康霖教授治学理念的一大特色。

曾康霖教授与同行一起，对金融学科的建设进行多次探讨，提出很多创新性的、有影响力的观点。在 2006 年 8 月的一次研讨会上，曾康霖教授就以下 5 个问题率先发表了自己的意见，以抛砖引玉。

第一，金融学科究竟属于经济学，还是管理学。对于金融学科的归属，学界一直众说纷纭。对此，曾康霖教授认为，金融学科属于哪一类，主要看它的活动是技术性和实践性强，还是认知性和导向性强，若是前者属于管理学，若是后者则属于经济学。

管理协调人、物、事之间的关系，目的是发挥集体效力，具有较强的技术性和实践性。管理学就是对这种技术性、实践性的理性认识、行为规范和职能定位。简单而言，管理学强调的是运用。而经济是人们从事创造、分配、交换、消费物质财富和精神财富的活动，目的是提高效率，具有较强的认知性和导向性。经济学是对这种认知性和导向性的理性认识和模型设计，经济学强调的是规范。

在曾康霖教授看来，当代金融活动的技术性和实践性较强，向管理学靠拢。但他也发现，现阶段权威部门对其划分却并非是以这样的标准，金融、财政、外贸、投资等都被纳入经济学，给人一种与政府决策、宏观调控有关的学科都纳入经济学，而管理学则属于微观主体局部行为学科的感觉。曾康霖教授还举例说明，在国外，有的把金融学归属于经济学，有的把金融学归属于管理学，有的把金融学归属于理学（如金融数学），有的把金融学作为一级学科。金融学到底属于经济学，还是管理学，人们仍然在探索实践着。

第二，金融学科能否成为一级学科。对于金融学科能否成为一级学科，曾康霖教授认为主要看三点：一是看学科的发展；二是看时代的需要；三是看有没有二级学科支撑。当代金融活动具有相对的甚至完全的独立性。也就是说金融活动与实体经济活动关系不直接、不明显、甚至无关。科技的发展、社会的进步、财富的增加、收入差距拉大等现象，以及人们的资产选择和安排，要做出新的解释。金融的二级学科可列出：货币金融学、金融法学、金融史学、金融计量学、金融工程学、金融管理学、金融社会学。曾康霖教授认为，上述三点表明，金融学科能够成为一级学科。为此，他与一批学者一直努力着。2010 年 9 月，国务院研究室以《加快培养高素质国际化金融人才——来自西南财经大学专家学者的建议》上报中央政治局、书记处、中央军委、全国人大、全国政协、国务院等党和国家领导人以及有关部委参阅，该调研报告就采纳了西南财经大学专家提出的关于设立金融学一级学科的建议，得此消息，曾康霖教授颇为欣慰。

第三，关于当代国内外金融学科的推进和发展，可各抒己见，但要达成共识。曾康霖教授指出，需要达成几点共识：一是在学术研究中提出一个新观点、新模式、新理论，也许有利于推动学科发展，但并不等于学科发展本身。学科发展应有理论体系和技术体系（如提出期权定价模型，但不等于推动了学科发展）。二是学科发展必须在继承和评论前人研究成果的基础上"承上启下，继往开来"。三是学科发展要与时俱进，当代各国几乎都选择市场经济制度，崇尚改革开放、经济全球化、区域化、金融一体化。在这种状况下，金融学科的发展呈国际化趋势。

当代国内外金融学科的推进和发展呈现出什么国际化趋向呢？曾康霖教授将其概括为：论理金融学—数量金融学—行为金融学—规制金融学—伦理金融学—人本金融学。世界首富比尔·盖茨将其财富捐赠给慈善机构，为社会做公益事业，曾被学术界认为是美国社会的一种重要的文化变迁，是在造福人类的同时，完成自身的精神升华。对此，曾康霖教授认为，人们富裕以后会追求安全感、幸福感、荣耀感，这些属于文化的范畴。这种状态可称作感性人取代理性人。

曾康霖教授指出：中国如今金融学科研究的倾向，侧重于模仿、借鉴、移植、套用西方的理论和方法，总结升华自己的较少。研究的内容还存在侧重政策解释、对策研究、部门之见，有集中重复的弊端（如宏观调控、风险、危机、安全）。对金融资源配置效率、融资模式比较、理财保值选择、人才素质需求等方面研究较少，曾康霖教授强调要加强这些方面的研究，这对金融学科的建设和发展有重要作用。

第四，关于学科建设、专业设置、人才培养之间的关系。曾康霖教授认为，学科建设要为专业设置提供主干课支撑，一门专业如果没有主干课支撑，不成为专业。专业设计为人才培养定向，为人才培养建立和完备知识储备，培育和增强人才的操作技能。

以科学发展观指导金融业发展

如何以科学发展观指导金融事业？曾康霖教授认为首先要准确把握

科学发展观的内涵。科学发展观是一种基于发展的理念和学说，它本质是以人为本，它的核心内容简单地说是协调、统筹，在协调、统筹的理念和学说指导下，寻求发展的目标，选择发展的道路，确立发展的模式。

曾康霖教授特别提出，科学发展观确立的是社会经济如何发展的理论，它是关于社会经济发展的一种观点、一种思路、一系列价值判断。它要讨论的是在不同的时空当中，事物为什么发展、如何发展、怎样发展，而不是讨论事物本身的存在状态以及对事物的管理、运作。

把这一思路运用到金融领域就是要为金融业的发展指明方向，比如健全金融企业有效的内部管理机制，选择有利于金融市场竞争的经营策略，建立科学的金融业绩考核指标体系，树立良好的金融企业形象等。尽管与金融事业的发展相关，但不是金融科学发展观应当包含的内容。

曾康霖教授强调，要依据科学发展观审视我国金融事业的发展。从金融商品的角度考察，需要审视金融商品的品种、数量、质量能否满足市场的需要；从金融企业的角度去考察，需要审视金融企业的规模、速度、效益能否达到最佳状态；从金融结构的角度来考察，需要审视金融组织齐不齐备、配不配套、协不协调；从金融市场的角度去考察，需要审视各类市场是否互补、互替，效率高不高；从金融制度的角度去考察，需要审视正规金融与非正规金融是否各尽其职，各得其所；从金融资源配置去考察，需要审视金融资源配置合不合理，能否实现良性循环等。

经济社会的发展既要靠"看得见的手"，又要靠"看不见的手"，曾康霖教授结合当时中国的实际，指出：当时我国的金融制度的安排主要为两类，一类是政策性金融，另一类是商业性金融。商业性金融具有公众性，即资金服务的对象不是特定的社会成员，只要符合条件都可以成为商业性金融服务的对象，这有助于实现公平。政策性金融则一般是指由政府的政策导向按政府的意图进行的融资活动。其实质是政府对金融活动的干预。

在《按科学发展观设计我国的金融制度》一文中，曾康霖教授提出中国现阶段需要四类金融，即商业性金融、政策性金融、互助性金融和扶贫性金融，他指出不同类型的金融有不同的追求目标和运作模式。

商业性金融以利润为目标，追求利润最大化，具有特许性、组织性、公众性和经营性。政策性金融不以利润为目标，不追求利润最大化，按政府的意图安排金融活动，具有指令性、公益性、长期性。政策性金融不同于金融的政策性，后者主要是指政策导向。如果说政策性金融具有指令性，则金融的政策性具有指导性。互助性金融以解决人们生产生活的困难，增进人们信任、信赖为目标，具有群众性、互助性、非营利性。扶贫性金融，以救急救穷，推动发展，激励奋进为目标，具有公益性、准财政性和特殊性。在特定的领域和特定的时期，创造金融资源，利用金融手段，扶助弱势群体，使这一部分人也能享受金融产品和金融服务。[①]

商业性金融和政策性金融，人们相对比较了解，但何为互助性金融，是否指的是信用合作社，很多人发出疑问。曾康霖教授解答道："互助性金融不完全是信用合作社，它作用于家庭融资，它包括合作金融、社区金融、住房金融等。其载体不仅有有组织的正规金融，而且有非正规的

---

① 曾康霖.按科学发展观设计我国的金融制度 [J].西南金融,2005（06）:7-8.

金融，如我国一些地区已经存在的民间融通资金形式如'抬会''银背'等，在有组织的、正规的互助性金融中，不仅有银行，还有非银行的金融机构。"

曾康霖教授认为，相对商业性金融和政策性金融而言，互助性金融不完全具有特许性、公众性和经营性，即这一部分融资活动，并非所有人都可享有，而因具有区域性、针对性和互助性，不追求利润最大化。

虽然我国已有众多农村信用社和城市信用社，但互助性金融依旧薄弱。金融的互助性以制度信任为基础，即必须有对他人履行义务和承担责任的信赖，换句话说体现为人际信任。人际信任依托于伦理、道德。所以，要发展金融首先要强化人际信任，而人际信任的培育，一要靠道德，二要靠机制。金融的互助性主要存在于民间非组织的金融活动中。随着社会经济的发展，人际信任日益增强。所以，曾康霖教授特别指出：以科学发展观为指导，随着社会经济的发展，必须培育发展正规的互助金融和非正规的互助性金融。

曾康霖教授提出扶贫金融的初衷有别于普惠金融，普惠金融的真正含义是公平、正义。在金融资源的配置上要给予社会成员以平等的机会，而扶贫性金融不是给予弱势群体机会平等，而是要缓解弱势群体在生产、生活上的困难。从这个意义上说，扶贫性金融首先具有财政的实质金融的实现形式。其次，扶贫性金融的主体不是特定的金融机构，其主体可以是正规的金融机构和其他社会组织，也可以是非正规的社会组织和个人，可以是银行，也可以是非银行的金融机构。它不具有商业性金融和政策性金融的特点，但具有互助性金融的优点，即缓解社会成员特别是弱势群体生产和生活中的困难，具有针对性和救急性。而普惠制金融的主体是银行，以孟加拉国经济学家尤努斯建立的格莱珉乡村银行为代表。再次，扶贫性金融的客体不仅是个人（自然人），而是整个弱势群体（包括自然人和法人）。

一般意义上，扶贫是财政的事，曾康霖教授创造性地提出金融也要扶贫，在中国这样一个经济发展不平衡大国，经济飞速发展的过程中应当有扶贫性金融。简单来讲，曾康霖教授提出的扶贫性金融主要为弱势群体融资，其表现形式为助学信贷、扶贫信贷，其载体有正规的金融机构和其他社会组织，也可以有非正规的社会组织和个人，可以有银行，也可以有非银金融机构。

曾康霖教授认为，扶贫既是政府行为，也是社会强势群体的行为，所以，不应把扶贫性金融纳入政策性金融。但不可否认的是，政府承担着主要的扶贫任务，从这个意义上说，扶贫金融具有财政的实质金融的实现形式，或者说扶贫的内容，以金融方式运作。

所谓的扶贫就是要扶助弱势群体，弱势群体怎么划分也是一大难题。曾康霖教授所提出的扶贫是个广义的概念，同时，他也针对怎样科学地界定弱势群体进行了研究。他认为，弱势群体是相对强势群体而言的，可以从现行的生活状况的贫困程度去界定弱势群体，也能够因未来预期的不确定承担着较大的社会风险，来界定弱势群体。前者比如在平均生活水平以下的人群、失业享受社保的人群等；后者诸如缺乏固定收入来源的人群、在市场竞争中处于弱势地位的一些个体及小型工商业者等，他们都可以被划为弱势群体，都应该被扶助。没有承受力的创业投资企业，特别是搞科技开发的小企业也是弱势群体，因为它们面临着较多的不确定性，承受着较大的风险。

曾康霖教授还特别指出，弱势群体是个发展变化的概念，但在一定时期是相对固定的，因而金融扶贫的需求也是能够确立的。因为弱势群体存在于一定的空间，所以从空间考察，扶贫金融的需求构成可分为几类：家庭扶贫性金融、行业扶贫性金融、地区扶贫性金融。

除此之外，曾康霖教授还密切结合中国实际深入地论述了扶贫性金融的理论基础、制度安排、供给机制、运作模式。

关于理论基础，曾康霖在文章中指出：第一，确定金融系统的分配再分配功能，在分配机制中既讲究效率，又注重公平，这是扶贫性金融奠定的理论基础；第二，近年来，我国货币供给量持续高速增长，金融把闲置的货币收入转化为现实的货币收入，是扶贫性金融的理论基础；第三，尽管弱势群体现在弱，但不排斥他们未来会强，因此，风险补偿是扶贫性金融的又一理论基础；第四，人人都会讲信用，不论他们是强势群体还是弱势群体，"权利与义务"的制衡，"在信用面前人人平等"是扶贫性金融的终极理论基础。

关于制度安排，曾康霖认为，需要科学界定扶贫性金融。他提出，弱势群体相对于强势群体而言，它的特点是"不仅是面对现行的生活和生产经营的困难，而且面临着未来的较多的不确定性"。这一界定，不但将低收入群体纳入扶贫性金融的范畴中，而且在外延上，将没有承受力的创业投资企业特别是搞科技开发的小企业也称为弱势群体，理由是他们同样面临着较多的不确定性，承受着较人的风险。

关于供给机制，曾康霖指出，扶贫性金融涉及面广，建立金融扶贫供给也非易事。金融扶贫供给要靠两只手，即既要靠市场，又要靠政府。"靠市场要一步一步地走，超前违背了事物发展的规律是要受到惩罚的；靠政府不能推出一个模式，从上到下，统一执行，要承认差别，尊重下面的创造。"国外建立可持续发展的小额信贷机构有三种模式即升级模式、降级模式和绿色田野模式可供选择，曾康霖教授结合我国现实建立和发展扶贫性金融的构想，提出自己的看法：财政金融配合，政策性金融机构支撑，社会富裕阶层资助。也就是培育金融资源，利用金融手段，扶助弱势群体，推动贫穷落后地区发展，让他们分享经济金融发展、改革、开放的成果。

扶贫性金融的运作模式多样。小额信贷是家庭扶贫性金融的运作模式之一，小额贷款的本质是向穷人提供信贷服务，开发穷人能力的扶贫方式。不过，曾康霖教授指出，实践的结果虽有成效但离预期的目标仍有距离。"因为小额贷款人多面广，数额小，运作的成本高，不容易操作，难于管理，对运作主体又缺乏优惠政策。在这种情况下，上面有积极性，下面没有积极性，再说商业性金融机构在运营中讲求成本盈利，让它们发放小额贷款必然与经营管理的目标、理念相悖。"[①] 曾康霖思考后说，"要以小额贷款实现家庭扶贫金融，必须有独立的运作机制，否则效果甚微，形同虚设"。除小额贷款外，家庭扶贫性金融的另一运作模式便是商业性金融机构提供的助学贷款。

---

① 曾康霖. 曾康霖著作集续集 [M]. 北京：中国经济出版社，2010.

行业扶贫性金融的运作模式，主要是农业银行和农业发展银行对农业的信贷支持。农业是一个容易受自然灾害影响的行业，农产品的加工、保管储存要运用化学的、物理学的、生物学的知识，其使用价值受时空的局限性强，产品的消费受市场供求关系的影响大。发达的市场经济国家对农业的发展多采取政府补贴的政策，中国政府对农业也有补贴，财政支农资金逐年增加，但曾康霖教授认为还存在管理部门多、资金分散、合力不足的问题，支农资金链条长，到位率低，容易产生漏损，管理运作的成本高。行业扶贫性金融的发展依旧前路漫漫。

地区性扶贫金融一般涉及经济落后或欠发达的少数民族地区。为居民提供金融服务必然耗费人力、物力、财力，在当地金融机构对所耗费的人力、物力、财力无法承受的条件下，就需要享受特殊的政策待遇。某些地区的金融机构享受特殊政策待遇，就是地区扶贫性金融运作的一种模式。

2006年8月，曾康霖在《光明日报》上发表文章《金融在缩小收入差距中有何作为》，再次阐述了金融要"扶助弱势群体"的见解。首先，在观念上要转变，不能认为金融只能锦上添花，不能雪中送炭。其次，必须确立金融系统（包括银行）在国民经济中具有分配、再分配的功能，金融活动也是一种分配机制。金融系统在其活动中既有对国民收入、社会资源的分配，也有对国民收入、社会资源的再分配。比如利息收支是对国民收入的初次分配，而存贷款是对金融资源的再分配等。第三，金融要为人们转移、降低风险，同时要对弱势群体进行风险补偿。

互助性金融和扶贫性金融的提出在一定程度上凸显了曾康霖在金

融学术研究上的创新，这篇文章也进一步为扶贫性金融实践奠定了理论基础。而他在这一年最早抛出的"金融不能嫌贫爱富"的观点在2013年被一个叫作余额宝的产品演绎得淋漓尽致，那注定不是一个平淡的故事。

总之，曾康霖教授认为，扶贫性金融能够存在于我国特定的时期、特定的领域，作用于特定的对象，能够建立起激励机制和约束机制，起到采用财政扶贫方式起不了的作用，所以，以科学发展观为指导发展扶贫性金融不仅是必要的，而且是可行的。这种必要性在于金融在建立和谐社会中必须有所作为；这种可能性在于政府实行改革发展、组织倡导和实施优惠政策中。

"金融研究要以民为本，要关爱弱势群体，为老百姓专业地分散风险服务，并且要创造条件，为大多数人创造财产性收入。"2010年10月28日，在一场报告会上，曾康霖发表演讲时说。

这年的中国金融学年会上，他再次强调："金融研究要把握好'为谁服务'的问题。"他在发言中指出：当前中国经济学的危机表现为"急功近利"，显学中的非显学，"长官意志"。经济学应当帮助人们认识世界，科学研究要克服意识形态的障碍。金融研究要把握好"为谁服务"的问题，强调金融研究要"以民为本"，要在特色、气魄、创新上下功夫。在金融研究不断前进的同时，对研究范式也要做出评价。

"为大多数的人们——穷人——创造机会。"如尤努斯（Muhammad Yunus），曾康霖一直在为弱势群体的金融服务奔走呼吁。

建设具有特色的金融学科体系

"在中国，要建设有特色有创新的金融学科体系！"这是曾康霖教授从教六十载，站在时代高处而发出的呼吁。作为金融学科的擎旗者，有这样的理想，就为中国金融创新奠定了基础。

改革开放以来，我国金融学科的建设与其他经济学科建设一样，有明显的转向。曾康霖教授认为，呈现为"四个转向"即逐步从批判金融学转向建设金融学；从诠释金融学转向研究金融学；从排斥金融学转向借鉴金融学；从理论金融学转向应用金融学。我们必须解放思想，实事求是，团结一致向前看，金融学界学人逐步认识到，金融学是人文精神的一部分，既有特殊性，更有一般性。

对"四个转向"，他指出，金融研究领域存在的对策性研究较多，理论特别是基础理论的研究少；对西方发达国家的金融问题研究比较多，对发展中国家的金融问题的研究少；应时的研究、事后的研究比较多，前瞻性的研究、事前的研究少；适应政府权威部门需要的研究较多，满足企业和一般老百姓需要的研究少；在研究的思维方式和方法上，定性研究比较多，定量研究少；以宏观的角度研究比较多，从微观的角度特别是"见微知著"的研究少；就金融论金融的研究较多，跨学科的综合研究少。这几多几少，自然表明改革开放以来我国金融学的研究取得了长足的发展、可喜的成果，对推动中国改革开放和社会主义事业的建设、金融学科的建设和发展起到重大作用。曾康霖教授说："与时代的进步相比，与科学技术的发展相比，与伟大的实践相比，与我们的事业需要相比，金融学科建设存在着空缺，还需要付出艰苦的劳动，要继续探索。"

继而他发声：金融学科的建设要传承中华文明，要与大国地位相称！

在人们通常的认知中，金融属于经济范畴，曾康霖教授则开创性地提出，金融事业的发展，金融学科的建设，离不开传统文化的激励和制约。

史学界认为，儒家文化是中国传统文化的主流。儒家文化倡导"修身、齐家、治国、平天下"，强调做人要以德为中心，以诚信为本，要求人们"厚德载物""格物致知"。"厚德载物"意味着人的担当，而要敢于担当就必须认知客观事物，"格物致知"。曾康霖教授认为，儒家文化中的诚信为本，"厚德载物""格物致知"都可以映射到金融领域，比如人与人之间的金融关系以诚信为基础。中华民族的文化灿烂多姿，博大精深，源远流长，这是金融事业发展和金融学科建设的根基。

曾康霖教授更进一步强调，中国经济学人要把握住这样的文化根基推动金融学科的发展，要在这样的文化根基上进行金融学科建设，推动中国金融学科建设。

中国科技在发展，时代在进步，金融业在社会经济生活的定位、作用、结构及运行规律已发生巨大变化。其传导机制，运作程序，操作技巧使不少人特别是局外人眼花缭乱。曾康霖教授认为，作为一门学问，业内人士至少有以下问题需要关注：当代，金融业作为国民经济的第三产业，其产出在 GNP 的构成中占有相当大的比例，在一些发达的市场经济国家甚至占了绝大部分；当代，人们的价值观在起变化，什么是财富，能够被更多人接受的观点是已经超出了物质资料和产品的范围，金融商品作为一种代表财富的资产，已经构成财富的组成部分；当代，市场作为商品交易的体系更加多彩，金融商品交易占据了相当大的领域，在国际市场体系中，金融商品的交易已经大大超过了实物商品的交易；当代，人们的需求也在起变化，居民的生活消费超出了吃穿用住行，需要精神支柱和精神文明建设，企业家追求更多的社会价值，金融业在为居民的生活和企业家的经营管理中，不仅是起货币结算和融通资金的作用，而且起着提供信息、保障信用、维系社会秩序正常的作用。所有这些表明，对金融业在人类社会经济生活中的地位和作用要重新认识和评价。作为认识和评价金融业地位和作用的金融学，自然需要建立自己的学科体系，金融需要创新，但金融创新绝对不能脱离中华民族的文化根基。

金融学科建设如何与大国地位相称？对此，曾康霖教授以"和平共处"五项原则为指导，指出中国作为一个大国，在促进金融经济发展，推动人类社会进步，以及维护世界和平稳定方面，责无旁贷。这在金融领域集中表现为，建立和健全国际金融组织，推动国际货币资本正常流动，配置资源防范金融风险等方面都要有自己的主张、方案、措施和发言权。对此，曾康霖教授认为，不仅需要政策设计，而且必须进行学科建设。学科建设的重要任务之一是前瞻认知，超前决策。可现阶段，联系中国的实际不够，缺乏前瞻性的研究和战略性的研究。并非中国人不聪明，而是存在着急功近利的现象。此外在指导思想上与横向的思维较多，并得到褒奖，纵向的思维较少并被忽略相关联系。所以，曾康霖认为，金融学科建设要传承中华文明，要与大国地位相称。

作为耕耘在教学一线的教师，曾康霖教授特别指出两点：一是学科建设必须要尊重知识，尊重人才，尊重创造，二是学科建设必须要有一个宽松的学术环境。只有尊重知识，尊重人才，尊重创造，才能多元包容，交流互鉴，只有多元包容，交流互鉴，学科才能繁荣发展。学术讨论不仅应有良好的经济态势，而且要有宽松的学术环境。只有宽松的环境，才能解放思想；只有解放思想，才能百花齐放，百家争鸣。

曾康霖教授指出要建设具有特色的金融学科体系，要从中国的实际出发。金融是现代经济的核心，也是一个国家重要的核心竞争力。从中国实际出发，什么是中国金融，这是一个慎重而又前沿的课题，业内人士研究甚少，没有权威的文献可循。而曾康霖教授作为金融学专家，发表了自己的初步认知，即中国金融是大国金融、社会主义金融、发展中的金融。"大国金融主要体现为：扶贫金融是大国金融的组成部分，农村金融制度建设始终是大国金融的重头戏，大国要特别关注货币政策效力的区域差异，地区间资金流动是大国金融的关注点，聚焦国际金融资源配置是大国金融的担当。"对此，曾康霖教授特地撰写了《大国金融及其特色——为中国金融立论》一文，发表在教育部主管的、教育部高等学校社会科学发展研究中心主办的《中国高校社会科学》期刊上。

在该文中，曾康霖教授强调"农村金融制度建设始终是大国金融的重头戏"，并剖析了"农民有多大的金融需求"。他指出，从狭义来说，农民缺钱消费，需要借钱来支撑，严格来讲不是金融需求，或者说只是狭义的金融需求。广义的金融需求的产生，一是要有经济基础，二是要有金融意识，二者缺一不可。如果这样的认同成立，则只有那些富裕或者较富裕的农村、农民才有产生金融需求的条件，比如农产品集中加工、运输、销售的地区，"公司＋农户"的地区，需要科技投入进行农业开发的地区等。但是曾康霖教授认为，测量农民金融需求大小的条件，不仅是要看农民要不要借钱，而且要看农民会不会花钱。就一个家庭来说，金融意识高不高，主要看对利息的敏感度。利息变动对家庭流动性资产的作用大，说明该家庭的金融意识强。

曾康霖教授还剖析了现阶段中国大部分农村地区缺乏金融需求的现状：在这些地区农业生产主要是一家一户耕种，用经济学的语言表达，这些地区还处于"小农经济"状态。农村的青壮年大部分流向城市，留在家里的主要是老人、妇女和儿童，这些人留守农村，一是看家，二是保持几亩地的简单再生产。农民的家庭资产绝大部分是生活资料，且缺乏流动性。农民的主要生产资料（如土地）所有权不属于自己，不能直接进行市场交换。相当多的农民缺乏金融理论和金融知识方面的教育，缺乏甚至根本没有金融意识。部分人缺乏信用观念。在一些地区特别是经济欠发达地区，农民承受负债的能力弱。农村金融体制改革实际上是一种金融制度安排，而金融制度安排就是一种金融供给。农村金融体制改革既要在金融供给方面做文章，也要注重考察农民的金融需求，以防止制度安排失衡。[①]

"三农"问题一直是各界人士的关注点，"三农"指的是农业、农村、农民。其中，农业是个产业，农村是个区域，农民是个群体。曾康霖教授也针对"怎样把握支持三农"谈了自己的见解。他认为，在发展过程中，"三农"的状况在发生变化，如农业早已超出种植业养殖业的概念范畴；农村正在向城市化推进和发展，大中城市的周围和城市之间的连接

---

① 曾康霖.大国金融及其特色——为中国金融立论[J].中国高校社会科学,2019（03）.

使很多农村变成城市的郊区，改变了农村的原有状态；相当多的农民特别是青年农民流向城市，成为新一代"农民工"，成为流动人口。这些变化使得"三农"的概念边界趋于模糊，进而导致对"三农"难以进行定性分析和定量测度。

当前金融部门向有关部门提供、上报的支持"三农"的各项指标口径不一，范围各异。有人认为凡是与农产品的生产、运输、加工、消费有关的活动都属"三农"范畴，也有人认为凡是支持农村建设的活动都是支持"三农"。曾康霖教授认为，实际上，金融支持"三农"的面虽然不断扩大，但规模较小，而大部分的金融支持是作用于那些已进入城市或城镇从事非种植业和非养殖业的企业，这些企业虽然户少但量大。曾康霖认为，这种状况给人们提出了一个既理论又现实的问题：金融支持"三农"能不能增加农民收入，改善农村的面貌？如果不能，那么支持"三农"的意义就要打折扣。

当前很多农业生产基本上是一家一户维持简单再生产，在农副产品价格相对低廉的情况下，农民要想在农村增加收入是有限的。农民要较大幅度增加收入特别是现金收入只有进城谋业、打工。对此，曾康霖教授认为，让农民进城谋业、打工，提高农民素质是先决的、重要的。要使农民进城能谋到一个好的职业，取得较高的打工收入，就要推进城镇经济的发展，要大力推进县域经济和民营经济的发展，这是"三农"的切入点。

把推进县域经济作为切入点，把发展、壮大民营经济作为着力点。有人认为这样的思维方式是轻视农业、丢掉农村、忽视农民。曾康教授对此表示，绝对不是。如果要大力发展农业，就一定要改变一家一户生产的"小农经济"，而要改变这种状况，就必须推广先进技术，而且给予制度安排。制度安排的选择，既要靠政府政策推动，也要靠市场力量。市场主体是企业家，市场形成靠农村城镇化。因此，支持"三农"并不排斥农村城镇化，支持"三农"就是要让部分农民成为企业家，让广大农民成为扩大内需的积极力量。

曾康霖教授进一步指出，金融不仅要满足农民金融需求，更要导向新农村建设。近年来，由于国有商业银行的机构调整，农村合作金融能力有限，农村金融成了"空白"，农民金融需求的满足主要是借助民间金融。

金融作用于农村建设，是顺应时代之潮流，结合我国农村的需要。中央提出，实施乡村振兴战略，必须"把更多金融资源配置到农村经济社会发展的重点领域和薄弱环节，更好满足乡村振兴多样化的金融需求"。曾康霖教授针对如何推动金融服务于农村，提出了自己的看法。一要加大农村金融机构对农业科技开发和规模经济的投入，对此应以企业而不是一家一户的农户为载体。二要着力发挥政策性金融的作用，增加农村"公共品"供给，特别是要大力推动道路交通和水利设施建设。三要以推广农业保险和提高农民的社会保障力度为农村金融制度安排切入点，因为农业是弱势产业，农民需要社会的关怀。四是要以提高农民整体素质作为提高金融服务质量的落脚点，也就是说金融服务不能只解决农民生产、生活上的暂时困难，还要提高农民的整体素质，充分体现以人为本，其中，信用素质的提高尤为重要。

曾康霖教授还指出，"金融制度安排必须适应农村的变化，建设好县域金融"。改革开放 40 多年来，农村有了很大的变化。与金融制度安排相关，曾康霖教授关注到农村的若干现象。一是来自农民进城的打工农民的货币收入有大幅度增加，但城乡收入差距仍在拉大。增加的货币收入主要来自打工收入，占 70% 以上。经济发达地区的城乡收入差距比经济不发达地区小。二是农业工业化和农村城镇化的程度进一步提高，但农村的环境、生态遭到不同程度的破坏和污染。三是就大部分地区来说，农村的规模经营尚未形成，缺乏技术和投资的情况在现阶段农村经济中仍普遍存在。四是农村产业结构，除少数地区有变化外，多数地区仍以种植业为主。五是农业的商品化和市场化程度有所提高，但进展不快。六是农民的素质有提高，但素质提高后很多农民不再从事农业生产，安心于农业生产的大都是年岁偏大的农民，表明农业专业化的队伍在变化，同时说明现在有越来越多的非农业就业的农民。七是农民的消费观念、消费结构和消费总量没有大的变化，农村的购买力较弱。

　　这些现象表明，尽管我国农村社会经济取得令人瞩目的成就，但各地发展程度仍存在很大差距，特别是不少农村地区仍然贫穷落后。曾康霖教授认为，金融作用于农村建设，不仅要合理利用农村资源，而且要培育、保护农村资源；不仅要支持农业生产、农产品加工运输，而且要提高其科学技术含量。金融作用于农村建设，不仅要作用于农民的客观世界，而且要作用于农民的主观世界，着力提高农民的整体素质。金融作用于农村建设，不仅要融通资金，而且要提供金融服务，其内容不仅是汇兑结算、方便融资，更重要的是防范风险、增加收入。这种状况表明，农村金融功能在变化，涵盖的范围也在变化，所以我们要建设好县域金融。

曾康霖教授的这些研究表明：建设具有中国特色的金融学科体系，在中国这样的经济发展不平衡的大国中，要在"农"字上下功夫。这是中国经济发展的实际需要。

在《大国金融及其特色——为中国金融立论》一文中，曾康霖教授探讨了中国社会主义金融的特色，并强调中国金融仍然是发展中的金融，他从学科建设的视角，分析了传统金融与现代金融的区别、现代金融的基本特征、金融业和社会发展的关系。这些都是关乎建设具有中国特色有创新的金融学科体系的重大问题，有的问题需要业内人士共同深入研究，但不可否认，曾康霖教授是先知者、开拓者和着力推进者。

推进金融学科建设要落实到培养人才

岁月悠悠，曾康霖教授一直潜心金融学术研究和金融学科建设。从教六十载，他除了孜孜不倦推动金融学科的繁荣发展外，就是培养人才。他在接受《中国金融》记者魏革军采访时说："自从 1960 年毕业留校，我这一生半个多世纪都在从事教学，培养人才。从事教学、培养人才离不开科研，可以说，我的科研是教学逼出来的。可以说，我在金融学科建设和学术研究所取得的每一项成就，都得益于教学工作。"

作为金融学界的理论家、金融学的教书人，曾康霖教授的经历印证了教学与科研之间是相辅相成、彼此促进的。大学是培养高端人才的摇篮，一个优秀的大学教师，仅仅满足于照本宣科是不够的，还必须关注与钻研本专业相关的前沿理论和学术动态，做到教学水平与学术水平同步提高。大学教师思考和研究学科建设既是本职工作的要求，也具有得天独厚的优势。因此，曾康霖教授把学科建设问题作为他的学术研究的出发点和归宿。

学科建设与人才培养是一项复杂的系统工程，涉及学科定位、专业设置、课程设置、教材建设以及教学内容与方法改革等多方面的统筹规划。从新中国成立以来到1983年为止，我国的金融学科建设基本上处于传承阶段。20世纪80年代中期，曾康霖教授对金融学说史进行了比较系统的研究，并于1986年出版了《资产阶级古典学派货币银行学说》，1988年与何高著教授等共同撰写出版《马克思货币金融学说原论》。这两部著作并非简单对西方经典作家的论述进行介绍和解说，而是根据作家的原意进行了深入浅出的理解和发挥，同时进行比较和评论，为我国的金融学科建设奠定了一定的理论基础。

（一）金融理论教学内容的更新与丰富

上一章已提出，早在改革开放初期（1981年），曾康霖教授就发表文章提出"科学在发展，金融理论教学的内容需要更新和丰富"，在这篇文章中，他指出了长期以来我国金融教学内容所受到的几个制约：第一，受苏联教材的束缚；第二，受传统观念的影响；第三，受极左思想和各种错误认识的干扰；第四，对权威的盲从和迷信；第五，脱离社会现实生活。针对上述问题，曾康霖提出了以下观点并呼吁：科学在发展，金融理论教学的内容需要新的突破，同时指出金融高校教学科研不能仅仅满足于传授现成的书本知识，更要为推动金融学科发展做出贡献。该文章发表于《金融研究》，引起教育部门的重视，在金融教育系统产生了较大的影响。

在学科建设过程中，曾康霖教授进一步提出，必须遵循一定约束条件和行为原则：学科建设与发展有待与其他学科发展的配合，有待市场经济体制的建立；既要继承传统，适应我国现有体制，又要改革开放与国际惯例接轨；学科建设、理论研究可以适当超前，但同时路要一步一步地走，要结合中国现实；金融学科建设要站在理论前沿，站在前沿不能一知半解，更不能把它弄成"玄学"，使人"云里雾里"。为此，需要考虑师资队伍的适应程度、学生的接受程度以及实际部门的运用程度等问题。

中国正在建立社会主义市场经济体制，建立市场经济体制，在理念上要弱化"权力经济"，要减少由政府"包"，要消除"吃大锅饭"和依赖政府的思想。而金融学科建设从金融教学的角度说，要适应形势发展的需要和从中国现有状况出发，要弱化具有计划经济色彩的课程，强化市场经济运作的课程，也就是说对学生要加强微观主体自我运作自担风险的理念和知识教育。具体来说，曾康霖教授认为，有四门课值得开设，即金融市场管理学（含宏观与微观）、金融商品交易学（含资产选择）和金融机构信用评级学、家庭企业理财学。这四门课与金融工程学有联系，但不同于金融工程学。它们兼容了理论经济学、心理学、管理学、逻辑学、法学、数量经济学等内容。

（二）结合自身，提出金融学科建设要点

关于金融学科建设，曾康霖教授后来结合自身的体会，又进一步提

出了金融学科的建设要关注四点：第一，学科建设一定要把握住学科的发展史，要理顺本学科的来龙去脉；第二，学科建设要以科研为主导，高校的科研应当推动本学科的发展，为教学服务；第三，学科建设要集各家之长，补己之短；第四，学科建设必须培养学术梯队，使之后继有人。

在建设措施上，一要充实和建设师资队伍，培养学科建设带头人，师资队伍有进有出，优胜劣汰，人才流动；二要加强与国内外有关学校的交流、合作。交流合作不能只是派人访问、座谈，要共同承担科研、教学任务；三要密切同实际部门的联系与合作，目前，中国金融机构繁多，金融领域中存在很多有价值的研究课题，很需要相互合作、取长补短，这样才有益于金融学科的发展。有助于推动改革开放。

（三）从实际出发，不断总结创新

作为中国金融改革近30年历史的参与者和见证者，曾康霖教授从改革开放的实际出发，不断总结创新。首先他认为，中国金融改革近30年，成就辉煌，但曾康霖教授也指出，中国金融改革开放过程是渐进式的，不可避免地会出现某些领域的改革相对滞后，需要加快步伐。在推进金融改革中，一定要注意从中国经济金融甚至社会文化方面的实际情况出发。中国不仅是一个转型经济国家、发展中国家，还是一个幅员辽阔、人口众多、区域差别明显的大国，这意味着它的适应性、包容性和差异性都非常强。就这点来说，还没有任何现成的学说和模式可以照搬过来直接指导中国的金融改革和发展，"中国金融业必须在学习和借鉴的基础上，结合本国实际，不断总结和创新"。

其次，曾康霖教授一向重视金融思想史研究，强调金融研究要中西结合。在他看来，当代中国金融建设、改革和发展的历史进程中，中国金融学科建设的发展主要经历了三个阶段：即从新中国成立以来到改革开放之前的传承阶段，改革开放之后到提出建立市场经济的交融阶段，建立市场经济体制之后到现在的发展阶段。

在传承阶段，金融研究主要是对马克思主义货币理论进行解说、探讨；在交融阶段，金融研究主要是结合马克思主义金融理论对西方现代货币金融学说进行审视，并吸收西方经济金融理论指导我国金融体制改革；在发展阶段，金融研究主要是借鉴西方市场经济国家金融的理论和逻辑思维（包括建立各种数理和计量模型），结合中国的实际，分析和探讨现实中面临的各种金融现象和问题。但这并不是说前两个阶段就没有发展，就没有值得肯定的研究成果。

曾康霖教授认为，在当代中国金融发展演变过程中，特别值得肯定的思想理论包括财政信贷综合平衡理论、货币政策结构调节论、制度性金融风险论以及货币物价互动理论（即"货币多、物价涨；物价涨、货币多"）等。这些金融思想密切结合了中国金融改革过程中出现的具体情况，或多或少，或直接或间接地对中国金融改革产生了影响，意义重大。但总的来说，这些理论还不能完全满足中国金融改革的现实需要，学术研究还需要加强创新。

曾康霖一向主张，无论是金融理论的教学者还是研究者，都应当做到既尊重经典又不迷信经典，既注重书本，更注重实际。对西方现代金融理论和思维逻辑要学习、借鉴、包容，但不盲从，要从实际出发建立具有中国特色的金融理论。同时，要注意加强金融与其他学科的交叉融合研究。1992 年，曾康霖教授在专著《资金论》的序言中，曾专门谈到学术研究的方法问题：一是既以经典作家的基本理论为指导，又不受传统理论和观念的束缚；二是既借鉴西方经济学的有用的理论和方法，又避免生搬硬套；三是既做质的概括，又进行量的分析；四是既做系统的理论阐述，又进行具体的技术性运算。

曾康霖教授思想不僵化，不故步自封，善于接受新生事物。在他的理念中，马克思主义经济学中的基本原理具有普遍意义，但理论的生命力就在于运动和发展，哪怕是经典作家的经典理论也概莫能外。理论总是依据一定的实际进行抽象而得出结论，但任何实际都是具体的、历史的，是存在于一定时空和条件下的。如果特定的时空和条件变化了，依据的事实不存在了，或者把抽象掉的因素再考虑进去，则又会得出不同的结论。

改革开放后，他较早有选择地接触和学习了西方经济学，接受了市场经济的概念。同时，他也是抱着批判学习和借鉴的态度学习西方经济学。此外，曾康霖教授经常向学生强调理论联系实际，要注重从实际升华到理论。实践是升华理论和创新理论的土壤，我国特定条件下的改革开放事业为理论研究提供了丰富的实践宝藏，特有的经济转型更是世界上独一无二的研究模本，他很多文章的灵感就直接来源于实践。

（四）把金融学科研究的成果纳入教材

半个多世纪以来，曾康霖教授从事教学工作的同时，也一直在进行金融理论的研究并取得了一些成果，多次获得省部级和国家级优秀成果奖。

按形成时间来看，这些成果大致分为三部分。第一部分是从曾康霖留校任教到1983年期间形成的。这期间曾康霖教授主要致力于马克思经济学基本原理的学习与探讨，研究成果体现在两部专著即《资产阶级古典学派货币银行学说》和《马克思货币金融学说原论》之中。

第二部分形成于1984年至1994年。在这十年间，曾康霖教授一方面是针对当时金融研究的热点问题撰写论文，这些论文集中收录在1985年出版的专著《金融理论问题探索》之中；另一方面他还针对金融理论问题展开了系列研究，出版了包括《货币论》《银行论》《信用论》《利息论》《资金论》《货币流通论》等专著，其共同点都是从评价学说史着眼，不仅系统地评价了国外学说，而且评价了国内学说，深入探究前人研究问题的思路和方法，旨在继承和借鉴他们的优秀成果。

第三部分是1994年至今的研究成果，其中包括《金融经济学》《虚拟经济：经济活动新领域》《金融经济分析导论》等几部探讨金融学的基础和前沿问题的专著；此外，还在各类报刊上发表了许多关于金融学科建设和金融研究方法论方面的论文，如《略论经济学研究的几次革命》《漫谈经济学研究》等。

这些研究成果具有开创性，对推动中国金融学科发展和中国金融改革有重要作用。曾康霖教授的想法很简单，他认为，作为一名高校的学者，应当既注重专业学科的研究，又注重跨学科的研究；既注重前沿问题的研究，又注重基础性的研究。曾康霖教授还将这些金融学科研究的成果纳入教材之中。

高校教材建设在学科建设中的地位不可忽视。曾康霖教授曾经编写过多部高校教材，在金融教育领域产生了广泛影响。编写教材与一般的学术研究大有不同，对此，曾康霖教授深有体会。他认为，编写教材首先要正确定位，掌握适度。不是越多越深、越庞杂就越好，教材本身要有学科体系。教材的特色体现在教材内容的创新、教材对象的合理定位以及设计符合现实需要的新教材等几个方面。以1990年曾康霖教授主编的《货币银行学》为例，该教材率先突破了资本主义货币银行学与社会主义货币银行学的划分，打破了传统的货币、信用、银行三大块的结构，以货币流通、货币资金运动为主线，试图建立一套新的货币银行学理论体系。在1993年主编的《商业银行经营管理学》一书中，曾康霖教授以商业银行各项业务为线索，以头寸调度为核心，以求得"三性"的最佳组合为目标建立课程体系，当时这在国内尚属首创。1997年曾康霖教授主持设计的"培养高层次金融人才方案"获得国家级优秀教学成果奖。

特别要指出的是，曾康霖教授主编教材的内容密切结合中国实际，仍有助于现阶段金融人才理论素质的修养和技术的提高。这些年来，我国高等教育中各类、各层次人才的培养发展很快，同一专业的学生在知识结构、专业基础、培养方式和学习时间等方面可能差异很大，这对研究生教育提出了挑战。研究生教育相对于本科教育而言，最大的特点是能力培养，即通过学习教育让他们具有较强的发现问题、研究问题和解决问题的能力。为此他们必须具有深厚的专业理论功底和系统的专业知识。比如《货币银行学》，它不像一般教科书那样论述货币的本质和职能，而是着力结合我国人民币的实际，分析它的性质、职能、流通和购买力。

在当代，国民经济的运行在很大程度上要靠货币资金去推动，为此，《货币银行学》增设了"货币资金"和"金融与经济发展"两章，以阐明从货币到货币资金的转化及货币资金的运动规律。再如，《银行经营管理学》强调：商业银行经营管理应以各项业务为线索，以头寸调度为中心，以求得"三性"（盈利性、流动性、安全性）的最佳组合为目标。而在《商业银行经营管理研究》中，又把这一理念深化为"追求目标的权衡"，即商业银行在经营管理中，可追求利润最大化，可追求资本的市场价值最优化，可追求更高的效率，可追求区域经济与金融的良性循环，可追求现金流量的最佳组合。所有这些，是西方国家商业银行不完全具有的，而只能是中国商业银行的特色。

21 世纪的金融竞争从根本上说是人才竞争，面对日新月异的金融业，我国在金融人才培养的整体战略上必须有独特的构想。金融人才的培养要适应我国市场经济体制的需要，要适应市场多样化、多层次的需要。为了推动金融人才培养方面的学术交流，曾康霖教授先后主持召开"中国金融学博士培养高级研讨会"（1991 年）和"金融学科建设与人才培养高级研讨会"（1997 年），并出版专著《金融学科建设与人才培养》。这些学术交流达到了"汇同行之智慧，适时代之需要，集各家之长，补自己之短"的目的，对推动中国高等金融教育也产生了积极的影响。

对培育金融人才应有的逻辑思维，曾康霖教授认为要做到五点。

第一，培育金融人才要遵循党的教育方针。党的教育方针是确定教育事业发展的方向，指导整个教育事业发展的战略原则和行动纲领。内容包括教育的性质、地位、目的和基本途径。简单而言，就是培养什么人，怎样培养人，为谁培养人这三大根本问题。曾康霖教授认为，培育金融人才就应该遵循党的教育方针。在相当长的时期中，党的教育方针概括为：教育必须为社会主义现代化建设服务，必须与生产、劳动相结合，培养德、智、体等方面全面发展的社会主义事业的建设者和接班人。

进入新时期以后，党的教育方针进一步丰富和发展。新时代党的教育方针要求，坚持马克思主义的指导地位；坚持贯彻新时代中国特色社会主义思想；坚持社会主义办学方向；坚持落实立德树人的根本任务；坚持教育为人民服务，为中国共产党治国理政服务，为巩固和发展中国特色社会主义制度服务，为改革开放和社会主义现代化建设服务。金融人才的培育最根本的是要全面贯彻党的教育方针，解决好培养什么人，怎样培养人，为谁培养人这个根本问题。

第二，要结合社会经济、金融发展的实际来培育金融人才。曾康霖教授认为，当代，对金融业存在的社会价值，更多的是基于功能观，比如融通货币资金、服务支付清算、买卖金融商品有利于人们资产选择，实现金融资源优化配置等。结合中国的现实，当前讨论金融业的发展，应关注以下问题：

一是人口增长，就业压力增大与金融业发展；二是人口老龄化与金融业发展；三是中小企业生命周期与金融业发展；四是收入差距拉大与金融业发展；五是社会收入阶层变化，与金融业发展。

社会的进步和发展要"以人为本"，"以人为本"重要的是提高人的素质，为他们就业创造条件。为此，不仅要大力支持各种教育事业，而且要全力支持中小企业。

第三，金融业人才的分类和培养。从金融企业角度划分，金融人才大致可以分为四类：管理类人才、专业类人才、销售类人才、操作类人才，且已基本形成从操作类向销售类和管理类、从销售类和专业类向管理类发展的金融人才职业发展和晋升通道模式。曾康霖教授对这四类人才的培养要求进行了研究。

以管理类人才培养为例，一是重点培养提升其宏观分析和把握，全局思维和把控能力；二是重点培养提升其领导艺术、领导行为、领导技巧等能力；三是重点培养提升其良好的心理素质和能力，特别是面对复杂环境的抗压抗挫能力；四是重点培养提升其专业处理能力，如专业决策、专业方向把握能力等；五是重点加强哲学、历史、政治、国际关系等社会科学相关知识学习；六是重点培养提升其对外交流能力，如演讲、思辨能力、外语能力等。

第四，培养要在能力上下功夫。结合中国实际，为了推动金融业的健康发展，不仅需要高级金融人才，而且需要中级、初级金融人才。曾康霖教授认为，不能简单地从学历、学位上去划分人才等级，要从视野和能力上去划分。这也引发了他的思考：高级、中级、初级金融人才需要具备哪些视野，哪些能力？

曾康霖教授以高级专门人才为例，认为高级人才应具备的视野是国际的视野、关联的视野、超前的视野。除了这些，还需要具备一般从业人员不具备或不需要具备的能力，可概括为：交往能力、协调能力、吸纳知识的能力、反思的能力。也就是说：高级金融人才要善于交往，从人际交往中，观察世界；高级金融人才要善于协调，从关系协调中，摆正自己的位置，理顺与各方的关系；高级金融人才要不断丰富、更新知识，要从实践中、书本上学习；高级金融人才要善于反思，就是要善于反思过去说的、做的正不正确，成功的方面、不成功的方面，只有善于反思的人，才能知己知彼。

第五，要弥补短板。曾康霖教授认为，目前，中国金融人才后续教育存在短板，需要强化法律知识、法制观念的培养教育；需要强化服务金融消费的培养教育；需要强化从业人员看懂报表，善于进行量化分析方面的专业教育。他在教学过程中，也更加强调对学生这方面的教育。

在推进金融学科建设落实到人才培养上，曾康霖教授有几点建议：一是加强金融人才培养与金融实务界的联动，二是加大跨市场金融人才培养的力度，三是加大国际化人才培养的力度。

曾康霖教授在学科建设和培养人才中，着力聘请国内不少高校和实际部门造诣较深的专家参加，这既是一种开拓进取，更是对人才的尊重。他们在金融科研中取得丰硕成果，在金融教学中具有丰富经验。应当说学科建设和人才培养凝结着集体智慧，是共同努力的结果。

◎　附录

金融学是属于经济学还是管理学

曾康霖教授首先从学说史领域，考察了经济学与管理学的分科分类，概括了前人的三类假说，即"人性假设差异说""研究对象差异说""研究方法差异说"，并分别就经济学与管理学在这三个方面的差异进行简明的概括。

在研究金融学是属于经济学还是管理学时，他结合国内外高等学校金融学科设立课程的状况，指出金融学开设的课程可区分为两块，即宏观金融和微观金融。宏观金融属于经济学的范畴，微观金融属于管理学院的范畴。但他说，这样的区分有缺陷，从一定意义上说并不可取。

在展望国内外金融学科的推进和展望时，他着重指出的是：在金融学发展过程中，不断吸收其他学科的研究成果，"不断突破推动着金融学研究的前提，金融学研究的对象和金融学研究的方法"，并简要地概括出：金融研究假设前提的突破，对研究对象的突破和分析技术的进展颇有启发。他的观点，给人以启迪、新知和联想。体现了从感性认识到理性认识的过程，凝结着一个求学者的智慧。

一、经济学与管理学的区分

管理学界认为：1911 年泰勒《科学管理原理》和 1916 年法约尔的《工业管理与一般管理》两本名著的发表是管理学诞生的标志。

关于经济学与管理学的学科分野，主要有三类观点：人性假设差异说，研究对象差异说和研究方法差异说。

人性假设差异说认为：管理学中的人与经济学中的人不同，经济学中的人是完全理性的追求个人利益（可货币化的经济利益）最大化的经济人，管理学中的人是具有多样化需求的现实人。人性假定是管理学与经济学进一步分析的根本前提，因而人性假设的差异构成了两门学科的根本差异，并由此导致两门学科在研究方法上的差异。

研究对象差异说认为：独立学科的根本区别应该在于学科研究对象

的不同经济学关注的是如何通过经济机制在全社会范围内进行稀缺性资源的配置问题：企业组织特性常常被忽略。而管理学则研究在一个具体组织内如何通过计划、组织、协调、控制等管理职能和活动以尽可能少的资源实现组织的目标，管理学的本质是关于组织和组织成员的学问，其核心在于发掘组织和人的价值。人性假设只是反映学科研究方法的前提不同，同一研究对象下的不同前提假设和研究方法，只会形成同一学科下的不同派别和分支，而不是不同的独立学科，不仅经济学和管理学学科之间对人性的假设不同，而且两门学科内部对人性的假设也是不统一的，从而形成了不同流派或学派。对于经济学而言，虽然理性人假设作为主流经济学的人性假设，得到绝大多数经济学家的认同，但理性人假设不断受到一些经济学家的质疑。凡勃伦、西蒙、凯恩斯、哈耶克等经济学大师都曾对理性人假设进行否定；科斯则极力主张放弃人是理性的、追求效用极大化的观点，以实际的制度为出发点，恢复实际的人的显著特点；莱宾斯坦则认为人具有双重性，完全理性的经济人是一种极端的和个别的情况，提出了 X 效率理论（弗朗茨，1988）。

与经济学相比，管理学的人性假设分歧更大，存在经济人、社会人、复杂人和文化人等诸多假设，演化出众多方法、理论和学派，很难用一个近似的"好人假设"来概括。因而，以人性假设差异是无法区分经济学和管理学的。

研究方法差异说认为：经济学形成了较为成熟的科学方法，基于高度抽象的公理化的人性假设，建立了从提出问题、建立数理模型、求均衡解、统计检验和得出结论并进行经济解释的一套内在逻辑一致、推理严密的方法，数学方法在经济分析中占有重要的基础性的地位。而管理学是一门综合性、实践性很强的学科。研究现实中复杂的人，研究方法具有多学科交叉的特征，需要借助经济学、社会学、心理学、数学等学科的知识。管理学的主要研究方法包括实验方法、问卷调查与统计处理方法和长期跟踪观察方法等三种。从研究方法上看，管理学的科学化程度低于经济学。

二、金融学是属于经济学还是管理学？

有一种看法认为：如果将金融学分为宏观和微观两块，宏观金融主要包括货币经济学、国际经济学和中央银行学，微观金融主要包括金融市场学、金融机构学、公司金融和风险管理学，则宏观金融属于经济学范畴，微观金融属于管理学范畴。这种将金融学割裂为两个学科的观点并不可取，因为现实金融活动既是微观金融主体的活动，又离不开宏观经济金融环境，学生既要做微观分析，同时也要做宏观分析（特别是开放条件下的），否则知识结构就有欠缺，不能满足微观经济主体的金融需要。

进一步，从国外高校的学科设置看，金融学既可以设置在经济学院下，也可以设置在（管理）商学院下，甚至还可以设置在数学系中。如果金融学可以同时设置在经济学和管理学等不同学院下，那么区别何在呢？区别主要在于研究方法上，而不是内容上的差异。国外关于金融学科的内容看法比较一致，基本是我们微观金融的内容，即金融市场学（特别是市场微观结构）、金融机构、公司金融、风险管理（含衍生工具定价及运用）。经济学院下面的金融学主要是采用比较复杂的数理分析工具，是从一般均衡出发来研究金融理论问题，商学院下面的金融学则侧重于应用，统计学的分析比较多。但是，如果是博士层次的金融学，则无论是在经济学院还是商学院下，都强调基础理论和数理分析方法，即都注重研究而不是应用，特别是知名高校更是注重研究超过应用。

三、国内外金融学科的推进和发展

金融学在发展过程中也在不断吸收其他学科的研究成果，例如心理学、法学、伦理学、政治学、数学、计算机科学，等等。其他学科研究成果的不断突破也推动了金融学研究前提、研究方法和研究对象的演进。

1. 金融分析技术上的进展。

突破线性定价模式的非线性分析技术；

基于大量计算机运算的模拟技术；

基于人工智能的分析方法。

这几种突破主要体现在资产定价方面。

2. 假设前提的突破。

西方主流金融学研究的前提假设有二：完全理性（在金融学中集中表现为风险厌恶）和有效市场（包含完全信息假设）。

对完全理性假设的突破：开始尝试建立有限理性的分析模型。

对市场有效性假设的突破：接受现实的金融市场不再是完全有效的（这两点突破集中体现在行为金融理论的诞生上）。

对完全信息假设的突破：接受信息经济学的关于非对称信息的研究成果（非对称信息金融学主要体现在金融契约理论上，是金融中介学和公司金融理论的新发展）。

3.研究对象的突破。

金融学是一门应用型学科，研究的是既定制度框架下的金融资产定价和管理。但是，随着金融学发展的不断深入，许多金融现象的解释需要突破制度既定的约束，特别是对于转轨国家的金融发展（对发达国家金融制度演变的分析也适用），因此，与经济学中的新制度经济学的崛起相对应，金融学中的新制度金融学也在迅速发展。对金融制度的分析，需要结合社会学、法学、政治学、伦理学、历史学甚至文化人类学等学科的观点，是一种交叉的学科形态。目前比较被西方学术界接受的主要是法学和金融学（law and finance）以及金融政治经济学等，对金融活动的伦理学考察也被越来越多的经济金融学者所重视。

学科建设讨论会议发言摘要

1.汇率是调节工具，美国只做不说，是汇率的最大受益者。

2.经济学、金融学是人文科学，还是技术科学。有位西方经济学者讲它们是技术科学。

3.温家宝总理在小型座谈会议上讲：次贷危机的严重性估计不足，搞了这么多模型，一片赞歌。

4.《环球时报》上说：开放就是开放自己的市场，以我为主、尊重传统，中国思维要有自主性。搞投资银行完全学美国，体现自由经济在美国的实践，现在看来，不成功，要警惕中国美国化。

5.要善用数学，不要滥用数学。温家宝总理讲，搞模型的人，你们是自娱自乐，不食人间烟火。

6. 金融学是宏观经济学的分支，在早期提一切信用集中于银行，对内叫货币银行，对外叫国际金融。后来，金融学大发展，可叫现代金融学。广义金融学应该包括货币金融学、公司理财学、金融技术学、金融管理学、金融经济学、金融市场学。要东西融合，这里有几大块：货币金融学、政府理财学、企业融资学、家庭理财学。

7. 次贷危机实际上刺激了贷款危机。

8. 金融属于虚拟经济，升为一级科学有道理，西方金融学是纳入管理学中的。

9. 金融经济学两大块：公司金融和投资学。在金融经济学里，货币是无风险债券。人文社会科学与自然科学是对立范畴，二者都有技术，都会有数理模型。

10. 模型有假设，假设是把复杂的因素简单化。

11. 学科发展需要传承、创新，要有根，学科发展是多少代人努力的结果。

12. 人才培养要能转换。（东西方，传统与当代）

13. 现在存在五重五轻现象：重技术，轻原创（技术是引进的）；重工程，轻理论方面课程（如物理论）；重硬件，轻人才投入；重专业，轻人文积累；重美国经验，轻其他国家。

14. 西方学说要关注主流和非主流，学科建设要反映时代需求。金融学专业本科全国有291个大专院校设有金融学。

15. 金融创新、并购如何评价，解释力是否遇到挑战。

16. 一个学科应该允许定性分析、定量分析与工程化分析。认识事物不能只停留在找出因果关系，认识世界还在于改造世界。

17. 外汇储备亏损，出自哪里，出自道德底线吗？不在于金融创新而在于人为。

曾康霖教授主要学术思想评述

来源：《财经科学》2013 年 11 月

曾康霖教授一直跟踪我国金融改革发展实践，潜心于金融经济学科的教学与科研，形成了基于中国金融改革发展实践的理论创新体系，荣获了 2013 年度"中国金融学科终身成就奖"。其理论创新体系的形成大致经历了三个阶段：在改革开放初期到 80 年代曾康霖教授主要从事马克思主义金融理论研究，并撰写有《马克思货币金融学说原论》《资产阶级古典学派货币银行学说》等著作；第二阶段是 20 世纪 80 到 90 年代，主要研究金融热点问题，撰写有《银行论》《利息论》《货币流通论》等相关金融理论著作，这些论著不仅系统地评价了国内外金融学说，而且还深入研究了前人研究问题的范式；第三阶段是从 20 世纪 90 年代至今，主要有《金融经济分析导论》《金融经济学》等代表当时金融学发展前沿、边缘问题的专著。另外，曾康霖教授还在各类权威期刊发表有关金融学科建设的相关理论及方法的文章，如《略论经济学研究的几次革命》《漫谈经济学研究》等，对中国金融改革发展奠定了坚实的理论基础。

一、曾康霖教授的金融学术观点评述

（一）重视基础理论研究，以发展观点分析中国金融问题

曾康霖认为，探讨中国现实中遇到的各种金融现象及问题时，尤其

要重视相应的理论基础，如货币政策的调节论、制度性金融风险、货币－物价互动理论、财政信贷综合平衡理论等对金融改革发展实践的指导作用。事实上，这些金融学说的基本原理与中国金融改革发展的现实情况比较吻合，在一定程度上对中国的金融改革发展实践产生了积极影响。但是，这些学说或理论还不能完全满足中国金融改革发展的现实需要，在学术研究领域还要进一步扬弃与创新。曾康霖教授的《金融理论问题探索》及《资产阶级古典学派货币银行学》两本著作就是基于以上问题进行的深入思考。其中的《金融理论问题探索》对中国经济转型及金融实践过程中所面临的系列基本问题进行了系统深入的探索。曾康霖教授的《资产阶级古典学派货币银行学说》一书对古典学派的货币信用及货币银行学说进行了系统的分析与评价，填补了中国金融学说发展的空白，对中国金融理论的发展有着重要的影响。

曾康霖教授认为，按照科学发展观的要求，我国应当由商业性金融、政策性金融和合作性金融集成有中国特色的金融体系。商业性金融以盈利为目的，金融资源的分配是有条件的，但在社会公众面前是人人平等的。也就是说商业性金融的交易行为应当是公正公平的，只要够条件，都能达成金融交易，不具有倾向性。政策性金融不以盈利为目的，要体现政策的倾向性。合作性金融除了不以盈利为目的外，还必须体现互助精神，在一定范围内，以其合作成员为服务对象。曾康霖教授对传统的金融理论模式进行了深入的探讨与再认识。他指出："用消费品物价指数测定货币价值的理论有着一定的局限性，因为货币价值本身就是一个综合指数，要更加关注货币的相对价值。在货币成为一种商品、一种资产的情况下，很大程度上是货币供给决定货币需求；流通中的货币需要分作若干部分，作用于不同的领域；货币多不多要从较长时期去考察，不能限于一年；金融机构按其功能划分为四种类型，其中从事金融投资活动的应当是金融经营机构，不具有中介功能。"在防范金融风险方面，曾康霖教授强调要抑制美元的泛滥，稳定美元的价值。美国的次货危机引发的金融危机进而影响到全国的经济危机及美元的泛滥，而美国的货币政策则是美元泛滥的重要原因。这就需要借鉴国际金融监管的经验，减少及制约美元的供给，不能使美元发行泛滥，反对美国的经济霸权。同时，还要发展及完善中国金融中介机构，健全其运行机制，并扩大其影响力，减少对外资金融中介的依存度。例如：发展及完善中国的信用评级机构，让中国的信用评级机构对国际金融资产的定价有一定的话语权。

（二）对金融机构及金融相关率的理论深化

曾康霖教授认为，传统的金融机构是一种融通资金的机构，现实中有很多的金融机构不但是在融资，而且还一直在投资，金融机构的投融资活动应该在理论上进行明确界定。一般来说融资就是将储蓄转化为投资，是一种双向的过程，而投资则属于将资金运用并取得回报的行为，是一种单向的过程。曾康霖教授还对现金流量有进一步的解释，并对融资、投资活动进行了明确的区分，融资活动直接影响着企业的负债，企业负债的增加就会相应减少企业资产，如发行债券及向银行借款等，投资活动则直接影响企业资产的增减，如企业投资的回收等。另外，像销售、提供劳务等经营活动也会产生现金流量，曾康霖教授认为这样划分的意义就在于，经营的现金流量能真实反映现金业务的真实状况，投资活动的现金流量反映未来业务的发展状况，融资活动的现金流量则反映负债规模。所以，金融机构、狭义的金融中介机构、金融中介是不能完全等同的。曾康霖教授对金融机构融投资活动进行细分与精准界定，他认为这将有助于确认不同性质的投融资活动，以便于分析它们的特殊需求，并制定相应的对策，选择适合它们的监管方式。

在研究金融与经济关系时，人们往往会用到美国经济学家雷蒙德·W. 戈德史密斯的金融相关率学说。随着改革开放的深入，中国的金融相关率有了快速的提高，甚至超过了西方市场经济国家。这就留下了一个值得思考的问题，中国的货币化程度真的有这么高吗？这很难在理论上进行科学解释，也不符合中国货币运作的实践。曾康霖教授认为，金融相关率要表达的是市场经济条件下融资的市场化程度。当金融资产市值上涨时便意味着利率的下跌，这将有利于投资行为，而投资的扩大将推动国民生产总值的增加；反之，当利率上升时金融资产市值就会下跌，这将不利于投资活动，进而促使国民产值的减少。曾康霖教授认为，根据戈德史密斯的观点，作用于家庭行为的金融工具不需要纳入金融相关率的因子之中，这是因为作用于家庭行为的金融工具也是金融资产，并不算是一种货币性金融资产，是一种纯粹的金融媒介，并不具有市场价值。金融业作为一种日渐独立的产业，其活动不仅仅是融资活动，更是一种金融产品的供给与需求。在当前金融市场日趋繁荣之时，金融商品的供给与需求是相互独立的，并能在一定程度上与实体经济分离。曾康霖教授的这一观点，对加强金融监管、防止金融活动与实体经济脱节具有重要指导意义。

二、曾康霖教授学术研究的思路与方法

（一）以经典理论为指导，兼顾量的分析及技术性运算

1992 年，曾康霖教授在其《资金论》专著序言中提出了学术研究的思路："学术研究不能受制于传统观念的束缚以经典理论为指导，不能生搬硬套西方理论及方法，不但要有'质'的概括，而且还应有量的分析；不但要有系统的理论基础支撑，而且还需要进行技术性的运算。"同时，他还认为，马克思主义经济学原理有着普遍意义，其理论生命来源于运动及发展。理论总是依据一定的实际进行抽象及概括，且任何的实际都是具体的，并存在于一定的时空及情况下，如果特定的时空及情况变化了，其所依据的事实就没有了，或者将其他抽象的因素融入进去，其所得出的结论又不相同。在社会改革的浪潮中，曾康霖教授较早地研读了西方经典理论作品，并接受了市场经济理念。他认为，西方经济学是市场经济的产物，同时又是人类社会重要的精神财富。中国的市场经济改革就离不开市场经济的基本理论、规律及运行机制的规范。

在某种意义上说，市场经济学就是西方经济学，我们需要对其进行批判地学习、扬弃与借鉴。曾康霖教授非常重视理论与实际相结合的分析方法，并注重从实践到理论的升华。他坚信现实社会是理论生发及创新的土壤，中国特定历史条件下的改革开放事业为理论研究及创新提供了丰富的现实素材。同时，中国独一无二的经济转型是理论研究的样本及模板，曾康霖教授的许多作品都是来源于对经济体制改革实践的凝练与求索。

正是基于这样的学术研究方法与创新精神，早在 20 世纪 90 年代，

曾康霖教授主编的《货币银行学》就突破了资本主义与社会主义货币银行学的区分,打破了传统的货币银行学中货币、银行、信用三大机构及范畴,他以货币流通、资金运行为主线,建立了一套新的货币银行学理论体系。另外,曾康霖教授主编的《商业银行经营管理学》以商业银行中的各项业务为线索,并以头寸调度为核心,建构以"三性"的最佳组合为目标的商业银行经营管理体系,这在当时中国国内还属于首创。同时,他还针对金融业改革发展的实践需要,在该书中提出了许多优化商业银行经营管理的创新性建议与设想。

(二)中国金融学术研究的特色、气魄与创新

曾康霖教授认为,中国经济、金融领域的学术研究应在特色、气魄、创新上努力,这里所谓的特色就是要从中国的实际出发,并上升到理论层面。中国不但是一个发展中国家、转型国家,而且还是一个大国,这就是中国的特色,这就需要研究大国金融。同时,中国金融领域的学术研究还需要气魄,就是要尊重权威,但不迷信权威;学术领域的创新就是要理论联系实际,不断地与时俱进,站在学科发展的最前沿,不但要在理论上,更要在方法上进行创新。

曾康霖教授认为,学术思想的发展需要在传承的基础上不断进行创新,如果说"治天下"需要以史为鉴的话,那么学术研究则更需要"以史为基"。曾康霖教授还评介了当代金融学、经济学研究领域的拓展,提出金融学、经济学不但是要研究资源的配置,而且还要着力研究交换关系、个人行为、制度环境等。

同时,他认为,金融学、经济学研究还应当注重非均衡研究,在公

平与效率的价值判断中，准确把握公平与效率的准确含义。曾康霖教授指出，金融学、经济学研究不但是一种理论问题、学术问题，而且还是一种思维及研究方法的问题。同样的问题用不同的思维方式及方法进行思考与探索，便可得出不同的观点与结论。

曾康霖教授指出，跨学科或多学科地对金融学进行综合研究，是金融学领域一个重要的研究方法，同时还是时代发展的客观需求。他认为，当今世界呈现出全球化、一体化的趋势，这样金融学的研究不但要从发达国家的视角分析它们的统一性，而且还更需要站在发展中国家的角度考察它们之间的差别性，统一性有利于实现均衡性发展，差别性则难以实现均衡。当前，社会财富的创造主要是通过新技术的开发及利用获得的，且财富增长的快慢在一定程度上取决于人们对未来的预期，这种情况下就很难实现特定空间及时间内的均衡。另外，世界范围内还存在生产过剩的经济危机，并反映着经济周期的存在性，在经济周期过长的情况下，就很难用均衡理论去解释。所以，以上的研究并不是单纯地追求各种经济变量的均衡，而是应注重多个经济领域的考察，以分析不同经济行为、经济现象的差别。曾康霖教授的研究思路与方法，对构建具有中国特色的金融学、经济学理论颇有指导价值。

三、曾康霖教授金融学术思想的特点

（一）完整、新颖的金融学术理论体系

曾康霖教授的《金融经济学》构建了一个新金融功能的完整框架。这是曾康霖教授与时俱进、不断创新、对中国金融学术研究的重要贡献。在金融与经济关系方面，应从金融发展与经济增长本身的关系来处理问题，特别是要从金融发展与经济增长本身的关系来分析问题，将金融与经济的关系分解为金融与经济制度、经济秩序、经济观念、经济增长、经济发展、经济周期等多个层面来考量。在金融学术研究中，他不主张另起炉灶，而主张传承与创新的有机契合。在曾康霖教授看来，科学研究的进步是一个反传统与继承传统有机结合的过程，在扬弃中传承理论是非常必要的，尤其是对已有的成熟理论体系更应该注重传承。但是，基于金融与经济关系的研究并不成熟，没有一个统一的理论研究范式，从而决定了创新理论体系是该领域研究的一项重要工作。正是基于这样的深思熟虑，他的《金融经济学》成功地构建了一个宏大、新颖、完整的具有内在逻辑一致性的金融学术理论体系：一方面从基础层面界定了金融与经济关系的研究主题，另一方面对该领域已有研究成果进行了细致入微的梳理工作。

近几年，曾康霖教授倡导采用跨学科、综合的方法研究金融与经济问题，这一点体现在他的新著中。马克思主义经济学、传统的西方宏观经济学、传统的货币银行学、产业经济学，以及信息经济学、微观金融理论等方面的新近研究成果，甚至一些社会学的研究成果，都应该作为研究者的理论工具箱，并在研究中被恰当地加以应用。曾康霖教授认为，金融学术发展需要满足一定的约束条件，并遵循一定的原则，金融学术的发展需要市场经济体制的进一步完善及其他专业学术的合作。曾康霖教授认为，学术研究可以适当地超前，但其过程应脚踏实地，特别是要结合中国实际。另外，曾康霖教授还非常关注国外金融领域的研究进展，并注重中国实际，以前沿学科为基点进行多学科、跨学科的研究，在前人研究方法及成果的基础上不断创新。他认为学术前沿并不等于学术热点，更不是对策性研究，它代表着当前学术发展的方向。例如：全球性的货币并不会走向统一，行为金融学并不会取代功能金融学等，都是金融学术发展过程中需要讨论的理论与实践问题。

（二）"海纳百川、兼容并蓄"的学术研究特色

在金融学术思想建构方面，曾康霖教授始终尊重经典著作，但并不迷信经典。他的众多学术观点便具有非常深厚的文献及金融学说史基础，这些都是曾康霖教授反复研究前人金融学术成就基础上的厚积薄发。他认为，经典作家的观点及论述在当时、当地是正确的，而当环境发生了变化后则需要重新论证与考察，这些都是曾康霖教授金融学术思想及高尚道德的体现。在治学方面，曾康霖教授主张扬弃地学习，特别要参考及借鉴西方经典理论及方法，他认为外国人可以出思想、出理论，中国人照样可以。所以，学习与借鉴西方金融理论的观点及方法等，关键是要结合中国金融改革及发展的现实，在分析中国的实际上，他主张要理论联系实际，解决中国的实际问题最终形成适用于中国的金融理论及思想。曾康霖教授不但关注金融理论发展的前沿及动态，而且还更加关注实践的发展，并经常深入实际进行调查、研究，从实践中发现问题、分析问题并进行理论上的归纳与总结。

曾康霖教授始终站在金融学术及中国金融改革的前沿，并认为前沿性的问题应代表学术发展的方向，并存在于现实生活中亟须处理的热点问题。他一直关注金融理论的发展及改革的进程，并对中国改革过程中的一些经验及教训进行了细致的归纳总结。他所著的《宏观金融论》《微

观金融论》等论著就深刻地体现了这一理念。另外，曾康霖教授还非常重视金融方法论的研究，他发表的《金融经济分析导论》《略论经济学研究的几次革命》《漫谈经济学研究》等作品都涉及金融研究的方法问题，尤其是对金融学研究的对象、方法等进行了深入的探讨。曾康霖教授在研究基础金融理论的同时，还特别关注跨学科、交叉学科的研究，并主张将数学、法学、心理学等学科融入金融学的研究之中。总之，海纳百川、兼容并蓄是曾康霖教授学术研究的重要特色。

曾康霖教授非常注重金融及经济学说史的研究，他在介绍前人理论及研究成果的基础上，继承及发扬了前人的研究成果，并将其侧重点放在中国改革开放的现实问题上。长期以来，曾康霖教授一直强调金融史研究的重要性，尤其是深入研究不同时期的金融思想及学说产生的历史背景。他认为，只有这样才能真正继承及发扬前人的研究成果。他主编的《百年中国金融思想学说史》就展现了百年以来国人在推动中国金融事业及金融学科发展方面的巨大贡献及在推动社会发展与经济进步上所表现的智慧，为后人留下了一份宝贵的精神财富。

我们可以说，曾康霖教授在金融学、经济学领域中的卓越学术思想及学术贡献，真切地展现了一个中国知识分子在面对改革浪潮时的激情，并全身心投入到经济问题的理论分析及思考中。曾康霖教授是真信、真懂和真用马克思主义经济金融学理论。面对中国改革开放初期所面临的一系列问题，曾康霖教授始终坚持将马克思主义经济金融基本原理与西方金融理论的科学成分和中国金融改革发展的伟大实践相结合，对中国金融问题进行了系统的分析与探索，且他的许多理论、观点及研究视角受到了学术界的一致赞扬，填补了中国金融学术思想研究的空白。他的许多研究成果具有开创性，推动了中国金融学科建设，丰富和发展了具有中国特色的金融学科理论体系，特别是对社会主义市场经济体制下我国金融改革发展的实践起到了积极的指导作用。

第七章　调研是门大学问

　　如何避免理论和实际的脱节，关键在于从实践中来，到实践中去。为了更快接受新生事物，从中去领悟事物发展对人的思想启迪，增强发现问题、研究问题的能力，多年来，曾康霖带领学生深入实际调查研究，既可提高专业能力，又可了解社会，既可丰富教学内容，又可升华理论认识。曾康霖的足迹遍布全国，从南到北，从西到东，他先后到深圳、广州、中山、东莞、佛山、肇庆、沈阳、哈尔滨、重庆、昆明、贵阳、成都、乐山、绵阳、上海、温州、杭州等数十个城市及辖下县市，与实际部门相关人员座谈交流，了解实际情况，掌握第一手资料。

　　曾康霖教授在《曾康霖文集：调研与认知》的《序言》中讲明了自己致力于调研的原因。曾康霖教授致力于调研是基于3个思想：一是理论来源于实践，实践是丰富和发展的，丰富和发展的实践存在着许多知识不为人认知，要从实践中认知，不能只是间接地接受知识，更要直接地感受知识；二是理论是从感性认识到理性认识的结晶，理论并不神秘，一种观点、一种见解只要能被大多数人接受，被同行认可，就逐步形成一种理论；三是为教学充实新的内容，为培养人才增添新的力量。曾康霖教授自认为知识欠缺，功底不够，选择通过调研充实自己，丰富自己。同时他认为，人才需要在学校培养，更需要社会培养。调研是最好的形式之一。

这些年，曾康霖教授执着并坚持调查研究，不仅得到了各单位（特别是金融系统）和个人在精神上的大力支持，而且得到了他们在物质上的赞助。调研不是简单地记录，曾康霖教授既调查又研究，他深深感到调研是一门大学问，集中体现在以下五个方面。

选好题目，拟好提纲

大体说来，调研有两种方式：一种方式是事先"胸无成竹"，想到什么地方去就到这个地方去，接触实际，有什么问题就调研什么问题，这也许就是"没有框框，遇新求解"。这样做，遇到的很多问题出乎意料，它的缺陷是单边接受，难以反思，有点茫然。另一种方式，是事先"胸有成竹"，寻觅求解。

曾康霖更多的是采取后一种方式。为此，他的做法是首先设计好调研提纲，依靠多年的经验，他强调设计好的提纲要适时、适中、适应，即"三适"。所谓适时，也就是现阶段值得关注的热点问题和可能发生的相关问题；所谓适中，也就是所设计的题目不能太抽象，也不要太具体，不要太大，也不要太小；所谓适应，也就是所设计的题目，是调研对象一般都能介绍和回答的问题，也就是调研对象比较熟悉、有所关注的问题。"三适"设计颇费思考，为了设计好，事先除了自己认真斟酌外，重要的是要收集、听取实际部门人士、相关老师、同行调研的学生们的意见，尽可能地做到适时、适中、适应。

在《曾康霖文集：调研与认知》中，曾康霖列出了五个调研提纲，以做示范。提纲中提出了"调研的目的，调研的具体问题，调研的方式"。其中对于调研的具体问题，写得细而明确，比如浙江温州曾经是金融改革的试验田，曾康霖他们想了解原来的改革方案，在执行过程中有什么变化，这也便于被调研对象的回答。这样是说，调研提纲要建立在别人不陌生的基础上，在别人能够回答的基础上，要有针对性。进一步说，调研是"求知、求证、求学"，既是为了获得原来不知道的信息，也是为了证实原来知道的信息的真假程度，为进一步的探学做准备。

在调研中，曾康霖认为最费心思的是到什么单位，去找什么人。去的单位和要找的人确定后，要分解调研提纲，将要调研的问题细化，更具有针对性，然后以适当的方式（书面的或口头的）告知要去的单位和要找的人。不管以什么方式落实，一定要尊重别人，态度要恳切，细节要商议。曾康霖说："因为是我们去求教于别人，而不是别人应向我们禀报。要知道，实际工作中领导和专家们都是很忙的，在别人工作繁忙的情况下，你去调研，弄不好别人就会婉拒。"但是这些年来，基于曾康霖和一些单位的交流及交情，一般说来，对方还是热情欢迎的。当年招商银行郑先炳研究员就曾说："曾老师亲自带着弟子来行调研，我必须亲自出面。我很少给来行了解情况的人介绍情况，这不是因为架子大，而是一上班后，要处理的问题多。过去在中南财大与曾老师是同行，还写文章与曾老师探讨问题，曾老师的学识，曾老师的为人，使人钦佩。"这或许是曾康霖作为老师带弟子出来调研的优势。在《曾康霖文集：调研与认知》中，有西南财经大学中国金融研究中心办公室致重庆人民银行行长杨国中的信。现把这封信列出。

杨行长好！

曾老师和学生一行将于 3 月底或 4 月初到重庆调研，有两件事麻烦您费心：一、现将调研提纲发到，请代为安排相关人士参加，并介绍情况；二、曾老师在《经济日报》上看到重庆市副市长陈光国《关于构建农村金融服务体系》的文章，想借此机会，进一步听听他对农村金融改革的意见，也请代为联系和安排。谢谢！

西南财经大学中国金融研究中心办公室

2006 年 3 月 24 日

相互交流，求真务实

调研是为了求真务实，要求真务实就要听真话，但要能听到真话，不是轻而易举的事，也不容易。曾康霖说，他深入基层调研，基层的当事人往往认为是上级领导到下面考察。为了应对上面的考察，就会准备汇报资料。当召开座谈会时，下级领导会召集相关的若干当事人到场，拿着已准备好的汇报材料陈述。对这种情况怎么办？曾康霖教授的做法是：已准备的材料陈述，要听，但不能全听；为了尊重别人的劳动，书面资料应集中起来，会后再仔细看；这时面对与会者要善于提出自己最关心又容易被忽悠的问题，然后进行交流、讨论。这是一个"考水平"、辨析是否真话实情的过程。曾教授说认真调研，这是个考验。如果调研是"走过场"，则轻轻松松地过去了，但真想通过调研发现点问题，掌握真情实话，就必须下功夫，深入交流，促使别人陈述真情实话。

他还指出，尽管调研前设计好了调研的提纲，但要从别人的介绍、对话和座谈中实时获得有价值的信息，当老师的要抓住契机提示、点睛、归纳、启发。在招行总行调研时，马蔚华行长对曾教授一行人讲的一席话，令他们印象深刻。马蔚华说："在我们这样的国度下，想当官的企业家，不是一个合格的企业家，想当企业家的官，不是一个合格的官。"曾康霖以亲身体会告诉人们："不懂得宏观，就搞不好微观；不了解别人，就不知道自己；不熟悉国外，也把握不住国内。"他的这些真知灼见，启迪弟子们思考其中的哲理，去体会其中的真谛。在调研中，曾教授要弟子们除了比较系统地把握所叙述的内容外，还需要注重从所介绍的只言片语中，去发现，去领会，去品鉴其中的奥妙。

归纳联想，启迪思维

调查研究不能"只调查，不研究"，而要研究就必须思考，而且要善于思考。每次听人介绍以后，曾康霖还要整理笔记，主要是弄清楚别人介绍的事实，理顺别人介绍的逻辑，在别人介绍的基础上去联想、去领悟、去收获。在《曾康霖文集：调研与认知》中，搜集源自天南地北的调研与思考，也就是他整理的笔记记录的一部分。有兴趣的读者能够从中了解实际当中存在和值得思考和重视的若干理论和实际问题。从以下曾康霖教授整理的调研笔记中可见他率领弟子们调研得到启发和联想的广度和深度。

（一）在重庆调研得到的启发和联想

城乡统筹，重庆市提出了"3366"的构想，这六大构想核心是解决农民问题。

贴近三大群体，即农民工、农村居民、城镇居民。这三大群体中农民工是一个特殊的群体，这部分人工作生活在城市，在农村还有承包地、宅基地，不享受城市居民的社会保险。

依托三级城镇吸纳农村人口就业，即大城市、县城、乡镇。现在的问题是已开垦的土地养活不了这么多人。重庆主城区800万平方公里以每平方公里养1万人计，也只能养800万人，但如果让农民到县城、乡镇就业，则县城、乡镇有没有条件，重要条件之一是有没有资源，包括人力、物力、财力资源，当前着力基础设施建设，劳动力培训，增强县域功能。

在三个领域实现改革突破。一是创造非农业就业岗位，二是农民工向城镇居民转化，三是建设新农村，保护耕地，实现农业产业化。

在我国，在改革开放三十年后的今天，城市与农村的区别主要体现在三个方面：一是户口上的差别；二是规划上的差别，城市的土地区域有规划，什么地方是开发区，什么地方是居民区都有规划，而在农村没有规划，农民想怎么弄就怎么弄；三是公共服务上的差别，城市有公共服务设施，城市居民可享受公共服务，而农村居民没有。

在农村，发展龙头企业，实现规模经营，理想化的多，实践的少。因为农业是弱势产业，搞农产品加工不赚钱，或赚不到更多的钱，企业家不热心，有的企业家到农村去，不是进行农业科技实验、开发（固有相当长的过程），而只搞农家乐、旅游开发、急功近利，同时占领一块土地，待价而沽。这种状况给我们提出一些问题：谁去搞农业科技开发？谁去实现农业规模经营？搞农业专业合作就要有带头的、要有科技为先导，不是简单地把劳动力集中起来。

（二）在浙江温州调研得到的启发和联想

1. 什么是温州模式?

温州人（实际上是个别领导）认为，说"温州模式"是不准确的，甚至是不正确的。原因是：第一，所谓模式应当是一种固定的模型，而温州的经济是发展和变化的；第二，说模式没有突出温州人的精神，温州人可贵的在精神；第三，提出温州模式说，含有"样板"的意思，要全国学温州，而实际情况是，别的地区未必能学，甚至不值得学。

但有人仍坚持温州模式，认为温州模式的特点是：私人股份制；经济"两头在外"，即原材料与产品销售在外，初期是在省外的国有企业；形成了生产加工链条，有人称之为"产业链"，主要内容是以产品为中心，按零配件程序分散加工，然后组装，形成了一个合理的分工体系。

有人把温州人的精神概括为：能吃苦，敢闯、敢冒险（白天当老板，晚上睡地板），讲信用。温州人在大年三十必须了结债权债务关系，谁不了结，就会遭到社会鞭挞、谴责，在人格上就低人一等。

温州人的这种精神与温州的地理、气候、文化、交通、资源、历史和语言等相关。温州是一个沿海的山区，在地理上，一面临海，三面环山，是交通的死角。但也较少发生战争，受外来影响小；气候上，农作物是三季节，三季耕种，四季劳作，非常能吃苦耐劳。但同时又旱涝保收，只要勤劳肯干，就会有收获和回报；在资源上，没有矿藏，土地贫瘠（是盐碱地），种地很辛苦。同时，资源贫乏容易被政府忘记，较少有工业建设，计划经济的影响小；交通上过去很不便利；语言很特殊（别人听不懂），避免了一些政治运动的影响；人口密集，宗族文化（祠堂）较浓厚，家族观念很强，有利于合作和协作，比较有凝聚力，可以降低制度运行的成本。在这种情况下，培养了人们吃苦耐劳的精神，奋斗敢闯的精神，宗族合作的精神。同时，在这种情况下，过去受外来的影响小，即受计划经济的影响小。穷则思变使温州人走出去闯天下。

有人总结了温州私营企业的三个阶段和四种模式。三个阶段是指以力赚钱（苦干，资本积累），以钱赚钱（大干，开始投资企业），以人赚钱（引进人才，开发智慧）四个阶段是家族式、股份制、合作制和现代企业制度。温州的富人炒外汇、房地产和投资实业，一般不炒股，因为觉得不可捉摸，难以控制。但是，温州企业对在证券市场上市的积极性也不高，原因在于：不缺资金，无圈钱的动机；为了避税，为了避免关联交易信息的公开。但现代企业不重视资本市场并不是一个好事情，企业必须通过资本市场运作来提升品牌价值和建立健全现代企业治理结构，摆脱家族企业的弊端。

2. 值得思考的问题

以所有权划分企业的性质，意义何在？有没有必要做这样的划分？

怎样看待是经济的"主体"和对经济的主导？如"两头在外"谁主导谁？"两头在外"与以前的"三来一补"有什么区别？有人说"两头在外"是以市场为导向，不是来料加工，因而体现了以市场为主体。究竟是民营经济主导还是国有经济主导？什么机制和状态才算主导？是体制外的活力还是依靠体制而存在？

能吃苦，是否就能做大做强？怎么体现科学技术是第一生产力？

所谓形成"产业链"，是否不能是那些技术含量较低的产品？

千家万户搞生产，千山万水搞推销，从发展的角度看，是否依然是好的选择，因为现在已经进入网络经济时代。

为什么在温州会出现与现代金融发展并不相称的初级的民间金融形式？为什么会出现发达的商品经济与落后的金融制度并存的奇怪现象？

温州经济是以小商品生产和家庭工业为主体，却能形成以产品为中心的较为完备的分工体系，而且在国际市场上具备很强的竞争力，这在发达的社会化生产的经济社会里是一个值得研究的问题，这种状态能否持久？

（三）在深圳调研得到的启发和联想

1. 评价经营业绩的几个指标

资产利润率。表明每单位资产获得利润的能力。能力的大小取决于

与弟子甘煜、雷志卫、王滨、王华光、闫彬、程民选在深圳调研

有效资产与无效资产的比重，高盈利资产与低盈利资产的比重。

日本银行的不良资产 16900 亿美元，占 GDP 的 40%。主要是财政拿钱冲销。我国银行资产 13 万亿多人民币，按权责发生制计算，资产利润率仅 0.93%。

资本利润率。表明每单位资本的回报能力，能力高低取决于自有资金与借入资金的比例。资本盈利率高反映对投资者回报高，具有外部扩散效应，但不具有内部集聚效应。

资本充足率，表明抗风险的能力。这种能力通常体现在过程的结果，而不能体现在过程当中。因为一般说来，只有当企业破产时，才以自有资本作为破产的部分财产，作为清偿。但资本的作用，在于形象，在于实力。实力给人们一种信心。

广义的资本包括提取的呆账准备金，但我国银行提取呆账准备金不多。汇丰银行的呆账仅为 3%，美国花旗银行呆账仅为 2.7%。我国现已剥离 14500 亿元不良资产，只相当于不良资产的 25%，还有 75% 未剥离，75% 为 43500 亿元，相当于一年半国家财政收入。

国有企业全面扭亏为盈，这当中有两个因素起决定性作用：一是挂账免息，初步计算免息 780 亿元，变成了国有企业利润；二是石油涨价，前一年石油涨价，增加收入 587 亿元。

人均利润。表明从业人员平均的获利能力。这个指标反映从业人员的素质、水平和业绩，同时反映经营风险、经营成本。人均利润高，表明每人创造的利润多，收入多，这样不仅表明每一个从业人员的才华、才干，同时也能稳住人才，使每一个人充分敬业，遵守职业道德，不会违法乱纪，所以，从建立激励机制、树立职业道德和发挥敬业精神的意义上说，风险小。

不良资产。这个指标反映企业经营管理现状和客观环境变化，但不良资产多，更加使盈亏状况不确定，同时有损企业信誉。

净资产增长。净资产表明新创造的价值，为社会增加的贡献。对社会的贡献，只能是净资产，而不是产值，产值含转移价值。

现金流量。反映偿付能力。同时，反映相互的信用关系。现金流量正常，不仅说明企业有最佳的资产组合，有充足的清偿能力，同时说明主客双方都讲求信誉。

2. 人力资本如何创造价值

人力资本包括：经营管理和创造发明（技术创新）两大部分，创造发明创造价值，管理经营也创造价值。管理经营创造价值的过程：

研究成果转化为生产力转化为产品推向市场实现利润。其中的每一个环节都需要精心组织，都会遇到障碍，都需要进行利弊选择，都需要掌握信息，都需要适应环境的变化，都需要建立和处理好人际关系。而所有这些都要学习、掌握一般的理论、知识，都要付出脑力和体力的劳动。

金融业人力资本的特性：第一，金融业是服务业，服务主要是人，因而可以说金融业创造价值的主要是人力资本。第二，金融业的从业人员智商高，因而对人力资本的投入大，不仅有初始的投入，而且有持续的投入。第三，金融业人力资本效用的周期性，这种周期性主要反映在高层管理人员的任期中。高层管理人员的任期是长一点好，还是短一点好，既取决于客观因素，更取决于主观因素，其中取决于人的创新能力。在实际工作中，有的高层管理人员任期较长，锐意递减，安于现状，求保求稳，既有的思维定式，困扰着人际关系处理，妨碍着创新。而如果任期较短，则缺乏战略规划，全局思考。第四，金融人力资本发展的可持续性。能不能持续发展，取决于素质提高，知识更新，敬业精神和道德约束以及可上可下制度、激励机制、利益补偿等。

3. 合资的效应分析

外国人为什么乐于到中国大陆来寻求合资，主要因素是：避开市场准入的种种约束；借用已有的力量，占领市场；利用中国的人力、物力，降低成本。

入股的比例虽小，但控制这个企业的能量可能很大。原因是：入股的资本运营资金，股金少，控制运用的资金可能多；拥有先进的技术、原材料等稀有资源，使你必求助于我；占领市场靠的是产品和优质服务，不是靠资本份额的多少（沃尔玛事例）。

钱多的与钱少的怎么合资？这里存在的矛盾是：钱多的，对赚钱拆本在短期内不在乎，但这样，钱少的就"顶不住"，钱少的要求近期回报；钱多的有条件低成本取得资金来源，钱少的不能以低成本取得资金来源；钱多的合资意图和价值取向不同于钱少的，如要市场，不要利润，图长远，不图近利。如保险业，它看重政治上的回报，看轻经济上的回报等。

合资发展下去，有两种可能，即或者一方把另一方吃掉，或者散伙。如合资公司上市，也许是双赢，如一方把资产卖给另一方，也许一方得利，一方受损。

4. 中国当前存在的三个难点和人们关注的三个焦点

三个难点：一是农村、农业、农民问题。二是自然资源的保护和破坏问题（不能为子孙造福），土地、耕地、森林（日本森林面积占 73%）。三是企业包袱（特别是国有企业）如何解脱。

三个焦点：一是贫富悬殊。二是腐败（非法占用公有财产，侵吞国家资产。非法占有私人财产，引起民事纠纷）。三是社会治安。

扩大内需也需要支撑点。帝国主义侵略、搞殖民主义，无非是占领市场，抢资源。否则就难以发展。19 世纪英国扩张殖民地，20 世纪日本侵略中国都是为了占领市场，抢夺资源，扩张自己。这说明他们经济的发展是靠牺牲别人为代价来支撑。改革开放没多少年，发展经济靠什么支撑？

5. 发展信托业的基本条件

要有大量的私有财产，要有多元化的经济主体，要有理财的要求，要具有公信力的组织或人。

中国的状况是缺乏中产阶层（西方中产阶层占 70%），金融资产 11 万亿元，但 53% 掌握在 12% 的人手中。有钱的人不炒股票，买债券（美国93% 的人买基金）。没有钱的人买期货、彩票，中产阶级的人炒股票。

6. 市场经济存在条件

财产私有，利润原则，企业精神，市场竞争。

7. 加入 WTO 后金融业合作与竞争

有挑战的，才有机遇。寻求机遇应对挑战，最大的挑战是接轨，特别是按国际法规来规范和透明信息。

前五年以合作为主，但合作要权衡利弊。信用卡业务不能合作，要发展中国式的"借记卡"，即能向银行透支消费的卡。现信用卡是"贷记卡"，是变相的存款。

国际金融公司与南京商业银行合作，是有条件的，而且有些条件是苛刻的，国际金融公司以现汇 2.7 亿美元，购买了南京商业银行 1.81 亿股，每股 1.24 元人民币，总股本 12.06 亿股，占 15%。

如果不按期提供财务报表，如果股权分红超过当年净收入，如果资本转让率不足 10%，如果两年内没有正式上市申请，如果关联方风险量超标，在这五个如果状况下，有权退出，企业退出，要求回购，而且要保持足够的回购金。

每个季度提供财务报表，这个报表必须由"普华永道会计师事务所"审计，普华为国际上五大会计师事务所之一。

建立环保管理体系，签订了一份《环保承诺函》，任命了环保管理员、协调员。

（四）在昆明调研得到的启发和联想

当前银行制定的放贷考核指标不利于培育成长型的中小企业。现有的考核指标注重企业过去的财务指标，忽视企业的长期发展力，特别是短期不允许有亏损。然而分析成长型的企业还贷能力，更需要分析企业管理者能力、经营人员的素质和产品未来的销路等（上海化妆品企业案例），这些不是过去的财务指标就能反映出来的。银行客户经理在企业筛选中被这套指标体系约束，能动性受到约束，无法有效地培育有潜质的中小企业，不过，一旦放开经营人员主观判断空间，经营者又会面临很大的道德风险。

股份制银行的分支机构有一个贷款权限，超出权限的项目要报上级行审批。往往上下级行之间对一个项目判断会产生差异，下边认为该上，上边认为不该上，会产生矛盾。产生的原因在于信息的掌握、判断的准确性。一旦一个项目被否决，可以在半年后申请复议，但实际上这一项目在这半年里可能已被其他看好其的银行夺走。

可以把商业银行分支机构作为商品来衡量其质量，衡量的指标包括市场占有率、规模、不良资产比率、资产风险度（不同资产的风险度不同，主要依据资产的信用保证情况，抵押贷款、担保贷款、信用贷款的风险度由高至低，信用贷款风险度为100%，但其实信用贷款往往是风险最低的），人员素质、发展前景等。

中国人际关系怎么评价，人际关系有弊端，也有它的长处，可以降低交易费用和信息成本。不能简单地用利益关系去解释。人际关系的产生有伦理道德、文化背景的因素。但人际关系要遵守共同的规则。

市场经济需要中介机构，中介机构在金融领域也起着举足轻重的作用，尤其是在提供准确的企业财务信息，成为银行评价企业、发放贷款的依据方面。怎样规范市场中各种中介机构的行为，中介机构由谁监督，中介机构代表谁的利益？承担什么样的责任？怎样提高它的公信力，做到公开、公平、公正，讲诚信？怎样避免中介机构的寻租行为？美国的安然事件安达信会计师事务所从中起的作用值得深思。中介机构的规范可以考虑通过立法惩治欺诈，进行等级评定提高公信力，引进优胜劣汰制度。

存不存在范围金融？范围金融是在一定的范围内的融资活动，这样的金融活动具有合作的性质、公共品的性质，但范围金融如参入人际关系，被少数人操纵，为少数人服务，则失掉它的公共产品的性质。西方经济学中有规模经济、范围经济的提法，规模经济指单一产品生产数量上超过一定规模使成本降低，范围经济是指生产多样化的产品降低成本，应考虑范围金融不使人产生歧义。

金融应不应当承担社会责任？如经济落后地区，贫困地区也要金融，否则会使人们的生活带来困难。比如农行一些分支机构从经济效益考察应该撤销，一旦撤销，当地居民就无法享受存取款、汇兑等金融服务，使日常生活不便，这些分支机构很大程度上在发挥行政的社会服务职能，怎样进行这一部分社会效益的衡量？

感悟认知，理性升华

理论源于实践，实践出真知。曾康霖教授率弟子调查就是要实现从感性认知到理性升华。

（一）从对乐山农村金融调查得到的理性认识

县域金融体系仍然靠政府信用支撑。广大农村信用社的后台是乡级政府；广大农民仍然把农村信用社、农业银行等金融机构等同，对他们的看待没有任何等级差别。

县银行退出后县域金融收益区域化。减少了政府干预的可能性，因为农业银行贷款权上收，没有干预空间；农信社与地方利益关系密切，因为能发挥地沿优势，获得信息的优势，人际关系的优势，能改变无序竞争。

强化合作，弱化竞争。在经济欠发达地区，市场经济程度不高的地区，过度竞争两败俱伤。经济落后地区，市场化的程度不高。商业银行缺乏生存发展空间。

（二）从听人一席话中得到的理性认识

据曾康霖讲："香港小胥向我讲，香港 1997 年金融风暴后，出现了一个值得注意的情况，不少中产阶级资不抵债，原因是他们'炒房产'，或采取'按揭'方式买房，现在房价下跌，实物资产贬值，但原来向银行的借款本息照付。负债＞资产——负资产阶层。这种状况的存在，表明：不仅有资产阶级，而且有负资产阶级。这是在市场经济发展到相当程度下产生的，而且集中到中产阶层。曾欣从日本回来，我问日本人存不存钱，怎么使它增值？他说绝大部分存银行，哪怕利率等于零，甚至付手续费也要存。这表明日本人是在三性选择中，以安全性为主，而且更有钱的人，追求的增值程度也递减。"

当时有人告诉曾康霖，民生银行开办个人委托贷款，第一笔贷款是上海一个下岗工人的8万元钱，借给一个私人老板年息率6%，这对他的启发是，在当代人们开始富起来的条件下，怎么让人们的资产保值增值。于是，曾康霖在论文中，提出关注人们的资产回报，合理确定利率水平。商业银行替顾客理财，如果不关注这一问题，就难以运作，就不能保护顾客利益。

我国要全面建设小康社会实现共同富裕，这样绝大多数人将成为有产者，而不是无产者。资产主要来自收入，收入包括劳动收入和非劳动收入。合法的非劳动收入包括利息收入，利息收入取决于利率，保护利息收入，不仅利率要合法，而且利率也要合理。如果不合理，就缺乏投资的积极性，就不能保值增值，就会导致资金流失，资产缩水。所以调低利率的空间是有限的，利率不是越低越好。

长期以来中国把利率的调整与物价的变动挂钩，挂钩建立在货币仅仅是购买手段的基础上，挂钩的初衷是寻求"货币购买力的稳定"。但在市场经济条件下，货币不仅是购买手段，而且是一种资产，一种商品在市场上应当有独立的价格。其价格的高低必然考虑三个因素：一是社会的平均利润率，因为利息是利润的一部分；二是由资金供求状况决定的市场利息率；三是传统观念和习惯。利率是资产流动的回报、社会认可的尺度。金融机构在展业时，要密切关注利率变动对业务运作的影响。它关系着货币资金的流向流量。当代商业银行展业的热点内容之一是替企业、家庭理财，理财不能不关注人们的资产回报，合理确定利率水平。这些都是曾康霖从和他人的交谈中所得到的认识。

（三）制度安排中得到的理性认识

国有资产管理体制改革，把国有资产划分为中央与地方，中央成立国有资产管理委员会，代表出资人。这样的制度安排使人不禁要问这是什么性质的机构？出资人的权利、义务、责任是什么？曾康霖教授认为这样安排使国资委具有两重身份：既是资产的运营者，也是业务的经营者，但资产运营不等于业务经营。此外，也使他提出地方资产转让要不要公示的问题。因为国资委是政府部门，不是社会组织，如果要公示，政府信息就要透明，资产转让就要市场化，引入竞争机制。

（四）从美国安然事件中引出制度问题得到的理性认识

产权明晰，落实了产权监护人，治理结构的主要问题是否解决了？

有效性是建立在所有权与经营权相结合的假设前提下，在所有权经营权分离的状况下，产生委托代理关系，在委托代理关系中，有不同的权利义务，有不同的利益机制。需要约束激励监督机制。难以做到"一荣俱荣，一损俱损"。

（五）在《曾康霖文集：调研与认知》体现出的理性认识

曾康霖指出当代的"三农"正在起变化："农民最显著的变化是公民意识的增强和市场经济意识的提高""农业正朝着生产专业化、规模化和集约化的方向发展""农村已经不是自给自足的经济，农村与城市相互支持，相互交融，共存共荣"。"解决'三农'问题关键在于农业怎样发展，农村怎样建设，土地怎么利用，农民怎样就业"。

"民营经济的发展要吸取新疆德隆兴衰的教训""作为民营经济的企业家，要懂得事物发展的辩证法，要自我量力，要承认差别，不能盲目自大……要在中国特色的市场经济中自求定位，自谋发展，要从小做起"。

要从城市信用社"一刀切"的退出中反思"这样做违背了法治原则，违背了市场竞争优胜劣汰的原则，违背了信用转化的原则，产生了溢出效应"。

"金融业发展与市场化程度的相关度要高于金融业发展与经济发展的相关度。"

"研究区域金融的意义在于认识差别，承认差别，推动差别，缩小差别，关注地区差别就是要地区之间互进、互补、互动、互助。"

"少数国有银行从县城中退出后，县城金融体系仍然靠政府信用支撑。在农村，金融机构之间要强化合作，弱化竞争。"

"对农村农民金融需求的考察要区分地区、区分层次。农业生产资料商品化的程度与金融业密切相关，农民家庭资产的流动性与金融业密切相关，农村居民的信用度与金融业密切相关。必须结合这三者的状况考察农村需求。"

"当代，银行在国内外进行兼并重组中呈现出四大趋势，值得重视的是银行业的兼并、重组给金融监管带来的影响。"

"地方政府负债的必然性和不可避免性，采取措施推动地方政府负债良性循环。"

通过调研得到的上述理性认识，需要社会检验。社会检验离不开移动的时空界限，曾康霖教授在 21 世纪初能有这样的理性认识，应当说是"有所发明，有所创造、有所前进"的。特别是关注的侧重点在基层（县城金融）、"三农"和民营经济。

曾教授深深地体会到：调研是一个系统工程，要实施，必须精心设计，认真施工，注重验收。只有这样，才有成效。

承上启下，继往开来

曾康霖教授率弟子们调研，每当完成一个单元的调研后，都要系统地总结调研收获，梳理调研成果，写出一篇调研报告。他说这是"承上启下，继往开来"。

在《曾康霖文集：调研与认知》"客观世界，丰富多彩——调研报告精选"单元中，精选了 6 篇调研报告。首先值得推荐给读者的是《具有中国特色的金融文化——对招行沈阳分行的考察》和《零售业务的兴起与我国商业银行展业的方向——对招行沈阳分行的考察》两篇。

在前一篇调研报告中，他指出了"文化是精神和智慧的长期积累和凝聚""金融企业同其他企业一样，也有自己的文化。这是一种企业精神，是价值观念、心理态势和传统习惯等观念形态在金融领域的体现。金融文化是一种高智商、高科技、高素质的文化；金融文化也是一种动态的、渐进的、发展的文化"。招行沈阳分行从4个方面彰显了他们的精神，展示了他们的文化，即"敬业、实干、拼搏——不可或缺的金融家精神；整合力、吸引力、凝聚力——个人价值与企业价值的高度统一；人情、人心、人气——文化离不开客户的认同和推动；高起点、高效率、高科技——实现服务升级换代的法宝"。这4个方面围绕着精神、客户、服务、科技展开。该报告反映的是15年前的状况，可是15年后读起来仍然让人亲切，振奋人心。

在后一篇调研报告中，指出了"1994年成立的招商银行沈阳分行，在激烈的市场竞争中，以其灵活的经营机制和具有鲜明特色的经营策略，遵循'信誉、服务、灵活、创新'的办行宗旨，励精图治，锐意进取，以焕然一新的现代商业银行形象在辽沈金融界出类拔萃，独树一帜。可以说，个人零售业务也已纳入了他们的经营策略之中，并正在着力塑造一种贯注市场概念的全新经营理念"。他们确立了"客户导向的服务理念，科技领先的经营理念，以人为本的管理理念"，并具体化为"推行客户经理制，着力客户培养，突出服务的个性化，创造精品银行"。这样的理念得以确立和具体化地实施，在当时不能不说是我国商业银行的领先者，具有科学性和有效性。应当说他们树立起建设现代商业银行的旗帜，紧跟行业时代的步伐。

调研报告《金融需求与供给互动研究——对我国部分地区商业银行金融创新的考察》具有理论性，它不仅结合实际，阐述国内不同阶层、地区金融需求的变化，而且分析了金融创新给金融需求与供给带来的影响，提出了要建立金融需求与金融供给的互动机制。而《国库改革和发展理论研究——央行体制改革与"一级财政，一级国库"的实现》，则更具有实践性，它涉及我国中央银行的职能定位，体制选择以及国库体制建设怎样与行政体制、央行体制相适应等诸多问题。报告10年前写成，如今仍发人深省。

《关于加快社会资金转化为社会资本的调研报告》《对我国中外金融机构合作情况的考察》，反映了金融领域值得关注的新情况，完成时间都是2003年，应当说是比较领先的。

调研悟认知，认知须先觉，先觉促先行。这也许就是调研报告的价值和力量。

《曾康霖文集：调研与认知》收录了曾康霖44篇文章，涉及从沿海到内陆、从特区到东北等地的商业银行、资产管理公司、基金公司等。内容包括长虹巨额应收款诈骗事件、德隆兴衰、华融资产管理公司调查，以及国家科委重点课题《关于设立科技银行的研究报告》，全国金融研究重点课题《中国货币供应波动研究和国有商业银行股份制改造研究》《2001年的中国金融研究报告》等。

每次调研后，曾康霖都要亲自仔细整理调研记录，提出值得思考的问题，发给学生，启迪、推动学生思考，有些报告提交给实际部门，引起对方重视。

曾康霖既是理论大师，又是践行者。长期以来，曾康霖多次被邀请到四川省委、省政府有关部门交流和讲课，向领导提出建议，为政府决策服务。2010 年，曾康霖为审计署讲金融风险；2011 年，曾康霖为广东银监局讲金融监管；2012 年 6 月，曾康霖还致信审计署刘家义审计长，提出金融审计相关建议。此前，曾康霖还为四川省政府讲述东亚经济危机。在其被邀参加的中央省市会议中，曾教授提出不少意见和建议，其中相当数量已被应用到实际工作中。

第八章　育英与咀华

聚天下英才而育之

聚天下英才而育之，这是曾康霖的庄严承诺。他说："大学毕业后留校任教，把我推上了高等学校教学岗位。可是在大学期间，受'以阶级斗争为纲'的影响，没有把心集中地放在学习上。毕业后又有一个接一个的运动，曾一度想离开学校去干点实际工作。党的十一届三中全会带来了科学的春天，也带来了教育的春天，春天给人以信心和力量。让我重新思考如何胜任教学，开始着力于拣起丢掉的知识。"

曾康霖说，他很幸运地遇到了一批好老师，是他们树立了楷模的形象。有两件事让他深受感动，到现在仍然记忆犹新。

第一件事是1978年学校恢复招生时，曾康霖的货币银行学的启蒙老师，四川财经学院唯一取得（法国）博士学位的梅远谋教授已年逾八旬，重病在身，卧床不起。曾康霖去医院探望时，老人家十分激动，躺在床上拉着他的手，深情地说："现在学校开始招生了，货币银行学这门课是非常需要的，我不能讲课了，只有靠你们。我多年的心愿是我从事的专业后继有人，现在看来只有由你来继承接班了，我希望青出于蓝要胜于蓝。"此后，曾康霖时常将讲稿送交梅教授审阅，梅教授逐章逐节地批改而且还写上评语，对他进行鼓励和鞭策。1982 年梅远谋教授离开人世，他批阅过的讲稿曾康霖一直保存在身边，那是梅教授的教诲，也是曾康霖最珍贵的纪念。

第二件事是关于程英琦教授的，他出身英国伦敦经济学院，是我国为数不多的凯恩斯的学生。1957 年被打成"右派"，长期待在资料室里工作。粉碎"四人帮"后，落实政策使程教授重返教学岗位，他着力为研究生讲课，关心年轻教师的成长，并一再建议加强外语教学，主张成立外语会话俱乐部。程教授身体不好，已切除左肺，天气稍一变化，便呼吸困难。但曾康霖去探望时，总看到他在火炉旁认认真真地备课，一丝不苟地为研究生看论文。程教授曾说："我们这种人耽误得太多，现在有机会干事，却又心有余而力不足。"1984 年程教授与世长辞，给世人留下的是他未看完的研究生论文和一部尚未完稿的《评价凯恩斯学说》，给家人留下的仅是二百多元的存款折子。

这两位老师给曾康霖留下的，是他们那种不可磨灭的敬业奉献、积极进取、事业心、责任感以及真正的教师风范，这极大地增强了曾康霖当好一名高校教师的信心和决心，他深感责任重大，自当扬鞭奋蹄。

曾康霖说，作为高校教师，如何胜任教学工作是他经常考虑的问题。

改革开放后，他着力于捡起丢掉的知识，可是丢掉的知识有的已经过时，有的已不能解释现实，特别是随着时代的进步，科学技术的发展，改革开放的推进，西方经济学的引入，迫使老师们进行知识更新，否则不能满足学生要求。

这些年来，曾康霖除了学习马克思主义经济学外，也有选择地学习了西方经济学。从一定意义上说，西方经济学是市场经济学，要搞市场经济，就需要鉴别、借鉴别人的研究成果。能够说，马克思主义经济学与西方经济学在研究方法上有一个共同点即抽象法，或者说假定若干条件不变和既定，需要从抽象到具体，也需要从具体到抽象。

曾康霖特别指出：除了学习书本知识外，更重要的是要向实际学习，从实际到理论，我国社会主义建设的实践是丰富的，而且在不断发展，需要我们去总结，升华到理论。他深情地说："这些年来，我把参加会议，到业务部门调查，看学生的论文和实习报告，拜读别人的文章，都当成是了解实际的机会，学习的机会。每当我参加一次会议后，总要整理自己的收获和体会。有时听别人一席话，对自己有启迪，我就及时记录下来以便进一步去思考。此外，我还利用学生、校友在国外学习、考察的机会，给他们提出问题，替我解答和收集资料。"他指出，当代国外金融的实际，有一些已经与翻译过来的书本上的介绍有距离，如果仅仅参考第二手的资料发出议论，人云亦云，便会离实际更远，甚至产生谬误。

（一）讲课是一门艺术

曾康霖曾是西南财经大学金融系的系主任，在管理和指导教学中，

批改博士生论文

他要求教师研究教学层次、规范教学内容、讲求授课艺术。他指出：现在高校办学层次较多，不同的层次开设同一门课或大体相同的课程，这就需要规范不同层次的教学内容。

他在向同行汇报时，谈到怎样规范本科生、研究生和博士生的教学，讲到以下几点：

（1）本科生的教学，应着重"三基"，把教材中被大家公认的道理教给同学，不要纳入争论的问题，本科教学要选择一本好的教材，然后帮助学生把教材读懂；

（2）硕士研究生的教学，要注重扩充知识面和发掘问题的深度，这样，免不了要评介学术界一些有争论的问题，但不要只是客观地评介，还要讲自己的看法，此外硕士研究生的教学，应引入研究问题的方法和思路，分析其利弊优劣，普遍性和局限性；

（3）博士生的教学，要注重当代国内外的最新发展，使博士生的学习研究能站在本学科的前沿，纳入最新研究成果，这当中包含着导师的系统研究和学术界的动态。

曾康霖说，多少年来，按照上述的思路，金融系的老师们做出了不懈的努力。需要说明的是，他亲自着力本科核心课教材的建设，主编了总行组织统编的全国高校金融类专业《银行经营管理学》和《货币银行学》两本教材。前者，以业务为线索，以头寸调度为中心，以求得资产"三性"（即盈利性、流动性和安全性）的最佳组合为目标，建立起课程的内容体系；后者，以信用货币流通为线索，以信用经济理论为基础，以银行间接融资为中心，建立起课程体系。这两本教材在内容体系都有所创新，它不仅淡化了过去"资本主义货币银行学"与"社会主义货币银行学"的界限，使之更能适应市场经济的需要，而且也注意了与相关课程的衔接，避免简单的重复。

掌握一定的知识，然后把知识传授给别人是教师的天职，"师者，所以传道受业解惑也"。可是，怎样传授知识，传授怎样的知识能引起学生的兴趣、思考，却大有文章可做。

讲课是一门艺术，老师进入课堂，如演员一样，要进入角色。这不仅要在语言的表达上条理清楚，抑扬顿挫，而且要使听者围绕你的思路转，有紧张，有松弛。他说，要求学生集中精力，一句不漏地听，一字不差地记，都处于紧张状态是不成的，也是不必要的，需要有一定的松弛，而要松弛，必须结合所讲内容，纳入能引起学生兴趣、思考、联想的案例、事实及故事情节。

鲜为人知的是，曾康霖在每次讲课前都进行严格的备课，并在上课前在家先讲一遍。有时，夫人谢老师是他的第一个听众，有时，他干脆用录音机录下来，反复听，更正错误，以便在课堂上能讲得准确生动。

为了讲课，曾康霖平常很注意收集这方面的素材。一部电影、一部电视剧、一篇报道、一部报告文学，都是他收集素材的源泉。有了这些东西，曾康霖的讲课更加生动、具体，不仅能激起学生兴趣，而且能深化所讲内容，加深学生印象。

他强调，讲课中，自然要注重要点、难点，但要点、难点不能太多，太多了就不成为要点难点了。教师讲课要紧扣教材，不要脱离教材，另讲一套。书应越讲越薄，不要把复杂的问题简单化，更不要把简单的问题复杂化。问题与问题之间往往有因果关系，如遇到复杂问题，最好列出一个图表或逻辑推理模式，把它系统化、程序化，这样便于学生掌握。

此外讲课中，还要注意把握分寸，这要看教学的要求，及听课对象的水平、知识面等。系统地把"三基"（即基本理论、基本知识、基本技能）教给学生是起码的，但这不排斥因材施教、轻重缓急。要善于利用"倒逼机制"，即不要"满堂灌"，要留一定时间，让学生提问或主动抽问，以引起相互思考。

（二）科研为教学服务

高等学校需要为国家培养高层次人才，同时承担科研业务。科研应为

指导博士生

教学服务。曾教授在这方面付出了不少努力：①急教学所急，为充实教学内容、教材建设选题进行科研；②针对同学们关心的问题进行科研；③针对实际工作中存在的、人们缺少了解而又急需弄明白的问题进行科研。

作为一个教师，在科研工作中出了成果，怎样把研究成果纳入教学内容是值得考虑的。曾康霖认为，在教学内容与方法这一矛盾中，内容是主要的。一些学生不爱听课，不能全怪学生，这与老师教学的内容相关。有了好的教学内容，辅之以适当的方法，学生是爱听的。因此，他一直认为在教学中，要注重教学内容的更新，在课堂教学中要"压水分"，拿一点实实在在的东西给同学。科研为教学服务要注意负效应的产生。为了不致产生负效应，曾康霖经过多年的教学熏陶与磨炼，形成了自己的一套做法。

曾康霖会把自己的研究成果根据课程体系的要求和同学们的接受能力，适当纳入课堂教学的有关部分，适可而止。注意"放得开，收得回来"，紧扣主题。

同时，他用自己的研究成果启迪学生思维，指导学生研究，这主要贯穿在毕业论文指导中。近几届曾康霖所带的研究生，他们的论文选题，如信用货币问题、利率问题、人口与货币、投资与储蓄的关系问题等，应当说与曾教授的引导分不开的。曾康霖认为，科研为教学服务，不在于给学生多少结论性的东西，而在于启迪学生思维，开拓学生思路，帮助他们掌握观察分析问题的方法。老师在科研当中力求做到既以经典作家的基本理论为指导，又不受传统的理论和观念束缚；既借鉴西方经济学有用的理论和方法，又避免不加批判地生搬硬套西方的东西；既做质的概括，又做量的分析，以这些思想影响学生，使学生能够结合我国的现实去思维、去展望，不在名词概念上去追求标新立异，哗众取宠。

另外，曾康霖会以自己的研究成果做学术报告，让更多的人评判，扩大影响；把研究成果纳入教材，或指定给学生做参考读物；把研究成果拿到学术会上去交流，接受检验，他所科研的内容一直在为教学服务。

大爱无疆　培养人才

1993 年，中国人民银行召开了全国金融教学先进集体、先进教师和先进教学工作代表大会，曾康霖受邀参加。能参加这场金融学界盛会，曾康霖感到非常荣幸，会上，他饱含深情地向领导和同行们汇报了他的金融教学理念和思考，提出了"先当学生，后当先生"的理念。多年来，曾康霖在培养人才方面有很多值得点赞的行为。

（一）理顺逻辑思维，拓展认知空间

曾康霖在传授某一个问题时，总是要率先评介中外学术界代表人物对这一问题的逻辑思维。然后，结合中国现实，共同讨论怎样去认知和研究。这方面极具代表性的是"如何看待金融与经济的关系"。

2006 年，曾康霖评价了"金融与经济关系的两种倾向：是经济决定金融，还是金融决定经济"。他指出，前一种倾向在西方学术界的代表人物有罗宾逊（J.Robinson,1952）和卢卡斯（R.Lucas,1998）。他们从货币中性论出发都认为货币是实体经济上的一层"面纱"，起交易媒介作用，货币多与少只影响商品的价格，不影响实体经济的要素的形成。这种倾向认为投资、储蓄及经济增长均由经济中的实质因素决定，不承认金融因素对实体经济要素的形成有何影响。

后一种倾向在西方学术界的代表人物较早的是凯恩斯，凯恩斯分析了货币供求变动影响利率，利率变动影响实际投资和产出，继后哈罗德－多马模型进一步证实了凯恩斯这一传导理论的正确性。但该理论对经济增长的关注只是重于国民收入、储蓄、投资、就业等总量分析，忽视了金融结构与经济增长、发展之关系。

曾康霖评析这两种倾向，看出他们在讨论金融与经济的关系时的视角：前一种倾向把金融局限于货币作为交易媒介；后一种倾向认为货币供求影响利率，从而作用于投资，投资与实体经济要素形成相关。二者都是从总量上去观察问题，前一种倾向从货币多与少（总量）影响商品价格着眼；后一种倾向关注储蓄—投资等总量平衡。

除了上述两种倾向外，20世纪60年代，西方经济学家提出了金融发展与经济增长互为因果关系论。其代表人物是帕特里克（Patrick,1966）。帕特里克在《欠发达国家的金融发展与经济增长》一文中指出，在金融发展和经济增长的关系上有两种研究方法：一种是"需求导向（追随）"方法。它强调的是金融服务的需求方即经济主体，随着经济的增长，会产生对金融服务的需求，作为对这种需求的反应，金融不断发展。另一种是"供给导向（领先）"方法，它强调的是金融服务的供给方，即金融供给先于对金融服务的需求。也就是说，金融优先发展刺激了经济主体金融服务的需求，而推动了经济的快速发展。

曾康霖认为，帕特里克确立的上述两种方法，是两种不同的视角，要回答问题也是：金融于经济的关系是被动的，还是主动的。"需求导向论"表明金融是被动的，逻辑关系是因为经济增长产生了对金融服务的需求，金融才随之发生、发展；"供给导向论"表明金融是主动的，逻辑关系是因为金融供给在先，促使经济活动产生金融需求。这样的分析可简单地回答二者的因果关系谁先谁后，却不能回答随着经济增长，经济主体为何、因何产生对金融的需求。也不能回答，金融主体为何、因何产生金融供给。换句话说，这样的分析（视角）都假定：经济增长，使得经济主体必然产生新的金融需求，金融主体也能适应经济发展主动增加金融供给。所以，要深入讨论金融与经济关系的主动或被动，必须讨论假定的前提条件是什么，存不存在，合不合理。

但曾康霖认为值得重视的是：帕特里克指出的金融与经济互动的"阶段论"。帕特里克认为，金融发展与经济增长间的关系的主动或被动取决于经济发展所处的阶段。在发展早期，金融业的扩张通过金融机构的设立与金融服务的供给来促进经济增长，符合"供给导向论"。但是，在经济发展的较高阶段，金融部门则处于"需求遵从"的地位。

还需要指出的是：帕特里克的"金融供给导向论"，也主要是基于金融功能观。应当承认，对金融功能的认识，是逐步深化的。而后曾康霖从历史发展的角度，大体上概括了先哲们对金融功能的考察，如下：

亚当·斯密强调金融的媒介功能，熊彼特强调金融的信用创造功能，格利和肖强调金融的储蓄转化为投资的功能，希克斯强调金融的提供流动性和分散风险方面的功能，帕特里克强调金融的资源配置功能等。

曾康霖认为，先哲们的思想提供、开拓了进一步研究的思路，怎样结合国内外（特别是发展中国家和欠发达地区）的实际进一步认识金融，仍然是艰巨的课题。结合发展中国家或欠发达地区的实际，必须关注经济结构与金融结构的互动。

（二）领会经典，含英咀华

曾康霖倡导读书，要求学生读书，自己也要读书，特别是学习经典著作。他认为，经典作家的论述，是深思熟虑的，是经过实践检验过的，实践是检验真理的唯一标准。但要注意经典作家论述问题的时间、地点、时代背景和当时的社会环境，以及假定的条件。如果时代背景、社会环境变化了，假定的条件不存在了或取消了，则经典作家的论述，也应发展前进。

曾教授倡导领会经典，含英咀华；兼收并蓄，充实功底。他指出：要把握住马克思经济学中"关于虚拟资本"的不同视角；要把握金融中介学说的发展轨迹，对于金融中介要有辩证思维；市场经济是商品经济发展的高级阶段，建设中国特色市场经济大有学问；要把握住古典金融与现代金融的区分；等等。他认为，联系实际，学习经典，要从概念的诠释中思索它的生成逻辑，要对传统金融理论进行再认识，从中去辨别各种事物生成、发展、存在的有效性和局限性。

（三）注重实际，升华理论

曾康霖教授指出，我国改革开放以后，经济学（含金融学）的研究呈现出"四个转向"：逐步从批判的经济学转向建设的经济学，从诠释的经济学转向研究的经济学，从排斥经济学转向借鉴经济学，从理论经济学转向应用经济学。

为什么会有这样"四个转向"？因为时代要求人们必须解放思想，实事求是，团结一致向前看，而且经济学界逐步认识到，经济学是人文精神的一部分，既有特殊性，更具有一般性。西方经济学是市场经济的产物，是对市场经济实践的理性认识，要确立市场经济就必须认识西方经济学。世界是多元的，经济学也存在多元化，多元与包容并存。

要说在金融学科的建设和发展方面做出的努力，曾康霖的自我评价是：倡导历史传承，主张借鉴包容，强调实践出真知。

"关注实际，升华理论"和"倡导调研"，是曾康霖的治学之道。他强调：理论并不神秘，理论来源于实践，理论是从感性认识到理性认识的结晶，而从感性认识到理性认识要有一个过程。一种认识只要能得到一些人的认同，特别是同行的认同，就会形成一种理论。一种理论通常是回答事物存在和发展的必然性，为什么，怎么样，它的生命力如何。

我国现在存在缺乏深入实际的调查研究，缺少从感性认识到理性认识的升华的问题。对此，曾康霖表示要关注国内外的经济、金融的理论与实践问题，"市场经济"大有学问，"研究金融不能不研究财政"，"存不存在财政危机"。所有这些，都是强调在学习中要注重实际，升华理论，他坚信中国人是有大智慧的。

（四）交流互鉴，海纳包容

曾康霖认为，人类文明不少是共同的，是能够互通和交流的。市场经济是西方经济学的研究的产物，也是人类文明的成果，我们要建立和完善市场经济体制。从一定的意义上说，当代西方经济学是市场经济学，我们需要批判地、有选择地学习和借鉴。

曾康霖认为，马克思主义的基本原理要坚持，学习领会和运用，特别是它的立场、观点、方法。他曾强调：立场是为什么人，观点要考虑是否符合实际，方法是否科学。要站在为人民谋福祉的立场上，运用科学的方法认识客观世界，求得符合实际的成果和得出有价值的结论。

为了便于学生学习、理解，他对常见的经济学成语进行了诠释，对新制度经济学中的概念进行了解释。这体现着一个老师的责任和担当，和对学生关爱的态度。

值得赞美的是，曾康霖在育英培养教学中的精心准备。他对博士生讲课，事前都要设计授课内容，印发讲授提纲，如金融的社会功能与财富、经济金融形势的评析与企业融资方式选择、商业银行的格局变化与创新、金融概念的丰富和发展、金融实践的发展与金融理论的创新；收入差距的变化与金融展业、社会成员的金融需求与供给、货币政策与央行地区分行调控；金融业发展与金融风险管理、关注金融领域变迁。（见《曾康霖文集——育英与咀华》第382页至397页）。这十个提纲包括基础理论、前沿理论、热点探讨、政策导向，内容深刻而丰富，全面而系统。每当授课以后，学生的反映是：内容丰富，条理清楚，必须深入理解，仔细消化。有的学生说，"听曾老师课信息量很大，收获不小，每当听完一个提纲讲授后，曾老师总要布置若干思考问题，要求写成一篇短文，上交评阅，或结合答辩"。应当说，这样的教学，师生都不轻松。

以下从曾康霖教授评介一场争论，看他怎样对博士生授课。

对郎顾之争的评价和思考

——对博士生的教学（2004年春）

近来我国学术界出现了一个所谓的"郎顾之争"，郎（郎咸平）是香港中文大学教授，从事财务管理学方面的研究。顾是顾雏军，格林柯尔董事长。

事情的引发，郎氏指责科龙、海尔、TCL、格林柯尔等企业在改制中存在着严重的国有资产流失，即这些企业通过管理层收购MBO，非常廉价地转让给了私人。国有资产是国家、民族的，是老百姓的，怎么轻易廉价地转给私人呢？

郎教授认为，产权改革不是唯一的，不能把矛盾都放在产权上。改革产权、股份化、上市不是好的选择。

郎教授认为，产权改革的思想基础是经济自由化，经济自由化的思想过时了。20年前管用，20年后不管用了。

他说美国经济的发展靠什么？靠民主、民营经济吗？不是。靠的是法治，靠严格的游戏规则。美国制定的反托拉斯法，实际上是反大家族法。美国、加拿大的大的股份公司都是家族控股，大家族控股就是为了家族利益，而不顾及社会利益。美国首富比尔·盖茨为什么被控告，就是他垄断维护家族利益。

郎教授还认为，某些产业如高科技的发展，靠民营经济是不成的，必须靠政府，如台湾的高科技，因为高科技必须投入大量的人力物力，而且必须经过很长的时期，而民营经济短视，人力物力不够，追求的是自身效益。现在中国的一些上市公司，名为高科技企业，但展业不放在高科技上，而是靠房地产。一个企业要做大做强不容易，必须经过十几年、几十年。如果在短期内容易做大，那就是泡沫。

郎教授还认为，不能认为民企的效率就一定比国企高，民企搞得好，国企就一定搞不好。在香港上市的国企的资产回报率，每单位资产创造的价值，国企都比民企高。

不同意郎咸平观点的人认为：

（1）什么是国有资产流失。国资贱卖，是流失；国资不贱卖，也会坐失，如让国有资产被浪费、被糟蹋、被挥霍、被瞎指挥亏掉，等等，有的人指出坐失不如流失。衡量改制得失的标准是什么？有人提出要用"卡尔多－希克斯标准"，也就是改制以后，使社会总财富增加，从长期看改制得到的收益能够弥补改制带来的损失。

卡尔多的福利标准：即判断一种社会变化能否增进社会福利的标准。它是卡尔多1939年在发表的一篇文章《经济学的福利命题和个人间的效用比较》中提出的。概括地说就是：如果这种改变使受益者得到的收益补偿损失者的损失后，仍然比改变前要好，那么认为这种状态的改变就增进了社会福利。

希克斯对卡尔多的福利标准进行了修正：希克斯福利标准，受益者对损失进行的补偿是长期的、逐步进行的。重要的是要考察社会变化能够使一部分人的所得大于另一部分人的所失，至于谁所得、谁所失，对某一次社会变动来说是不确定的，具有或然性，可以不去考虑它。

这两个标准有共同点：所得＞所失。区别点是：卡尔多，所得要对所失进行补偿；希克斯，所得对所失的补偿是长期的、不确定的。

（2）不能认为低于净资产出售，就产生流失，高于净资产出售就没有流失。买卖企业不同于买卖一般的商品，买卖企业是买卖企业的未来，如果企业未来看好，即使高于净资产出售，也有流失，即把企业发展的潜在能力转让给别人了。如果企业的未来不看好，即使低于净资产出售也没有流失，因为把企业未来的损失转嫁给了别人。

再说，是否流失，不能只是净资产与售价的比较，企业还有无形资产，还有各种负担。

（3）国企改制是明确产权边界。产权边界不明确带来很多弊端，国企总的说效率不高。

（4）如果说低价买卖是流失，则可采取公开招标的办法公平竞争，使买卖价格透明。

（5）管理层收购MBO，价格低是因为管理层在经营管理中把企业搞好了，创造了价值，所以理所当然地该享受优惠。

（6）国企在发达国家是少数，在国民经济中，大约10%，而且集中在电信、石油、钢铁、航天这些行业。但在我国国企比重占30%以上，而且大都在一般竞争性行业。这种状况下，不能以国外的国企与国内国企相提并论。

对郎顾争论，褒贬不一。国内一批经济学家明确支持郎的观点，北京、上海10位经济学家发表"联合声明"公开支持郎的观点，说郎咸平是有良知的、爱国的海外经济学家。

对这场争论，有人认为这是两个阶级、两条路线的斗争。斗争的一方是党和人民，另一方面侵吞国家资产的既得利益集团。

有人还调侃说，斗争的当事人一方是生在中国台湾、受美国教育、任职在中国香港、来自资本主义世界的郎咸平；另一方是生在中国大陆、受共产党教育、头上还有共产党员的所谓经济学家。意思是想表明：受过共产党教育的人不站出来维护国家利益，而受过西方教育的人反而站出来维护国家利益。

提出讨论这场争论的意义：

我认为这场争论不是简单的某个企业国有资产流失的问题，而是关系着我国经济改革怎么推进，当前正在进行的改革产权、股份化、上市否是好的选择，怎样对待国有经济，怎样对待民营经济这些是大问题。进一步说它关系着我国社会经济的发展靠什么理论来指导的问题。

我在广州中山大学见过郎咸平。他是反对国有银行股份制改造的。在演讲中，他说，不能认为国有银行的效益不好、效率不高，关键在于信托责任，信用观念；他不赞成银行民营化，说全世界只有8个国家没有国有银行。他说民营化银行就变成家族银行，东南亚国家好多银行都是家族银行。家族银行的效益、效率并不高。家族银行就是为了大家族利益，而不是为了社会利益。他用所搜集的资料向听众表明：

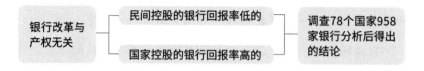

我认为这场争论引发了一些很值得思考的问题：

（1）对现阶段一些民营企业家包括管理层廉价收购国有资

产怎么看？对收购，不能只看其价格高低，要着力考察是否合理合法。

（2）中国社会经济的发展主要靠市场推动，主要靠政府推动。如果主要靠政府推动，政府是靠法制，还是靠掌握资源能量？进一步说还要靠什么？

（3）现阶段中国经济是否形成了家族利益集团？社会财富的创造、利益的分配是否被家族利益集团左右？

（4）经济学的研究有没有利益偏向？怎么才算是做到社会公正公平？能体现社会公正公平的是否就是真理？有人说经济学的研究回答的是"是什么、为什么"，而不是评价"怎么做"，"怎么做"是政策学、管理学，有没有道理？

（5）改制靠政府推动，还是靠市场推动？谁有这个需求？是当官的，还是消费者、投资者？

（6）改制的法律保障，有了法律才能体现公平、公正。郎咸平讲，美国用严格法律来保护中小投资者利益，也就是说私人财产不被强势群体侵犯。现阶段我国私人财产不能得到有效保护，还有待建立健全国家法律，国家也没用严格法律来保护中小投资者利益，私人财产是块"唐僧肉"。

先立法后改制，还是先改制后立法，或者边改边立？有人说我国有法制，但没有法治。怎么对这一问题进行研究？

要理论联系实际，实践出真知。在研究中，要联系中国已有的实际案例，要联想，要善于提出问题。有的问题自己没有想清楚，也要提出来，启发众人思考，供别人去研究。

有人认为，国有资产流失仅仅是一种现象，不能认为国有资产转让给别人就是流失。公平交易，等价交换，不能认为是流失。流失可区分为交易性流失和体制性流失。交易性流失就是在转让过程中暗箱操作，高进低出所造成的损失。体制性流失就是治理结构不健全，投资决策失误，监管不力，侵吞国产可造成的流失。

坐失不如流失："冰棍效应"，一块冰不赶快处理就很快化掉。国有资产流失只是一个财务标准吗？法律标准怎么确立？股份制改造上市，会不会造成流失？银行贷款收不回来造成烂账，算不算流失？贷款收不回来，不等于损失？

最近《经济日报》报道了"安彩经验"，即河南安彩集团的经验，并先后发了两篇评论文章。前一篇评论文章批判了"一卖了之""国退民进""低估、代价""暗箱操作"。文章指出，安彩经验就是运用市场化手段和资本运营手段，对企业内外的生产要素进行有效配置，如通过上市实现了投资主体多元化，通过兼并重组挽救了成都红光，通过整体收购招标了新乡美乐集团，通过合作经营（天津津京公司）扩大了市场份额，通过委托管理盘活了新乡太引公司。这样做，人们不禁要提出一个问题：安彩哪来的能量，即人力、物力、财力。据说，安彩的老板李留恩很能干，安彩拥有了一批人才，再有安彩进行技术合作研发了世界领先的技术，即能生产双压 21 英寸产品的"玻壳技术"，25 英寸、29 英寸、34 英寸、36 英寸彩玻生产线；能赚钱，

2004 年销售收入 93 亿，盈利 10.4 亿。

这样的经验：国有帮国有，先进帮落后，以赚钱的去收购亏损的。这样的好处：没有造成国有资产流失，带动周边企业搞活，没有造成就业压力。

但这样做能做大做强吗？能突出主营业务吗？能降低交易成本、管理成本吗？这样做都能实现技术创新、管理创新、体制创新吗？这样做有普遍意义吗？生命力怎么样？这样做是市场的推动，还是管理层（即政府）的推动？

国有企业没有优胜劣汰，出了问题便兼并重组。这是否是国有企业生存的最优选择？问题要落实最后谁买单？

收购兼并—再生—再收购兼并，这也是一种循环，不仅实体经济领域，也包括在金融领域，能够以此写成一篇博士论文，题目可命为《金融领域的循环经济研究》。这样的研究必须从以下几个方面深化：

（1）产权改革与要不要管理层收购是相关的，但收购多少、按什么价收购，又是另外层次上的问题。

要不要进行产权改革，虽不能一改就灵，但能形成 ┌── 多元化——形成制衡机制
└── 落实监护人——资产损失有人负责

（2）让管理层收购意义何在？

建立内部人与外部人利益互动的机制，但企业效益好不一

定全是负责人的功劳。

（3）产权不改革即不多元化，能否形成制衡机制。多元化了，相互制衡是不是就形成了，要研究产权改革的必要条件和充分条件。

（4）落实了监护人，资产损失就有人负责了。该他负责，但不能赔偿。监护人有没有足够的资产。如果监护人是官员，该他负责，但不能赔偿，这样明晰产权意义不大。监护人好一点，但并未彻底解决问题。所以产权改革不是唯一的，即多元化。落实监护人不是唯一的。不是唯一的，但是首要的。

（5）要研究产权改革的收益、成本。

我们可从这个案例略微窥见曾康霖是如何教学的，从设计的内容看，第一准备很充分，整理梳理了争论双方的观点分歧所在，特别是他们立论的逻辑。第二，把他们的讨论，提高到学术思想去分析，比如简单介绍了"卡尔多－希克斯标准"。第三，着力引导学生要辩证思维，如何看待流失与不流失，如何看待流失与坐失。第四，与法治联系起来，提出这场争论关系着改革怎样推进的问题，怎样推进，就是以什么理论为指导的问题。正如上述，他要学生认真思考6大问题。要回答好这6大问题，必须学习相关的理论和联系实际。

在讲课中，曾康霖不仅处处体现着辩证思想，而且着力联系实际，他搜集运用了《经济日报》上的"安彩经验"，正面肯定了"安彩经验"的做法和效应。通过课堂教学启发学生进一步思维，进一步去研究问题。并且提出了研究思路，比如讲课中提出能够以此写出一篇博士论文，必须从五个方面去深化。听众说：听曾老师的课，信息量很大，收获不小，同时负担很重。

从曾康霖教授与弟子们的书信往来，看他怎样指导学生。

（1）给博士生叶振勇的四封信。

四封信之一：

振勇：

您好！

收到 Email 传过来的资料，谢谢。

你写的那篇文章《关于美国经济萧条时期的货币政策和对我们的启示》，我认为有新意，推荐给《财贸经济》杂志。

中美达成加入 WTO 双边协议后，我国加入 WTO，似乎没有障碍。现在人们关心加入后的影响，特别是对金融业的影响。我想听听您的看法，同时帮我收集一些外国人士的看法。国内一般人认为：短期影响小，长期影响大，这种看法合不合理？我认为其影响，不仅在于外资进入，国内市场竞争方面，而且在于要走出去按国际法规、惯例运作方面。当前的问题是不熟悉国际法规，不懂得怎样按国际惯例运作。由此，我们会吃亏。为了有说服力，请您在这方面给我提供案例。（讲课需要）

最近看了美国"微软"打官司的报道，使我想到一个问题：什么是垄断？美国为什么一方面倡导自由竞争，另一方面又搞垄断？最近国会通过了《金融服务现代化法案》，核心内容是否是"混业经营"？这一法案出台，专家们认为将进一步推动银行、证券、保险的兼并。如果这样势必形成垄断。这个问题又该如何看？

郑先生来校讲课，我请他和夫人吃饭，感谢他。

请向葛代表致意

祝全家好

曾康霖

1999 年 11 月 22 日

四封信之二：

振勇：

您好！

电传的关于美国中小企业融资的外文资料早已收到。已翻译出来供研究参考。我最近去浙江开会、调查发现了一些金融、经济问题，为了便于研究，想请您介绍一些美国当前和过去的情况：

美国有没有合作金融？如果有，它的经济基础、思想基础（是什么）和怎样运作？国内一般人认为合作金融是社会公众中某一阶层或利益集团，为了保护自己或排除干扰而自动组织起来的融资组织。这种组织在商品经济市场化的今天，仍需要吗？如需要，"合作"的含义怎样体现，体现在入股、分红当中吗？国内农民"合作"意识淡薄，地区经济发展不平衡，"齐步走"按合作金融，不少地区名不符实，您怎么看？

朱总理访美，与美国头头们会谈，在各地演讲，国内已有报道，但为了全面完整地领会会谈讲话内容，想请您提供他们双方的谈话内容和答记者问。国内往往只报道一方，还可能有删节。特别是关于加入 WTO 的日程表，我们让步的条件。加入后对金融有哪些影响，多大影响？

以上两个问题，您可以谈谈看法，同时想听听美国人（包括美国华人）的意见，经济学家们的看法。

您公务在身，繁忙，又要学习，我不时给您提出问题既供我研究提供情况，也促使您思考、学习。谢谢！

曾康霖

2000 年 4 月 20 日

四封信之三：

振勇：

您好！

三月初传真的关于美联储 12 个区行的文章，早已收到，提供了一般书上没有的资料，非常感谢。在短短的时间内，您就把它写出来表明了您的功底和研究水平，我为您高兴。

国内人代会讨论的主题之一是扩内需，银行为了扩大内需推广消费信用。现在是"一头热"，还难以说取得了显著成效。为此想要您研究思考以下问题：①在美国，想用消费信用的多是哪个阶层，占多大比例；②银行推广消费信用，需要创造什么条件；③消费信用与思想、观念、道德；④个人消费贷款在银行贷款中占多大比重，等等。

国内学术界和实际部门正在讨论发展中小型金融机构，支持中小型企业的发展。我参加了一些会，有点问题仍然似懂非懂，想请您给我提供资料证实。

这一部分，有资料请先寄给我，谢谢。

有人说美国中小企业占企业总数的98.3%，是这样吗，以什么标准划分中小企业；

中小企业怎样融通资金，它们的资金构成怎么样，向银行贷款占多大比例；

美国有没有专门为中小企业贷款的银行，如果有这种银行怎样运作，比如怎样防范风险；

国内报道美国银行兼并成风，兼并后是否就改变服务对象、业务方针，大银行为中小企业服务没有？

从您到美国的感受，思考一下，我国有关当局原来的对金融改革的思路对不对？原来有人说：城市银行管大企业（即为大企业融通资金），合作银行（后称地方城市银行）管中小企业，合作金融在城市基本取消。

曾康霖

2001年春

四封信之四：

振勇：

收到发来的传真，很高兴，表明您在努力学习，研究。

商业银行能不能通过负债充实资本是个新问题，记得去年去美国，在联储碰着您和葛代表说是对此征求格林斯潘的意见，又来传真了一份材料给我，我前几天还找这个材料，但没找到，不知道格氏对我国银行发债充资有些什么意见和建议。看了您传来的材料后，我有以下疑问，请您揭示，补充给我传来。

1999 年 6 月，巴塞尔发布的《银行资本充足的新结构》稿，有些什么内容，其基本精神是哪些？这是个正式文件，还是征询意见稿？

专家建议，银行必须发行一个最低数量的长期次级债券，什么是"长期次级债券"？怎样才称"最低数量"？这样的建议，只适合美国，还是适合于其他国家？

1999 年 10 月，巴塞尔"要求银行根据它们承受损失的能力确定其资本构成"，这句话含义很丰富，怎样确定"承受损失的能力"？不同的承受力，有些什么资本构成模式？

美国联储确定发行长期次级债券用来充实二级资本，而不选择其他的债券，这是为什么？

对发行次级债券的银行的信用等级的评定，区分为"投资级"和"投机级"，这是为什么？什么是"投资级"，什么是"投机级"？还有其他级没有？据我所知商业银行原有的信用级别，如文所述划分为 AAA、AA 等，怎样又打出投资与投机的新概念？

传真文件第 7 页中提到"最新发展"，其中第一章 108 节规定要保护存款体系，避免保险基金过大而导致机构破产，这有点使人费解。保险基金过大怎么会导致机构破产？后面又提到"在大型金融机构的运作和保护存款保险基金中引入市场制约机制"，这句话含义丰富，请进一步说明。

第7页说，"目前长期次级债券并不是设计用来增强市场的制约机制，而只是作为资本机构中一种资产替代品"这句话，与前面所述似乎不协调，因为前面第2页说要引入市场机制，发债在会计上是负债，怎么说是作为资本结构中一种资产替代品？

总之，您这个材料的内容很丰富，表明您看了不少东西后写出来的，但可能使不少人看不明白（包括我），所以提出以上七个问题，替我解释。我建议您把这个问题写成一篇文章在《金融研究》发表，引起同行关注。中国决策层对这一问题也关心，应当趋前研究。

您在这之前传来的那篇文章《美国货币政策的传导机制》，其中有的需要修改补充，现传回，供您参考。

此外，第7页还说"当前国际社会普遍关注资本构成的改革，要求改革现行资本标准的呼声日益高涨"存在什么内容？

论文进展怎样，争取明年上半年答辩。

不要买"脑白金"了，去年我带回的都未吃完，怕成了依赖性。

祝全家好！

曾康霖

2002 年 8 月 23 日

（2）给博士生吕家进的信。

家进：

您的博士论文，按以下十六个字的思维去写，"结合中国、立足邮储、比较分析、辩证探讨"。

结合中国、立足邮储：在每一章的阐述中都有中国的情况和邮储的内容。

比较分析：中国与国外比较，国外互相比较。找出差异，评价可取与不可取。

辩证探讨：事物都有对立统一，在什么条件下可统一，在什么条件下不可统一，必须做出若干假定。

进一步说，对微型金融的研究，需要思考以下问题：

微型金融这一概念的含义，是就金融资源的分配来说的，还是就金融制度的安排来说的？如果是前者，大银行发放小额贷款也算，微型具体为分配的对象小，分配的数额少。如果是后者，大银行发放小额贷款可不算。微型具体表现在组织形式上，即融资主体小，或相对小。

微型金融的模式，国际上有四种，中国有几种？贷款公司、乡村邮储、村镇银行？能不能说在农村的算，在城里的不算；小银行算而大银行不算？

微型金融的实质是反贫困或者说扶贫，或者说公正公平地分配金融资源，微型金融的核心业务是什么，仅仅是小额贷款吗？微型金融的服务对象，仅仅是穷人吗？微型金融的活动区域，仅仅是贫困地区吗？

在我国建立和发展微型金融与现实的矛盾，比如：与做大做强的矛盾，与运作成本的矛盾，与经营原则的矛盾，按不按商业市场原则经营的矛盾。

曾康霖

2010 年夏

（3）给博士生王颖的信。

颖子：

您提供的开题报告我仔细看了。总的说来您下了功夫，看了不少相关资料写成的。您辛苦了！

总的题目建议改为：中国普惠制金融体系建设研究。这样简洁、明确。

集中在"制"上和在"建设"上做文章。

文章安排了 8 章，第一章的题目建议改为：普惠制金融的含义、理论支撑、实践路径。我的理解，这个机会中的"制"，有制度、体系、架构等这类含义，而不能仅仅理解为融资机构、融资形式。您开题报告中说得好，普惠不是对所有人讲的，而只包括那些创造和供给了金融资源而又需要分享、利用金融资源的人们，这表明：普惠不等于所有的人，不等于扶贫。

这表明：普惠是相对的，而不是绝对的；建立这样的制度，实质是金融资源的分配和利用问题。在这一章中不仅要回答是什么，而且要回答为什么，要回答清楚为什么要让所有供给了金融资源的人们有权和应当分享和利用金融资源。也就是要阐明"理论支撑"或者说在什么样的理念支持下，做出或提出这样结论的。当然，在阐明这一问题时要联系新时代背景和崇尚理念等。特别是"信用文化"。

第二章标题长了些，可改为"中国普惠制金融体系建设的要求"，这样章与章之间标题对称。

在阐述这一问题时，不要忘了前面提出的两个重要观点（国际研究成果）：金融业的发展能够使金融资源向低收入阶层分布，能够缩小收入差距。

原提纲中的第四章，可以纳入"覆盖面"中去，即第五章。

第三章标题加上一个"新"字，即新产权思路。按我的理解，这一章是回答在普惠制金融体系中是什么样的产权关系。新，新在哪？

第四章标题改为"普惠制金融体系建设中的金融资源再分配"这样更明确并统一。关键是：怎样使金融资源分配向低收入阶层倾斜，怎么样改变使我国金融资源分配向大客户倾斜的状况。

第五章标题改为"普惠制金融体系建设的覆盖面"。这不仅是城乡社区金融。前面提出要与区域经济，生产要素流动、产业链相结合，是否也要纳入？

第六章标题可改为"普惠制金融体系建设中机构、市场及产品设计"。在《报告》安排的第二、第三、第四节中没有机构，只有产品与市场设计。特别是怎样解决高利贷问题。

第七章问题比较集中：即怎么运作，分别是怎么定价？怎么防范风险？高利贷问题，是结合在这里论述，还是放在前一章？财务可持续性和激励机制内容都较多，是集中在一章，还是分做两章？都需考虑。标题也相应地要变。

第八章标题改为"对普惠制金融体系的管理体制的设计"更明确。中心思想是发挥地方政府作用。要不要纳入行业自律的内容？怎样加大法律监管？而且内容也多，要不要分作两章？

总之，每一章要集中回答一两个问题，逻辑要顺理成章，要避免叙述了一通的情况（特别是外国的情况），没有作者自己的观点，要避免述而不作。

章与章之间的结构要严谨，要避免节外生枝。

原开题报告中提出普惠制金融要坚持商业性经营原则，"要让所有存款人都能得到与其资产相应对的金融产品与服务"。这些要不要展开论述？特别是结合中国的现实论述。综观写作思想和写作提纲，觉得理想化的东西多一些，结合中国实际少了些。在我国现在的国情条件下？要让存款人都能得到相应的金融产品和金融服务，能实现吗？从哪里起步、切入？

开题报告中，提出普惠制金融产品开发中，发展基金类产品——小额投融资组合，与此相关，要阐明普惠制金融究竟是直接融资，还是间接融资。或者二者都有？

曾老师缺乏对这一问题的考察和研究。以上意见，仅供参考。

祝您成功

早日康复，向陆院长致意

曾老师

2011 年 5 月 18 日

以上摘录的是曾老师给三位博士生，即 1998 届的叶振勇，2009 届的吕家进和王颖的信。

给叶振勇的信中体现了"教学相长"：①要求叶振勇在美国联系美国的实际，思考中国加入 WTO 的影响。特别是对金融的影响。②收集国际法规案例，为讲课提供资料。③询问叶振勇怎样评价《金融服务现代化法案》的出台。

特别是要叶振勇联系美国实际，观察前沿、热点问题，如美国怎么向中小企业融资的，美国存不存在合作金融，美国怎样发展消费信用。此外，要叶观察，美国银行的一些新的做法，如能不能、怎样通过负债充实资本。

在给吕家进的信中，提出了 4 句话 16 个字的思维去构思写作博士论文，并启发吕从 4 个方面去思考"微型金融"。曾康霖还在给王颖信中，针对王拟定的博士论文提纲（共 8 章）仔细地指出了博士论文写作思路。从标题到内容，从重点到一般，从措辞到结构，从具体到抽象，可说得上，字斟句酌，无微不至。

◎ 附录

心执后辈无倦意，夜深此处有书香[①]

——记著名金融学家曾康霖教授

在黄昏的校园路上，在琅琅的书声里，人们经常可以见到一位老人清瘦而矍铄的身影，他步履沉稳，神态安详，总是在沉思着某些问题，仿佛处于一种自在的思想之旅中，这情形已经成为西南财经大学校园的一景，这位老人就是中国著名金融学家曾康霖教授。在四十余年的职业生涯中，曾教授一贯恪守他所追求的教书、育人、做学问这些教师的本分和品格，不求闻达与显赫，全部的精力都放在学生培养、学科发展和学术研究上。他是一个充满忧思和责任感的师尊，铭记着从前辈师长承继下来的责任，时刻洞察着学科发展中的前景及隐忧。有人说，曾老师就像一条平静的小溪，虽没有瀑布的喧嚣，但顺缓之流中蕴含着涌动的激情和思想的浪花，充满着厚积薄发的力量。

一、积极推动金融学科建设的发展

现代经济运行以金融为核心，当代经济学以金融学为显学，众多高校及研究机构均涉猎和逐鹿其间。作为西南财大金融学科带头人，曾康霖教授长期执着于金融学科建设并肩负学科发展擎旗者之重任，2002 年西南财大的金融学科被教育部评为国家级重点学科。学科建设是一个复杂的系统工程，涉及学科定位、专业设置、课程设置、教材建设以及教

---

① 甘煜.心执后辈无倦意，夜深此处有书香——记著名金融学家曾康霖教授 [J].中国金融家,2005（03）:101-104.

学内容与方法改革等多方面的统筹规划。早在 1981 年曾康霖教授就在《金融研究》上发表长篇文章，提出"科学在发展，金融理论教学的内容需要更新和丰富"的观点，引起了教育部门的重视，在金融教育系统产生了较大的影响。以此为起端，曾教授在金融学科建设上进行了全面而深入的探索，成为西南财大金融学科建设的推动者和擎旗人。

积四十余年金融教学、学术研究和学科建设上的体会和经验，曾教授在学科建设方面总结了四点：第一，学科建设一定要把握住学科的发展史，要理顺本学科的来龙去脉；第二，学科建设要以科研为主导，高校的科研应当推动本学科的发展，为教学服务；第三，学科建设要集各家之长，补己之短；第四，学科建设必须培养学术梯队，使之后继有人。曾教授还进一步指出了学科发展中的一些约束条件和行为原则：学科建设与发展有待其他学科发展的配合，有待市场经济体制的建立，既要继承传统，适应我国现有体制，又要改革开放与国际惯例接轨，学科建设、理论研究可以适当超前，但同时路要一步一步地走，要结合中国现实。金融学科建设要站在理论前沿，不能一知半解，更不能弄成"玄学"，使人如入云里雾里。为此，需要考虑师资队伍的适应程度、学生的接受程度以及实际部门的运用程度等问题。在这种学科建设的指导思想之下，西南财大金融学科得到了长足的发展。

高校教材建设在学科建设中的地位不可忽视。曾教授多次指出，什么叫重点学科？如何体现出重点学科的与众不同？除了完成科研课题、发挥科研成果的影响外，编写几本富有自己特色的重点教材，能体现重点学科的地位和价值。他认为编写教材首先要正确定位，掌握适度，不是越多、越深、越庞杂就越好，教材本身要有学科体系，他强调教材的特色体现在教材内容的创新、教材对象的合理定位以及设计符合现实需要等几个方面。1990年曾教授主编的《货币银行学》，率先突破了资本主义货币银行学与社会主义货币银行学的划分，打破了传统的货币、信用、银行三大块的结构，以货币流通、货币资金运动为主线，建立了新的货币银行学理论体系。1993年曾教授主编的《商业银行经营管理学》以商业银行各项业务为线索，以头寸调度为核心，以求得"三性"的最佳组合为目标建立课程体系，在国内是首创，获得全国高校金融类教材一等奖。1999年他主编国家级重点教材《商业银行经营管理》时，强调研究生教材与本科生教材定位的区别，将教材名称定为《商业银行经营管理研究》，该教材后来获得四川省优秀图书奖和教育部优秀教材奖。在新教材设计方面，曾教授提出了许多极具创意的设想，例如他认为有四门课值得开设，即金融市场管理学、金融商品交易学、金融机构信用评级学和家庭企业理财学，这些课程的内容必须融入心理学、社会学、伦理学、法学和数量经济学等学科，体现学科的交叉性。

积极推动金融学科拓展、创立新的专业。2002年教育部批准首批五所高校设立金融工程学专业，西南财经大学名列其中。曾教授对金融专业向新领域的拓展，一直持有积极的立场，他在金融工程学专业的创立过程中发挥了巨大的推进作用。曾教授认为金融工程专业应该与已有的金融专业区别开来。这种区别就在于它立足于开拓创新，培养的是致力于金融领域的创造发明和更新型的人才，而已有金融专业侧重于培养在既定制度环境下、按确定模式运作的金融经营管理型的人才。金融工程是金融资源变革的一系列活动，不能只是金融产品创新，它应当包括：金融产品的创新、金融交易的互换、金融资产的重组、金融业务的开拓、金融机构的调整、金融精算的设计，等等。

深入探索金融学与经济学的基本关系。近几年，曾教授在这方面进行了深入的思考。他洞察当代经济学发展的新趋势，提出经济学研究早已经突破了生产、分配、交换和消费等再生产过程四个环节而广泛地涉猎其他领域的论断。他将当代经济学研究领域以其演进的进程分为四个方面，即研究资源配置、研究交换关系、研究人的行为和研究制度环境等。在金融学与经济学的关系上，曾教授在一篇论文中将两者关系总结为四种组合并进行了初步分析：金融学是经济学的分支；金融学从经济学中分离出来，呈现并驾齐驱的趋势；金融学与经济学混为一体；金融学与经济学和其他学科相互交叉。他认为在当今世界经济运行中，不仅存在经济全球化、金融一体化的趋势，而且存在经济金融化的趋势。当代金融运行有了新的特征和趋势，金融正在主导着社会经济运行和人类经济行为，金融的地位和作用空前增强，这些深刻变化有可能使金融学与经济学产生分离且呈并驾齐驱之势。

如果说金融学与经济学有分离的趋势，那么两者的研究对象必然会有所区别。曾教授认为，金融学研究的不是物质资源的配置，而是金融资源的配置；金融资源配置会形成人们手中的金融资产，金融资产作为一种权利总是生活在债权债务关系之中；金融资产作为商品能够在市场上交换，这种交换不仅是一个特殊的领域，而且还有特殊的规律、交换方式和操作规则。因此，可以说，金融学是研究金融商品生产、分配、交换和消费的社会科学，其着力点在于由此发生的以货币形式表现的债权债务系，由此金融学可以被认为是研究以货币形式表现的信用关系体系以及社会成员相互间的信用关系。这种对金融学科的理解既新颖，又非常深刻，对金融学科发展的趋势有着重大的指导意义。

二、别具一格的人才培养思路

21世纪开放条件下的金融业竞争实际上是金融人才的竞争，曾康霖教授非常重视对人才的培养工作。早在1990年，他发表的"适应金融体制改革，更新教学内容，提高教学质量"教学研究论文，就获得首届国家级优秀教学成果奖。1997年他主持设计的"培养高层次金融人才方案"，又一次获得国家级优秀教学成果奖。

最近几年，曾教授把主要精力放在培养研究生上，在这方面他不断进行探索，取得了良好的效果。西南财大的博士生们都知道，曾教授对博士生授课十分重视，每节课之前都要做充分的准备，给学生印发大量的资料，因此他主持的博士点活动是非常有吸引力的，论题广泛、新颖，讨论热烈且有深度，吸引了许多非金融专业的博士生们参加，可以说是西南财大博士生教育的一个亮点。

曾教授在培养博士生方面有自己切身的感受并逐步形成独到的思路。每一届博士生入学后，曾教授都要讲"师傅引进门，修行在个人"，并总结了24字（拓宽领域，以专带博，充实功底，掌握方法，小题大做，求得成果）的博士生学习研究指导思想。"拓宽领域"，包括中外古今，边缘学科，跨学科，综合性学科等；"以专带博"，以研究方向为核心，向相关知识领域拓展；"充实功底"，要求掌握理论的来龙去脉；"掌握方法"，包括规范的方法，实证的方法，比较的方法，数理的方法等；"小题大做"，要求见微知著，由小及大，从实践中升华；"求得成果"，包括见解、方案、文章、报告、模型等。

这套博士生学习指导准则是曾教授在实践中不断总结的成果，具有很强的现实性和操作性。在博士生培养是"以专带博"还是"以博带专"的问题上，他是经过了几年时间探索的。开始，他的做法是"以博带专"。他要求博士生入学后坐下来好好地读几本书，扩充知识面，系统掌握有关知识，夯实理论基础。在此基础上，研究问题，选择题目，完成论文。但是，实践的结果并不理想，重要的原因是他们中不少人忙于自己的事业，坐不下来读书。近几年，他有所改变，实行"以专带博"，要求学生入学后就确定研究方向甚至研究题目，集中思考、研究一两个问题，根据所要研究的问题去读书、学习。但是在实践中，曾教授又发现"以专带博"的方法也存在问题，因为有的学生迟迟定不下合适的研究方向，甚至需要老师帮他定。所以，他常常感慨，不但学问无止境，而且师道亦无止境。

曾教授在博士生培养中十分注重调动学生的积极性，来促进他们刻苦学习，圆满完成学业。他的做法主要有：一是全面地关心他们的学习、生活、工作，要求他们德、智、体全面发展。二是善于出题目，引导、启发他们思考。鼓励学生创新，对新观点、新思想给予充分肯定，同时指出其中的不足。三是要帮助他们解放思想，拓展研究思路。"授之以鱼，不如授之以渔。"因此，博士生上课时出的讨论题中，相当部分是研究问题的思想方法和思维模式。四是给他们找资料，提供信息，见到有价值的学术动态、文章、学术著作，及时通报给学生。五是创造条件，带博士生去调查研究，让他们到实践中去锻炼，在实践中学习和发现问题。总之，要调动学生学习、钻研的积极性，又要严格要求，同时要全面关心，以知识育人，以情动人，为他们深造做"人梯"。

除了博士生培养有独到之处外，曾教授在金融人才培养的整体战略。上有着自己独特的构想。他认为，金融人才的培养要适应我国市场经济体制的需要，要适应市场多样化、多层次的需要。从服务对象上看，要有服务于政府、公司金融、家庭理财的人才；从金融机构运作看，要有领导决策层、经营管理层和业务操作层的人才；从执业人员素质看，既要有复合型又要有单一型的人才；从金融机构投入产出看，要有信息处理、形象设计、产品开发、市场开拓、提供多种金融服务等类型的人才。例如，曾教授呼吁尽快培养本土化的注册金融分析师（CFA），占领高级金融人才培训先机。他认为金融分析师这个概念需要细化，既要有替企业和家庭理财的金融分析师，项目投资的金融分析师，房地产开发的金融分析师，还应该有国际投融资的金融分析师。他提出，目前当务之急是培养具有国际执业标准的专业人才，先"人才国际化"，再"业务国际化"。

三、与时俱进的学术研究

在学术研究上，曾康霖教授是一个开放、豁达的智者，他总是在不断吸收新的东西，他的思考总是有自己的角度，总是在深究一些基本理念并不断开拓新的研究领域。他认为，做学问是高校教师的本分，做出来的学问是丰富人的思想和指导人的行动的。如何做学问本身也是一种学问，即方法论问题。

　　曾教授在学术研究中坚持"不唯书，不唯上，只唯实"，他做学问有两个显著的特点，一是不迷信经典作家的论述，他认为经典作家的论述，在当时、当地的环境下是正确的，但如果环境变了，应另当别论。另一个特点是不迷信"洋人"，不认为"洋人"才出理论，中国人就出不了理论。从曾教授发表的一系列论著看，他无愧于一个思想解放、实事求是、与时俱进的学术研究者。1992 年，他在一本专著《资金论》的序言中，曾初步述及他学术研究的方法问题：一是既以经典作家的基本理论为指导，又不受传统理论和观念的束缚；二是既借鉴西方经济学有用的理论和方法，又避免生搬硬套西方的东西；三是既做质的概括，又进行量的分析；四是既做系统的理论阐述，又进行具体的技术性运算。

　　近几年，曾教授的研究思路极为开阔，涉及许多新的和前沿的研究领域，取得了较为丰硕的成果，在学术界也产生了很大的影响。

　　曾教授对学科前沿有着自己独到的见解。有人认为学科前沿就是"新理论、新知识、新方法"，但如果要说"新"，西方已有的，我们没有，叫不叫新？个别人或一些人提出的，一般人没有，叫不叫新？他认为，学科前沿应该代表这个学科发展的方向，体现这个学科与其他学科的融合，它必须是当代社会经济中存在的、要急于做出回答的热点问题，而且还应该就这些问题提出有价值的先知先觉的理论，因此，这些问题和理论应该具有前瞻性。近年来金融学科领域出现了一些前瞻性的问题，如基金的兴起会不会取代商业银行？电子货币、网络银行的出现，中央银行的货币政策还是否有效？欧元区形成后，还会不会形成亚元区、美元区，全球货币会不会走向统一？如何评价虚拟经济？行为金融学会不会取代功能金融学？他认为学科前沿不等于学科热点，更不等于对策性研究。要站在学科前沿，必须把握住学术动态，注重经济生活的变化和时代的发展，应该说，这些见解是非常精辟和深刻的，对培养良好的学术研究风气是有益的。

宁静以致远，淡泊以明志，这两句格言最能反映曾康霖教授的为人、为师、为学之道。无论是在学科建设、学生培养还是学术研究中，他都是积极作为，不遗余力，体现出一个师长的高风亮节。在平常日子里，曾教授非常平易近人，性格中充满了率真、质朴、好奇的成分。他的博士生们私下常说，曾教授实际上是一个很有人情味的、风趣的人，与他的交流有如沐春风之感，而无拘谨羞涩之状。随着年事渐高，曾教授把更多的精力放在培养、关爱和提携后生晚辈上，看着这些乳燕雏鹰在学习和工作中不断取得进步，他感到十分宽慰。曾教授正是以自己的人品和学识深刻地影响着他的学生们，真正地在实践着"落红不是无情物，化作春泥更护花"的为师理念。

培养高层次金融人才的尝试

西南财经大学金融专业的博士点是 1990 年取得的，1991 年开始招生，现在已经 10 年了，有导师 5 人，到今年为止，国内方向招生 40 人，毕业 15 人，国外方向招生 18 人，毕业 5 人，如何立足我国实际，借鉴国际经验，培养博士研究生，多年来我们做出了不懈的努力。遵照教育要"面向现代化，面向世界，面向未来"的要求，坚持社会主义方向、坚持质量第一、坚持理论联系实际的原则，把博士生培养成德、智、体全面发展的社会主义事业的建设者和接班人。在这一前提下，既要培养科研教学型的高层次人才，又要培养务实管理型的高层次人才。按培养高层次人才的目标和要求，我们在培养中注重五个方面的结合，其内容是：①中国传统教育思想与欧美近现代教育思想相结合；②注重师徒因材施教和集体培养、规范教育相结合；③提高学生金融理论素养与参与金融改革能力培养相结合；④金融学科研究与多学科、跨学科研究相结合；⑤现实与未来相结合。一方面适应国家经济建设对金融专业博士的需要，培养现实急需的高层次教学研究人才，充实加强教学科研基地，培养高层次金融管理人才；同时，着眼21世纪，培养有发展潜力的，能在21世纪经济、金融发展中挑大梁的高层次人才。

一、培养的基本途径

按照上述指导思想，我们在探索中前进，经过这些年的努力，基本上形成了这样的培养方案：明确质量要求，执行教学方案，规范教学内容，致力调查研究，参加学术讨论，承担科研课题。

1. 明确质量要求。

对博士生的质量要求，国家教委负责人曾提出：学术理论要深、知识面要广。我们对货币银行学博士生的"深"的要求是，应当通晓金融各分学科（包括信用、银行、信托、保险、租赁、证券等）各种重大理论问题的来龙去脉，了解和把握本学科国际国内研究的理论前沿和方法的创新；对博士生"广"的要求是，应当了解金融领域中各种问题的历史、现状及其发展演进和现有研究水平。我们在强调博士生掌握的学术理论和知识结构在本学科内纵向和横向发展的同时，也注重培养博士生跨领域、跨学科、跨文化的研究能力。这样能更好体现博士生在理论功底、学术水平、知识结构。深与广的有机结合，更有助于提高金融专业博士生的培养质量。

2. 执行教学方案。

在金融专业博士生培养方案的制作与执行，我们注重体现"双轨制"的教学思想与原则，即将中国传统教育思想的某些长处与现代规范式教学方案有机结合起来。一方面，导师根据博士生的知识结构、理论基础、学术水平、研究兴趣与特长，制定能体现因材施教原则的培养方案以及具体读书计划，使教学不仅能兼顾到社会经济实际的侧重点，而且能体现中国传统书院式随机指点，随份教学的优点，发挥学生各自的特长，激发学生的学习兴趣，做到因材施教；另一方面，导师组织实施由学校研究生教学部门制定的较为规范的教学方案，注重公共课、基础课、专业课、任选课的结合，运用集体力量，发挥集体智慧。"双轨制"的教学培养方案，有利于探索更适合中国国情的高层次人才培养方式，收到了较好的效果。具体内容包括：

①根据博士生的具体情况，因人而异制定个人培养计划。②指定必读和参考书（49 本）。这当中包括古今中外的经典名著和一部分中青年学者新的研究成果，并要求写读书笔记。③组成博士生指导小组，运用集体力量进行博士生培养，内容包括：组织教学、组织考试和中期综合考试、指导论文、进行思想、品行教育等。④按教学计划安排的课程定时授课。博士生授课的内容与方式对老师是个考验，特别是财经科学，政策性、适应性很强，怎样组织教学是一个难题。

对此，我们所做的探索包括：

第一，教学与研究、讨论相结合（包括确定研究讨论主题）。一般我们以导师的近期研究成果（如关于通货紧缩、金融体制改革、金融宏观调控）作为讨论的主题，也包括以经济、金融热点难点问题（如企业制度改革）作为讨论主题。通过研讨有助于改进思维方式，培养和提高分析研究问题的能力。

第二,一般研讨与专题研究相结合。除对一般金融热点、前沿问题的研讨外，还注意采取由导师出题目或学生自拟别课题的方式。博士导师做专题发言，博士生指导小组老师和其他博士生辅助研讨，这有助于深化研究课题并使博士生得到思维锻炼。

在执行教学方案中，我们还特别注意培养博士生独立地对外交往的能力，为此，在学习期间为他们创造条件，鼓励、安排他们到国外考察、进修、合作研究项目，参加短期培训。我们认为一个博士生应当有独立的对外交往能力。此外在执行教学方案中，我们注重专业课、综合课的考试，在这方面我们统一命题，集体讨论，评定成绩，严格把关，进行中期筛选。

3. 规范教学内容。

怎样在硕士教学内容的基础上进一步深化、发展是很值得研究的。我们按照对博士生"深和博"的理解，对博士生教学内容进行规范：一是掌握国内外最新学术动态和学科的理论前沿（如注重收集、整理和评价诺贝尔经济学奖获得者的学术观点）。二是弄清理论前沿的历史发展脉络、学术渊源，强调学历史的发展趋势。三是在了解历史与现实的基础上，注重预测事关重大的理论、学术问题的发展趋势。四是注意收集整理、评价国内知名权威学者的学术观点，研究问题的思想体系、学术价值和政策意义。为了克服内地信息较闭塞和外文资料邮程长的缺陷，我们把香港作为传递窗口，传递收集信息，通过国外的校友、留学人员，通过与国外境外机构，如美洲中国人发银行驻美洲办事处和香港贸易发展局等的联系等途径来获得最新资料、信息。

4. 致力于调查研究。

理论来源于实践，没有调查就没有发言权。为了增强博士生研究问题的能力，鼓励他们深入实际调查研究，对此导师的责任是：①要善于出题目；②帮助拟好调查提纲，善于启示、指点学生发现经济生活中的矛盾与问题；③给他们牵线搭桥；④在经费上想办法资助，带着问题去调查，调查中发现问题。通常，实际部门的工作同志更多的是摆情况，介绍一个一个的问题。在这种情况下，导师的作用就是要善于抓住关键问题，理清问题之间的内在因果联系，而且要着力从实际升华到理论。在广东中山市的一个企业调查中，我们发现企业对银行是否商业化有看法，据此我们提出"商业银行的商业性要让社会来评价"的观点。在成都财税部门调查，我们发现财政金库存款占用的情况，据此，我们提出银行也可能向财政借款，金库存款的增加是对央行基础货币供给的扣除，从而影响货币供给量的观点。

5. 参加学术会议。

让他们参加学术会议，是锻炼他们的思维能力、了解新情况，广交朋友的好途径。参加学术会议，不能"空手赶场"，要有所准备，即要他们准备发言提纲或稿子，一般要求博士生能提供论文。这要求他们在会前参阅有关资料，导师的任务是介绍会议所讨论的问题现状，即有些什么观点、矛盾、差距，同时提出自己对所讨论问题的看法。我们把参加学术会议的过程看作是促进学习的过程。不要把参加学术会议当成一般出差看待，要带着任务来，即要求他们回来传达、通报信息。此外，参加学术会议也是给他们广交朋友的机会，从朋友中汲取学术营养。

6. 承担科研课题。

承担科研课题，真枪真刀地锻炼他们的本领，是提高他们的理论水平和研究能力的最好形式。据不完全的统计，近年本学科点有26人承担了科研课题30余项。这些课题都是中央有关部委和地方政府交办的，大都是与经济建设有关的亟待从理论上和实战中解决的课题。这些课题对于推动我国经济体制改革，促进经济增长方式的改变和经济增长起到了积极作用，这些研究成果对政府的决策有参考价值，有的研究成果被有关部门采纳正在实施。在这里值得提出来的课题：《增强成都金融中心功能的研究》被确定为国务院经济研究中心、人民银行部行、世界银行驻中国代表处在成都召开的国际会议的主要文件；《中国公开市场业务理论与实找操作》被中国金融学会学术委员会评为二等奖；《中国商业银行资产负债比例管理方案设计》，被管理部门采用，已在商业银行系统推广；《天府人寿保险公司设计方案》已被四川省政府采用，以此上报中国人民银行总行；《新一轮经济起飞金融对策研究》引起四川省省长重视，亲自听取了汇报；《关于建立科技银行方案的研究》已报国家科委，得到了宋健同志重视；《金融衍生产品开发研究》得到了香港同行的关注，由香港某出版社承担出版；已经完成的国家社科基金课题《我国转轨时期社会保险配套改革研究》已通过鉴定验收，而且得到劳动部社会保险司领导的好评。

二、培养的动作特点

1. 强调读书，继承前人的研究成果和研究问题的思路。

博士生要不要坐下来认真地读书？教育界曾有不同意见，有人认为博士生以研究为主，了解实际是最重要的，书本知识是次要的。我们的做法与上述意见的差距是强调认真读书。因为：①有的博士生是跨学科、跨专业考入的，要求他们认真读书有"补深"的性质；②即使是本学科、本专业考入的，由于他们掌握的是过去的理论和知识，而本学科又在不断地发展，新的理论、新的观点、新的研究问题的思路方法在不断推出，而所有这些大都反映在新出版的读物上，要求他们认真读书，期望"吐故纳新"的作用。③实际知识是重要的，书本知识要通过实践检验，实践经验也要升华到理论，充实、修订书本知识，要求他们认真读书有相辅相成、相互促进的作用。

给博士生指定的必读和选读的书目大体有五类：①一类是经典著作。这类著作有的是100多年前写的，有的是当代领导人的名著。博士生读经典著作，是要他们掌握经典作家分析问题的立场、观点、方法，特别是要他们把握基本原理的普遍意义。②第二类是国内代表性著作，这类绝大多数是博士导师和博士生写的。把这类著作列出要求博士生学习，主要是掌握本学科的最新的研究成果，同时要他们掂量以博士生毕业论文为基础出版的专著是什么样的水平，以激励他们潜心学习。③国外名著，这类名著也许博士生在读硕士学位时读过，这里提出来要他们读，有复习，精读的作用。国外名著大都是西方有名望的经济学家写的，这些著作曾经影响当权者的决策，对经济学的发展起重要作用，要他们学这方面的著作，既是了解西方经济发展的理论，也是学习学说史。④外文书。要求博士生读这类著作，是让他能够及时掌握国外最新的研究成果，同时以此促进外语水平的提高。⑤方法论图书，要求博士生学习这著作，主要是启迪、开拓他们研究观察问题的思维方法。

2. 注重本学科的发展，尽力站在学科前沿。

学科的发展除了要了解现状和未来外，还要学习历史。博士生学历史自然要弄清、熟悉史实，但重要的是要在史实的基础上，从事理论分析，并检验已有的理论是否完全符合实际。如长期以来，人们都以为世界上最早成立的中央银行是1694年成立的英格兰银行，通过学习历史后，什么是中央银行，英格兰银行什么时候成为中央银行，得出了不同的结论。再如长期以来人们都认为银行的前身是"金匠"，通过学习历史后，了解"金匠"并非是银行唯一的前身，银行的前身主要是商人。这些事例说明"论从史出"，博士生应了解或掌握理论渊源，来龙去脉。为了使他们掌握本学科的发展和理论渊源的来龙去脉，我们要求他们参与国内一些权威人士主编的辞书中金融学说部分的条目撰写。通过撰写使他们比较系统地掌握某方面金融学说的理念概括、创始人物、代表著作以及以后的发展变化。

为了使博士生的学习尽可能地站在学科的前沿，我们委托出国考察的人购买外文书籍并注重收集、整理、评价诺贝尔经济学奖获得者的学术观点，研究问题的思想体系及研究问题的方法。对此，除了收藏他们的著作外，还组织力量翻译他们最新的研究成果，如科斯的、威廉·夏普的等。此外，注重收集、整理、评价国内知名权威学者的学术观点，研究问题的思想体系及研究问题的方法，如陈岱孙的、黄达的等。

3. 注重思想方法的评述，启迪从不同的角度去思考问题。

在培养高层次金融人才的探索过程中，我们深感从方法论入手尤为重要。无论是从事教学研究工作的博士生，还是到管理部门工作的博士生，我们都强调注重思想方法的评述。在这里，确立研究问题的指导思想是重要的：既要以经典作家的基本理论为指导，又不要传统观念的束缚；既要借鉴西方市场经济有用的一般理论和做法，又要避免生搬硬套国外的东西，既要继承发扬前人的研究成果，又要有自己的见解和创造。在这个基础上，我们启迪从不同角度思考问题，如动态与静态，存量与流量，自变与因变，发展与局限，内生与外生，积极与消极，现实与预期，规范与实证，证实与证伪，质的概括与量的分析等。我们特别要求注重"传导机制"的研究，把问题的传导机制研究清楚才有利于了解它的动作过程受哪些因素影响，能发挥哪些作用，不能发挥哪些作用。

我们认为，唯有注重方法论原则，使其能够真正站在学术制高点。具有观其会通、明其变化源流和未来轨辙之能力，才能够以常应变，以一御万，成为国家学术建设和经济建设的栋梁之材。具体做法是：①导师自己在读书、研究问题的基础上，将自己的研究方法、治学方法授以学生。近年发给学生的学习资料中，有相当部分属于如何进行学术研究。②让学生尽可能博览群书，尤其是注意从历史发展的角度，从学说史的角度去把握和体现方法论原则。③鼓励学生进行跨学科研究，注重经济学、社会学、心理学的结合，力图从跨学科研究中更好地领悟方法论原则的真谛，更好地进行金融、经济研究。

在学校党和行政的领导下，在研究生部的指导和支持下，在师生们的共同努力下，货币银行学博士点的教学成果《培养高层次金融人才方案的设计与执行》获得了 1996 年度中国人民银行高校教学成果一等奖和 1997 年度国家级教学成果二等奖。虽然取得了可喜的成绩，但我们感到还需要不断总结经验教训，不断前进。

三、培养的经验教训

这十年来，在博士生的培养中，我们感到有以下问题值得思考：

1. 怎样选好苗子。

选好苗子不应单纯看入学考试成绩，而应通过面试、审查科研成果、考核工作能力等途径来全面把握考生的基本素质、科研潜能。"他已经是博士了，我才招他做博士，不是我培养博士，而是为他取得博士学位铺垫。"选取博士生，不应拘泥于本专业范围，要放宽视野，从电子计算机、数理统计等专业硕士中选拔，以发挥多学科的综合优势，使金融研究领域更宽。选取博士生还应从学科建设上来考虑，若考生在该领域学有所长，潜力很大，也应作为录取的对象。在选择培养对象中，看重功底、能力、品德三个方面。功底看理论基础和知识面；能力包含交往能力和写作能力；品德主要考察谦虚好学，善于对人处事。在市场经济条件下，人才的培养不能是"书呆子"，思想不能僵化，要锐意开拓。这些年来，我的观察，有的年轻人过分地自我感觉良好，很自负，有的年轻人不善于对人处事，相互之间搞"摩擦"，思想意识不很健康，这都是不好的。

2. 怎样进行教学。

博士生入学后，怎样进行培养，有以下几个问题值得研究：①在学习期间以学习课程为主，还是以科研为主？按教育部有关文件规定："博士生培养以科研为主"，这与拓宽专业基础有无矛盾？②为博士生开设的专业基础理论课和专业课怎样有别于硕士研究生？③博士生入学后较早地确定研究方向好，还是拓宽加深基础以后再确定研究方向好？

对第一个问题，有两种意见：一种意见认为，博士生入学后，要好好地读几本书；另一种已经认为，要着重对博士生的能力的培养。而能力的培养光靠读书是不行的，应当要他们承担科研项目，使科研与经济建设、社会发展密切联系，要尽可能地去争取承担国家的重大科研项目的研究。持这种观点的专家认为，博士生应有的专业基础不应当入学后才具有，而应当在入学前就具有，而且应让他们在科学研究中去加深和拓宽专业基础理论。我倾向于第一种意见，系统地读几本书，尽管有的书从前读过，但现在读与过去读不同，过去读，主要是了解书中讲了些什么，现在读，主要是思考作者的研究方法和思维方式，即揣摩作者是怎样分析问题的。我不仅要求学生读与现实结合较紧的书，而且要求他们学历史。

关于第二个问题，应当让博士生加深和拓宽专业基础理论和专业知识，同时掌握与专业基础相关的相关学科和边缘学科，进入该学科领域的前沿阵地。在国外，博士生也没有专门的教材。在教学上可以把一些优秀专著、名著推荐给博士生读。关于如何学习的问题，不要求学生同意导师的观点、结论，而应评价导师思考问题、研究问题的方法。

对于第三个问题，也有两种意见：一种意见认为，博士生入学后应尽早定研究方向，这样便于深入地钻研，为以后写毕业论文打基础；另一种意见认为，博士生入学后不要急于确定研究方向，也不要急于发表文章，要注重"充实、提高""养精蓄锐"，只要本钱厚了，不愁写不出论文。

3. 怎样依靠社会力量培养。

单纯靠导师及校内专家指导，是难以培育出高水平人才的。要靠社会力量比如兄弟院校、科研院（所）、实际工作部门等共同培育。这既可扩大博士生的知识容量，也可为他们提供实践、锻炼的场所。究竟如何依靠社会力量呢？我们认为采取走出去、请进来的方法比较可行。但这要取得有关方面的支持、配合，同时还应解决好所需经费问题。现在直接用在博士生教学上的费用不多，不够出去调研、参加会议。

4. 怎样解决在职博士生的工学矛盾。

在现在攻读学位的博士生当中，有相当部分属于在职生。他们既要攻读博士学位课程，致力于科研，又要担负比较重的业务工作或教学任务，因而工学矛盾比较突出。怎样解决这一矛盾？我们学校是采取定期集中授课的办法。这个办法对某些课适用，对另一些课不一定适用。这主要是专业课和论文写作，难以集中。我们现在是采取导师适应学生，就地指导、分散指导的办法，也就是导师到学生所在的地区、单位去指导论文，学生完成了一部分，就指导一部分。这也是不得已的办法。能不能要求博士生都住到学校读，是一个值得讨论的问题。

5. 怎样指导博士论文写作。

博士论文的要求，应按培养目标的要求，因为它集中体现三年来的学习质量和博士生的水平。我在指导博士论文方面，主要强调两个字：即"新"和"实"。"新"是新的领域、新的论述方法、新的资料、新的观点；"实"是有理有据，不空洞，分析论述比较具体、实在，不泛泛而论。基于这两个字，这些年来我指导博士生研究了国内没有或较少研究的问题。如：货币供给周期波动、社会保险制度分析、商业银行的资本运营、中小企业融资制度建设，等等。由于这些问题国内没有研究或较少研究，学生选题时有些困难，因为资料不多，前人没有成熟的观点可供借鉴，而且由于是新领域，怕答辩时问题多，通不过，冒风险。在这种情况下，我都鼓励，希望他们知难而进。因为，没有研究或较少研究不等于不需要深入研究。

博士生的研究应具有超前性、开拓性。这些年学术界和实际部门讨论工商企业的兼并、重组很多，其实，金融业也面临着兼并、重组，这是一个理论和实际问题，需要超前研究。这些年人们关注的是大中型企业的融资，怎么"债转股"，减轻包袱，而较少关注小企业的融资，其实中小企业在市场经济中总是占绝大多数，它们的兴衰关系着经济发展、社会进步，它们的融资问题不仅值得关注，需要关注，而且大有学问。作为当导师的，要善于出题目。有人说导师的水平不在于他能解答多少问题，而在于他能以敏锐的思维，观察和提出问题。说实在的，限于精力、能力，在很多场合下，他想得到，但做不到。我能提出问题，但我也回答不了这一问题。尽管如此，我也要提出来，推动学生去做、去思考。

学校要我出国考察，华盛顿大学和芝加哥大学的同行们给我们一行人介绍，他们的博士生研究中国问题，给人以震动。华盛顿大学中国研究所所长薄克敏教授带领他的学生研究四川凉山彝族的人口问题几次来四川；芝加哥大学一教授的夫人，博士论文写的是中国汉代以前的法律制度。这些信息给人的启发是：外国博士生着力对中国问题的研究，中国的博士生为什么不研究外国问题呢？近年我提出博士生不能只研究中国问题，而要研究外国问题，不能只研究大陆问题，而要研究港台问题。我有一个博士生博士论文写的是《欧元的运作机理和调控机制》，他在伦敦经济学院住了一年，掌握了第一手资料，比较系统、实在，颇具新意。不久前有三个博士生确定了博士论文题：一个是《美国金融宏观监测指标同体系的构建与运用分析》，一个是《中国内地与香港金融合作研究》，再一个是《中国内地企业在香港融资研究》。为什么要这样引导，就是要他们目光向外，不要只看到内。

我在指导博士论文中，要他们"小题大做"，也就是要他们"见微知著"，要他们向纵深发展。"小题大做"才能深入下去，提出自己的独到见解。"大题小做"容易一般化，人云亦云，难以体现特色。所以，有的学生提出要研究经济全球化下金融发展的战略等类似的问题，我往往不是非常赞成。当然，如果他很有见解，资料也很充实，也尊重学生自己的选择。最近有个学生要写消费信用。有同志认为题目小，展不开，写不成博士论文。但我的看法相反，消费信用，随着经济的发展、时代的进步、人们思想观念的转变，将是人类社会经济生活的重要组成部分，这当中大有学问，很有研究，如消费信用的发生、发展，消费信用的制度基础、经济基础、思想基础，消费信用的法律机制，消费信用的运作机制，消费信用的市场建设，等等。我这样讲是想表明，有些问题看起来小，其实很大，重要的在于思路能否展开，能否形成理论框架。

当老师的实际上是学生学习的"后勤部长"，为他们服务，帮他们理顺思路，掌握表达分寸，提供资料，介绍参考书。我经常把与他们研究相关的资料介绍给他们，有的甚至复印给他们。老师没有多大本事，能为他们做一些后勤工作，也算尽老师的责任。

第九章　进言与献策

　　曾康霖教授，是新中国成立后高等教育培养出来的大家。他出生在农村，生活在农村，工作在农村。大学毕业后留校任教，虽然生活在大城市，但关注的重点仍在基层。这反映在他在教学中，既注重学习经典，更注重联系实际，倡导由感性认识上升到理性认识。

　　除了关注金融领域的状况外，他也始终关注中国经济的发展。改革开放后，他被邀请参加四川省政府领导召开的座谈会，为四川乃至全国经济的发展进言献策。他着重指出："经济增长要靠信心和信息"（2001年7月）；强调必须"打造绿色经济，扶持民营经济，发展配套经济，提升劳务经济，树立地区经济形象，锐意改革进取"（2001年8月）；提出"全面建设小康社会，要看到优势、差距，要把握住重点"（2002年11月）。在这里我们摘要地记录他在四川省政府经济发展座谈会上的几次发言，可见其中的分量：它们不仅有理论价值，更有实际意义；它们不仅立足于四川、西部，而且覆盖整个中国；它们不是暂时的，而是长远的，是经济增长、建设小康社会的期待。

此外，曾康霖教授针对金融领域存在的值得关注的前沿问题，推动金融、经济的改革和开放，展示了他的真知灼见。

经济增长、建设小康社会靠什么

（一）发言1：信心与信息（2001年7月19日）

当代，经济的增长要靠人们的信心和所掌握的信息。如果人们预测未来经济的"行市"看涨，则能调动人们的投资、消费的积极性，促进经济发展。四川提出"跨越式"发展后，各级干部和群众的积极性很高，人们的预期心理看好，这是下半年经济增长的好兆头。经济增长需要掌握信息，靠信息导向。

四川省是人口大省，资源丰富，发展经济有许多有利条件。下半年的经济发展，我主要讲两条：一是继续发挥大中企业的经济骨干作用的同时，要强化县域经济，发挥县域经济的作用。为此在政策上要做调整，要大胆改革，比如发展小集镇，改变农村一家一户的状态。一家一户的生活，不利于改变农民的生活习惯和消费观念。对此，在土地政策上要做调整，如允许农民将土地作为抵押取得信用支撑，允许转让土地使用权等。另一条是在继续扩大内需的同时，扩大外需。要着力提高四川经济发展的对外依存度。四川出口贸易要大力发展，除了扩大工业品出口外，要通过农业结构调整和科技创新，生产农业绿色食品和保健品，增加出口。这一点四川是有潜力的，四川土地资源和人力资源丰富，只要科技兴农，着力农产品创新，对农产品进行深加工，就能扩大对内外的需要。从这个意义上说，四川经济发展的希望在农村。

（二）发言2：推动四川经济发展（2001年8月11日）

1. 打造绿色经济

绿色环保，绿色农业，绿色食品（没有农药，新鲜）。

（1）规划。有一个发展战略：绿色＋科技＋规模＋品牌。为此，要根据本地区的资源条件，科学规划，在规划中要按照"整体、协调、循环、再生"的生态学原理。

温江三十几万人口，面积200多平方公里，水土资源、地理位置、气候条件都很好，金温江、银郫县，吃在成都、住在温江。

温江不能成为垃圾堆放场，不能成为污水出入沟，不能够成为空气污染源，不能把城市的污染转移到农村和郊县来。

（2）结构调整。把发展绿色农业与调整农村经济结构联系起来。根据国内外市场的需求，大力发展绿色食品产业、绿色种植产业、绿色养殖产业、绿色土特产业，扶持从事有特色农产品生产、销售的龙头企业，推进绿色的产业化经营。

温江，花木产业规模化，建成18公里的生态大道花木走廊，25公里的乡村生态路。

温江，产大蒜，四川闻名，大蒜、大葱是保健产品。

（3）深加工。增加农产品附加值，如蔬菜，做精、做细，在麦德龙、沃尔玛、伊藤洋华堂销售，当天生产，当天上市，当天销售。

2. 扶持民营经济

首先，怎样启动民间投资？近几年我国的经济主要是靠政府投资拉动的，采取所谓积极的财政政策。

积极的财政政策的初衷之一，是想通过政府投资去拉动民间投资。可是成效甚微，拉不动。为什么拉不动？有环境问题、观念问题和政策问题。环境问题主要是找不到好的项目，观念问题主要是私有财产不能很好得到法律保护，政策问题主要是政策上遭到歧视，不公平（比如私人企业除了上缴33%的企业所得税外，还要上缴20%的个人所得税）。

要启动民间投资，要放宽投资领域：高科技项目、基础设施项目、公益性项目、第三产业（教育、卫生、旅游、社区服务），这些项目不仅政府可以搞，而且要动员私人搞。

这些年来上海发展得很快，资金怎么解决的？

（1）动员民间投资（沪深高速公路民间投资32亿元）；

（2）转让基础设施的经营管理权（上海将南浦、扬浦、徐浦三座大桥的专营权转让给香港中信泰富集团）；

（3）批租土地，挖掘资源性资金；

（4）政府举债。

总之，政府引导，社会参与，市场运作的投资格局形成了财政、银行、证券三管齐下的投融资体制。

其次，调整不公平的税赋，取消不合理的收费。

最后，保护私人财产。

南京市经委为民营资本投资"开绿灯"。

投资 1000 万元以上的市级重点项目，竣工后比照国企给予补贴；私人企业当年用于技术开发费用，比去年增长一成以上的，在应纳所得税中抵扣 50% 的技术开发费。

鼓励私营企业参股、控股国有企业，实行同股同权、同利。

3. 发展配套经济

温江区位优势，劳动力成本的比较优势。

区位优势，信息灵，技术交流快，协作的能力强。

引导中小企业为国内外大企业协调、配套、加工，招商引资。

以对接配套为主要内容的招商引资开拓配套市场。

4. 提升劳务经济

中国经济发展的问题，从某种意义上说是农村、农业、农民问题。要解决"三农"问题，就是要减少农民，而减少农民的办法是劳务输出。劳务输出，需要技能培训。

最近教育部召开全国就业教育工作会，朱镕基总理都出席了。强调搞市场经济，对外开放，需要不同层次的专业、技术人才。所以，温江提升劳务经济，就要大力发展技术职业教育，这不只是教育部门的事。财政、银行也要投资、贷款扶持。这叫作人力资本投资。现在有一个新名词"订单教育"，用人单位需要什么样的人才，教育部门就培养什么样的人才。温江能否成为成都市职业教育基地？

现在有个新的提法，中国要成为"世界工厂"。欲做"世界工厂"必须强化职业技术教育。用"世界工厂"解决 5 亿农民问题，在国际分工中扮演"工厂"角色，成为世界加工制造业的中心。

5. 树立地区经济形象

树立地区经济形象，讲信用，讲效率。市场经济是法制经济、信用经济，讲信誉，包括个人信用、企业信用、政府信用。

信用以信誉为依托，信誉以诚信为基础。

所以，讲求信用，就要维护和树立自己的信誉，就要讲求诚实守信。个人、企业讲求信用，不能弄虚作假，不能欠账不还，不能失信于人。政府讲求信用，说到做到，不说大话、空话，政策落实、兑现，不浮夸、虚报，取信于民，服务于民。

当前，全国上下都在进行以诚信为主要内容的道德教育，都在建立信用评估、征信机构。包括农村，对每户农民的信用等级进行评级，挂牌，公示，为发展农村金融打基础。

6. 锐意改革进取

讲稳定发展多，讲改革少了，要以改革促发展。农村怎么改革？一些地区推出了"股田制"（四川南溪 5000 元一股，如以土地入股，每亩按产出 400 元折算），以土地入股，组织现代化的农业生产、营销企业。规范化、集团化生产经营，这是"公司＋农民"模式的一种形式。温江可以试点。

（三）发言 3：小城镇协调发展（2002 年 11 月 18 日）

从我们西部、四川省来讲，全面建设小康社会，要看到优势，看到差距，要把握住重点。优势是什么？优势是资源，是天时、地利、人和；差距是什么？总的说来是人才、人的素质、经济水平。因此，从西部、从四川来说，全面建设小康社会，主要抓经济发展，以经济发展为先导，着力精神文明建设和物质文明建设。

抓经济发展，要着力抓县域经济和小城镇建设。县域经济的发展，要因势利导，因地制宜，总的说来要：

打造绿色经济，造就绿色环保、绿色农业、绿色食品；

推动民营经济，启动民间投资，支持、引导、促进非公有制经济发展；发展配套经济，不能都当主角，要甘愿当配角，为大中企业加工配套；提升劳务经济，减少农村人口，增加劳务输出，劳务输出需要技能培训。

要：树立地区经济形象，讲信用、讲效率；

锐意改革进取，发展产权、土地、劳动力和技术市场，允许买卖土地使用权，发展"公司＋农民"的生产经营模式。

针对小城镇建设，党的十六大报告提出：要科学规划、合理布局，要与发展乡镇企业和发展农村的服务事业结合起来。总之，建设小城镇要协调发展。

这种协调发展带来的效应不可低估，它不仅增加就业，提高人们的收入，更主要的是改善人们的思想观念、生活方式，它将推动农村的人才交流、物资交流和信息交流。所以建设小城镇，是全面实现小康社会的落脚点，应当引起应有的重视。

(四) 发言 4：建设新农村的着力点（2006 年 6 月 7 日）

党的十六届五中全会把建设新农村的含义概括为：生产发展、生活宽裕、乡风文明、村容整洁、管理民主。这样的概括有新的内容、新的政策导向：一是不能只注重农业生产，还要注重农村文化、福利事业建设；二是不能简单地强调加速城市化，而是要促进城镇化健康发展。在我们看来，建设新农村，应该把重点放在切实帮助农民增加收入，提高生活水平。结合现实来说，有几项工作是值得做的：一是抓住农村劳动力的培训，提高农村人力资源的素质，有组织地进行劳动力输出，创造机会让农民在经济发达地区多挣钱；二是调整、改善农业生产结构，推动工农商联合，促进产、供、销一体化，特别是生产、加工绿色食品和农副产品深加工，以适应城市居民消费和超市发展的需要；三是积极推动城镇化建设，农村城市化是社会发展的必然趋势，只有这样，才能改变农民的生产生活方式、消费习惯，才能让农民接受更多的新生事物，了解和掌握更多的信息，才能提高农民的素质，让农民真正分享经济增长的成果。

1. 建设新农村的切入点

近期有关部门的新闻发言人说：为了建设新农村，农业部开展了"百村调研"活动。把调查取得的成果和经验概括为"产业强村，科教兴村，生态建村"，并认为"关键是把农产品加工发展起来""这是新农村建设的战略重点"。我们认为这样的调查是有意义的，愿望也是好的，但是否具有普遍意义，需要研究。因为发展农产品加工事业必须要有制度安排（由谁来加工）、技术安排（怎么加工）、需求安排（加工出来卖给谁）和风险保障安排（如果产生了损失怎样弥补），也就是说是有条件地发展。在有条件的地区着力发展农产品加工事业是可取的，是前进的方向。但在条件欠缺的地区，怎么办呢？我认为现阶段具有普遍意义的是提高农民的素质，把农村的人口压力转化为人力资源。这是建设新农村的切入点。从近期说，要提高农村劳动力输出的质量。这是一项现实而很有意义的工作，是切入点的具体化。

为了提高农村劳动力输出质量，首先必须改善我国教育结构。近年来，我国大力发展高等教育，以很高的速度扩招本科生、研究生，培育高层次人才，这对于缓解当前就业压力和提高人力资源的素质，自然是有意义的。但中等教育，特别是中等职业技术教育削弱了，这不利于适应企事业单位对各种人才的需要。为了提高农村（当然也包括城市）输出劳动力的素质，重视发展中等职业教育是必要的。其次，应当举办各种类型的与输出劳动力有关的就业和技能培训。现在，有一种不太协调的状况，即为有钱人子弟办学、为出国人办学的多，为普通老百姓办学的少，究其原因大概是前者能挣钱、挣大钱，后者不能挣钱和挣大钱。在这种情况下，既要舆论上鼓励、表彰那些为老百姓就业办学的企业家和先知先觉者，同时在政策上优惠他们。再次，要为已经外出打工的人，提供学习、提高的机会。用工单位不能只是使用他们的劳动力，而且要培养、提高他们的劳动力。当地政府不仅要关心他们的所得能否兑现，而且要关心他们的生活和成长。最后，农村劳动力要有组织地输出。组织单位不仅要负责他们的安全、合理的工资待遇，而且要负责对他们的教育，包括思想、品德、文化、技术。为此，必须依托农村城镇化，重点是县域经济和中心城镇。把分散的农村劳动力适当集中起来，让中小城镇成为他们获取信息、接受信息、改变观念、提高素质的摇篮和基地。

从以上发言可以看出：曾康霖教授对经济发展的进言与献策，着力农村，着力民营，着力西部地区，着力绿色经济，而且紧密结合实际，具有现实性、可操作性。

关于经济增长、建设小康社会，曾康霖教授除了在省政府召开的座谈会上进言献策外，近年来，特别是十八大以来，他在深入调研的基础上，写出了系统的调研报告，阐述了发展中国社会经济的看法。2017年他的调研报告提出了"以县级区域为基础，以广大农村为前沿阵地，建设和发展中国社会经济"的主张。他认为："长期以来，中国社会经济发展以大中城市为中心，疏于县级区域，这样的状况必须引起高度重视。实际上中国人大多常年生活在县级区域，县级区域的下游经济为人们提供了最终的生活消费品，生活在县级区域有利于提高国民整体健康水平。如使农村成为社会经济发展的前沿阵地，有利于扩大就业。"为此，他主张：对县域经济要科学规划布局，加强基础设施建设，引进资金与人才，明确目标要求，制定政策措施。

2018年，曾康霖教授又根据十九大报告提出的"乡村振兴战略"的要求，组织力量深入调研，写出了系统的调研报告。调研报告提出了：乡村振兴战略的切入点在于树人，所谓树人就是要培育、鼓励、支持企业家到农村创业展业，闯出一片新天地；乡村振兴战略的压舱石在于产业导向，所谓产业导向就是要优化生产要素配置，要培育发展新型的农业产业经营主体，要建立线上线下的为农业服务的产业体系；乡村振兴战略的助推地在于打造小镇，所谓打造小镇就是既要打造特色小镇，又要打造综合小镇，使综合小镇成为宜居、宜业、宜人、宜游、宜成、宜养的综合体。① 应当说曾康霖教授的主张，符合现阶段中国的实际，反映了人们的心声，是有价值的见解。

（五）发言 5：怎样扩大内需（2004 年 3 月 26 日）

生产是为了消费，供给是为了需求，发展中的大国促进经济的发展，必须扩大内需，这是曾康霖教授始终关注的问题。对此，在建言献策中，他首先梳理了国外经济学界关于需求不足的理论。

在早期，西方经济学界关于需求不足大体存在三种理论：一是凯恩斯的理论。凯恩斯主义主张在需求不足的情况下，政府要创造需求，即利用财政、货币政策扩大投资，创造需求。二是弗里德曼的理论。货币主义的代表人物认为，在需求不足的情况下，不应扩大货币供给，要坚持稳定货币供给。因为增加货币供给，使企业卖不掉的东西能够卖掉，减轻企业压力，不利于企业改善经营管理。三是供给学派理论。供给学派认为，经济好不好不在于需求，而在于供给。企业是产品供给者，关键在于企业有没有活力、有没有积极性。企业扩大、改善供给，本身就创造需求。在后期西方经济学界关于需求不足又提出了经济周期长波理论和制度因素理论。

经济周期长波理论，是以新兴科技的发展为转折点，如果市场对新兴科技发展的承受力强，则对需求不足的影响小，相反，如果市场对新兴科技发展的承受力弱，则对需求不足的影响大。曾康霖教授认为，我国市场对新兴科技的发展有较大的局限性，不应用经济周期长波理论考察需求

---

① 具体见本章附录。

不足，而主张用制度因素理论考察需求不足。基于这样的认识，他指出，1999 年我国的内需不足，必须关注六大矛盾，即经济结构与扩大内需的矛盾、公众心理预期与扩大内需的矛盾、原始积累与扩大内需的矛盾、财政承受力与扩大内需的矛盾、收入差距扩大与扩大内需的矛盾、政府行为与扩大内需的矛盾。

同时，他认为当前扩大内需要调动两个积极性，即老百姓的积极性和企业家包括国有企业家与民营企业家的积极性。要找到解决问题的切入点，要从方法论的角度，研究扩大内需追求什么目标、利用什么手段、行为主体的行为方式，以及政策目标的检验，等等，这样的政策调整才会有实际成效。

在这样的思想指导下，曾康霖教授指出：一是扩大内需，必须使老百姓的收入增长与经济增长同步；二是经济发展，靠扩大消费、扩大内需，要密切关注消费结构的巨大变化；三是要改善供给，才能扩大内需。

关于第一点，他密切结合当时（2004 年）中国的实际提出：一个国家是否实现现代化，有许多衡量指标，如工业化、城市化的水平，人的平均预期寿命、医疗服务、成人识字率、大学普及率、农业劳动力的比重、服务业增加值比重等。

国际上按一国实现现代化的程度，区分为第一次现代化与第二次现代化。第一次现代化以工业化、城市化为特征；第二次现代化以知识化、信息化为特征。据研究报告透露，中国已进入第一次现代化的发展期，在 108 个国家中排名第 62 位，属于初等发达国家。从整个国家来说，尚未进入第二次现代化。以第二次现代化指标去衡量，生活质量已达到世界水平，但知识创新能力仍存在很大差距。主要原因就是：中国国民收入增长的速度低于经济增长速度。

低收入必然导致低消费，低消费必然导致生产能力过剩。一边是低消费，一边是生产能力过剩，所以中国市场潜力广阔。曾康霖教授认为，要把市场潜力变为现实，首先要提高居民收入，增强消费能力，没有消费能力，扩大内需无从谈起。

中国当前存在的问题是年收入差距拉大。据国家统计局城调总队的调查，20%的高收入人群占全部收入的比例，是低收入家庭收入占比的8倍。湖南、湖北、安徽、河南、四川、黑龙江、吉林、辽宁等9省农民的人均年收入不足2000元。陕西、宁夏、青海、云南、甘肃、贵州6省份农民的人均年收入不足1500元。

江苏昆山，2003年GDP为430亿元，人均年收入超过5000美元，却有6000多农民人均年收入不足2500元，生活贫困。原因在于：外商创造GDP，但利润却汇回自己的国家了。

曾康霖教授认为，要解决这个问题，当前就要创造就业机会，提高城镇低收入人群的收入；在农村，要加大投入和转移劳动力。为此，要加快城市化进程，实现农村城市化。

关于第二点，曾康霖教授针对我国消费的变化提出：靠消费推动，要看到消费的变化。一是消费结构的变化，二是消费倾向的变化。

近年来，消费结构的变化很大，人们的"吃穿住行"都有很大变化。吃绿色食品；穿，年轻人追求个性和美，老年人追求宽松和舒适；住，要考虑环境、教育、医疗等；行，不仅城市居民要旅游，农村居民也要旅游。当代社会的消费分层不是都随大流，而是高、中、低三个层次扩大有效供给，很多城市有富人区、平民区，有钱人坐飞机坐高铁有头等舱。消费倾向在发生变化，消费结构也在发生变化，此时曾康霖教授强调特别要看到消费的分层次。

他认为，扩大消费最终还是靠老百姓有钱，必须有三大要素：所得、价格、偏好。首先要有钱，现在人们收入增加了，但差距也拉大了。国家统计局把人们的收入分为五等：最低等的年收入不到5万元，次等的年收入5万—10万元，中等的年收入20万元左右，高等的年收入在30万元以上，最高等的达50万元以上。金融机构要与当地居民每家每户打交道，了解每家的收入和资产是基本功，了解所在地高中低收入情况，做到心里有数。

关于第三点，他从企业转制和结构升级两个方面，深入地剖析了内需不足。曾康霖教授认为，这里的发展包含企业转制和结构升级两方面。内需不足不是中国特有的，亚洲其他国家或地区也存在，如日本等，不同的是他们是"高水平的内需不足"，而我国则是"低水平下的内需不足"，基于此，我国扩大内需要立足于转制和发展。

曾康霖教授说，我国处于从计划经济向市场经济的转型时期，体制上存在诸多弊端，如政企不分。这个问题已着手解决多年，但实际效果难遂人愿。因为，政府是最大的投资者，企业是政府办的。市场规律难以体现，市场准入和退出难以照章办事，导致市场主体难以吐故纳新，产品、经济生活等诸方面均"几十年一贯制"，内需如何扩大？实际上扩大内需要求一种更新，一种变革，一种飞跃。通常认为国有企业是公有制，但国企产权多元化后又算"公"还是"私"呢？一些国企股票上市后，股权被法人、投资者掌握，其实已很难分"公"分"私"。

曾康霖教授说，我国是发展中国家，面对任何问题，都不能忘记发展，要改善供给，才能扩大内需。发展经济不仅要发展物质产品的生产，而且要发展精神产品的生产，更要发展物质与精神相结合的产品的生产。如人们要休闲，就要有娱乐的场所、园地；要提高素质，就要有精神和物质的环境，等等。曾康霖教授认为，调整国民经济结构要靠政府和市场，调整产品结构要靠企业家和市场，调整消费结构要靠家庭和市场，调整生存环境要靠自然和科技。强调发展、调整结构、面向市场，这是启动内需的重要方面。

改善供给，不仅要增加供给，而且要抑制无效供给，一些企业的产品生产出来时就是废品，却还在盲目生产，导致积压严重，其根源是只要有"产出"，就有 GDP 的增长，就有速度。可见，所谓"需求不足"，其中严重地存在无效供给。

倍加关注房地产业的发展

早在 20 世纪末，曾康霖教授就著文指出："必须关注房地产经济的特殊性及其对金融的影响。"他指出房地产是开发商高负债经营的产业，是容易产生泡沫经济的产业，是变现能力弱的产业，是存在着较长经济周期的产业。

他根据媒体的报道，确认在我国此阶段有大大小小的房地产开发商三万多家，其中 10% 即三千多家集中在北京。这些房地产开发商有大小之分，他们的共同点是：自有资本很少，自己投入的资本不足 10%，主要靠负债经营。其负债资金的来源，一是靠银行借款，二是靠商业信用，三是靠预收货款。他们在开发中总结了所谓的经验："前期靠建筑公司垫支，中期靠银行借款，后期靠买房者按揭。"在这样的理念的支持下，一些自有资本占比较小的开发商，敢于承担几千万，甚至上亿的大项目，所谓"以小博大"。这种状况如果资金链断裂，就难以为继。

（一）房地产经济的特殊性

曾康霖教授首先分析了房地产经济的特殊性。他指出：

（1）地产是非劳动产品，没有劳动价值，按马克思主义经济学的理论，土地的价格决定于地租，而地租决定于社会平均利息率。在我国市场经济的建立过程中，社会平均利息率的形成有一个过程，即在相当长的时期内是不确定的。

（2）一般说来，地产不是再生资源，土地资源是有限的。

（3）不同区位土地的使用价值差别各异，因而其价格差别会很大。

（4）我国土地的所有权，或归政府，或归集体，形成垄断局面，土地是被政府掌握的稀缺资源。

（5）在投资渠道狭窄和有限的状况下，会使一些人炒房，把房地产变为投资品。曾康霖教授根据《经济时报》的报道，披露了浙江温州地区一小部分人在浙江、上海集中炒房的情况。基于理论和结合实际的分析，曾康霖教授着力指出：房地产容易产生泡沫经济，而当前，已经有一部分是泡沫经济。

他认为，房地产业是国民经济的带动产业，同时也是国民经济的"晴雨表"，国民经济的高增长或不景气相应地会带来房地产业的高潮或低迷。根据经济发展周期论，一国乃至世界的经济总是处于循环发展的周期中，在经济周期中处于上升或繁荣阶段时，房地产价格上扬，兴旺发达；而当经济处于下降或不景气阶段时，房地产业价格下跌，必然衰退。我国房地产业1992年下半年至1993年上半年曾经处于火爆时期，1993年下半年以后，政府加大了对宏观经济的调控，限制豪华别墅、宾馆、写字楼和高档住宅的批地和开工，中央银行收紧银根，提高利率和限制信贷规模，使房地产热降下来了，但留下了一大批"烂尾楼"，给企业和银行造成了一大批不良资产。这些经验教训是必须吸取的。

这些年来，我国经济持续发展为房地产业的发展创造了条件。现阶段与1992年下半年至1993年上半年的不同点是：①人们的收入有迅速的提高，有更多的货币积累，超过10万亿元的银行储蓄存款便是具体体现；②收入差距进一步扩大，一部分有钱人需要寻求资产的保值、增值；③大中小城镇的建设和发展，使城乡经济的联系更加密切，农村人口更多地向大中小城镇流动，外出打工的人更多；④各地政府"经营城市"，对旧城市美化改造，拆迁拍卖城市土地成为"经营城市"的主要内容；⑤各种市场包括房地产市场有一定的发展，中介机构逐步建立配套运作。这些特点表明，近几年房地产的再一次变热，有它的必然性和合理性。但能否由此得出"经济过热，房地产不热"的论断呢？恐怕难以自圆其说。房地产热不热，主要看供求关系，看资金运用，看建设质量。

在做了这样分析以后，曾康霖教授指出，必须倍加重视房地产业的兴衰对金融的影响：

（1）在买地、挖坑、造房的过程中，发生资金的复杂运作和交错扩散，开发商能多开户、多渠道占用各方资金；

（2）银行的贷款，房地产占绝大部分，以房地产做担保向银行借款占绝大部分，这两个绝大部分增大了金融风险；

（3）由于房地产经济周期较长，变现能力弱，以房地产做借款担保，只有象征意义，没有实际意义。

曾康霖教授着重指出房地产业对金融的影响后，对当时所谓的"经济过热，房地产不热"也提出了自己的看法，他指出："房地产的开发是否过热，不仅要看现在的供求，还要看相关行业的兴衰。房地产业既然是国民经济的带动产业，怎么能够说'经济过热，房地产不热'呢！"房地产经济是国民经济的一部分，按部分与总体的结构逻辑，有可能发生总体经济不热，而某一部分结构热，所以，应当反过来说有可能发生"房地产过热，总体经济不热"才合理。

我国房地产经济过热，是 1997 年发生的亚洲经济金融危机时一个节点。危机来临，中国为了保增长（即保 8）把房地产业作为经济增长的支柱产业和新的经济增长点。1998 年 7 月国务院发了 23 号文件明确提出"促使住宅业成为新的经济增长点"。为此，出台了土地流转招标拍卖政策，允许高收入家庭可按市价购买高档商品房，在信贷上支持，在税收上优惠。2003 年 8 月国务院又出台了 18 号文件，明确房地产是国民经济的支柱产业。

　　总之，房地产热，值得反思，值得总结经验教训。曾康霖教授着重指出以下几个重要问题：

　　（1）大量的可耕地用来建商品房，可耕地减少；

　　（2）建好的商品房虽然卖了，但大量的商品房没有住人是资源的极大浪费；

　　（3）一些人炒房不是实现共同富裕，而是拉大了贫富差距，同时抬高了社会融资成本；

　　（4）贫富差距拉大，扩大了社会旧矛盾，增加了社会新矛盾，增大了金融风险。

（二）用来炒的房地产是虚拟经济

　　在经济金融危机到来之际，为了保障经济增长，把房地产业作为经济增长点是能够理解的，因为与房地产相关的有十几个甚至更多的行业，房地产业的开发，能够带动更多的行业的发展。但把房地产业作为支柱产业发展就必须讨论了。曾康霖教授研究当代虚拟经济，从理论上论述了：用来炒的房地产交易是虚拟经济，不是实体经济。

　　他指出：按经典作家的论述，交易是为了实现商品的使用价值和价值。生产为了消费，通过交易使商品进入消费领域，商品的使用价值得以实现。劳动创造价值，通过交易凝结商品中的劳动被社会承认，实现了商品的价值。使用价值是价值的物质承担者，价格是价值的货币表现，这是经典作家指出的关于商品交易的基本原理，也是能够被大多数人了解的普通常识。

　　房地产交易，交易的对象或者是房产，或者是地产，交易的目的也应当是实现其使用价值和价值（如果交易的土地不是劳动的产物，应当没有价值，但应当有使用价值）。如果交易的房产，其使用价值不是用来住的，而是用来炒的，其使用价值就不能进入消费领域，而仍然存在于流通领域；如果交易的地产，不利用其价值，让它荒芜、浪费，则它或者处于流通领域，或者离开了流通领域，在这种情况下就不能说，其商品的使用价值和价值已经得到实现。按这样的立论，在房地产交易中，如果所买卖的房地产，没有让它进入消费领域实现其使用价值，而是为了炒，则它实际上是一种价值载体，仍存在于流通领域。这种价值载体与股票、债券相当，只不过股票、债券通常是纸制品，而房地产一般是物体的存在。

作为价值载体的房地产，在炒中，实际上是作为"非使用价值"存在，它能够作为载体，只不过是"权利证明书"或权利的象征。这种权利的象征，在市场交易中能够使一些人"只见钱，不见物"，能够使一些人存在不切实际的期待或幻想。我国房地产价格降不下来，与一些人的不切实际的期待或幻想密切相关。所以，应当认识到，在房地产交易中，不用来住，而是用来炒的房地产交易行为是虚拟经济不是实体经济。

对于这样的认知，曾康霖做了概括与总结：①用来炒的房地产不是消费品，而是投资品；②这样的交易不能让房地产进入消费领域实现其使用价值；③要说其仍然有使用价值，那就是用来炒实现增值，这与股票、债券没有什么不同；④这样的交易其价格也不是凝结在其中的价值得到了真正实现，而是受到非经济的、非市场的因素的干扰，人为操纵、行政干预将房地产提高，这从根本上说不是凝结在其中的劳动得到实现、被社会承认，相反，遭到了人们的反对、反感、唾弃，社会不承认；⑤

炒房交易与人们的生产、生活无关，只与赚钱发财有关。

（三）房地产不能作为国家的支柱产业

曾康霖教授认为用来炒的房地产交易是虚拟经济不是实体经济，房地产不应是国家的支柱产业。把房地产确立为国家的支柱产业是误导。这样说，不是彻底否定炒房地产，而仅指出政府行为的认识偏差和政策误导。仔细分析，人们炒房地产成风，与货币供给相关，与投资渠道狭窄相关，与有一些人急功近利的短期行为相关，更重要的是与权力体制相关。在这里存而不论，仅仅指出，对房地产经济要重新认识，房地产作为投资品，属于虚拟经济。既然房地产既可作为消费品存在，也能作为投资品存在，那么把它作为支柱产业未必妥当。

曾康霖教授指出，支柱产业应当是制造业，应当是实体经济，因为实体经济是人类社会赖以生存和发展的物质基础。为此，他深入分析了什么是实体经济。他指出：实体经济与虚拟经济并存，但它们在社会经济生活中的地位和功能不同，简明地说，前者是物质基础，后者是价值取向。

关于实体经济的含义，学术界和实际部门有不同的诠释，2007年美国发生次贷危机后，美联储使用实体经济这个词的频率高起来，主要是宣称金融市场动荡没有损及实体经济。在美联储那里，金融市场（包括房地产市场）是排除在实体经济之外的。美联储说"没有损及实体经济"的原因，只凭食品价格指数和消费者核心物价指数以及库存和零售等指标。这说明美联储所谓的实体经济状况反映的是市场运行基本面的状况。由此可见，美联储所谓的实体经济就是关系着人们日常生活的经济，它反映在消费者的核心物价指数波动中。还要指出的是，美联储又把能源消费排除在实体经济之外，理由是：实体经济健康，往往与能源价格走势相反，意思是能源价格上涨给人们的生活带来负面影响。这又可以看出，在美联储那里，哪些因素纳入实体经济之中，哪些因素排除在实体经济之外，有人为的选择。这样的标准，着重是民间疾苦。从市场状况关注民间疾苦，应当说是合理的、可取的。

1. 金融必须支持实体经济

在我国，什么是实体经济有待权威部门规范。从便于认知的角度说大都是就行业而言，比如能生产物质产品的制造业、将产品送达到生产和生活消费领域的运输业等。但在曾康霖教授看来，实体经济既包括物质产品又包括精神产品，既能够给人们提供物质产品消费，又能为生产、生活提供服务，它包括农业、工业、商业、运输业、通信业、建筑业、文化产业等行业和部门。能够说，凡是直接和间接关系着人类"吃、穿、住、行、乐"行为的经济活动都是实体经济，或者说，为人类"吃、穿、住、行、乐"提供产品、提供服务、提供场所、提供享受的经济都是实体经济。

党的十九大报告强调要增强金融服务实体经济的能力，2018年中央经济工作会上又强调金融要服务于供给侧结构性改革这条主线。曾康霖教授认为，这进一步昭示了其理论支撑：①实体经济是人们生存的基本要素，人们衣食住行、吃喝玩乐的载体即使用价值，只能由实体经济供给，所以金融必须支撑实体经济。②实体经济是价值的创造领域，在这一领域人类的有效劳动创造价值，而有效劳动体现在实体经济劳动的过程中，虚拟经济在一定范围内和一定程度上是需要的，但其劳动严格说来与创造价值无关或不创造价值。③实体经济领域中创造价值的增值部分成为一定时期这个社会的新增价值，所新增的价值是这一时期国民收入分配的基础，金融领域的分配比如向银行借款还本付息，必须以国民收入为底线，超过了底线就背离了利息是利润的一部分、是剩余价值转化的原理。进一步说，超过了这个底线就要产生国民收入的畸形分配，就要抬高整个社会的运营成本，其中包括融资成本。

2. 金融是现代社会的核心

当代，金融的主导作用，感性地体现在单位和个人所持有的资产的定价和波动的幅度上。定价合理不合理，价格水平稳定不稳定，资产价格会不会崩溃（资产价格崩溃必然导致金融危机），关乎着各单位和个人的切身利益，影响着社会的利益分配，关系到金融及经济的增长和发展，危及经济安全、政治安全和国家安全。因此可以说，金融不仅是现代经济的核心，而且是现代社会的核心。

个人、企业和政府都要讲信用

（一）经济环境讲求信用

曾康霖教授在多篇文章中指出：市场经济是信用经济，树立区域经济的优良环境，要讲求信用。怎样讲求信用？他指出：

（1）从政府信用来讲，地方政府的政策要公平、公开、透明，这是政府信用的基石。政府要对出台的政策负责，不折不扣地执行；领导不要轻易许诺，一旦承诺就要兑现；措施一定要落到实处。

（2）从企业信用来讲，企业要讲信誉、重契约、守合同；企业不仅要对政府负责，而且要对自己的股东负责，对自己的客户负责。如果作为企业领导，还要对自己的员工负责。

（3）从信用制度建设来讲：①要建立信用档案，信用记录不好的人，不能当企业家；②要有组织机构来监督，监察部门、市场中介机构不仅要监督弄虚作假，而且要监督、反映信用状况；③对不讲求信用的人，要"警告"，必要时给予一定的惩罚。中国要有"失信惩罚"制度。

他强调要着力信用制度建设。怎样把信用作为一种制度建设起来，把它建设好、实践好，他提出必须从"以德树信""以理立信""以制建信"和"以法治信"四方面着手。

（二）以德树信

在中国，沉淀着丰富的信用文化。孔子曰："民无信不立"将"信"列入五常（仁、义、理、智、信）四教（文、行、忠、信）之中。"信者，诚也，专一不移也。"表明信就是诚，诚就是信，二者是相通的，基本内涵都是真实。孟子曰："诚者，天之道也。思诚者，人之道也。"肯定了诚是客观事物的运行规律，强调追求诚信才是做人的道理。可见，早期的先贤们的信用文化是针对做人之道而言的，表明我们的祖先早已将诚信纳入人际交往的基本道德范畴。

当代，在建立健全信用制度的过程中，应当说诚信是信用制度的思想道德基础和精神支柱。诚信是核心，信誉和信用是诚信的外在表现。从权利与义务的角度说，诚信是每个人应尽的义务，而不是权利，但信誉是某些人的权利，而信用则是权利与义务的结合。从经济学的角度说诚信是内生的，取决于自身的品德；信誉是外生的，取决于社会的评价；而信用是互生的，既有授信方，又有受信方。信誉和信用的确立大都需要通过媒介体，比如通过信用评估机构、征信机构确立信誉，通过金融机构建立信用关系。而诚信不需要，不应当通过媒介体确立，不实事求是、夸大其词与诚信相悖。这表明：以德树信必须从提高人们的精神追求和道德品味上去把握，而不应当把它作为一种交换手段，作为一种谋取功利的工具。

(三) 以理立信

市场经济是信用经济，其含义是要市场经济主体讲诚信、重信誉、重信用。对于诚信、信誉、信用是财富的思想和观念在我国相当多的人群中已逐步树立，但又必须看到，仍有不少人不把这三者当回事，应引起高度重视。当代我国经济生活中有一种现象：一方面，不少金融机构正在努力寻找客户，让资金投出去；另一方面，又有不少企业特别是中小企业和个人，生产经营缺乏资金，急于寻求银行贷款，却难以从银行借到资金，形成一种"两难的境地"。

仔细分析这种现象，可以找出其中的很多原因，其中重要的一条，就是不少客户缺乏信用，银行不敢把贷款放出去。为此，许多人认为，当前中国经济发展中需要解决的不仅是资金短缺问题，还有信用缺失问题。为了让信用不致缺失，一是在理论上必须要充实。如始于2000年7月的上海个人信用制度的建立，其实就是为个人创造自己的信用财富提供了一个通道。二是要珍惜信用财富，任何"欠债有理、欠债致富、欠债出业绩"的现象，不但是在消耗自身的信用财富，更是一种悖理逻辑。三是要让信用财富增值，要着力倡导人们的健康和积极的借贷行为与消费行为，要使社会公众认识到，在完善的信用制度下，信用财富可以通过实现金融资本和投资资本的安全消费来实现当事人的利益。信用关系不仅限于人际的诚信，更重要的是，它能够增强信誉，为信用财富的富有者带来增值。

（四）以制建信

信用制度的内容很多，核心的问题是权利与义务的透明和对等。而在当代，在市场经济中最核心的权利是产权，即对财产的所有权、处置权、分配权和收益权。所以，信用制度必须建立在产权边界明确，落实了产权监护人的基础上。产权边界明确，市场经济主体才有独立的财产，有了独立的财产才能产生真正的债权人和债务人，也才能形成真正的信用关系。因为，如果产权边界不明确，经济主体就没有独立的财产，没有独立的财产就意味着没有真正的经济实力来承诺财产义务和履行合约，也没有能力来承担交易风险。没有独立的财产，即使经营不下去严重亏损要破产，也无产可破。即使破了产，给当事人带来什么损失，也不必承担责任。所以，建立我国信用制度的关键是明确产权，落实产权的监护人，即确定谁是财产的真正所有者，并消除垄断。

（五）以法治信

明晰产权需要法律支持，更需要法律制度的保护。只有法律支持产权的明晰，保护产权才可能奠定信用往来基础、信用约束基础。所以必须以法治信。以法治信包括在信用领域中立法、守法、执法，而立法、守法、执法的主体既有企事业单位、家庭及个人，又有国家权力机关和各级政府。国家权力机关和政府立法是人们的常识，其实企事业单位和家庭及个人都能在一定的范围和一定的程度上"立法"，这样的"立法"就是人们在信用领域内达成一种契约关系，大家共同遵守。这种契约关系有显性也有隐性的。有付诸文字的，有约定俗成的。

民间金融与民营银行

1993 年 11 月，全国工商联主席经叔平刚刚就职一个月，就给国务院写了一封信，建议组建一家民营银行。信中，他主要表达的意思用他后来的话说就是："第一，国家银行当时主要是为国有企业服务，根本就没有时间为民营企业服务。第二，国家银行一定要进行改组、改革、改造，但是国家银行究竟怎么改才能真正变成一个商业银行，那时候没有底。所以我提出来，是不是可以搞一个新型的银行，这个银行就是真正按照名副其实的商业银行的准则办事。因为要对一个大的银行进行改革动作大，而从一个小的银行开始，根据中国的具体情况，如果行，说明这条路可以走；如果不行，一家小银行影响也不大。"① 不久，时任国务院副总理的朱镕基批示了五个字：可以试一下。

---

① 邹洪. 解析中国民生银行创新发展之路及其方向性意义 [EB/OL]. [2005-04-29]http://www.ce.cn/economy/bank/yanjiu/jrts/200504/29/t20050429_3735074.shtml.

一年后，国家批准设立中国民生银行，1995 年挂牌，到了 1996 年 1 月，新中国第一家以民营资本作为投资主体的股份制商业银行诞生，经叔平被推选为董事长。

此后，关于民营银行是否放开限制、民间资本如何进入银行业在很长一段时期内成为学术界和业界讨论的焦点。

而曾康霖教授早在 1999 年就辩证地剖析过这一问题。1999 年，他在《金融时报》上撰文，从哲学的角度，辩证地剖析了金融机构无论大小，都能防范风险，关键在于体制上是否产权明确，机制上"债、权、利"是否分明。曾康霖教授致力于民营银行生存空间和生命力的考察和研究，提出了四个问题：①兴办民营银行，重要的条件是什么；②兴办民营银行，要建立什么机制；③兴办民营银行，由谁来承担风险；④民营银行不良资产如何处理。

对第一个问题，他的见解是：从现实性来观察兴办民营银行的重要条件，首先要指出的是信用环境。信用环境包括信用理念、信用秩序、信用纪律、信用管理等，概括地说就是信用制度建设的状况。如果信用环境不佳，或者说信用制度的建设不完善，民营银行是兴办不起来的，即使办起来了也缺乏竞争力和生命力。

对第二个问题，他的见解是，让企业投资银行，需要分析的问题有：

（1）民营企业家投资银行，是为了什么？为了赚钱，还是为了自己融资？如果侧重点是后者，风险不在贷款，而在于自己把资金卷走。

（2）民营企业家敢不敢来"玩银行"？银行这种企业与其他企业不同，风险具有潜在性和非显现性。风险的随机性大，不懂金融的，不敢随意来"玩"银行。

（3）地方财力的担保能力。在地方财力有限的情况下，民营银行的风险最终只有由央行兜着，而央行出于安全的考虑，又不能不充当"救世主"角色。所以，在没有存款保险制度和担保公司的条件下，民营银行的风险，只有被动地由央行来化解。

对第三个问题，他的见解是：要不要建立民营的商业银行，不取决于我国现阶段金融的总体现状，而是取决于改革、发展的趋势。因为现状是要变的，而且不能说"存在总是合理的"，只有从变革的角度看问题，才符合时代潮流。进一步讲，要不要建立民营的商业银行，取决于以下机制：

（1）风险控制机制。金融业是个风险行业，能不能建立民营商业银行，首先要考虑风险如何控制。在市场准入中，为什么要求要有足够的资本金，为什么要求从业人员特别是管理层要有符合条件的任职资格，说白了，无非在于风险控制。如果有足够的风险控制的能力，就应当依法建立民营商业银行，建立的民营商业银行要自担风险，不能把风险转嫁给中央银行。当然，也不能把风险转嫁给社会，对此必须建立银行保险机制。有人说要兴办民营银行必须首先建立银行保险公司，这是很有道理的。

（2）资金的供求机制。金融以信用为基础，信用双方产生供给与需求，反映在银行业务中也就是信贷资金的供求。中国这么大，经济发展不平衡，信贷资金的供求也不平衡，从总体上说，国有银行垄断金融的局面有它存在的基础，但从局部说，国有银行垄断就不一定符合经济发展。现阶段值得注意的情况是：经济发达地区，货币资金充裕，而且货币资金主要掌握在民营企业家手中，在这样的地区，怎么投资、融资，国有银行是无法左右局面的，而主要取决于企业家的选择。企业家的选择反映为对货币资金的供求，货币资金的供求为什么一定要集中到国家银行呢？信用关系不仅是双方的，而且是平等的，平等意味着自主权。所以，从维护信用的平等权和融资的自主权出发，也应允许依法建立新兴商业银行。

（3）市场的退出机制。有生必有死，有准入必有退出。在考虑让新兴商业银行市场准入时，就必须设计好它的退出。总结我国过去金融机构设立的经验教训，不仅没有严格规范准入，而且没有建立退出机制。比如城市信用社，想当初讨论为什么要建立城市信用社时，何等的热闹，几乎是一片"喝彩"声，后来城市信用社运转不灵了，又没有去充分讨论它们的退出，只是"关并了之"，把风险几乎全部转给了央行，由央行"填窟窿"。总结过去的经验教训，归纳起来说都没有严格按市场机制运作办事，所以，如果严格按市场运作机制办事，就没有理由不让新兴商业银行建立。

总之，银行也是一种企业。这种企业供给产品，它能不能存在决定于对它产品的需求，如果它的产品供大于求，对它的产品需求减少，它自然会退出市场；但如果它的产品求大于供，对它的产品需求不会减少而是增加，则自然有它生存和施展才干的余地。从监管者的角度说，要使这种企业真正地自主经营、自担风险、自负盈亏，而不是去替它承担风险。所以，讨论要不要设立民营银行，不在于"私人资本的规模还不够"，而在于私人资本是否具有自我承担风险的能力。而具不具备自我承担风险的能力，影响的因素很多，首先是广大社会公众的信用观念、信用秩序、信用纪律未严格建立和完善起来以前，会加大金融风险，这是不以人们意志为转移的，也是私人资本无法控制的。从这个意义上说，要不要办民营银行，的确要慎之又慎，但不能不允许试点。

对第四个问题，他的见解是：处理不良资产需要地方财政支持。

2009 年 9 月在天津召开的"第三次全国城市商业银行发展论坛"上，全国 111 家城市商业银行中，104 家签署了一份《关于对城市商业银行处置不良资产给予税收政策支持的联名呼吁书》。呼吁书提出了两点要求，一是提高城市商业银行提取呆账准备金税前扣税的比例，从 2003 年起每年提高 0.5 个百分点，即提取的呆账准备金在所得税前扣除；二是城市商业银行已核销的贷款本金不应纳入应纳营业税范围。

为什么提出这两点要求，一是城市商业银行为了地方经济的发展，承担着政策性贷款业务；二是由过去城市信用合作社组建起来的城市商业银行遗留下来的包袱很重，现在不良资产的总体水平高于国有商业银行年均 30% 的比例，高达 50%；三是国有商业银行的不良资产，由资产管理公司处置。由资产管理公司处置，实际上是财政支撑，而城市商业银行没有资产管理公司处置不良资产。即得不到财政支撑，不合理。

怎么办？税务局不同意减税，向中央财政求助，没出路，能不能由地方财政支撑？有人说通过资本、资产联合，实现资源整合消化不良资产。

怎样看待金融风险与金融危机

当代讨论防范金融风险，要认识时代背景，了解为什么要关注社会风险。当代，经济全球化。简单地说，经济全球化就是"你中有我，我中有你"，这种状况的正面效应是"风险共担，利益共享"，但它的负面效应是容易转嫁负担，转移风险。

当代，网络技术高度发达。网络技术发达的正面效应是容易掌握信息，信息透明，信息透明可以回避风险，但它的负面效应是信息传递迅速，容易隐匿过程，埋藏风险。

当代，在金融领域存在着金融自由主义、金融霸权主义和金融恐怖主义。面对这种情况，曾康霖教授认为要防范金融风险，维护经济安全，必须解决好以下问题：

（1）要抑制美元的泛滥，稳定美元的价值。由美国次贷危机引发的金融危机之所以影响到全球主要原因在于美元的泛滥，而美元之所以泛滥主要在于美国的货币政策。

从道理上说，货币供给量的大增会导致通货膨胀，但在美国没有导致通货膨胀，而是导致经济泡沫，其表现为房市和股市的持续上涨。而没有导致通货膨胀的主要原因是从中国和其他国家大量进口廉价的消费品。所以中国人的多储蓄、少消费，由此引发多出口，不仅不是刺激美国发生金融危机的原因，反而缓解了美国过多的货币供给，避免了通货膨胀。相反，美国制造了全球流动性过剩，不仅向出口国输出通货膨胀，而且还达到稀释负债的目的。此外，还带来货币的贬值，致使出口国的外汇储备随时面临汇率波动而遭受损失。

事实上，从 2002 年起，美元开始了长达 6 年多的贬值，使别的国家持有的美国资产遭到严重的缩水。有资料揭示，2002—2006 年，美国对外债务消失额累计达到 3.58 万亿美元，在这种情况下，产生了一个问题，美国人怎么把多供给的货币收回去，且达到廉价使用的目的？实际情况是美国大肆发债和推销金融衍生商品，让外国人去买，这也是一种价值符号与另外一种价值符号的交换。

两种交换的不同点是：前一种交换，增加美国的进口，抑制了通货膨胀，解决了美国人的负债消费的难题，而后一种交换收回了过多供给的美元，解决了美国政府的财政赤字的难题，以及缓解了"特里芬难题"。但二者有个共同点，即你始终成为价值符号的债权人，捆绑在美国虚拟经济的"战车"上"一荣俱荣，一损俱损"。所以，在这场全球国际金融危机中，要吸取经验教训，首先是要反对美国经济、金融的霸权，而切入点是制约美元的供给，不能使美元泛滥。

（2）要转变经济增长方式，包括对外贸易增长方式。在继续保持出口增长的基础上进一步扩大进口，改变进出口贸易结构；在关注出口质量的同时，也应该考虑适当地增加进口；以物资技术储备替代外汇储备，减少贸易顺差。

（3）要改变"奖出限入"的出口导向政策，调整出口退税政策。

（4）应取消中央和地方有关规划中的进出口和外资引入量指标，减少甚至取消吸收外资的优惠政策措施，统一中资和外资企业的所得税，使得国内国外的企业公平竞争，同时平抑外资的流入。

（5）要发展和完善金融中介机构，提高它们的信誉和扩大它们的影响力，减少对外资金融中介机构的依赖。

基于曾康霖教授在进言献策方面的奉献，在第三届四川杰出创新人才评选活动中，他被提名为候选人之一。"四川杰出创新人才奖"是中共四川省委、四川省人民政府设立的人才最高荣誉奖，也是四川省唯一的人才重奖。第三届"四川杰出创新人才奖"自 2005 年 10 月启动后，在全省各市州、各行各业引起强烈反响，全省共有 693 人被推荐，省级各部门本着公开、公平、公正的原则组织专家评审，采取公众投票、社会公示等严格的推荐程序，经过三轮评选，集中了 30 人作为最后的候选人。曾康霖教授是其中之一，他被誉为中国经济转轨时期的金融的奠基人。对此，媒体报道称曾康霖教授为："西南财经大学教授，博导，我国著名的金融学家、金融教育家，首批享受国务院政府特殊津贴的专家，转轨时期中国金融学的奠基人之一。我国传统金融向现代金融转变过程中继往开来的集大成者。曾两次获得国家级优秀成果奖。" 2005 年 10 月 28 日，四川省委组织部专门致信曾教授，对他获得的成绩和荣誉进行表彰，并称赞道："这是您和您所在单位的光荣，也是各级组织和社会公众对您创新能力和创新业绩的认可和肯定。借此机会，我们对您在创新创业中做的突出成绩，致以崇高的敬意！"曾康霖教授也对社会公众、组织的关爱表示衷心的、诚挚的感谢，并再一次表述了他的心声。在省委组织部《听听您对我们工作的心里话》征求意见稿中，他真诚而动情地写道："不拘一格造人才，人才不能只存在于高级职称的人中，更不能只存在于官员中，行行出状元。当然，必须培育、重视高尖端的科学技术人才。科学技术人才既存在于自然科学中，也存在于社会科学中，自然科学有创新，社会科学也有创新。"

"要善于发现人才，不能完全靠各单位推荐，不能靠钱去鼓励，钱只是一方面，重要的是要尊重人才。要提高四川人才的知名度，不能只在四川知名，而要在全国知名，扩大名人效应。他们是国家的人才，不仅仅是四川的人才。"

"人才不是靠媒体包装、吹捧来的，人才要靠组织的培养、个人的艰苦奋斗，应当物尽其用，地尽其利，人尽其才，可是我国的状况浪费严重，怎么物尽其用呢？如果不注重环境保护，怎么地尽其利呢？如果不尊重知识、尊重人才、尊重创造，怎么能人尽其才呢？尊重是上下的，相互的，自我的。"

这是曾康霖教授针对人才队伍建设再一次推心置腹的"进言献策"，可见他有一颗"博观约取、关爱社会、坦诚相待"的心。

◎　附录

论乡村振兴战略：切入点、压舱石与推进地

——从当前农村变与不变论起

西南财经大学调研组

长期以来，我们注重"三农"问题的研究。十九大报告提出"实施乡村振兴战略"后，我们结合"精准扶贫"提出了《以县级区域为基础，以广大农村为前沿阵地，建设和发展中国社会经济》的调研报告。近年来，对农村的关注"不忘初心"，持续对我国东、中、西部农村进行调研，得到的新的认知是：实施乡村振兴战略的"突破口"在于树人，实施乡村振兴战略的"压舱石"在于产业振兴，实施乡村振兴战略的"推进地"在于建设小镇。得出这样认知，要看到近年来农村的变与不变。

一、近年农村的变与不变

中国在历史上是个农业大国，绝大部分人口生活在农村，而今，"三农"问题关系着现代化的进程。多少年来，党和政府高度关注农业的发展，农村的建设和农民的生活。党的十七大提出了要"统筹城乡发展，推进社会主义新农村建设"，十八大明确提出"美丽乡村建设是美丽中国建设的重要组成部分"，十九大提出"实施乡村振兴战略"。这些年来，特别是十八大以来，按照"产业兴旺，生态宜居，乡风文明，治理有效，生活富裕"的总体要求，乡村振兴战略正在推进，并取得了巨大的成绩。有关媒体的报道是，农业、农村、农民的基本情况发生了重大积极变化：农业基础地位更加巩固，农业现代化水平明显提高；现代农村建设成绩斐然，农村人居环境不断改善，农村面貌焕然一新；农民生活水平不断提高。据报道，这样的概括是经过普查结果得出的，自然有它成立的依据。

在这里，主要从今年即2018年中央一号文件的要求，和我们深入农村现实调查了解的情况，综合反映农村存在的短板，深入分析城乡存在的差距。

多少年来农村的确有很大的变化，农村的道路修通了，新修的住房增多了，农民的居住条件改善了；农民的收入增多了，生活的质量提高了；农村老人参加了医保，农村儿童得到了就学；大部分农村用于饮用、照明、煮饭的水、电、气等基本生活资料的问题得到了解决。但是必须看到：

1. 农村人口往城里流，乐意居住在城里（包括集镇）的状况，没有改变。

据我们掌握的资料和调查，在西部的山区、丘陵地区如此，东部的平原地区亦是如此。《21世纪经济报》报道：一个出生在陕北农村而现在在县任职的干部考察，城乡人口分布的比例是，生活在城里的占80%，生活在农村的占20%，现在在村子里居住的，70%是70岁以上的老人，20%是六十岁以上的老人，5%是五十岁以上的中年人，5%是五十岁以下的中年人。地处上海东南角，毗邻浦东国际机场，仍然属于农业区的上海奉贤区四团镇大桥村的状况如表1：

表1　上海四团镇大桥村人口流动状况

户籍人口	常住村里人口	占比
60岁以上 967人	483人	50%
15—60岁 1698人	338人	20%
15岁以下 213人	86人	40%
合计 2878人	907人	31%

注：截至2018年5月统计数据。

这表明：69%人口不住在村里，住在村里的主要是老人和少年儿童。80%的青壮年都外出打工去了。这种状况产生：

（1）土地无人耕种；

（2）即使有人耕种，也是粗种薄收；

（3）青壮年（40岁以下）不愿种地，也不会种地，连农具也不认识，更不会用；

（4）农村缺乏劳动力，农家的"红白"喜事找不到人，如要请人，则工钱昂贵，入不敷出。

2. 农村新修的房大部分没人住的状况没有改变。

现在的农村，农民修的新房不少，截至 2015 底，全国村镇人均住房建筑面积 33.37 平方米。外表形象美观，而多数内装简陋。更重要的是，绝大部分农民新修的房屋，没有人住或很少人住。除节假日在城市打工的人回来住几天外，几乎都关门闭户。目前关于全国闲置宅基地的统计并没有官方数据，基本上都是学者在自己调研的基础上形成的地方性判断。现在的状况是：

（1）户均宅基地普遍超标。所查的三个样本区宅基地总面积为 528 亩，户均宅基地面积为 0.65 亩，超出政府规定标准。

（2）宅基地布局凌乱，相当大的一部分未拿到产权证，但农民认为宅基地为我所有。所调查的湖南省三个样本区中，农民所建房屋大多属于 20 世纪 90 年代，农民自己选址，自筹自建自维护。近年大都修建围墙，将房屋和宅基地围上，视为自己所有。但 1/3 的农户未拿到集体土地使用证和房屋产权证。其原因有：超标、户籍变动、人口增减、已经转出等。大量学者在调查中发现许多村庄闲置和荒废的宅基地占村庄宅基地总量的 20% 左右。据对四川省仁寿、安岳、武胜等县农村空心化情况的调查，由于农村劳动力大量转移，农村人口大量外流，常住人口大量减少，造成了农村房屋使用效率不高，土地资源浪费较为严重。不少村庄，小洋房随处可见，非春节时 80% 以上门户紧闭无人居住，住房及耕地资源严重浪费，空心村、空心院落随处可见。

根据对 10 个村调查结果统计（见表 2），村庄宅基地总数 4263 宗，其中空置宅基地总数 907 宗，低效使用宅基地总数 1730 宗，高效使用宅基地总数 1626 宗，宅基地空置低效使用率达到 61.86%。村容村貌不整，一些村庄从临近公路附近看新房林立，但进入村庄则坑洼泥泞路、毁损废弃渠堰、破旧倒斜危房随处可见。包括村庄空闲地、打谷场、坑塘在内的村庄低效使用土地达到 2569 亩，占村庄总面积近 10%。

表 2 仁寿、安岳、武胜 10 个村宅基地使用状况（单位：宗）

村庄	宅基地总数	空置宅基地数	低效使用宅基地数	高效使用宅基地数
大堰村	435	132	180	123
金银坎村	514	51	163	300
凉井村	345	56	135	154
寒保村	354	120	200	34
七仓村	396	122	72	202
胜前村	510	111	143	256
利群村	618	118	336	164
茅坝村	242	15	132	95
箩筃岩村	490	130	197	163
叶家庵村	359	52	172	135
合计	4263	907	1730	1626

注：空置宅基地是指地上建筑物损毁、失去居住功能或具有居住功能但长期无人居住的宅基地；低效使用宅基地是指年居住时间少于 3 个月或居住人数长期少于 3 人的宅基地；高效使用宅基地是指常年有人居住，且居住人口大于或等于 3 人。

对此，我们能够说，不仅城市房屋过剩，必须去库存，而且农村房屋也过剩，需要去库存。而怎样去库存则大有学问。

3.农业生产难形成产业链，农业增产不增收的状况没有改变。

近年来，农村产业的发展出现了"观光农业""休闲农业""绿色农业"等业态，这是实施振兴乡村战略，聚焦工业供给侧结构性改革，进行美丽乡村建设，打造田园综合体，推动农业现代化，所取得的进步和成就。然而，无可讳言，现阶段我国农业生产从总体上说还是没有形成产业链。据我们调查，没有形成产业链的重要原因是：

（1）缺乏质量兴农的推动力。质量兴农必须提高农产品的科技含量，而提高农产品的科技含量，必须提升农业生产能力，将农产品深加工，农产品深加工需要农业工业化。农业工业化需要工业企业来推行，在农村办工业企业，首先遇到的障碍是为了保护耕地，工业用地受限。按现阶段政府的政策，工业用地不仅要纳入规划，符合标准，而且要通过"招、拍、挂"过程。也就是说工业用地的供给，必须通过审批、拍卖、整理、加工等过程。经过这样的过程，不仅成本增加，效率降低，效益锐减，而且时间推长，麻烦增多，问题层出不穷。所以一般的企业家不乐意去干这样的事，按他们的说法是"费力不讨好"。

（2）农业科技难以落地，人的智慧难以发挥。其重要原因是：相当一部分农业科技成果没有市场化，转化为生产力。而没有市场化转化为生产力的原因之一是科技成果的知识产权归谁所有，不明确或欠明确（因为是团队研究，集体的创造）。二是成果效能仍处于试验阶段，不确定的因素存在，风险的因素存在，一旦失误，谁来担当，谁来承担损失。三是主研人员满足现状，已完成科研任务，已得到科研经费，"多一事不如少一事"。所以深化科技体制改革，促进科技成果转化，势在必行，刻不容缓。

科技成果转化为现实生产力是创新驱动发展的本质要求；应当完善科技成果使用、处置和收益管理制度；应当建立健全对科研人员转化科技成果的激励制度；应当构建服务体系，打通成果转化通道，通过成果应用创造财富，体现科技成果价值。

由于农业生产从总体上没有形成产业链，对农产品没有形成深加工，所以长期以来，农业增产不增收的局面仍未改变。这集中反映在主要农产品的生产成本与收益对比中。据我们调查，上海奉贤区四团镇大桥村常住村民，种植的主要作物为小麦和水稻，一年一熟。按照成本收益测算，每亩地投入的种子、化肥、农药、水电费、水资源使用费、收割及耕种人工成本等全成本投入大致为950元/亩/季，一年两季及正常丰收年景下，每亩水稻田稻米产量为600—700公斤，小麦产量为350—400公斤，按照2017年水稻1.35元/市斤的收购价格，每亩水稻收入约1700元，小麦收购价格按1.2元/市斤测算，每亩小麦收入约960元，两季所有产出合计2660元，成本投入1900元，每年每亩收益760元。每亩收益占产出的28.57%，相当于毛利率，这从表面上看似乎毛利率不低，但这样的计算，只包括了物化劳动的投入，而没有包括活化劳动的投入。如果把农民种植过程中自身投入的管理和劳务成本，即活劳动的投入包括进来，则其纯利率微乎其微。如果农民将自己口粮留下，余粮出售，实际农户种植的每亩收益约300—400元/亩/年。特别值得注意的是：近年来，农业生产成本上升，粮食作物与经济作物的比较收益差距拉大。据四川省的调查：尽管国家有粮食收购保护价，但随着农资、农机作业、排灌、土地租金、劳动力等投入成本的攀升，农业生产成本的增速快于农产品产量和价格的增速。粮食同经济作物每亩地的纯收入差距4至10倍。这种状况表明：

（1）农民在自己的土地上种粮，赚不到钱；

（2）自身付出的活劳动得不到回报；

（3）农民都热衷于种经济作物，而不乐意种粮食；

（4）相当多的农民也靠买粮过日子，增大了粮食供给的市场压力。

自身劳动都得不到回报的职业，怎么能成为终身的、光荣的职业？

4. 收入水平的差距没有改变

这些年，随着农村和农业经济的发展，农村收入持续增加。据报道，2016年农民人均可支配收入突破1.2万元，2017年又增长7.4%，农民人均可支配收入有望突破1.3万元。近年来在"精准扶贫"的推动下，截至2017年年底，我国又有5564万农村贫困人口脱贫，贫困使生产率由10.2%下降到4.5%。

从道理上说，农村居民收入增长速度连续超过城镇居民收入增长速度，他们之间的差距能够缩小，是成立的。问题在于"可支配收入"这个概念！考察城乡居民收入的差距，通常是我国统计部门提供的数据，统计部门通过城调队和农调队确定的调查对象，然后通过"家计调查"匡算出来的。年人均"可支配收入"也就是在一年中家庭人均的支付能力。在城镇，每个家庭的支付能力来自各种货币收入；在农村，每个家庭的支付能力除来自各种货币收入外，还来自种植业和养殖业的"纯收入"。货币收入是现实的、确定的，"纯收入"是将要获得的，不确定的。也就是说，在这种情况下进行比较，存在着不确定性。此外，城乡居民收入比较，还有怎样"归类"的问题。可将城乡居民依照不同的标准分作高、中、低三类，在城乡收入比较中，怎么安排？是对位选择（即高对高、中对中、低对低），还是错位选择，其差距不一样，意义也不一样。现阶段我国农村居民的收入相当大一部分来自城市所谓的打工收入，且比较稳定，有增加趋势，而来自农村的种植养殖收入部分逐渐缩小，且有减少的趋势。在这种情况下，绝对肯定农民收入的增加就是农村经济的繁荣、农业产业的发展会使人产生疑问，是悖理的。

有关人士在世界达沃斯论坛会上说，中国已经形成了一个拥有数以亿计的"中等收入阶层"，如果要考察城乡收入差别，则应考察有多少"中等收入阶层"在农村，多少"中等收入阶层"在城市。

有资料说2017年中国居民人均可支配收入出现了这样一种趋势：平均数增长了9%，而中位数只增长了7.3%。这表明：在2017年，前50%的中国人收入增长比后50%的中国人收入增长更快。农村居民应当是后50%的中国人。现阶段，中国经济社会发展，收入差距拉大。这应当主要反映在城市，而不是在农村。

农村的状况哪些改变了，哪些正在变，哪些没有变，是值得关注的课题，必须进一步调查研究。限于我们的认知水平和调研的时间、空间，仅指出以上四点，旨在表明：要让农业成为有奔头的产业，让农民成为有吸引力的职业，让农村成为安居乐业的美好家园，还有相当长的路要走，实施乡村振兴战略任重道远。

二、实施乡村振兴战略的切入点：树人

今年 3 月份，我们去成都市大邑县的幸福公社进行实地调研。一个月后，我们去往浙江省杭州市调研，以梦想小镇、基金小镇和云栖小镇这三个小镇为调研的重点对象。在调研过程中，我们最大的感触便是人才的稀缺性和重要性。幸福公社创办幸福讲堂、培养创业人才，梦想小镇进行企业孵化、鼓励科技创新，基金小镇集聚资本、进行财富管理，云栖小镇打造云生态、推动大数据科技，这些都印证了经济的发展关键在于科技，而科技的发展关键在于人才。要实现经济的高质量增长和人民生活水平的极大提高，根本在于创新发展，创新发展需要人才。物质资源会越用越少，而人才资源却会越用越多。应该说，发展的核心是人力资源的开发和人才的充分利用，这是实现经济发展最大的优势和红利。

近几年来，投身于美丽乡村建设的返乡农民工、大中专毕业生、退役军人、科技人员越来越多。据农业部调查，目前全国返乡下乡双创人员已有 700 多万人，其中 80% 以上搞的是新产业、新业态、新模式，实现了传统农业发展与现代企业经营理念的融合。在这里，我们要强调指出：仅仅靠农民工返乡创业是不够的，必须引进振兴乡村的企业家，特别是具有爱心的民营企业家。在乡村，人才的聚集效应正逐步形成，他们既是打头阵的乡土专家，更是振兴乡村的核心人物——乡村企业家。

企业家是经济活动的重要主体，企业家精神是生产力的关键要素。改革开放近四十年的历程中，企业家是最具活力和创造性的弄潮儿，在推动经济发展中扮演重要角色。艰苦奋斗、勇于创新、敢于担当、回馈社会是他们最为可贵的精神特质。当前，步入新常态的中国经济正处在转型

升级、爬坡过坎的关键时期，弘扬优秀企业家精神，更好发挥企业家作用，对振兴乡村经济具有重要意义，乡村正在召唤广大企业家振奋精神、放开手脚，再闯出一片新天地。

振兴农村的企业家除了应具有一般企业家的精神外，还要具有三大特征：①有莫大的情怀，为造福一方奉献；②有广阔的眼光，紧跟国家的战略部署；③有长远的打算，不急功近利。

据我们调查，无论在东部还是西部，都出现了具有这样特征的企业家。在江苏南通有个新开发的白鹭湖庄园，这个庄园占地600亩，是民营企业家曹某利用自身积累开发的，在开发时发掘当地宗教文明和传统优势，完善了基础设施建设，增加当地农民就业，增加他们的收入。尽管现阶段不能赚钱，但发展的势头看好。

在泸州叙永县有桃花坞生态观光养生基地。这个基地也是民营企业家邹某开发的。第一期占地400亩，除80亩为征地外，其余以租用地模式运行，现阶段每亩租金500元。除新建住房供给当地农民聚居外，还为农民从事种植业、养殖业创造条件，也吸纳他们去打工。

农村需要这样的人，这样的人才是普通农民工不能替代的。已有的事实都表明：这样的人才必须是自己有相当的货币资本积累；必须有一定的经营管理经验；必须懂得与从事事业相应的科学技术；必须有社会活动的资源，其中包括人际关系资源；更为重要的是必须有一颗创新立业、勇往直前、热爱社会、回报社会的爱心。这样的人，仅仅靠农民工返乡、高校毕业生创业是有局限性的。要动员全社会各行业、各单位有志者"下海"投入。其中包括已有成就的企业家、科技人员和有经验的管理者（包括公务员）。中国人多，人才辈出，只要环境宽松，政府措施合理适当，不愁引进不到人才。

三、实施乡村振兴战略的压舱石：产业振兴

压舱石也是稳定器，稳定必须打基础，乡村振兴的基础是产业振兴，所以狭义地说，产业振兴是乡村振兴的压舱石。但从广义来说，乡村振兴战略的基础应当坚持以农民为主体，坚持农业优先发展，坚持人与自然和谐共生。实现这三个坚持，"三个坚持"就在乡村振兴战略中发挥着压舱石即稳定器的功能，否则，在乡村振兴战略中就缺乏压舱石即稳定器。在我国，农村现阶段要铸就这样的"压舱石"，不容易。

主要原因是：

（1）农村的土地资源有限。我国农户户均农地规模为0.5公顷，相当于欧盟的1/40，美国的1/400。我国只能以较少的土地资源消耗，支撑更好更多的经济增长和社会进步；

（2）农村的生活、工作、生存条件不如城市；

（3）农业产业有其特点：农业生产的风险较大，农产品具有公共产品的性质（"民以食为天"，粮食安全是比能源安全和货币安全更为重要的安全）；

（4）农业发展既要市场调节，也要政府推动；

（5）农民收入水平低，社会对他们的评价，还没有达到应有的地位。基于以上状况，要使农村的产业振兴，绝不是"加大投资，提高效率，增大效益"这样一般的举措能够实现的。

经过我们的调研，要铸就乡村振兴的"压舱石"，其理性认知和实践措施应当是：

1. 要优化生产要素配置。

农村的生产要素主要是土地、劳力和技术。土地要素怎样配置，权威文件中确立为"三权分置"（即所有权、承包权和使用权分置）长久不变（第二轮土地承包到期后再延长三十年）。这样的制度安排，具有"稳定器"的功能，但必须看到它的局限。

从理论上说，所有权的意义在于处置权，承包权的意义在于回报权，经营权的意义在于使用权。将"三权分置"，也就是有权处置土地归谁所有的人，与有权将土地承包给别人取得回报的人，与有权取得土地使用权从事生产经营的人，是三个独立的主体，可以不是同一个人。这样分置的意义何在呢？按文件的初衷，"三权分置"的重点是放活经营权，核心要义是明晰赋予经营权应有的法律地位和权能，问题是这样的"权能"，能引导农村土地经营有序流转、适度规模经营吗？要知道，三个独立的主体都有各自的"权、责、利"，而且他们之间还有交叉制约，如果独立主体的"权、责、利"是不确定的和不明确的，则他们之间就难以形成相互制约的关系，甚至没有制约关系。换句话说，在一定条件下，人可以分开，"权、责、利"分不开。

现在的情况是：土地的处置权实际上取决于政府，土地的承包权、经营权主要取决于个人，政府对土地的处置有积极性，但有法规的约束，个人对土地的承包权、经营权，虽有法规的约束且较宽，但没有多高的积极性。主要原因是：广大农民对土地集体所有权利观念淡薄；个别农民承包经营土地缺少回报，又要承担风险。进一步分析，农村土地集体所有以村为单位，而村作为区域，其人口是变动的，于是便产生了"有土地的农民"和"无土地的农民"。这样，农村土地集体所有，实际上是一个抽象的概念，具体不到每一个人。再说，谁是集体所有的法定代表人，也是不确定的，且当事人常有变动。照理，土地的使用权属于承包人，承包人应当直接生产经营，但承包以后，由于转包等因素存在，生产经营权最终落实到谁不确定。由于生产经营权不确定，这使得承包人的权、责、利缺乏法律保障和不对称。这种情况使当代农村土地难以按现代化的目标流转。

据调查，当代农村土地流转，平原地区、交通便利的地区和城市郊区流转面积较大，大约占50%以上。而丘陵地区次之，山区则难以流转。流转的形式有农户之间出租转让、专业合作社、家庭农场、种植大户等，但以农户之间出租转让为主。这种状况表明：农村的土地流转，绝大部分是小规模、细碎化的（规模偏小、地块偏多），主要靠人力的承包经营；而没有实现土地流转的初衷，未能实现规模经营，与现代化的农业相距甚远。此外，在承包经营中还会产生"竭泽而渔"掠夺资源和破坏环境的问题，在这种情况下，"三权分置"不仅起不到正面效应，反而会产生负面效应。所以，我们认为"三权"既可"分置"，也可设计"两权分离"，如建立"股份制"。

农村、农业的劳动力，是那些懂耕种、收获技术的农民。在农村人口往城市流的局面未改变的状况下，真正的农民有减少的趋势，而待在城市的农村人口在城里生活成本很高，又回不去（因为不懂得耕种技术，也不愿意去耕种）。在这种条件下，农村劳动力怎么配置？有人主张，一些地区的可耕地没有种，让另外地区的人来种，本地人不种让外地人来种。可是这也是理想化的。据调研，现实的状况是：外地人不乐意到外地种地，而愿意打工。有的地区宁愿土地荒芜，也不乐意向外地人出租，他们亲身感到，外地人"急功近利"的短期行为，既破坏了土地，又污染了环境。所以，优化农村劳动力的配置，不仅要培育、传承，而且要使农业劳动具有吸引力。

至于农业技术的优化配置，正如上述，必须使科学技术转化为生产力，使人的聪明智慧落地外，还要推动农业科学技术的发展，而推动农业科技发展的主体，应当是直接从事农业产业的企业，是那些有抱负的农业企业家。

2. 要培育发展新型的农业产业经营主体。

农业是个风险产业，要实现规模经营，向现代化农业迈进，还必须培育新型经营主体和建立相应的配套组织。现在新型的农业产业经营主体，有家庭农场、农村合作社、农头企业，它们有一定的发展，但发展的数量有限，覆盖面不广，一般集中于条件好的平原地区和交通便利的地区，广大的丘陵地区和山区新型农业产业经营主体少见。

经过调研建立新型农业产业经营主体，我们倾向于：由政府主导组建农业产业股份制综合企业。这样的企业优势是：①农民的土地和人一并入股，也就是农户把拥有承包权的土地量化入股，而农民个人的入股份额以"农业工龄"计，即"农龄股"。在我们的调研中，一些地区对"农龄股"的确立和计算，已经有成功的经验和合理的计算方法，让村里的人们认同，每年派息分红，增加了农民收入，调动了农民的积极性。②综合经营，除经营种植业和养殖业，围绕着农产品加工，提升农产品的品牌和科技含量，同时也发展相应的、配套的新业务。③按股份企业建设的管理，除建立必要的规章制度外，在人事上由任命制逐步过渡到选举制，这有利于加强党的领导和振兴乡村治理。

3. 要建立线上线下的为农业服务的产业体系。

当代农业产业的振兴，必须建立线上线下的服务体系。这样的服务体系为农业产业经营者提供展业方案、农技指导、农资代购、农产品销售、农事提醒等全面服务，让农村创业者有条件在"家门口"轻松创业、体面创业，这不仅能降农业的成本，增加农民的收入，而且能提高农民作为一个创造者的社会地位。

4. 依据差异资源，打造不同的模式理当肯定。

据媒体报道，十九大提出实施乡村振兴战略后，各地砥砺奋进，打造了不同的模式，诸如产业发展型、生态保护型、城郊集约型、社会综治型、文化传承型，等等。不同的模式都是依据当地拥有资源因人成事、因势利导、因地制宜、因态施策。这样做自然是需要的，因为所处的地区不同，禀赋的自然资源不同，经济发展水平不同，传承的文化不同。

5. 乡村振兴是一项久久为功的系统工程。

要知道，实施乡村振兴战略：绝不是权宜措施，而是长远之计；绝不是只让少数人富起来，而是要共同富裕；绝不只是经济效益，而是要维护生态效益、社会效益和国家粮食安全（比如城乡协调发展，中华民族振兴）。这就是说乡村振兴是一项久久为功的系统工程，它关系着产业振兴、人才振兴、文化振兴、生态振兴、组织振兴。而产业振兴是基础，必须夯实基础。

四、实施乡村振兴战略的推动地：打造小镇

1. 特色小镇与综合小镇建设并举。

在国外，小城镇的形成始于20世纪50年代，发端于英美等工业发达的国家。工业开始集中在大城市，给大城市带来了弊端，随着"大城市病"逐步显现，使得英国出现了"新城运动"，美国出现了"逆城市化"浪潮。于是，大城市人口向郊区转移，出现了小城镇建设的趋势。继后，社会进入后工业化时代，在这一时代除了"大城市病"更加凸显外，由于大城市生活成本过高，就业水平得不到有效提高，于是政府和企业家打造小城镇以寻求经济增长。总之，在国外，小城镇的建设经历了历史传承，留下了一代又一代人的足迹，它是按照市场经济规律发展起来的，它与低成本要素的聚集有直接关系。从过程看，一般是通过龙头企业的带动，通过培育基础产业，逐步向一个空间集聚，加上这个空间优质的生态人文资源，最终形成特色小镇。

在国内，小城镇的兴起，始于2014年，在这一年浙江省领导视察了杭州西湖旁边的云栖小镇，并作出了"打造成创新科技人文特色生态小镇"的指示，继云栖小镇后，杭州余杭梦想小镇、玉皇山南基金小镇应势而生。浙江有关部门对这样的小镇提出了"特而强""聚而合""小而美""活而新"的内涵。所谓"特而强"，是指产业定位，要求每个小镇都要主攻一个产业，"一镇一业"而不是"万镇一面"；并要求围绕产业高端和高端产业，培育"单打冠军"。所谓"聚而合"就是要求小镇都要聚集产业、文化、旅游和社区四大功能，并要四大功能都要紧贴产业定位融合发展，而不是简单相加。所谓"小而美"就是小镇的规划面积一般控制在三平方公里左右，建设面积一般控制在一平方公里左右，并要求所有的特色小镇都要建成3A级以上景区，其中旅游类特色小镇要按5A级景区建设。所谓"活而新"就是在运作机制上要"破旧去僵"，在建制上要"宽进严定"，在政策上要实施期权激励制和追惩制。

根据我们的调查，云栖小镇是浙江省特色小镇的发源地，是在原来传统工业园区（转塘科技经济园）的基础上，实施"腾笼换鸟、筑巢引凤"打造而成。按照省委、省政府关于特色小镇建设的要求，坚持"产业、文化、旅游、社区"功能四位一体，"生产、生活、生态"融合发展，秉持"绿水青山就是金山银山"的发展理念，着力建设以云计算为核心，大数据和智能硬件产业为特点的特色小镇。小镇正在全力打造云生态，发展智能硬件产业，建设创业创新第一镇，努力成为创新创业的圣地、创新人才集聚的高地、科技人文的传承地、云计算大数据科技的发源地。梦想小镇准备打造成浙江省的科技城，着力引进人才，狠抓招商引资，当好企业服务"店小二"，打造特色小镇集团军。而玉皇山南基金小镇以股权投资类、证券期货类、财富管理类投资机构为核心产业，以金融中介服务组织为补充，形成完整的新金融产业生态链，在资金对接、人才交流、政策扶持、信息咨询、交易支持等方面，发挥着相互支撑的作用。

关于这三个小镇，我们总的认知是：政府推动，依据已有资源和条件（特别是土地），打造平台，以振兴产业（主要通过"双创"为核心，聚集力量，图谋发展）。它们展业的主流是经济增长，并辅之以所谓"三生融合，四宜兼具"（"先生态，再生活，后生产""宜居、宜业、宜人、宜游")。

浙江省打造小城镇的举措，得到了习近平总书记的高度重视，2015年总书记批示："抓特色小镇、小城镇建设大有可为，对经济转型升级、新城镇化建设，都具有重要意义。"在总书记的感召下，全国小城镇建设兴起，据报道，现在全国有小城镇一千多个，这一千多个小城镇是否都各具特色，需要调查评估，不敢妄言。但有一点是肯定的，它们都应当是居民生活的主流场。所谓居民生活主流场，也就是人们乐于在这里安居乐业。在这样的小镇，不仅各种生活服务设施（商业、银行、邮局、交通、医疗、体育、文化、娱乐等）完备，而且服务周全，交易成本较低。特别是这样的小镇，非常注重生态保护和文化传承。所以，通过调研，我们主张不仅安排特色小镇建设，而且安排综合小镇建设。所谓综合小镇，扼要地概括：除了宜居、宜业、宜人、宜游外，还当有"宜成、宜养"。所谓"宜成"，也就是在这样的环境中生活，有利于人的成长、成才。所谓"宜养"，也就是在这样的环境中活动，有利于人的健康、长寿。

2. 怎样打造特色小镇和综合小镇。

（1）充分把握特色小镇的灵魂。所谓特色小镇，不同于行政建制镇和产业园区的双创平台，进一步说，特色小镇不是镇，而是新的治理单元，是聚集当地特色产业、新兴产业、自然资源和人力资源等特色发展要素的创新共同体。

特色小镇，"特色"是灵魂，体现在当地特有的资源禀赋，体现在独特的人文风情，更体现在政府和企业因地制宜、推动特色产业的发展。我们在杭州考察了三个特色小镇：梦想小镇、基金小镇和云栖小镇，它们分别以人才（浙大系和海归系）、资金（浙商资本）和技术（阿里系）等特色优势为基础，以发展特色产业为方式，以推动资源整合和产业创新为目标，以实现生产力的发展。

特色小镇的魅力和生命力有赖于发挥特色。建设特色小镇，不能靠搞房地产，不能靠大规模投资来制造新城新镇，或者脱离实际地复制其他地方的发展模式，否则就会导致小镇同质化、无特色依托，进而失去吸引力和竞争力。我们之前调研过一个所谓的特色小镇，便是披着文化创新的外衣，做着房地产开发的生意，这个小镇房产库存堆积，销售停滞，也不能解决当地农民的就业和农业的发展问题。

建设特色小镇，应当结合自身资源禀赋，挖掘出产业、生态或人文方面的优势，找准产业定位，进行科学规划，将小镇的产业、文化、就业、社区服务等功能有机融合。其中，重点是培育和发展特色产业。只要有了特色产业，就业就有岗位，创业就有空间，发展就有前景，就能更好实现经济繁荣发展、群众安居乐业。说到底，特色小镇并不是凭空堆砌而来，而是立足于地域化的资源优势，或者是具备比较优势的产业集聚。

（2）建立完善综合小镇的"三生"融合关系。综合小镇是人们衣食住行、吃喝玩乐的综合体。综合小镇，"综合"是灵魂，体现在人们老有所依、病有所医、住有所居、学有所用、劳有所得。综合小镇强调人们在生产、生活和自然生态之间的"三生"融合关系，着力高效生产和便捷生活的结合。

打造综合小镇，并非要推翻古旧建筑，在历史的废墟上重建一座新型小镇，而是保留小镇原有的村庄、街区以及田园自然风貌，基于原有的村庄肌理、山水自然景观和人文历史景观，对道路的尺度、绿化、水体、建筑外立面以及内部结构进行整合，营造出一座具有自身特色的生活生态空间。在综合小镇，有优美的自然风光，有便捷的交通网络，有优良的教育设施，有先进的医疗场所，即，综合小镇是人们衣食住行、吃喝玩乐的综合体，是历史和未来、科技和诗意的融合体。

（3）怎样推进特色小镇和综合小镇齐头并进。特色小镇与综合小镇双措并举、齐头并进，其抓手应当是天时、地利、人和。我们在杭州调研了基金小镇，它地处玉皇山之南、钱塘江之北，拥有吴越文化和南宋遗址的文化底蕴，还有诸多的历史文化古迹留存于此，可以说是坐拥"天时地利"之便。基金小镇以毗邻上海的地理位置、雄厚的民营资本和优秀的经济指标为依托，集中打造其核心业态——私募产业，并成立了一站式行政服务中心，工商、税务、人力和社保等部门都在此社区办公，小镇还建设了娃哈哈国际双语学校和邵逸夫国际医疗中心等配套设施，这又是集中了"人和"之利。我们所期望的综合小镇，便是集中"天时地利人和"之便利的优质小镇。

如果说特色小镇的重要支撑是经济发展，则综合小镇的重要支撑是宜居、宜养，对此就需要优雅怡人的居住环境，没有噪音、雾霾的烦恼，房价较低，可以步行上下班，并拥有一流的上乘的教育、医疗条件。这样漂亮宜居的小镇必将吸引各方面的人才前来就业创业。在发达国家，特色小镇已成为城市化的一种重要模式，居住在特色小镇已成为许多人的追求。德国的城市化率已达90%以上，但是70%的人口居住在小城镇。在美国、法国等城市化非常成熟的国家，都有大批各具特色的小城镇，成为亮丽的风景线。

所以，建设特色小镇和综合小镇是推进城乡一体化的推进地，是走新型城镇化道路的带动力量，是释放巨大需求潜力的重要改革举措，为我国经济持续健康发展注入强大新动能。

3. 充分发挥特色小镇和综合小镇功能。

（1）"大城市病"逐步显现。我国正处在城镇化快速推进的过程中。城镇化是现阶段经济增长的最大动力源泉，改革开放40年来，随着工业化的迅猛发展，城镇化水平大幅提高，2015年城镇化率已达58.5%，在此基础上国家还制定了2020年的发展目标，即城镇化率达到60%。迅速兴起的大大小小的城市，在集聚生产要素、带动经济发展、提升国际竞争力等方面发挥了重要作用。

但是，无可讳言，现阶段"大城市病"逐步显现，体现在五方面：一是缺少亲情关系的培育和交流。大中城市就业上班，一般存在着相当距离，早出晚归，难以见面，素不相识，人情淡漠，何来亲情。二是大中城市人们收入差距较大，生活成本承受力各异，在各种优质资源有限，"没有钱万万不能"的情况下，很难做到享有公平。三是不少发展较快的大城市交通拥堵、空气污染、房价畸高，制约了城市的可持续发展。四是常住人口和户籍人口形成二元格局，既不利于培育稳定的高素质的工人队伍，又造成了新老居民之间基本权益的不平等。五是不同城市的发展状况不均衡，大城市由于吸引要素的能力强、就业机会多而迅速膨胀，中小城市特别是小城镇由于吸纳就业的能力弱而发展缓慢，形成了经济发展的巨大差异，这一点在中西部地区体现得尤为明显。

建设发展特色小镇和综合小镇，能够避免、弱化和消除"大城市病"，是无疑的。但通过我们的调查和认知，建设发展特色小镇和综合小镇，其意义不仅如此，更重要的是有利于人，特别是有利于农村人的成长。我们强调在实施乡村振兴战略中，切入点在于树人，其含义除了前述要有农村企业家外，也应包括农村人的成长和素质的提高。

有人把农村的现状概括为"四大皆空"：家庭空巢，家里只有老人和留守儿童；文化空白，基本上没有文化生活，不看电视，打牌赌钱；产业空心，土地荒芜，耕作粗放；生活空虚，生活内容空泛。这样的概括以点代面、以偏概全，有偏激之嫌。但它从一个侧面反映了在一部分人的心目中，对"三农"的看法。

当前，生活在农村的人们的生活状况，令人担忧：农村最缺乏的是文化生活。尽管各家各户都有电视机，但少有人看。留在农村的人"上老下小"不知国家大事，也不关心国家大事。过去巡回放映电影，现在电视代替电影，大家不乐意看。农民闲休在农村，热衷于打牌，名叫娱乐，实则赌钱，有的输赢无度。当代农村陋习不减，吃喝风盛行，特别在南方，不仅逢年过节大摆筵席，而且设事运作，借题发挥，如老人祝寿、小孩出生、学生就学、毕业归来等均相互捧场。相互捧场，需要有礼，少则几百，多则上千，礼尚往来，成为负担。在一些地区，这种状况成了变相聚资的一种方式，谁不参与，谁的投入就不能流回，自己吃亏。陋习存在，挫伤锐气，特别是远离城市的农村，老幼相守，前人不能给后人树立榜样，老的不能激励幼的健康成长，成了当前乡村振兴战略的最大阻碍，必须引起高度关注。

人的成长必须要有亲情、文化。亲情简单地说是同甘共苦的感情，是相互的不是专一的，是立体的不是单方面的，无血缘关系也会有亲情，有血缘关系不一定有亲情。一个人的成长需要知己，需要楷模；需要理解，需要点拨；需要等候，需要包容；需要激励，需要鞭策。而这一切，都蕴藏在炽热的亲情中。文化是人类社会历史的积淀，它包括历史、地理、风土人情、传统习俗、生活方式、文学艺术、行为规范、思维方式、价值观念等，是人类从感性认识到理性认识的升华，主要凝结在物质之中，也会游离于物质之外。文化能够传承、交流、普化，也必须传承、交流、普化。文化有陶冶情操、培育品德、增长知识、启迪心灵、反省检讨诸方面的功能，人的成长离不开一定的文化背景。在这一文化背景中观察、认知、熟悉、追求、崇尚、拓展，所谓耳濡目染、潜移默化，也就是文化的熏陶。现在的问题是：亲情的形成、积淀和发展，文化的传承、交流和普化也须相对集中，必须有群体推动，一家一户的农村生活是难以做到这一点的，是不能让亲情和文化推动人的成长的，这是我们在调研实施乡村振兴战略中，主张建设发展特色和综合小镇的重要的理性认知，望接受社会的评价，引起有关方面的高度重视。

（2）特色和综合小镇育人功能的彰显和佐证。特色和综合小镇在空间上处于城乡二元结构之间，承担着承上启下的作用，承接城市的溢出资源，聚集生产要素，带活乡村经济，打通城镇与乡村发展的任督二脉。这也就决定了特色和综合小镇不仅能促进城乡融合发展，更能重塑城乡社会形态，构建"小而美、活而新"的社会单元。在小镇，人与人的距离大大缩短了，这是一个"熟悉"的社会，没有陌生人的社会。著名社会学家费孝通先生在《乡土中国》一书中阐释，在社会学里，常分出两种不同性质的社会，礼俗社会和法理社会。礼俗社会就是传统的社会，规模小、分工与角色分化少，人的行为受习俗传统的约束。与之相对应的是法理社会：它是工业社会，规模大，有复杂的分工和角色分化，人的行为受规章法律的制约。乡土社会即是礼俗社会，在乡土社会里，人们可以得到随心所欲而不逾矩的自由。简而言之，特色和综合小镇的人受到长时间形成的习俗传统的约束，而不只是现代化的法律法规的约束。这既促进了人与人之间的亲近关系，也大大节约了法律监督的成本，所以我们提倡建设"宜居、宜业、宜人、宜游"的特色和综合小镇。

作家沈从文先生的小说《边城》以20世纪30年代川湘交界的边城小镇茶峒为背景，讲述了旷野渡口少女"翠翠"与山城河街"天保""傩送"两兄弟之间的动人爱情故事。湘西的自然风光对作家沈从文先生的创作发挥了重要的作用。他不管是孩提时代，还是青少年时代，都在湘西这片土地上度过。因此，在他的作品中，我们看到最多的便是对湘西山水的描写。湘西山水成了沈从文先生绝大部分文学创作的源泉，湘西的山山水水无一不融入沈从文先生的作品中，成了他笔下赋予灵魂的精灵。这就是小镇的魅力与影响力，小镇孕育人才、培养人才、打造人才。

在"熟悉"的特色和综合小镇，邻里生活恢复正常，人际关系、社会信任逐步建立，小镇成了既有产业，又有品质，还有生活的田园小镇。这样的小镇具有培育人才的功能，为创业者提供开阔的创新平台，为学习者提供开放的学习氛围，为小镇居民提供温馨和谐的生活环境，为青少年提供自由的成才之路。小镇培育的人才会反哺小镇，进一步促进小镇的开放发展。

小镇文化的品格和定位，是小镇经济、社会和政治形态的集中体现，同时，小镇文化也反过来影响小镇经济、社会和政治形态。特色和综合小镇的社会化发展，必须有优秀的文化价值的支撑，同时，小镇的社会化发展，又会大大促进优秀的文化发展。所以，我们提倡"特色和综合小镇"，是提倡小镇的社会化发展与经济发展、文化发展相结合，双向互动，相得益彰，共同发展：小镇的社会化发展彰显小镇的经济文化状况；小镇的经济文化发展又促进小镇的社会化发展。

（3）特色和综合小镇展业功能的彰显和佐证。产业是特色和综合小镇建设的核心，是小镇发展的灵魂。一般来说，发展特色和综合小镇，要聚焦产业定位，打造当地特有的产业体系和特色产业业态。为此，小镇建设要搭建创业平台，但平台的搭建和发展需要集聚人气，有人气的小镇才能实现可持续发展。平台发展驱动的实质是人气驱动，人气驱动的实质是创新驱动、人才驱动。推进新旧动能转换，人气是关键。水积鱼聚，木茂鸟集。小镇的发展，从某种意义上讲，就是平台的搭建和人气的集聚。抓住了平台和人气，就抓住了小镇建设的关键点和制高点。

去基金小镇调研，我们是带着几多疑惑的。为什么这么多基金公司的总部要迁移至小镇：为了便于交流信息？为了便于寻求投资渠道？为了节约成本？为了享受政策优惠？为了图个安静？去前，有人向我们说，那里有税收优惠，那里有历史遗留下来的"八卦田"，风水好。去后，实地考察我们才发现，玉皇山南基金小镇位于中国经济最发达的长三角核心区域，距离上海175公里，高铁40分钟可达，距离萧山国际机场30分钟车程，连通"上海南京宁波"经济发达区。可以说，具有国际中心的同城效应。该小镇的布局有：金融信息交流中心，学术交流合作中心，创投社区服务中心，行政审批服务中心，私募基金研究基地，金融人才培育基地，基金经理人之家，浙江省金融家俱乐部。通过"八大平台"，提供"店小二"式精准服务，与各大银行、券商、期货等机构建立直通商口，提供私募基金运营需要的"募、投、管、退"全过程资源整合与对接，打造完善高效的私募基金生态环境，为金融创新注入了新活力。截至2017年10月，小镇已聚集各种投资机构2144家，管理的资金规模突破了万亿，成为浙江省供给侧结构改革、促进经济增长的重要平台。

通过调研，我们亲身感受到这里人气很旺，不仅环境优美、建筑有特色、白天前来参观的人多，而且晚上灯火通明、车水马龙、进进出出。经过打听，管理的人说这是各基金总部在夜以继日地活动，把握信息、分析交流、决策投资、分享回报，是企业家聚集在小镇上展示自己精神的集中表现。

我们常说，要有企业家精神，要培育、保护企业家精神，通过调研我们认知到，同时也要彰显企业家精神。我们认知到，企业家精神，不仅反映在这个企业产品的市场占有率中，更展现在这个企业的形象和它所代表的一切上。能够说企业家精神是企业文化的集中体现。有人概括说：学习是企业家精神的追求，执着是企业家精神的本色，诚信是企业家精神的基石，创新是企业家精神的灵魂，冒险是企业家精神的天性，合作是企业家精神的精华。所有这些都是对企业家精神的充分肯定和对企业家的点赞和褒奖！这6组点赞和褒奖词的逻辑，应当是"学习、执着、诚信——创新、冒险、合作"，前三者是企业家从业的基础和素质，后三者是企业家从业的选择和进取。

企业家精神是企业家的社会资本。打造基金小镇也就是培育、保护、彰显企业的社会资本。企业家社会资本的壮大，有利于企业之间的合作竞争，有利于技术创新，有利于创造名牌，有利于提高声誉，有利于调动职工积极性，有利于节约交易费用。这多个"有利于"集中表明：企业家精神要在一定的时间、空间范围中才能培育、彰显出来，才能得到有效保护和发挥。特色小镇建设的实践充分佐证了这一点。我们把这种状况，称为企业家的事业要有"人气、平台"。这种"人气、平台"，也许在大中城市的某一个区域已能取得和实现。但相对特色小镇而言，就要评价，哪一种选择更加具有效率、更有效益。

曾康霖：转轨金融的奠基人

来源：四川日报　日期：2005 年 12 月 1 日

"学科建设的擎旗人，别具一格的人才培养思路，与时俱进的学术研究，推动中国金融经济学的发展"，这些同行评语为西南财大曾康霖教授的为人治学做出了准确注解。

早在 20 世纪 80 年代，他就打破国内将货币银行学按"姓资""姓社"划分的定式，在全国率先编写出统一的《货币银行学》教材；1997 年主持召开"金融学科建设与人才培养高级研讨会"，出版专著《金融学科建设与人才培养》，为我国金融学科向现代金融转变起关键的推动作用，被同行认定为我国金融学研究的里程碑和转折点；着力推动金融学科建设，积极倡议成立金融工程专业，确立了西南财大在我国金融高等教育领域的领先地位。

业绩历历在目。他从20世纪80年代开始，先后出版《货币论》《信用论》《银行论》《利息论》等有影响的"金融理论系列专著"7部，《曾康霖著作集》（12部），其中8部获得省部级奖。他重视方法论的研究，出版《金融经济学》《金融经济分析导论》等相关著作；致力于跨学科、交叉学科研究，在《经济研究》《金融研究》等权威期刊发表学术论文200余篇，其中两篇文章被《新华文摘》全文转载。

曾教授做学问"不唯书，不唯上，只唯实"。他关注金融改革的现实问题，出版《金融理论问题探索》《金融实际问题探索》和《金融理论与实际问题探索》等著作，其中一部获得省部级奖；最早提出"人民币是信用货币，商业银行也能派生存款"等观点，被学术界广泛接受并纳入教科书；提出"关注弱势群体，建立和发展扶贫性金融"，得到中央领导重视，并专门做出批示；研究商业银行存贷差额问题，得到中国人民银行重视；较早提出按现代企业制度建设商业银行，完成国有商业银行股份制改革研究课题，为改革提供理论指导，并设计实施方案；最早提出发行债券补充银行资本，得到商业银行认可。2004年《金融时报》称，曾康霖教授是"中国金融理论界宗师级的人物"。

为学则孜孜不倦，育人则其心拳拳。他独创的"拓宽领域，以专带博，充实功底，掌握方法，小题大做，求得成果"24字博士培养思路，让后学晚辈们受益无穷。

曾康霖同志：

为展示"四川杰出创新人才奖"候选人的风采，大力宣传和弘扬他们的创新创业事迹，引导社会公众关注创新人才、支持创新活动，在全社会进一步营造"尊重劳动、尊重知识、尊重人才、尊重创造"的良好氛围，我们在《四川日报》《华西都市报》出版了第三届"四川杰出创新人才奖"候选人特刊，其中包括您的创新创业事迹简介。

现将两个特刊赠寄给您，以留存纪念。

第三届"四川杰出创新人才奖"评选工作办公室

2005 年 10 月 28 日

《华西都市报》"四川杰出创新人才奖"候选人特刊上关于曾康霖的介绍

第十章 学生爱我，我爱学生

教学相长

严谨治学和关爱学生，是曾康霖当老师的天性。"不论是当系主任时，还是当老师期间，这两个方面，我一直放在心上。"曾康霖晚年回忆道。

对此，曾康霖1998级学生蒙宇谈及自己的经历，深有感触。"先生的治学严谨，也是远近闻名的。"蒙宇说。

那一年，曾康霖带蒙宇跟刘楹去乐山调研，回到成都后，由于校庆的一些工作，蒙宇与刘楹忙于接待，到周末才想起交调研的草稿，匆匆忙忙拼凑了一篇文章交上去。

第二天一早，曾康霖给蒙宇打了一个电话，一改往常和蔼的口气，严肃地说："你们过来我家里拿稿件吧。"蒙宇去了先生家后，曾康霖递给他一份草稿，上面密密麻麻写了很多的红色批注，甚至连标点符号都进行了修改。曾康霖淡淡地说了一句："这不该是你的水平，你拿回去修改修改吧，我的意见都标出来了。"

多年以后，蒙宇回忆，那密密麻麻的红色符号，如同一条条的虫子往他心里钻，让他非常难受。那天，他把自己关在宿舍，人生中第一次熬了个通宵，彻底修改了文稿，后来这篇凝结了曾康霖心血和期望的论文发表在《金融研究》上。

曾康霖要求学生一定要在学术研究上孜孜不倦。蒙宇博士论文开题前夕，曾康霖找到他说："你不能学金融就只研究金融的理论，要跨学科。你能否研究下金融企业文化？"蒙宇心里没底，这样的论题需要长期积淀，他能行吗？但曾康霖一直鼓励他，给他打气，帮他找资料、梳理思路，还带着他去东北、广东走访调研。"如果没有先生的鼓励和支持，当我们回首时，会发现自己的大学生活碌碌无为。"蒙宇说。

曾康霖重视人才，他不仅指导他们认真学习、完成学业、撰写论文，而且主动辅导学生，帮忙选择课题、谋篇布局、收集资料、寻找案例。不管是在校内，还是在校外，教学互动，师生交流始终如初。曾康霖在学术研究和教学上始终奋进，他时刻关注国内外最新动态，与学生一起走在业内前沿。我们在几封师生往来的书信中可见一斑。

在曾康霖与学生谭思洛的书信中，其中一封，曾康霖这样写道：

> 您已入学两年，应当进入写博士论文阶段，写什么，主要由自己决定，我建议您写"香港的国际金融中心地位与大陆金融、经济的发展"，主要内容是大陆金融、经济的发展怎样利用

香港的国际金融中心地位和功能。

> 当前在国内学术界讨论得最多的问题是"扩大内需，消除通货膨胀"，这个问题，不知香港媒体有什么报道，我在《镜报》上见着一本书，即《中国危机的出路》，是美国黎安友写的，您到书局看看，如有，给我买一本……

学生叶振勇在美国期间，曾康霖在与他的来往书信中，不断抛出热点问题、前沿问题，并安排叶振勇收集相关资料，启发他思考、观察、审视。比如，国内人们在讨论西部大开发时，曾康霖安排叶振勇整理美国当年西部开发的资料，特别是金融方面是怎么支持的。主要是财政拿钱，还是银行拿钱；主要是政府推动，还是民间推动；从哪里起步，有些什么方案，选择什么方案成功了，等等。

1999 年，国内决策层和学术界都在关注通货紧缩问题，有人提出要以反通货紧缩作为当前管理的首要目标。曾康霖觉得，这个问题在理论上都没有搞清楚，需要深入讨论。为此，他安排叶振勇在海外收集资料，包括美国历史上特别是 20 世纪 90 年代以来，物价有没有连续下跌的情况，是什么原因造成的，美国货币当局制止物价连续下跌的措施，物价连续下跌是否就认为是通货紧缩，美国学术界对当前中国经济状况如何看，物价下跌与经济增长是什么关系……

曾康霖在通货膨胀和通货紧缩问题上进行了大量研究。实际上，改革开放以后，80 年代初期，在三次放开商品价格的过程中出现了物价上涨现象，学术界从此开始关注并讨论通货膨胀问题，并承认社会主义经济也会产生通货膨胀。早在 1983 年，曾康霖就敏锐地观察到了物价上涨中的通货膨胀因素，并针对上述不同意见做了研究思考。

他坚持一点，通货膨胀要以货币是否贬值为根本标志，而货币的贬值、升值和原值恢复有一个过程，通货膨胀只能随这个过程的开始而产生，随这个过程的结束而结束。

2000 年，商业银行能不能通过负债充实资本是个新问题。曾康霖与在美的叶振勇书信讨论这一问题时，曾提出几个疑问：1999 年 6 月，巴塞尔发布的《银行资本充足的新结构》，有些什么内容，其基本精神有哪些，是正式文件，还是征询意见稿？专家建议，银行必须发行一个最低数量的长期次级债券，什么是"长期次级债券"，怎样才称得上"最低数量"？这样的建议，只适合美国，还是适合于其他国家？美联储决定发行长期次级债券用来充实二级资本，而不选择其他的债券，这是为什么？对发行次级债券的银行的信用等级的评定，区分为"投资级"和"投机级"，这是为什么？二者如何释义？还有其他的形式没有……

像这样深入、仔细的讨论时常发生在曾康霖和他的多位学生之间。在曾康霖的带领下，学生和他一起研究时下最热门和最紧急的问题，并积极回应，以表感谢。

曾老师您好！

非常高兴接到了您大年三十的越洋电话，我从心里感激导师的厚爱，说实话我心里十分感动，像您这样的国家著名教授能够这样平易近人，使我对您更加敬佩。受您电话中的启发，

我对自己近期撰写的《加入 WTO 对我国银行业的影响和对策》
进行了修改，现呈送给您参阅。

祝您和谢老师身体健康！

叶振勇

弟子冯用富曾经评价道：曾老师不追风，但他的研究总是很前沿，
他的学生遍布金融领域的各个实际部门，能够及时反馈来自一线部门的
声音和信息。

关爱始终

2015 年，在西南财经大学 90 周年校庆之际，金融系 1979 级学生集
体撰稿想要出一本书，深切表达对母校的热爱之情。为此，专门请曾康
霖作序，曾康霖这样写道：

1979 年是我国经济、社会发展转折关键年，谓之"天时"，
而"地利"则是我校划归中国人民银行总行主管、领导。中国
人民银行是中国的中央银行，由中央银行直属高校培养高级专
门人才在我国历史上是开创性的（在这以前，财政金融系统干部
培训，除各地的财政、银行学校外，中央只有一所财政银行干
部学校）。这表明：1979 级学子，适改革开放之时，逢发展金融
事业之需，步入了学习和研究金融学科的殿堂。

那年，步入学习和研究金融学科殿堂的学子为 122 人，他

们分别来自云、贵、川三省，年龄最大的 28 岁，最小的 15 岁，平均年龄 20 出头。真正是"恰同学少年，风华正茂"。

他们深知能进大学，来之不易，既把学校当成学习专业知识、提升自己能力的摇篮，更把学校视为培育自己、领悟人生真谛的精神家园。

课堂上，一张张专注的面孔，表明学子们聚精会神，专心听讲；讨论中，激烈的争论，表明学子们思想活跃、敏锐、宽广。阳台上高谈阔论，宿舍里"夜话"绵绵，运动场上你追我赶，校园中谈天说地，小溪边窃窃私语，学子们交知心的朋友，抒内心之豪情，展个人之风采。探讨专业理论和实际问题，议国内外大事，评社会新闻弊端。诚可谓"书生意气，挥斥方遒"。

在这篇序言里，除了充分彰显这一届学子们为社会、为亲友、为母校做出的贡献外，曾康霖动情地叙述几个人的实际情况，他说："我作为他们的老师，与他们常有接触，这个年级的同学给人的感受是富有思想、才华横溢、很重感情。之所以有这样的感受不是因为我们是师生、是同事、是朋友，而是他们的表现、行为和事实。在这里，请允许我简要地介绍几位（曾老师了解的情况有限，不全面的请补充，不准确的请修正，该彰显但没有提到的，请谅解）。"

"温思渝同学与我既是师生关系，又是同事关系，我们共事多年。他的身上，充分体现着智慧、勇气和担当，他是我们这个时代的先知先觉者，下海后，他先后涉足矿产业、房地产业、证券业，后来他收购足球俱乐部，并与中央电视台联合制作节目。说实在的，对他这样的举动，我一开始不理解，现在看来，他的确是在推动社会经济进步和发展。体育事业，凝聚民心；传媒信息，启迪智慧。"

"在银行系统供职的有三位同学给我留下深刻印象。一位是邱伟，他善于与人处事，现任平安银行监事长。这个监事长是引人注目的岗位，换届时，各方都推出有竞争力的人竞选，但最终还是邱伟胜出，这不仅表明他在股东和管理层心目中的地位，更彰显了他的人品得到众人的肯定。另一位是江明生同学，他先后在招商、浦发任职，在招商时设计了'一卡通'，领导根据他的设计，在国际上介绍、弘扬中国金融事业的发展和进步。江明生同学很有爱心，率先发动浦发职工捐赠，在西藏日喀则萨迦县吉定镇办了一所'浦发希望小学'，此后自己一个人出资百余万在四川凉山美姑县农作乡办了'明生希望小学'，他几乎每年都要带着自己的家人前去这所希望小学看望师生，既给予物质支持，更给予精神鼓励。"

"第三位是官学清同学，本科毕业后他一直在工行任职。他给人的印象是勤奋、好学、上进，除学英语外，还自学德语。总行派他去德国法兰克福办事处任职，他不满足日常事务，致力于与德国同行交流，研究课题，回国后攻读博士学位，毕业论文确定为写'经营风险'，说实在的，我作为他的导师，起初都感到意外。"

"还必须提及的是，在1979级学子中，一些人仍然立足教育事业，为国家、为社会培养人才。除了留在高校任职从教外，值得提出来的是唐旭同学和韩谨同学。唐旭本科毕业后在人民银行总行金融研究所五道口研究生部攻读硕士学位和博士学位。'五道口研究生部'被业内人士誉为'金融黄埔'，拿到研究生学位后，唐旭完全有条件像其他同学一样在北京谋个光鲜的职位，可是他没有这样，而是留下来做教学和管理工作，甘于清贫，乐于奉献。他在部领导的指导下谋划、决策、实干，使研究生部声名鹊起，影响深远，引来一些国外机构向研究生部捐钱、捐物、赠书。1985年，教育部组织对金融学科进行评估，人民银行总行研究生部名列前茅。唐旭同学不仅是务实的管理者，更是学术研究上的佼佼者，由他主编的'中国金融学科前沿丛书'在国内外研究机构和高校产生了积极影响。由于他长期无私奉献，最终积劳成疾，英年早逝。在北京八宝山开追悼会的那天，他在人民银行总行的不少领导、同事都出席了，也有不少外地同学、弟子赶去参加，场面庄严肃穆、感人肺腑。大家都以沉痛的心情怀念、惋惜这位当过纤夫的同窗、学长、导师、领导、学者。韩谨同学，早先在香港从业，业绩颇丰，可是他后来放弃了在港进一步发展的机会，毅然回内地办学。在成都他办起了四川长江职业学院，这不仅是我国高教事业改革的先行者，而且为广大社会青年，提供了学习和就业的机会。"

这些表明，作为老师的曾康霖，不仅在校期间关爱学生，毕业以后，仍在关爱学生，密切注视着弟子们的成长。当弟子们取得成就时，他高兴；当弟子们做出奉献时，他赞赏；当弟子们做出非凡之举时，他欢呼。在一篇他自己撰写的《水调歌头·退休感怀》中，他表明了"喜看桃李发，登高更几重"的心声。

在这篇序言的末尾，曾康霖把当年老同学聚会时他写的对联奉献给大家：

上联：昨天今天明天，艳阳天

下联：亲情友情乡情，同学情

横批：半个世纪的情缘

半个世纪的情缘，不仅是曾康霖和老同学之间的，更落实在他与学生之间。可以说曾康霖是一位影响学生一生的人。

"我爱学生，学生爱我，是因为他们继承和发扬了中华民族尊师重教的优秀传统；我爱学生是因为我认为老师要做'人梯'，要为学生打工，要先当学生，后当先生。可以说，我写了不少东西，主要是为了学生，为了更新和丰富教学内容。"曾康霖将所作所为主要归功于他对学生的爱。

中国银行副行长、西南财大博士校友吴富林评价，有的学者是很好的老师，有的老师是很好的学者，而曾康霖是一位非常优秀的老师兼学者。他关心学生的学术成长、事业生涯以及日常生活。他很善良，他具备了伟大的人格魅力。在他身上，有一种大爱的精神。

曾康霖的金融教学生涯长达 50 余年，在此期间，他共培养了多位硕士生和七十多位博士生，为金融实践部门输送了大量的人才。他是实现中国金融学科从无到有、从弱到强的第一批老教师之一，外界称他为中国金融学界德高望重的师长，富有人格魅力和人格感染力的学者。

在曾康霖身上，依稀可见中国老一辈金融学教育家的身影，他们是法国南锡大学出身的梅远谋博士、德国莱比锡大学出身的李景泌先生、英国爱丁堡大学出身的温嗣芳教授、英国伦敦政经学院出身的程英琦教授。曾康霖坦言："是老师的品德、智慧、为人、敬业激励着我，让我不敢怠慢。"

笔者每每与曾康霖对话时，总能强烈地感受到他对学生的热爱，他将师德融入一生的教书生涯中。他回忆起往事，经常用几个小故事为我们说明师德的重要性。

20世纪八九十年代，有三位学生让曾康霖记忆犹新，其中一位学生被分配到经济欠发达的贵州地区，经济困难，他寄过去80元钱以解燃眉之急；另一位上大学前是武汉某工厂的工人，出来读书后没有了工资收入，曾康霖资助他直到研究生毕业；还有一位现如今也已走上教学岗位，曾康霖先后寄钱支持他读书。

有一年，他带了一名博士生，这名学生体格偏胖，不爱运动，曾康霖每天晚上叫他务必出来运动，在宁静的财大校园里，黄昏下的剪影更似一代人对下一代人的嘱托。

类似例子实在太多，笔者深切感受到他们之间不但是师生关系，更是一种亲人、挚友关系，甚至有学生称曾康霖是影响他们一生的人。

"曾老师改变了我的一生。" 2015年4月20日，笔者来到西南财经大学温江学校，曾康霖的1999级博士生、西南财经大学金融学院执行院长张桥云发出如此感慨。事情源于1999年的那场抉择。

张桥云，四川宜宾人，曾经为一名中学老师，1991年，张桥云考入西南财经大学金融系研究生，师从刘锡良等人。1994年，留校任教。"那时，我在金融系当老师，1997 年至 1998 年期间，我到美国做访问学者。1998 年，我萌生了考曾老师博士生的想法。我很执着，一心要做曾老师的博士生。"张桥云说。

处于人生分岔路口，人们常难以抉择。1999 年，还在教学岗位的张桥云突然迎来一个机会。"那是去一个实践单位，马上就想调我过去做副主任。"张桥云说，"从某种意义上来说，那的确是一个好机会。"不过由于"心有所属"，张桥云选择了考曾康霖的博士生，放弃去实践部门。

对于老师曾康霖，张桥云说："如果总结曾老师为师的特点，一是对学生要求严，二是帮助学生成长。"在成为曾康霖的博士生之前，张桥云已经从 1993 年开始研究存款保险制度，1997 年 6 月，他的《存款保险制度》是我国最早研究存款保险问题的专著。考取博士之后，张桥云由于工作任务繁重，博士的研究方向希望继续为存款保险。

"曾老师说，存款保险你已经研究过了，应该重新开拓一个领域。那时，曾老师还专门写了一封信给我，提出了要求。"张桥云回忆。就这样，在曾康霖的引导下，张桥云在攻读博士学位期间将研究方向定为"商业银行存款产品的设计"，这个方向是当时国内的一大空白，具备前沿性。2005 年，张桥云的此项研究入选了国家自然科学基金项目，他也是西财金融专业建系以来第一个获得该级别荣誉的研究生。

《礼记》有言："师也者，教之以事而喻诸德也。"可见，授业解惑，培养优良品德，皆为师者之魂也。在人们眼中，曾康霖儒雅、睿智，具有大师风范，媒体报道中多对其冠以"中国金融理论界宗师级人物""转轨金融理论先驱"等称号，但对于曾康霖而言，在他半个多世纪的执教生涯中，他将满腔心血都倾注在中国金融业的人才培养上，他爱学生，甘为"人梯"，他用一生的热情将老一代师者严谨求实、孜孜不倦的学风一代又一代传承了下去。

做学生的朋友

作为教师，曾康霖认为应对学生严格要求，确立坚定正确的政治方向、严谨的治学态度和谦虚谨慎的为人品格等。他说年轻人有许多优点，如有抱负，有理想，想干一番事业，思维敏捷，接受新生事物快等，但也有缺陷，如容易动摇，容易冲动，一旦取得成绩容易骄傲，看不起别人等。当教师的要善于发现他们的优点和缺陷，鼓励发挥其优点，克服其缺陷。为此，在学校除了师生关系一面外，还需要做学生的知心朋友，从思想上开导，在生活上关心。

改革开放以后，年轻人都在谈论实现人生的价值，都想"潇洒走一回"，当社会上流行着"黄道""红道""白道"，即"下海"、从政、出国的时候，选择走什么样的道路？不少学生陷入迷茫。

此时，学生们便会同曾康霖商谈、讨论。曾康霖除了针对他们各自的情况，分析其长处、短处及不同选择的利弊外，更多的是要他们面对现实，因为个人价值的实现需要具备客观环境。同时要他们不忘记组织对他们的培养，家人亲友对他们的期望，教师校友对他们的关怀，也就是要其认识到社会对他们的帮助。个人的本事并不完全是自己奋斗的结果。

高校教师比较清贫，留不住人，特别是年轻人。对此，曾康霖希望学生看到条件在变化，教师的社会地位在提高，只认金钱的眼光实在是太局限。他希望学生认识到，一个人的价值是否实现，不仅是个人的自我感觉，要看社会对他的评价。可以说在组织、教师们的关心下，曾康霖的研究生有的安心在学校工作，有的虽然"下海"了，但仍然愿意继续从教。当然，这不能说是谁的功劳，但不可忽视曾老师对他们的影响。

除了在事业上关心他们外，在生活上也有曾康霖的关怀。西财金融系有些研究生是别人代培的，但后来关系断了，代培单位不给钱，生活上有困难，曾康霖就解囊相助；有的研究生家人病了需要钱，曾康霖主动汇款；有的研究生需要照顾小孩，曾康霖主动关照。所有这些使师生之间建立起了朋友关系。现在这些学生有的已经毕业了，有的即将毕业，有的走上了领导岗位，有的当上了老板，每当曾康霖出差去某地，当地的学生总是去看望他；每当逢年过节，学生们总是要来电或寄来祝贺信（卡）慰问。曾康霖常常向别人说："这是别人享受不到，是只有我们当教师的才能享受到的礼遇，也是对我们当教师的最大安慰。"

曾康霖的学生现在有的是他的领导，有的是他的同行。学生走上了教师岗位，曾康霖要他们钻研教学，不要认为高校教师容易当，讲几节课没什么了不起，而要熟悉掌握教学中的每个环节，要善于组织课堂教学内容，考查学生成绩以及善于命题、解题等。善于命题、解题的教师是高水平的教师，即使学生答不起，都会信服"这样的题出得好"，有助于他继续思考、学习。金融系中青年人向曾康霖学习，讨要讲稿和所命的习题，他都无私献出，并告诉他们其中的问题和不足，相互探讨，以共同进步。

"教书育人，言传身教，以身作则，为人师表"，这是一位书法家相送的横幅，曾康霖将其挂在了书房，作为他的"座右铭"，以此勉励自己。

大家谈曾康霖

孟子曰："爱人者，人恒爱之；敬人者，人恒敬之。"它倾情地昭示着：爱别人的人，别人也经常爱他；尊敬别人的人，别人也经常尊敬他。曾康霖教授说在他的大学生涯中"不能忘怀的是，老师对学生的关心和爱护"，老师们的为人处事，言传身教，一言一行，他都铭记在心，感恩戴德。在他荣获"中国金融学科终身成就奖"的颁奖典礼的会上，他诚挚地说："我要感恩我的母校，母校培养了我；我要感恩我的同事，同事关照着我；我要感恩我的弟子，弟子关爱着我；我要感恩我的家庭，家庭照顾着我。总之我不忘好人的相助和组织的培养，永存一颗感恩之心。"

他不仅言传，而且身体力行。逢年过节，首先要拜望的是老师，每当教过他的老师华诞满寿，他总要与同学们一道，组织前往祝福。不仅尊敬老师，而且敬重领导。在他任职期间，曾领导过他的人，不论是老的领导或新的领导（甚至是他的学生）他都一如既往。他曾说："尊重知识，尊重人才，在高校就要以身示范，身体力行，不应该文人相轻。"

在以下"大家谈曾康霖"的十多篇短文中，有的作者是曾康霖的弟子，有的作者是曾康霖的同事，有的作者是他的领导，有的作者是他的仰慕者，有的作者没有听过他讲课，有的作者是他指导的学生。他们从不同的视角，畅谈了自己的亲身感受；谈后令人敬佩，使人感动，让人振奋。不当算作对曾老师一时一事的点赞，应当是多少年来发自他们的心声！

黄铁军：人生导师

恩师五十多年如一日，始终坚守三尺讲台，耕耘在教书育人的一线岗位，并与老一辈理论大家一道，孜孜不倦力拓理论"荒地"，坚持不懈为经济学术殿堂添砖加瓦，在推动我国金融理论研究和金融学科建设方面做出了不可磨灭的贡献。多少年来，恩师笔耕不辍，著作等身。《金融理论问题探索》（1985 年）、《资产阶级古典学派货币银行学说》（1986 年）、《货币流通论》（1985 年）、《资金论》（1989 年）、《利息论》（1990 年）、《信用论》（1992 年）、《金融实际问题探索》（1994 年）等系列专著的出版，确立了恩师在中国金融学术界泰山巨斗的地位，展现了恩师深厚的学术积累和叩问不止的学术精神。经过长期探索与实践，恩师形成了别具一格的人才培养风格，培养了大量德才兼备的高级金融人才，为国家源源不断输送俊杰和精英。如今，弟子们奋战在祖国的各行各业，有不少已成为政府监管部门的领军人、经济金融行业改革创新的开拓者、高等教育学科建设的擎旗者。还有不少后出师门的年轻学弟学妹也正在各自领域崭露头角、意气风发，显示出无限的发展潜力，弘扬并传播着恩师的思想精髓，为助力实现"中国梦"而奋力拼搏。2012 年 11 月，恩师荣获"2013 年度中国金融学科终身成就奖"，这是对恩师学术成就最好的注解。在此，斗胆进一步诠释恩师的学术风范和道德人品，我想至少有以下几点：

（1）恩师总是以开阔的视野、睿智的眼光，紧跟理论前沿，立足解决实践问题。恩师不仅在金融发展理论、货币经济学等诸多领域进行了一系列开创性的研究，还悉心指导弟子开展前瞻性的研究。记得在20世纪90年代初期，恩师就敏锐地洞察中国经济发展走向，鼓励我们研究中国金融资金流量、行业分布与变化规律等问题，尝试构建"宏观看趋势、中观看结构、微观看流动"的金融资金监测预警与分析模型。又如，恩师长期致力于研究我国国有商业银行的生态环境与行为模式，指导我们在论证国有商业银行规模经济与范围经济的基础上，提出了商业银行"混业经营"的理论构想和"大而不能倒"的学术反思。时至今日，这些学术思想仍具有很强的理论价值和现实意义，尤其为后金融危机时期如何防范和化解系统性风险提供了决策依据和理论参考。

（2）恩师始终秉承学以致用的治学理念，强调理论来源于实践又指导实践。恩师倡导学术研究只有走出书斋，深入实际，接上地气，才能保持旺盛的生命力和活力。一直以来，恩师坚持课堂与社会、教学与调研相结合的培养模式，带领弟子们走遍大江南北，访学实务工作中的佼佼者和理论大家，就一系列诸如金融治理结构、市场退出机制、民间金融发展、金融的扶贫功能等热点、难点、重点问题，进行了大量的实际调查，形成了一批有价值的研究报告，对促进我国金融体制改革创新发挥了积极作用。持之以恒的调研，不仅拓宽了弟子们的眼界，也为理论界树立了一股新风。

（3）恩师重视学术历史比较，勇攀理论高峰。在多年的学习和研究中，恩师形成了既尊重经典，又不迷信经典，既注重书本，更注重实际的科学的研究范式。恩师经常教导我们，治天下者须以史为鉴，治学问者须以史为基。长期以来，恩师特别注重金融学术史的学习研究，通过贯通古今中外，达到互鉴交流、合理吸收的目的。不仅不断开拓学术空白，还引导、鼓励学生攀登一个又一个理论高峰。"继承→批判→借鉴→创新→形成理论观点→指导工作实践"成为恩师的学术风格。这种风格滋润着弟子们的思想和心灵，也让恩师的思想不断推陈出新。

（4）恩师不仅师承前贤、弘扬传统，同时广交朋友，不耻下问。与恩师近25年的交往，我感到恩师的朋友圈非常广泛，不仅有前辈宗师、学术同人、青年学人，还有活跃在政府部门和市场一线、有着丰富实践经验的改革者、实践者。这一传统让恩师总是能与时俱进，不断接受新生事物，保持思想之树青春，也推动弟子们成为金融市场改革大潮中的开路先锋。

筑高尚于师道，表学者之楷模。恩师为人谦逊宽厚，始终在教导弟子们如何做人、做学问，并以自己的实际行动树立了风范。恩师还经常告诫我们，工作再忙也不要忘记读书、思考，否则就会辜负博士的名号，就会落后于时代。记得我刚来深圳工作时，恩师来我办公室，首先要看书架上摆了什么书；来家里做客时，首先要看书房有没有书，在看什么书。如今，恩师虽已80高龄，还在孜孜不倦地做学术研究，著书立说，这是对弟子们的莫大鼓励与鞭策！我因此牢记恩师的教诲，让读书成为一种习惯，成为工作之余的一大乐趣。我相信，弟子们大都在读书中找寻到人生乐趣与力量。

恩师不仅是学术导师，更是我们的人生导师。恩师总是以父亲般的慈爱教育大家说：人生，每个人都在旅途，或起或伏，要守好心，走好路，想得远一点，看得淡一点；工作中，委屈了，默默无语，误解了，微微一笑；不抱怨、不言苦、不认输；压抑了，换个环境呼吸，困惑了，换个角度思考；成功了，坦然淡泊前行，失败了，蓄满信心再来；要珍惜家庭幸福，珍惜学友情谊。如此语重心长的教诲，让弟子们听了心里暖暖的，力量足足的。我相信，恩师的人生教诲就像一盏指路明灯，指引着每位弟子砥砺前行，演绎出更加精彩、更加美好的人生。在此，我代表弟子们向恩师表达崇高敬意，祝愿恩师学术常青，思想常青，永远健康快乐！

1991 级开山弟子　黄铁军

2015 年 5 月 3 日于北京

黄铁军　早年曾任教于原湖南财经学院金融系，任职中国工商银行深圳分行证券业务部总经理、支行行长；从 1995 年起，长期任职深圳证券交易所副总经理，其间，曾兼任深圳结算公司总经理，赴美国 UCLA 进修深造；2014 年 11 月起，履职中国证券投资者保护基金管理有限公司党委副书记、副董事长、总经理。

吴富林：在"旧邦"与"新命"之间

桃李天下、著作等身的曾康霖教授荣获"中国金融学科终身成就奖"。闻此消息，学生十分高兴，三十多年前承教师门的往事一段段闪现出来。

在遭遇了历史性的中断之后，中国当代货币银行学于 20 世纪 80 年代初期重新开篇。恢复高考时的 1977 级、1978 级并无"金融系"的设置（1978 级金融系是进校后从财政金融系分出来的），而以金融系招生的第一届学生应是在 1979 年。母校西南财大（以下简称"西财"）当时由人民银行总行主管，是全国第一批金融专业招生院校。当我于 1980 年入校之时，复原初期的母校正在组织师资，重整校园，一派百废待兴的景象。校长在旧时的"茅屋"里办公，各系办公室在一排汽车房的二楼，而楼下住着我们这些新入校的学生，"文化大革命"的弹痕遗留在图书馆的外墙上，部分校舍的归宿仍在激辩之中。然而，物质上的简陋阻挡不了一个具有无限潜力的新学科前进的步伐，组建伊始的金融系生机盎然。程英琦、温嗣芳等年逾古稀的海归老教授重执教鞭，新中国第一部《社会主义货币银行学》的主编何高著教授主持系务，曾康霖教授、何泽荣教授等正当年华的中年骨干则成为教研一线的主力。国外的教材尚未引进，少量国内教材多是 20 世纪 50 年代苏式痕迹很重的版本，自编讲义、油印教材一章一章地发到我们手上，成为我们探入"金融殿堂"的门径。一切都朴实无华而充满生机，20 世纪 80 年代确实令人回味不已。

母校原第九教室是一间可容纳一百五十人的大教室，陈设固然是旧的，然而新知识、新思想不断地在那里传播。正是在那里，我们于 1981 年春季开始了货币银行学的启蒙。那时的曾老师大约四十多岁吧，正当才华英发之际，《金融研究》等刊物上已多次见到他的文章，我们对他的授课充满期待。有人说，擅讲者不一定学问大，有学问者未必擅讲，曾老师当属为数不多的二者兼擅之师。曾老师的授课有着长期扎实研究奠定的底气，马恩的论述，经典的出处，学界的争鸣，现实的动向，他都仔细下过一番功夫，条分缕析地组织起来，用他不紧不慢的四川话传授给大家。校中有擅讲者以激情感染人，以故事吸引人，构建出活跃的课堂气氛。然而曾老师不属于这一类，他的特色在于观点、内容与逻辑力量的结合。所以，听曾老师的课需要保持比较专心的状态，否则他的"逻辑演进"是不会等待你的！我感觉曾老师的述学中有一种"正、反、合"的比较与综合方法，一个观点，一件事情，往往要从多个角度进行分析，你可能内心里并不赞成他的某个结论，然而要否定它又难于找到下手的切入点，因为有逻辑方法在，结论是一步一步推理而来的。记得讲到关于社会主义银行体系建立的时候，他分析了列宁的"大银行"思想："大银行的大，不是规模上的大，而是体制上的大……"一个"大"字，在课堂上辩了不短的时间，三十多年了还记得老师当时的手势与特有的音调。

学者的思维劳动是高度个人化的事情，而学者的成长则可能是一种群体现象。按照这个思路，我略略追溯了我的老师，老师的老师乃至于"太师爷"级的人物的著述脉络，似乎发现了隐然可见的一条线索。这条线索怎么描述，在这篇短文里面说不清楚，但我相信它是存在的。具体说吧，我们金融系在当时尽管是一个新系，但人物构成和学术渊源却是不简单的。曾、何等教授是我这一辈的老师，何高著教授（我们当时称"大何主任"，相对于何泽荣教授"小何主任"而言）是他们的老师，上面提到的温嗣芳教授等又是"大何主任"的老师。这样一来，20世纪80年代的金融系（加上我们后来留校的师兄）实际上形成一个"四世同堂"的格局。如果再往前追溯，我们不难排出一个西财金融人物的"豪华"阵容来：法国南锡大学出身的梅远谋博士、德国莱比锡大学出身的李景泌先生、英国爱丁堡大学出身的温嗣芳教授、英国伦敦政经学院出身的程英琦教授、国内武大出身的何高著教授。这些老先生，在1949年以前就已崭露头角，或任教于高校，承担着货币金融理论"西学东渐"的使命，或任职于政府，参与国家建设的大潮。是时代的风云际会，使他们于20世纪50年代初会聚西财，长期偏安一隅。20世纪80年代初期他们当中的在世者再现于财经讲堂，薪火得以相传。

多少年过去，他们的弟子、弟子的弟子，算起来到如今该是到了第五、六代了吧？环顾国内高校包括一些知名的综合大学，这样的阵容是不逊色的。记得20世纪90年代初，我在复旦求学的时候，著名学者陈观烈教授问我"是哪里考来的"，当我回答是西财金融系时，老先生连声说："知道、知道！"神情中透出赞许。以上是人物，再看著述。大体说来，西财金融著述可上推到20世纪三四十年代，集中于币值、物价、利率、汇率、货币本位等核心论题，兼有史论、策论，并重国际、国内。梅远谋关于货币本位与货币危机的论著，彭迪先关于通货膨胀的论著，程英琦关于凯恩斯货币理论的论述，温嗣芳关于利率、汇率与货币战的论著，何高著关于币值与物价的论著，同他们的一代又一代弟子们在选题、关注点甚至叙述风格上有着明显的传承关系。曾老师等西财金融学者的著述及其学理渊源，是一个需要深入研究的"群体现象"。大约学派的形成亦复如是。

检索曾老师的主要著述目录，从《资产阶级古典学派货币银行学说》《马克思货币金融学说原论》《百年中国金融思想学说史》，到著名的"六论"（货币、银行、信用、资金、利息、货币流通），到《金融经济分析导论》

《略论经济学研究的几次革命》以及数百篇经济金融论文，历时五十多年，横跨古今中外，不得不惊叹于曾老师这位看似文弱的学者，却犹如一名不倦的健将，驰骋于金融理论的原野。粗略分一下类，可以看出来，曾老师的著作结构，一如他的述学一样是富于逻辑、很有体系的。这个体系，大致包括了史、论、策论、方法论等构成元素。在史方面，从西方古典到中国当代，跨度很大。史学上有所谓"喜古厌今"之说，即越近的历史越难研究，纵使西方学人也视为畏途的"当下的历史"，一般人是不愿问津的。但曾老师认为"史乃学之基"，他出于对中国金融学术积累的责任感，不避可能出现的争议，领衔推出了《百年中国金融思想学说史》。在这部著作中，他从孙中山金融思想，一直梳理到当前仍活跃于金融领域的学者著述，横跨一百年，涉猎五十家，囊括了大陆、港台学者，将大有益于中国金融学术之积累。在论方面，除了属于基础理论的"六论"，还有属于方法论（包括经济学的一般方法和金融学的研究方法）的著述，还有若干文章是关于中国金融体制、金融政策、金融教育等方面的对策论。在这个著述结构中，我看到了传承，看到了母校先贤们的学术身影；在这个著述结构中，我更看到了创新，一种与时代共呼吸、与国家同进步的创新。"周虽旧邦，其命维新"，这句《诗经》中的名言，被历代知识分子作为表达民族自信和社稷责任的座右铭。哲学家冯友兰高扬"阐旧邦以辅新命"的旗帜，阐释中国哲学，忧患国家命运，展望民族复兴，灌溉着无数知识分子。金融与哲学，情景不同而理源无异，阐明了金融之史，立稳了金融之论，定准了金融之策，那么金融科学便不负时代使命。

有继往开来之志，上下求索于"旧邦"与"新命"之间，这就是我在庆贺曾老师获奖之时的一点感想，也是对母校金融学科光明未来的祝愿。

吴富林　西南财经大学金融系 1980 级学生，曾任教研室主任、讲师。历任中国外汇交易中心研究部总经理，中国光大银行计划资金部总经理、战略管理部总经理，光大银行云南分行行长、深圳分行行长，光大集团原副总经理、首席经济学家，光大永明人寿原董事长，现任中国银行副行长、执行董事。

冯用富：时代的使命

我觉得，应该从两方面理解曾老师，一是他的学术思想，二是他对西南财经大学乃至中国金融的贡献。

我们看曾老师的贡献，核心就要看西南财大在中国金融体系当中的地位和作用。为什么金融学科一直到今天都是西南财大的品牌学科，它的历史沿革是什么？

改革开放之前，中国没有金融这一说，全国只有一家银行——人民银行，20 世纪 80 年代初，改革开放，从人民银行分离出来其他银行，工、农、中、建，包括后面的交通银行，以及再往后不断延伸的金融体系。

中国搞经济建设，就需要金融支持，当时只有银行，银行是支持实体经济发展的重要机构，而后有了债券市场、信托投资公司的成立，这么多金融机构，人才从哪里培养呢？整体上来看，金融是一片白纸。举个例子，信托在最初时期发展得很缓慢，曾老师很多学生都是信托领域的，那时，他们天天开会讨论，信托怎么生成的。信托的核心是受人之托、代客理财。但当时理财没有基础，整个市场不发达，很多问题无法解决。曾老师带领学生开始研究这些现实问题。

金融在中国经济建设中起到越来越重要的作用，随着金融体系的延伸和发展，需要大量的人才，人才从哪儿来？谁来培养？

西南财经大学当时作为行属院校中唯一一所重点大学，自然承担了金融体系人才培养的重任，1991 年，西南财经大学就有了金融学博士点，曾老师是西财金融学的带头人、带路人，是他把西南财大的金融学科建立起来的。

所以，曾老师的地位要放在中国金融的大变革这个背景里去。为什么金融体系的这么多人都是他的学生？就是这个原因。

再来说学术，当初这么多人在搞金融，实际上，大家连"什么是金融"都搞不清楚。在中国经济大发展、大变革中，需要金融发展，金融知识从哪里来？为什么曾老师能提供金融知识，成为全国金融学的领头人之一？

早年，曾老师是踏踏实实做学问的人，他很注重基础理论的研究，从 1987 年到 1997 年的 11 年间，曾康霖教授对金融基础理论进行了系统研究，先后出版了《货币论》《货币流通论》《资金论》《信用论》《利息论》《银行论》《投资基金论》等 7 部金融理论系列专著。很少人能做到这样，而且这种知识不是完全从国外照搬的，比如中国金融体系怎么建立，商业银行怎么建立，市场经济怎么搞，国外不是公有制，也没有处于转型阶段，没有这方面的现成理论可以参阅，一个一个的现实问题逼迫中国的金融学专家教授去解决。

曾老师就有大量的文章都在试图解决中国金融的现实问题。比如，20

世纪 80 年代，通货膨胀那么严重，怎么解决？货币多大量才是合适的？

曾老师的历史地位和作用，不仅反映在专著上，而且还反映在大量的文章上，他每年要发表几十篇论文，笔耕不辍，作为一个教授，为国家服务的科研工作者，他首先要解决实践中出现的问题。

我是 20 世纪 80 年代初读的本科，硕士研究生读的是计量经济学，博士读的是金融学。那是 1997 年，我想要读曾老师的博士，但他带博士很少，就把我推荐给邱兆祥老师，不过，他也带领大家一起做学术，每个周二下午，他都带着大家研究问题，一起讨论。

一个时代有一个时代的使命，曾老师在他所处的时代里面已经做到极致了。

冯用富　生于 1962 年 9 月，金融学博士、教授、博士生导师。西南财经大学证券与期货学院院长、全国人大《期货法》起草委员会专家、中国金融学会理事、著名经济学家。1987 年毕业于北京科技大学力学专业，获工学学士学位；1996 年毕业于西南财经大学统计系计量经济学专业，获经济学硕士学位；2000 年获经济学（金融学）博士学位。主要担任"资本市场与证券投资""国际金融""汇率经济学""经典文献导读""方法论基础"等课程的教学工作。

岳志：终身导师

记得最初认识曾康霖这个名字是在《金融研究》上。1982 年大学毕业后我留在安徽一高校任教，因而有机会常读《金融研究》，以曾康霖教授为领军人物，包括潘青木、邓乐平、周慕冰等四川财经学院一众才俊的大作常出现在学术地位很高的刊物《金融研究》上，由此也使我逐渐产生了对曾教授等川财学术人物的景仰，于是在我1985年报考硕士研究生时，我舍近求远，毫不迟疑地报考了川财金融系。

我第一次见到曾康霖教授倒不是在川财，那是在1984年5月在合肥召开的中国金融学会第二届年会上，我有幸参加了这次对中国金融改革产生了重要影响的盛会，曾教授在大会上做了发言，提出金融研究要把马克思的货币银行理论与中国的金融改革实践相结合，我在台下代表席上第一次见到大名鼎鼎的曾康霖，也见到著名学者黄达、刘鸿儒等。记得曾教授戴着眼镜，身形清癯，发言明晰。

次年，我如愿以偿考取了四川财经学院金融系，面试由一表人才也是仰慕已久的师兄周慕冰领我见各位老师。由于我在大学也是教金融专业课的，所以对问题均能对答如流。见我成绩突出，似乎是可造之才，曾老师便将我从体制中"解放"出来，由学期一年半的"委培生"改为学制三年的普通研究生。

曾老师在金融理论方面造诣颇深，学生听他的课均很受教益。他对货币、资金、财富、资源禀赋异同的论述，对货币存量、流量、金融机构之规模经济、范围经济的分析，对利息、信用、金融市场、交易成本的解剖，使学生深切感受到曾教授学问之博大精深。记得我当时就有一个类比，我觉得曾老师很像文学大师钱锺书。

曾老师既重教学科研，更重人才培养。他满腔热情关注学生的成长，鼓励学生进步。当我在学习中发现农行代央行收取信用社的法定准备金会产生货币供应的"双重扩张或双重收缩"，曾老师会在其他同学面前表扬我的小小发现；当我也在《金融研究》上发表了几篇文章时，曾老师更是热情鼓励我；当我和同学欲翻译国外著作时，曾老师热心帮助联系出版……

在毕业论文选题时，我原拟选人民币价值基础方面的，因那几年这一课题研究颇久，观点最终不统一，认为人民币价值基础是代表黄金者有之，认为人民币价值基础代表使用价值者有之，而我对此有心得，认为人民币价值基础是商品的交换价值，人民币价值尺度职能是其利用众多商品在现实中形成的交换价值体系并依靠自身价格标准来实现的，人民币不需要靠自身价值来衡量商品价值，就像电子温度仪不需要接触物体就可测温一样，汇率之购买力平价说也从侧面证明了这一点。但这一选题受到刘益民老师的否定，他一针见血地指出不要把货币理论搞成玄学，曾老师也要求我多研究现实问题。最后我选择了合作金融问题。在确定毕业论文指导教授时，我和其他同学一样，都希望能得到名师指点。但我终未如愿。曾老师对我说：你基础好，我不担心你的论文通过，所以请其他老师指导你。我听后无言以对，我宁愿相信曾老师的话，我知道曾老师不说假话。

毕业后来到深圳从事银行实际工作，曾老师每次见到我，都会嘱咐我从事实际工作也要研究一些问题。最初几年，我也确实遵照曾老师教导，研究一些问题，其中有些成果也获了奖。但随着商品经济大潮的迅猛冲击，人们不再关心货币，而关心钱，不再研究货币的职能，而更愿琢磨钱的功能，琢磨怎样才能挣到钱，而我一直对钱迟钝，于是慢慢地就懒散搁笔了。曾老师见状，便要我考博士，以促我继续学习。

我于是又考回已改名为西南财经大学的母校，攻读货币银行学博士学位。基于同样的理由，曾老师也没有把我收纳为门生，而是让我选择另一著名教授邱兆祥为指导老师。

虽然不在名下，但曾老师对我的学习研究一如既往地关注、鼓励。在博士论文的答辩会上，曾老师当着众多名师和学友的面，给了我一个天大的荣誉，他说：岳志在国内率先研究、倡导合作金融多年，且研究有成，堪称中国合作金融之父。我听后心情激动，但心里明白这是老师鼓励鞭策之词。

我研究合作金融，自然对其有所偏爱，我相信合作金融是农村金融的主体。曾老师对我的结论似乎有些担心。多年后的事实证明，曾老师是有预见的，农信社的改革似乎更愿走商业化的道路，而不愿回归其合作本性。而历史上臭名昭著近年来再次出现的高利贷改了个看不出性质的模糊名称"小额贷款"，成为新事物而广受追捧。这一现象也不难理解，人们不一直都爱"先污染，后治理"。

曾老师对学生的关怀帮助，不仅体现在学习上，在生活上也是体贴入微、在人生之路上也是多予指导。

外地学生到校，曾老师关心他们能否适应成都阴湿的气候和麻辣的饮食；有同学与单位发生纠纷，曾老师也出面帮助协调；学生遇到困难，曾老师会想方设法解决；学生间有矛盾，曾老师会帮助化解；有一位同学李树生特别出众，曾老师也支持其破格提前毕业。见到我时，常常会关心地询问：你爱人失眠好些了吗？成都有名中医；你弟弟的"平衡医学"搞得怎样了？总是让你心里热乎乎的。班长曹和平同学曾私下向我感慨：曾老师真是个伟大的人！是的，平凡之中就能显出伟大之处！

曾老师将学生视为子女般关爱，学生也把他当成师"父"般敬重。班里苏鸿雁同学结婚，让其从德国回来完婚的爱人，在有限的婚期内，在去河南拜望了父母之后，一定要来成都看望如慈父一般的恩师曾康霖！

我出身农村，经济拮据。毕业分配找工作时，曾老师看到我到外地找工作旅费紧缺，就想方设法帮助我。他说：你有独立调研能力，去外地找工作可以结合系里的研究课题，现在深圳金融有些创新做法，你可以去那里调研，也顺便找找工作单位，这样你的车费困难就可解决了。

就这样，我乘车来到深圳，接着又去了海南，这是1988年的事，那时深圳特区已成立8年，海南正在筹建"大特区"。这次深圳、海南之行发生了两件事，令我印象深刻，无法忘却。

一到深圳，为其物价之高咋舌，于是便小心花钱。时值暑假，天气炎热，口渴难耐，不得已在小店里比较盘算后买了瓶矿泉水喝。这是我人生第一次喝矿泉水，打开瓶盖，喝下第一口，顿时后悔起来：买错了！这水无色无味，毫无营养、毫无价值，不如买其他有色饮料，里面总含有一些蔗糖、维生素之类的有营养价值的东西！办错了事！

这是在深圳发生的事，这故事我向曾老师说过，听说曾老师也向其他同学讲过，这个故事是短缺经济时代人们生存状态和思想意识的一个最好注解。

下面在海口发生的一件事我一直没有向曾老师说。

深圳找工作未最终敲定，接着，我拿着这瓶矿泉水上了去海南的汽车，一路上按行程进度，有节制地慢慢喝着，经过半天零一夜的行驶，汽车终于到了海口。

海口比深圳更热，但东西却便宜得多。见街边有一堆堆的椰子卖，我决定买个椰子解渴。切开一个小口后，没有吸管，只好把包放在地上，双手捧着椰子面向天空喝椰汁，椰汁清甜可口，很好喝。当我喝了椰汁，低头一看，坏了，放在脚边的包不见了！这是眨眼工夫的事。摊主见状，送了两个椰子给我以示歉意，我怀疑就是摊主偷了包，便心安理得地接受了。

无奈之下，我只有赶紧买票回校，幸好我按照资产组合理论，没把鸡蛋放在一个篮子里，我衣服口袋里还藏有几十元，够买回成都的火车票。后来，我想那个偷包的人也一定大失所望，包里并没有多少钱！

回来的旅途也是狼狈的，这次真的是连买水喝的钱都没了。我的票是一张普客无座票，逢站即停，旅程漫长，站累了，我就蜷缩着身体钻进别人座椅下面躺一会儿。火车里又热又渴，我差点要发疯了。幸亏到了贵州一个小站，火车停下加水，我疯了一般跑到水管处，从铁路工作人员手中抢过水管，先将自己加了个够，再用水冲洗了一下头脸，才算又恢复了正常精神状态。后来我看报得知，我当时那种状态应该是接近一种叫作"列车综合征"的病态。

火车又走了很久才到成都，一路上尽管又渴又饿，但我始终未动那两个椰子，因为它们是我要送给恩师的礼物。

毕业告别会上，记得曾老师谆谆教诲道：你们赶上改革开放的时代，希望你们在商品经济的大潮中把握住人生的航向……

庄子说过：君子之交淡若水。我和曾老师之间的师生之情，也大抵如此，曾老师有恩于我，我记得只回报过他老人家那两壳椰子水。

后来，在李树生师兄的帮助下，我最终在深圳找到工作。感谢改革开放，我终于脱离了财务窘境，再也不需要曾老师为此费心了！今天的我，再也不会为营养多少而纠结，我们进入了一个过剩的时代。

曾老师为人谦虚，提倡学术上师生平等，学生可以向老师提不同意见，这一传统我一直保留至今。去年曾老师主编《百年中国金融思想学说史》大著，荟萃了 50 位金融思想代表人物，其中独缺"曾康霖"的篇章，我就当面向曾老师表达了不同意见。我知道这是曾老师谦虚，但"学说史"既是历史，也是学术，一定要客观公正。我认为曾老师在近代中国金融思想学说史上的地位是不可或缺的。果然，不出一年，刘鸿儒基金会就向曾康霖教授颁发了"中国金融学科终身成就奖"。

曾老师获奖典礼在成都举行，典礼上，学友邱伟说的一句话我感同身受，他说：一想起曾老师就感到温暖无比。

是的，曾老师，每当想起您，我们心里就特别温暖！

虽然我无缘将您的大名印在我硕士、博士论文封面的"导师"栏里，但一直深深印在我心里的，无论是学习方面的导师，还是人生旅途的导师，始终都有您的名字——曾康霖。虽然机械地从研究生教学体制上来说，您不曾一日是我的导师，但从更一般、更广泛的意义上说，您也不曾一日不是我的导师！可以不夸张地说，您是众多学生的终身导师！

岳志　经济学博士，高级经济师，1998 年考取西南财经大学经济学博士研究生。著有《现代合作金融制度研究》，编著有《岳相如将军传记史料》，合著有《合作金融概论》，参与编著《金

融革命》《金融学的奥秘》《目标：全能银行》《投资与金融理论
探索——建设银行 1991 年度科研成果选编》《地方政府投资行
为综合研究》《货币银行学》《百年中国金融思想学说史》，发表
论文、译文 70 余篇。

张桥云：我国转轨金融学的重要奠基人

我国改革开放后，特别是在社会主义计划经济向市场经济转轨过程中，
涌现出一大批思想活跃的金融学家，曾康霖教授是其中的杰出代表之一。

曾老师在多年的学习和研究中，他勤奋学习马克思等经典作家的著
作，批判性地学习和吸收西方经济金融理论，不断深入我国经济金融实
践，调查、学习、研究现实问题。他既尊重经典，又不迷信经典。正如
他在《曾康霖著作集》（自序）中所说的"马克思主义经济学的基本原理
具有普遍意义，但理论的生命力就在于运动和发展，哪怕是经典作家的
经典理论也概莫能外"。他思想不僵化，乐意接受新生事物，较早主动
地、有选择地接触和学习了西方经济学，接受市场经济的概念。他既注
重书本，更注重实践，鼓励学生理论联系实际地学习。在《曾康霖著作
集》（自序）中指出"我国特定条件下的改革开放事业为理论研究提供了
丰富的实践宝藏，特有的经济转型更是世界上独一无二的研究样本"。

在整个 20 世纪 80 年代和 90 年代早期，曾老师独立或合作出版了一
系列专著，如《金融理论问题探索》（1984 年）、《资产阶级古典学派货币
银行学说》（1985 年）、《货币流通论》（1985 年）、《资金论》（1989 年）、《利
息论》（1990 年）、《信用论》（1992 年）、《金融实际问题探索》（1994 年）。

此外还发表了上百篇文章和出版了几部教材。

曾老师的研究概括起来有两个特点：一是把马克思等经典作家的研究与中国的经济金融实践相结合并转化；二是把西方金融理论的成果与中国的经济金融实践相结合并转化。在学习研究《马克思恩格斯全集》第1、3、6、9、13、23、24、25、26、42、46卷，《马克思恩格斯〈资本论〉书信集》，《列宁全集》第1、3、27、30、32、33卷等著作时，把经典作家的论述与中国实践相结合，形成了《金融理论问题探索》。比如把马克思的劳动券、银行券、一般等价物的分析指导研究人民币的产生、信用货币性质、一般等价物表现形式、货币流通规律等。探讨信贷收支与财政收支的关系与平衡、信贷收支与物质流通、信贷资金运动规律。在研究通货膨胀与信用膨胀时结合中国实际分析了怎样测量通货膨胀、怎样测量货币过多、怎样测量银行信用膨胀等问题。20世纪80年代之前，他系统地学习和介绍了始于古希腊的货币信用学说和古典学派的货币银行学说（见《资产阶级古典学派货币银行学说》《资金论》），如色诺芬、柏拉图和亚里士多德等的货币信用理论，威廉·配第、约翰·洛克、达德利·诺思、约瑟夫·马西、大卫·休谟、亚当·斯密、大卫·李嘉图、阿布杰尔贝尔、弗朗斯瓦·魁奈、杜尔阁、西斯蒙第、萨伊、马尔萨斯、庞巴维克、马歇尔、费雪、凯恩斯等关于货币、信用、价格、利息、银行、资本等的学说。

他在系统学习马克思等经典著作和西方货币银行理论的基础上，结合中国实际，先后出版了《货币流通论》《资金论》《利息论》《信用论》《金融实际问题探索》《货币论》等著作以及发表大量论文，在我国金融学界产生了重大影响。他的这些研究很好地总结了我国金融改革开放进程中的问题与经验，对促进社会主义市场经济建立发挥了理论先行的作用，是我国转轨金融学的重要奠基人。

2015 年 4 月 29 日于光华园

张桥云　经济学博士，教授，博士生导师，享受国务院特殊津贴专家，国务院学位委员会学科评议组成员。1991 年考入西南财经大学金融系攻读货币银行专业硕士研究生，1994 年毕业后留金融学院任教，1999—2002 年于西南财经大学金融学院攻读博士学位。1998—1999 年到美国杜肯大学研修，2006—2007 年到美国加州大学圣地亚哥分校做访问学者。2000—2007 年先后担任西南财大研究生部副主任、主任，2007 年至今任金融学院执行院长。

担任四川省委、省政府咨询委员，四川省政府政策研究室特约研究员、四川省金融学会特约专家、四川省金融学会常务理事。

潘席龙：儒雅真诚的长者，难仰其顶的丰碑

我最早接触曾老师是在 1995 年春节过后，当时我还在浙江农业大学读博士，我的导师袁飞老师主要是研究农业技术经济的，而我的论文却更多涉及的是金融领域的内容，所以，那年寒假，我专门去拜访了曾老。

我在论文中提出了一个观点，将人类产品分为物态产品和信态产品

两大类，其中，信态产品在后续的研究中被我改称为了思维产品。它的基本特征是无追加成本的无限再利用，与当时主流的马克思的劳动价值论虽在本质上都坚持劳动创造价值，但却有着显著的差异。它主要体现了创造性劳动所生产的信态产品无追加成本的无限可利用特征，并以此特征为基础对经济增长源泉、剩余价值产生的另一种方式等进行了说明，同时也解释了生活经验中"世界是懒人推动的，而不是像牛一样勤劳的人推动的"现象。

本质上讲，信态产品，即后来的思维产品的提出，为区分马克思的简单劳动与复杂劳动提供了新的思路，或更确切地说，提出另一种对劳动的分类方法：创造性劳动和重复性劳动。前者能为人类思维产品库提供新的思维产品，例如牛顿发现的万有引力定律，就是典型的思维产品，其劳动过程就是创造性劳动过程；而重复性劳动，顶多只能利用现有的思维产品，而不能创造新的思维产品，也就无法为人类思维产品库带来"节约他人活劳动的劳动成果"。这种分类虽然在这个"全民创新、万众创业"的时代，不足为奇；但当时，由于与主流观点不尽一致，很多老师难免会有不同的看法。

1995年春节期间，我到曾老师家里拜访他，那时他家的住房还很小，书房还不到10平方米，几排书架上全是各种各样的书。一个和蔼、儒雅、平和的学者，这就是曾老师给我的第一印象。

见他之前，我心情十分忐忑，因为作为一个硕士研究生阶段学生物学的学生，转过来学金融的时间还不到三年，面对如此复杂的理论问题，心里确实没底。大致和曾老师谈了我的观点后，让我没想到的是，曾老师对我的论文很支持，他说，只要能够自圆其说，并与实际的经济金融一致，就应该支持；学术创新不能搞言必称古代，否则我们如何能前进？这是非常不容易的，因为曾老师最初接受的也是传统理论，他能够包容这种不同观点，足见他的胸怀和锐意进取的精神。作为一个与他素未谋面的浙江农大的博士生，能得到曾老师的接待与指导，这是对年轻学生最大的鼓励和支持。

曾老师还提醒我，你说的虽然有道理，但答辩中可能会有一定的风险，一定要提前做好充分的准备。而后，我根据曾老师的指导，列了75个问题自问自答，到答辩时，有一位老师一口气问了我10个问题，幸亏事先有曾老师的提醒，否则很难在答辩中做到应对自如。

我是四川人，博士毕业后，想回西南财经大学工作，于是给西南财经大学发了简历，那时，西财金融系主任是刘锡良老师，刘老师征求曾老师的意见，曾老师说，潘席龙还是很有想法的，就这样，我到了西财工作。

很大程度上，我是冲着曾老师这面旗帜来的，到了财大之后，刘锡良老师安排我听曾老师的课，听了两周之后，曾老师深入浅出、旁征博引的教学风格，对我产生了很大影响。曾老师鼓励我自己来上，这样算是步着曾老师的脚印走上了课堂。

1997年，曾老师、中国人民银行研究生部唐旭老师和我一起合作写《商业银行经营管理研究》。在这个过程中，我第一次真正见识到曾老师严谨的作风，对我写的内容，他一字一句地批改，字斟句酌，对我触动很大。从他身上，我看到的是老一辈知识分子治学的态度。

1999 年暑假，成都市委办公厅借调我到那边工作了一个多月，后来下调令让我过去。究竟是去从政还是继续学术研究，我举棋不定。我专门去向曾老师请教，他给了我两条建议：一是尊重内心的想法，二是建议我走学术研究的道路。

后来，1999 年 10 月我去了美国。在美期间，曾老让我帮助收集关于行为金融学等方面最新的学术资料，他不断地吸收新的思想和新的观点，从中，我明白了他始终能够与时俱进的原因。

在美国完成学业后，曾老师劝我回到西财，并邀请我到了刚组建不久的金融研究中心，这是曾老师再一次对我的不离不弃。

回国时，当我走出机场，看到曾老师亲自来机场接我，我既激动，又觉得受宠若惊。即使到了现在，每当想起这一幕，总是觉得对不住他，没有像样的成绩来回报他的厚爱。尽管如此，曾老师一直在生活和工作上支持我、帮助我。比如，当我的专著《巨灾补偿基金制度研究》出版后，他就专门在《金融时报》上写了一篇书评进行推荐。

虽然我未能真正拜入曾老师的门下，成为他的学生。但无论从学术观点、治学方法、教学方式上，还是从教书育人的正知正见上，曾老师都是我的恩师。这么多年以来，我一直很愧疚自己没有太大的进步，不敢去见他。但他对我的恩德和关爱，我一直牢记于心。随着一些杂事尘埃落定，我也会有更多的时间来继续研究思维产品等我真正感觉兴趣的课题。这一类课题的研究，无关名利，只是一种思考和感恩。

在我心目中，曾老师永远是那样一位儒雅、真诚的长者；同时，在学术造诣和为人师表上，他是一座让我难以望其项背的丰碑！

潘席龙　1996 年获浙江农业大学博士学位，现为西南财经大学中国金融研究中心副教授。主要著作有《巨灾补偿基金制度研究》《固定收益证券分析》《Excel 在实验金融学中的应用》，译有《投资绩效测评：评估和结果呈报》等著作。就我国农村金融机构运行效率与安全，提出过"贷款代理人制度"；针对以股份制改造国有企业存在国有产权行政代理机制与市场机制之间的冲突，提出过"权证制"这一新的互相制衡的企业制度构想；就利息来源、利率决定及经济增长源和经济周期问题，提出过"思维产品、劳动节约与经济增长源"的理论。

蒙宇：先生·好

我有幸从硕士开始就跟随曾康霖先生学习。先生是大家，因此让我既忐忑又激动。激动的是能跟先生学习，这样的机会实在难得；而忐忑的是，我能否达到先生的要求，不负先生的期望。所以自己也一直不敢懈怠。我知道曾门弟子于我而言，是怎样的一种荣幸与担当。现在虽然毕业已经有十余年，但每每忆起先生在我学习期间的点点滴滴，心里总是暖意满满。

先生是慈父，他有颗爱护学生善良的心，把学生当自己的孩子一样疼在心上。这种关爱是一种发自肺腑的，从来只有给予不要求回报的爱。

记得有一次比我年级高的徐良平师兄重感冒，没有力气去上课，就在寝室躺着。先生知道了，下课后就回到家，拿了一大包治感冒的药，一口气爬到研究生一舍的三楼，到了徐师兄寝室，气喘吁吁地叮嘱要赶紧吃药。师兄还惦记着有份研究报告没有做好，先生摆摆手：赶紧把病养好，身体要紧。在再三确认师兄身体没大问题后，才离开学生宿舍。那时，我们病了，先生比我们更紧张。

先生有个习惯，有师兄师姐从外面回来看望他时，先生总是说要叫上学校的师弟师妹们一同聚会。先生对我们这些在学校的学生说，一是让你们听听他们在社会中的见闻，这也是一种很好的学习；二是让他们有机会也帮你们留意下工作机会，既然你们都进来了，我就要好好把你们送出去，送好。

先生平时是不赞同我们出去喝酒的。他常常叮嘱我们说，要注意博士形象。但每年新年，他总要把我们唤到家中，亲自下厨做饭。而平时，他是不怎么下厨的。记得先生做的拿手菜是烧什锦，用料丰富，香气四溢。真没想到会妙笔生花的先生，竟然也能掌勺一桌美味。待美味上桌时，先生会把窖藏许久的一堆酒搬出来，说：我平时是不怎么喝的，你们随便喝，都是好酒。然后高兴地倒上一杯一边慢慢喝，一边满意地微笑着看着我们一群学生狼吞虎咽。

先生自然也是严师，无论是做人还是做学问，他一丝不苟，也要求我们认真对待。先生鼓励我们敢于创新、敢于挑战自己，不抛弃、不放弃、不将就。

我要写博士毕业论文的时候，跟先生讨论。我想写写熟悉的金融方面的论文，先生却并不赞同。他说，你应该跨学科去研究下。这自然是高难度的，我担心自己无法驾驭。但在先生的鼓励下，我还是鼓起勇气挑战自己，以"金融企业文化与核心竞争力研究"为博士论文题目，并申请了教育部人文社会科学研究 2002 年度重点项目，最终由西南财经大学出版社出版，成为当时较少研究金融企业与核心竞争力的文献，后来获得了四川省图书二等奖。如果没有先生的悉心指导和鼓励，我根本不敢想象，自己是以这样的一种方式，为自己的大学学习画上一个圆的。

我现在的很多工作习惯都是从先生身上学习到的，至今还保留着。比如读书时，先生常常带我们调研，告诉我们"读万卷书，更要行万里路"。他会先列一个提纲，每天调研完，晚上会开个小碰头会，总结下当天调研的问题了解清楚没，第二天是否还有补充。

还有一件我经常忆起的事，就是一次校庆忙于接待师兄师姐那阵，正好先生交代给我们要完成调研报告的任务。我头一晚匆忙写完就交给了先生。结果第二天一早，先生便叫我到他家里，递给我那份资料，他密密麻麻地修改了很多，连标点符号都改了。先生问我：这是你写的吗？我觉得不像是你的水平。我望着眼前扎眼的红色，竟然无言以答，羞愧难当。回到宿舍，我平生第一次熬夜到清晨，认真修改了资料。后来文章在《金融研究》上发表了。从此以后，我对每一份作业会仔细检查，连标点符号都检查好后才敢交给先生。

这些都成为我现在的工作习惯。出去出差，我要求同事要熟悉对方公司、项目背景以及列出我们要沟通的提纲，每天都要开个总结会；现在签批文件，经常还会发现文件标点符号的错误并要求改正。我想，先生给我的这些习惯，将伴随我的一生，让我做个严谨、认真的人。

毕业了，我去了深圳，少有机会能常常见到先生了。先生时不时地会给我电话或信息，有时是了解下我工作所在地的一些实事或行业的热点。先生常常会问：现在你在研究些什么问题？这却常常让我汗颜。工作以后，其实要研究的问题多了，而我们的思考与研究却少了。所以后来我又拿起了笔，与同事一起在实践中去寻找理论基础，让理论联系到实际指导我们的工作。后来从信托到地方 AMC 公司，便联合西南财经大学信托与理财研究所开始编撰《地方资产管理公司白皮书》，系统地对行业及各家公司经营情况进行分析。现在已经连续发布了四年，获得了社会的认可，成为实践中与理论界参考与研究行业的一个重要文献。我想，这背后都有先生的指引与支持。

先生的点滴细节，其实潜移默化地在影响着我们，改变着我们，让我们不知不觉回忆时，突然在自己身上找到了他们的影子。

"我没在最好的时光遇见你，而是在遇见你之后，我才有了最美好的时光。"

每个人心中都有一个影响至深的先生的影子。

他融入我们的生命和灵魂。他一直在看着我们，让我们不敢懈怠。

让我们如先生一样，为了自己的初心，拼尽全力。

蒙宇　西南财经大学中国金融研究中心博士。1998 年开始跟随曾康霖教授攻读金融学硕士学位。现任四川发展资产管理有限公司总经理。主持与参与"阳光私募"、万科限制性股票激励、万科小股操盘等多个信托项目，牵头实施了大梁矿业等多个上市与非上市公司风险化解纾困项目。主持多项课题并在各级刊物发表论文数十篇。

李国杰：往事如歌，师恩难忘

学生时代，同学们都追星，我也追星，而曾康霖老师就是我追的星——学术明星，用现在流行的词来说就是"男神"。作为金融专业的学生，我曾在各种专业书籍、学术期刊、报纸中寻找曾老师的痕迹，对曾老师最初的认识都来自于此，曾老师就是我们远远望着的那颗星，可望而不可即。

直到有一天，幸运砸中了我，我成了曾老师的硕士生，曾老师成了我的导师。我一直觉得自己命运多舛，直到遇见曾老师，我才开始慢慢体会到，原来自己如此幸运。能成为曾老师的学生是我求学生涯最幸运的事情。于金融界，曾老师是著名的金融学家，中国转轨时期金融改革理论缔造者与践行者；于我，曾老师就是一个温暖的师者，带给我光明，指给我方向。如果给曾老师贴标签，我心中的曾老师关键词是"温暖、慈爱、勤奋、钻研、包容、谦虚"。

1. 关爱学生，仁者之师

当了曾老师学生后，我一度认为，老师带那么多博士后和博士生，应该无暇顾及我这个小硕，然而入学不久，我就发现自己错了。一天傍晚，我接到曾老师电话，问我在哪个宿舍，他和师母要来看我，了解我的生活情况。老师和师母来宿舍看我的情形，虽已过去16年，但至今记忆犹新。中秋佳节，我离家远，回不了家，曾老师都会邀请我和回不了家的学生参加中秋家宴，让远在千里之外的我们，也能感觉到家的温暖。学生时代生活拮据，曾老师安排我当他的助研，增加收入来源，补贴生活所需，看我没有电脑，便把家中闲置的电脑借我用。我在学校菜市场买冒菜时，时常会遇见饭后在菜市场遛弯的曾老师，曾老师总会说"光吃这个没有营养，要多吃有营养的"，之后，就会经常收到老师、师母送我的营养品。毕业找工作，他亲自给我们拍照片，"侧一下身，这样显瘦些"，学术严谨的他，生活中甚是可爱。

还有很多很多事情，不一一枚举，可以肯定的是曾老师给予我的是父母至亲般的温暖，不光对我，对其他学生也都关怀备至，这样一位大家敬重的大师，竟如此平易近人，和蔼可亲，时常让我们感觉受宠若惊。

2. 教导学生，事必躬亲

曾老师说他并不聪明，能有现在的成绩，主要靠勤奋。勤奋，是我从曾老师那学到的第一个词，尽管曾老师已是金融学家，但仍精于研究、笔耕不辍，大师尚离不开勤奋，更何况尚在求学时期的我们。第二个词，解放思想，曾老师常跟我们硕士生说，他主要研究金融理论，但我们的研究方向可不局限于此，要解放思想，拓展研究思路。第三个词，思考，曾老师爱问为什么，也经常会引导我们要问题导向，善于思考。第四个词，专家，曾老师教导我们，不管做什么事，都要成为专家，切忌一知半解，做什么事情都要比一般人研究得更广一些，研究得更深一些，这样你就会成为这个领域的专家。第五个词，或者说第五句话，曾老师教导我们，人一生很多时候，付出了很多努力却得不到结果，付出了真心也得不到别人的理解和认可，曾老师说这时候不要难过，不要伤心，一定要相信"路遥知马力，日久见人心"。

3. 海纳百川，大家风范

在聊起其他学者或者相关学术著作时，曾老师经常会说"他提的这个观点很有意思，值得思考"，"他在这方面是专家，研究得很深入"，"这篇文章提出的解决方法，比较契合实际"，"这本书很不错，你们好好学习"，等等。曾老师从不吝啬对其他学者和学术观点的赞美，也从不认为自己作为大师样样均领先。有一次我写一篇论文，涉及计量经济学，曾老师说："我给你推荐一个专家，他是咱们学校计量经济学的老师，你多听听他的建议。"众所周知，曾老师是金融史方面的大家，了解历史、借鉴历史，推动金融学向前发展，也许就是这种兼容并蓄、海纳百川的学术态度，成就了曾老师在金融界的地位，成就了曾老师在老师、学生中的口碑。

4. 调研研究，兼听则明

曾老师很多科研成果都比较接地气，我认为这跟曾老师注重在科研、教学过程中开展调查研究相关，曾老师搞科研，绝不闭门造车。我曾有幸参加曾老师承担的中国人民银行国库改革与发展相关的研究课题，跟随曾老师赴各级财政部门开展了实地调研活动。为了避免观点的片面性，当时年近 70 岁的曾老师带领我们赴省、市、县各级财政部门开展调研，听取各个层级财政部门工作人员的意见，保障调研材料更客观、公正，确保政策建议更具操作性。通过那次调研，我亲身感受了调查研究在课题写作中的作用，通过调研，了解到了平时书本杂志里了解不到的信息，整个课题就接了地气。调查研究这种方法一直指导着我们此后的工作、学习和生活。

"曾康霖老师的学生"是学生时代最骄傲的标签，至今对我来说，仍是荣幸、是荣誉、是鞭策、是动力。在曾老师的教导下，我一直努力做一个正直努力、对社会有用的专家，从未曾懈怠。我一直坚信"路遥知马力，日久见人心"，正因为此，不管世事如何变迁，我一直都感觉很幸福，很踏实。感谢敬爱的曾老师，祝曾老师您健康长寿！

李国杰

2019 年 9 月于北京

李国杰 毕业于西南财经大学金融学专业，经济学硕士，高级经济师，师从曾康霖教授。现任中国农业银行养老金融中心产品研发与市场营销部副总经理（负责人）。

王明月：一位"陌生"学生的来信

尊敬的曾康霖老师：

农历庚子鼠年到了，我给您拜个年。祝您身体健康，阖家幸福，万事如意！今年，我的工作有了新动向，虽然尚未尘埃落定，但对我来说，这算是一个可以千挑百选拿出来向您汇报的小进步了。2019 年，我在人民银行天津分行交流一年。现在，天津这边的领导根据我的工作表现和基本情况，同意我调入呼和浩特中支。这对我来说是改善工作生活情况的一件幸事，更重要的是天津分行对我个人的肯定。所以，不论结果如何，我都迫不及待地想向您分享，我想这是我与您相识十年来能向您表示衷心谢意最好的礼物！

我不是您的弟子，也不是金融学院的学生，我曾经一度担心我给您发信息时备注的姓名，您是否会感到陌生。我只是西南财经大学莘莘学子中最普通的一员，就这个资格，也是基于您对我的帮助，够我用一生的努力去珍惜，从未敢亵渎。十年里，您和西南财经大学与我的情缘像天赐的幸运，深入我的血脉，改变了我的命运。曾老师您尚记得否？

1. 萍水相助

2009年3月20日，西南财经大学2009级金融学院研究生面试刚刚结束，淅淅沥沥的春雨拍打在我的伞上，和我的心情一样杂乱迷茫。这已经是我本科毕业后的第二次考研了，笔试超分数线刚刚10分，面试自我感觉很没底，这次再上不了，我与梦想就彻底失之交臂了。在强烈的求生欲指使下，我努力回想面试主考官的面容，在校内网上逐个比对。人生就是这样充满戏剧性，我选中了曾老师，希望得到您的指导。于是我四处打听，居然找到了您在光华教职工宿舍的家。师母为我开了门，看到您二位的面容，我才突然意识到我走错了。但您的和蔼平静让我依旧鼓起勇气说明来意，您听后先是有点诧异无奈，继而又恢复了平静。您请我进客厅坐下，耐心地听我说话。而后您到书房打电话帮我了解情况。您的书房就在客厅旁边，层层叠叠的书井然有序将整个书房围成了书山，玻璃门打开，文墨书香的气势扑面而来。您身型清癯，戴着眼镜，和蔼儒雅地坐在书桌前，一位想象中的学者形象展现在我面前。后来，您又客观耐心地安抚我情绪，我记得离开的时候心想：在西财见到这样的老师，所有的努力都值了。幸运的是，当年西财被批准招收首届MPACC会计专业硕士，我符合调剂资格。收到通知书那天，我跑到光华的校园里走了一圈又一圈……

2. 在校教导

开学了，报道的流程秩序井然，老师同学都很热情，我漫步在济民广场的林荫道，走过充满活力的绿茵场，9 月的阳光洒在身上，我感觉青春犹在，希望犹在。我通过学校社团和 MPACC 联合会参加了各种活动，增长了见识，结交了友谊，生活过得丰富多彩。我花了第一个月一半的生活费买了鲜花和茶叶去感谢您，您热情地接待了我，同时也严厉地拒绝了我的礼物："鲜花我可以收下，是你的心意。茶叶绝不可以，我们老师不搞这些！"我只觉得脸上一阵火热，羞愧于自己傻气俗套的谢意，辱没了您为师治学的品格。同时也明白，最好的谢意莫过于珍惜学校资源，做出更好的自己，能够在未来的某一刻拿出一个像样的成就回馈给您。

我回去认真上学，很久没敢主动联系您。会计学院考虑我们首届调剂生跨专业的入门需求，特意给我们增开了一学期的本科会计基础课程。这对我这个跨学校、非财经专业、基础薄弱的学生来说真可谓雪中送炭。一年多的时间里，我一边聆听会计学院各位大师们从中级会计到高级会计的醍醐灌顶，一边从会计分录做起踏踏实实打好基础。我从会计从业资格证考起，工作后拿到了中级职称。我们的学制是两年，第二年 MPACC 全体搬到了光华校区。有一天您打来电话，我喜出望外地接起来。"昨天我的讲座您听了吧？有什么看法？""啊？"我支支吾吾无言以对。"噢，您不在金融学院，又没在柳林，可能不知道。"平和里带着严肃。挂断电话我赶紧查阅了您的讲座信息和相关文章，才发现您的见解很前沿，逻辑清晰、旁征博引、基础理论深厚，读来深入浅出、收获颇丰。是我狭隘地误读了您，自我抛弃式地与您这样大师的学术水平划清界限，单一地夯实本专业基础，不敢共享学校的宽领域知识环境。但是，您如此关心我这样一个本跟您远不可及的普通学生，更让我由衷钦佩您对学生的博爱，对学术的认真严谨，我只恨自己水平有限、精力不够没来得及好好精读细研。

毕业论文，我结合自己的就业方向选择了人民银行内部审计研究。由于理论基础不扎实，研究经验不足，我的论文从开题就遇到了很多困难，进行得波折重重。初稿完成后，我还是鼓起勇气请您指导。我惴惴不安生怕您对我粗糙的行文不屑一顾，结果您专心致志地阅完后说："你的文章有理论基础，能够结合实际进行案例分析，只要你能按自己的想法写下去自圆其说，就可以是一篇合格的论文。"这也许是您对论文最基本的要求，但在当时对我的能力水平来说是莫大的支持和鼓励。后来，我甚至在不知不觉中把这个原则当成了人生信条：要有自己的观点，只要能够自圆其说，就可以坚持下去。去年，拉萨人行内审处的一位同事在准备在职硕士毕业论文时，把我的论文作为重要参考文献，还主动来与我探讨，我还有了些小小的成就感。想起刚入行的时候领导安排我参与关于西藏农牧区小面额现金整洁度的调研，我虽然感觉陌生但也还是按这个原则认真完成了，结果还被总行货币金银局评为了三等奖。生活中也是这样，面对挑战和选择时，我都综合考量、尽力佐证、自圆其说，这样决策即便错了也明白错在哪里，没有遗憾。

3. 重温大师

去年读到关于您的书《知行金融：曾康霖》，我从其中更全面更立体地了解了您，想起我体会的西财和我与您珍贵的几次联系，不由得感慨：大学之大不在于大楼之大，而在于大师之大。您作为西南财经大学金融学的奠基人，开拓性地取得了诸多前沿性的成就，把西南财经大学的金融学科建设成中国重要的金融人才培养摇篮，潜移默化影响了中国经济的发展。我所感受到的西财气质，正是一代代西财人传承"经世济民，孜孜以求"的大学精神，发扬"严谨、勤俭、求实、开拓"的大学文化展现出来的心理因子，而这些不过是对您这样的大师精神最普遍的诠释！

"经世济民、孜孜以求"，这八个字每次进出校门都会映入眼帘，在校时没有刻意思考体会它的内涵，却在需要的时刻脱口而出，我想这应该就是大学精神的要义所在吧。毕业后，我通过人民银行统一招录考试进入人民银行拉萨中心支行货币金银处工作。虽然是追随爱人去了西藏高原地区，但是在当地，这也是一份较体面的工作，我很清楚这样的选择机会很大程度上是西南财经大学给我的，倍感珍惜。入职培训结束后，我在交流会上说："西南财经大学精神是'经世济民、孜孜以求'，人民银行的平台有那么高，那么大，只要我们严谨、求实，每个人都可以在此开拓一片天地去实现经邦济世、富国强民的理想！"

也就是从那时起，我开始仔细反思、领会这八个字对我的意义。在学校的两年，每一个人每一件事都散发着西财的气质，我浸染其中，享用不竭。课堂上，老师们才高八斗、博通经籍，同学们才思敏捷、善于钻研。男生们风度翩翩、意气风发，女生们才貌俱佳、精明能干。交流讨论时口若悬河，文体活动时仪式感爆棚，食堂的饭菜让人流连忘返，图书馆的思想者带领大家徜徉浩瀚书海，校内网的电影共享总是及时更新，东门的商户也会甄别财大的学生采取还价策略，参加义工行动却不辞劳苦还要慷慨解囊……大家与时俱进又不忘脚踏实地，追求卓越更要守望相助。在学校，我开阔了视野，找到了看问题的视角、分析问题的思路，学会了面对问题时该有的态度和方法。不论在学习还是生活上，这些都影响了我的思维方式甚至人生轨迹。毕业留言册上，我写的是：不想说再见，放手这美好的青春岁月。两年，对热爱西财的我来说太短暂了，再如何珍惜都不够，只有用余生回味。

桃李不言，下自成蹊。不是每一位西财学子都能有幸受您亲自指教，但每一位都走过您培植的树林，带着树上的花香，走向更美好的远方。

4. 无私关怀

工作后，与您的联系更少了。但每年的教师节，给您和MPACC的老师发一条感恩祝福的信息是最重要的事情。我希望您有回复，也害怕您有回复。而您总是回复一如既往对我平和的关心："还在西藏工作？""多保重"……我总想为这些回复准备点什么，而又能准备些什么呢？十年了，当时的青涩日渐褪去，我已为人妻母，工作只是平平稳稳，一直也没有取得骄人的成绩能给您良好的应答。但在现有的条件下，我也未敢一劳永逸，挥霍时间，能一直坚持做的是在工作生活的每一处都尽量维护好西财的颜面。

成都到那曲现金调拨，虽是包机，但凌晨3点钟就开始工作了，10点钟到拉萨，倒货转汽车，再一路颠簸到那曲，已经是下午3点多。一天之内海拔4500米的落差带来的气压和温差变化，使我马上就双唇发紫、胸闷气喘了。领导说，你是女同志，高原反应吃不消，到一边休息吧。

但稍有好转我就和大家一起卸货了。25公斤重的箱子，用小推车转运，我坚持到任务完成了。账实相符，该做的必须做到，我不想给西财丢脸。

维护稳定，精准扶贫，在藏区是头等大事。我参加了人行拉萨中支驻村工作队去海拔4700米的日喀则定结县驻村半年，在那里，我吃糌粑、喝酥油茶、讲藏话，做饭耕田都学会了，走村串户灾后重建和村民都熟了，给他们上文化课，教他们识别假币、了解征信、学会上网、知道支付宝可以充话费，用庄严肃穆的仪式教育他们热爱祖国热爱党。送别的时候，村主任说："我的儿子是村里最优秀的，想找一个像你一样的儿媳妇。"我说："让他考西南财经大学吧，那里到处都是！"

随着西藏钱币学会对藏币文化的研究不断推进，学会对现有库存藏币文物进行了清点整理，希望向社会公众开放展出。为此，我们在中国人民银行总行团委的指导下，联合中国印钞造币总公司、深圳国宝造币总公司、西藏自治区工商联等10多家单位共同举办了首届西藏钱币展。我负责了这次展览的主持和讲解工作。虽然西藏钱币学会设在货币金银处，但这并不是我的本职工作。按照领导的要求，我接受了这项工作安排，虽然没底，但本能地想：能干则干，不能干就尽快学。结果，在有限的时间内，我们比较圆满地完成了任务。人的气质可能就是体现在一些应激情况下表现出来的直接反应，而这种反应应该源自思维和行为习惯，我深信，我的这种习惯学自西财。

随后，我长期负责西藏央行文化展示大厅的讲解工作。前任的同事向我提起，有一次，新任分管金融的自治区副主席来参观，问起：请告诉我金融到底是什么？她当时很尴尬。我用您的论述里的概念解释给她，她惊诧得佩服我的专业性。我说如果还想深入了解中国金融发展史，建议去读您的论著。她充满羡慕地说：你们西财就是有大师啊！

这种工作也许是看来比较光鲜亮丽的类型了，但事实上也就是基层干部的本职工作，我也没法把它当成重大的工作成绩向您汇报，但我是在其中因您影响下的西财思维、西财能力而受益，请允许我在这样的书信里絮絮叨叨向您致谢。

生活上，您的关怀也是那样细致入微。我升格成为妈妈时您给我回复信息："工作还在西藏吗？孩子带在身边？"确实，我选择了做军嫂，选择了高原工作，就必须面临这些家庭问题。综合权衡健康和教育，我选择了让孩子成为留守儿童。不过我还是发挥探索和学习的能力，尽快适应了为人母的角色，并合理配置了时间和家庭人力资源等要素，充分利用网络资源，积极引导、及时沟通，最大化地降低了孩子身上留守儿童的刻板印象。目前，孩子在老师、同学家长、邻居的评价中是积极正面的，他们归结的原因有一条是"她的妈妈是西南财经大学的"。我很高兴。我希望她健康、阳光、独立、有思想、知感恩、有见识，能符合您和学校的教育理念。现在看来，她可以，也还需要我更多努力。

5. 品读一生

知道了您几经坎坷、历经沉浮仍能潜心研究、教书育人，取得这样高的成就，做出如此大的贡献，年过耄耋依然孜孜不倦，深感敬佩。对您的金融修养和人格魅力，我还知之甚少，更难提品读与发扬。对此，我不由得自惭形秽。

2019年，我在天津交流的一年换了一个新的工作平台，增长了见识，丰富了阅历，自己感觉眼界更宽了，思想更成熟了，对未来也更有信心了。

去日不可留，来者犹可追。2020 年是圆满的结束，更是新的开始。虽然已过而立之年，我曾以为青春已结束在毕业的那一天。现在我感觉，应该像您一样不负韶华、只争朝夕，在孜孜不倦的追索中延展生命的宽度与厚度，用最充沛的精力去开创更美好的明天。也许，我还是有可能做得更好一点，能在下次联系时，不再只说这些小事。衷心希望曾老师能人如松柏，幸福安康，学术之树常青！

此致

敬礼！

王明月 2009 年 9 月—2011 年 7 月就读于西南财经大学会计专业硕士，2011 年 7 月至今就职于中国人民银行拉萨中心支行货币金银处，任主任科员，2019 年在中国人民银行天津分行营管部挂职交流。

黄萌：曾老师给我留下的三个深刻印象

我第一次见到曾康霖教授，是 2016 年初春在他成都西南财大的家里。在这之前，曾教授的名字早已经听过不知道多少遍，中国著名的金融学家、金融教育家、金融学泰斗、"中国金融学科终身成就奖"获得者，这些头衔和荣誉每一个都如雷贯耳。无数光环下的金融大师究竟是什么样的，声色并厉，抑或是不苟言笑，我不免心生忐忑，小心翼翼敲开了曾老师家门。

推开门，在我面前的是一位戴着眼镜、精神矍铄的老人，有点消瘦，但站得很直，头发梳向一边，理得一丝不苟，笑着对我说道："来啦，快请进。"我进屋坐下，曾老师一边忙着给我倒水，一边问我："我家是不是不好找，你从绵阳过来要多久，现在初春还有点凉，你穿得少，不要着凉了。"言语寒暄间，让我拘束感顿时消失，觉得面前的老人，不像是大师泰斗，倒更像是身边平易近人的长辈。那天在老师家，从中央"一号文件"到国家精准扶贫政策在基层的落地情况；从国家普惠金融战略实施到我在基层金融工作中遇到的实际困难，老师同我交谈了近一个小时，这一个小时，让我惊讶于曾老师 80 多岁的年纪还对时下最新最热门的金融动态了如指掌，又对最基层最普通的金融工作了然于心，从这一个侧面也反映出来，曾老师作为中国金融学科前沿专家，仍然从未停止过学习、调查和研究，惊叹之余，崇敬之情油然而生。平易近人、博学宏才，这是曾老师给我留下的第一个深刻印象。

随着跟曾老师学习的深入，又由于我在基层农信社工作的缘故，2016年，我加入了曾老师"普惠金融研究"的课题组，同老师一起研究"中国农村普惠金融发展现状"。2016 年中秋，我有幸陪同老师到湖南农村调研。

一路舟车劳顿，作为学生的我，理应为老师鞍前马后、提拿行李。但是我每次向老师提出让我来帮他拿行李箱时，老师总是摆摆手拒绝，并笑着跟我开玩笑说："你也只有两只手，你东西够多了，我这个箱子推着走不重。"在农村调研，免不了要深入田间地头，爬坡上坎，但是老师几乎没有让人搀扶，而且总是走在队伍的最前面，还时不时回过头来关心我们："这有一个小坑，你们后面的人注意啊。"

同和老师一起生活学习过的师哥师姐们交流，他们除了在学术上得益于老师的言传身教，在生活点滴中，更无一例外得到了老师如涓涓细流般无微不至的关爱。在学习中，他是导师、明灯，在生活中，在人生的路上，他就如同亲人、长辈。

曾老师用生活中的点滴小事为我们诠释了为人师表的真正含义，那即是学术上的通才硕学，生活中的躬先表率。高山仰止、景行行止是我对曾老师的第二个深刻印象。

2017 年，我随曾老师到绵阳北川县调研普惠金融。调研期间，在一次座谈会上，曾老师偶然听到北川信用联社张晓勤理事长谈起北川农信的手机银行客户覆盖率竟然达到了 80% 以上。曾老师惊叹于在国家级贫困县的北川，竟然还有相当大比例的人使用现代科技金融产品，这一下激起了他的兴趣。在结束调研返程的车上，一路上，老师兴奋地和大家谈起他的感受，他说没想到在大山里，科技金融的普及率竟然达到那么高，有那么多人利用科技享受到金融服务，兰考县目前正在成立国家级"普惠金融试验区"，咱们北川完全可以成立"数字普惠金融试验区"，在国家精准扶贫的大背景下，这些经验应该推广到全国。同行的我们都连连点头表示赞同，但都以为这仅仅是曾老师所见所闻而发出感慨，因为要想成立国家级的试验区，难度可想而知。

回到成都家中，放下行李，甚至连水都没有喝一口，老师立即提笔给四川省联社艾毓斌理事长写了封信，表达了愿帮助北川成立国家级"数字普惠金融试验区"的想法，然后开始收集资料，拟写报告。两周后，关于申请成立北川县国家级"数字普惠金融试验区"的报告撰写完毕，老师立马赶赴北京，找相关部门汇报、协调此事。通过曾老师的努力和帮助，目前该试验区已经进入到申报阶段。

这件事给我的启发和触动尤其深刻，同样一件事，当大家都还停留在听闻阶段的时候，老师已经思考到更深层次，当所有人都觉得这是不可能完成的事情时，老师已经开始着手去做。大师之所以成为大师，从这件事就可见一斑。要成为大师，不一定天赋异禀，可能就是每一件事比别人想的多一点，做的多一点，行动快一点，就能够积微成著。心无旁骛、雷厉风行是我对老师的第三个深刻印象。

曾老师已经80多岁了，进入耄耋之年的他本应享受天伦之乐，但凭借着对金融学科教育的执着追求，直到现在，他仍然在金融教育事业一线辛勤耕耘。在我心中，曾老师就如同春蚕，将岁月和桑叶慢慢咀嚼，将知识无悔倾吐给他的学生。

曾老师每天傍晚有散步的习惯，喜欢围着学校住友苑前的操场走上几圈，某次我陪老师散步，傍晚夕阳金色阳光斜照铺满整个操场，也洒在老师的身上，看着他迈着缓慢的步伐在前面走着，一瞬间，感动涌上心头，这金色阳光就如同老师，洒满大地，而他自己同孺子牛般，坚定地向前走着。时间你慢些走啊，真希望这一刻画面就这样永远定格，因为岁月静好……

黄萌　毕业于西南财经大学公共管理专业，在职研究生。研究领域：农村普惠金融。历任四川绵阳市农村信用社龙门分社主任、不良资产管理部总经理，现任四川交投地产营销管理部经理。

◎　附录

赞导师曾康霖教授

铁肩担道义经世济民，妙手著文章推陈出新。

学生：三峡大学李超

1995 年 3 月

水调歌头·别呈曾康霖老师

三尺程宅雪，纷踏履印深。杏坛代代香染，盛列树千群。渭水太公垂钓，云蒙鬼谷幽隐，弟子弄乾坤。蜀地成战梦，甘雨沐此门。　走天涯，忘此路，浴征尘。慈心育化，一度师德百年春。直信厚德载物，不计名利轻重，道义胜黄金。常忆张良事，愿做早行人。

弟子：孟宪昌

1995 年 7 月 8 日于成都

贺曾康霖老师六十寿辰

杏坛香飘此世情，名震声波四海风。

高节唤得春水绿，妙笔著成彩霞红。

满园手缀桃李树，学墙幸列诸门生。

年到花甲何为老，秋山极目更庞葱。

学生：谢太峰、张书邦、孟宪昌

1996 年 11 月于成都

和谭思洛的往来书信

尊敬的曾教授：

　　您好！能跟随您学习是我一生中的一大幸事，在此衷心感谢您给予我这机会。

　　由于自幼家贫，在我的求学历程中，一方面工作，另一方面学习，每每都需要付出比别人更多的精力，亦因此我更珍惜每一次学习的机会。今年以来，我已多次进出医院，眼睛进行了几次手术，视力受到一定的影响。医生说可能与我身体机能衰退有关，而我过去二十多年经常长时间工作是加速身体机能衰退的原因之一。医生嘱咐往后的日子要尽量减少工作量和压力以减慢衰退的速度。

　　尊敬的曾老师，在构思这信时我实在不知如何着笔，然而，在面对这境况，我亦只有唯一的选择，就是放弃这博士学位的机会，以换取健康，特别是在工作压力与日俱增的情况下，更难有所图。

　　恳请曾老师理解和体谅我的状况，一天为师，终身为父，往后曾老师若有用得上我这残疾之躯，敬请吩咐。最后祝愿您及家人身体健康！

学生：谭思洛印首

2000 年 6 月 1 日

思洛：

　　您好！

　　收到传真，对您的身体状况深感不安。

　　您太辛苦了，您能有今天完全是辛勤劳动来的。在香港竞争激烈的社会中，要想立足，要想出人头地真不容易。

我收您为学生主要是您勤学好思，我为您在学习上取得的成就高兴，您的研究成果我推荐给《财经科学》发表。上上周，《财经科学》还向您约稿。博士学位不要放弃，现在攻博的人很多，机会难得。今年完不成，明年；明年完不成，后年。有志者事竟成。因未按规定，可以延期。

香港的医疗条件，我想一定能治好眼睛，您不要着急，心情要愉快，天无绝人之路。

我3号（明天）去深圳，您不能来见我没关系，我们心是相通的，请多保重。

祝

全家幸福

曾康霖

6月2日

谏师一首

吾师本是仙家身，何问人间事纷纷。

慈怀频播甘霖雨，空谷常传济世音。

厚德不加枯木载，大道多成慧根心。

青山绿水空灵意，白云悠悠笑红尘。

弟子：孟宪昌

2001年秋

德道双馨，桃李芳菲

——敬贺恩师曾康霖教授七十华诞暨执教四十五周年

敬爱的曾老师：

金秋，硕果累累的时节。

遍布四海的弟子，沐浴着您的惠泽，

重聚您的身旁，

捧出感恩的赤心，

化为敬奉的寿桃，

在您七十华诞之际

恭祝恩师——

福如东海绵绵水，寿比南山傲雪松！

春华秋实，饮水思源——

恩师似自燃的明烛，

点亮了我们的智慧心灯；

恩师像吐丝的春蚕，

成就了我们的骐骥腾跃，枝繁叶盛。

您将学生的嗔喜，看成自己的忧乐；

您将学生的进步，看成自己的收获；

您将学生的贡献，看成自己的骄傲；

您将学生的成就，看成自己的荣耀。

大贤秉高鉴，公烛无私光，

既教书，又育人，浩浩师恩，永远难忘。

我们唯有不懈进取，才能回馈恩师厚德；

我们唯有效力国家，才能报答恩师培栽。

教育——

是传承文明薪火的纽带，

是支撑社会昌明的基石；

教师——

是太阳下最光辉的职业，

是天地间最无私的圣徒。

愿天下的老师都像您一样——

拥有造福社会的智慧，

拥有严谨治学的理念，

拥有诲人不倦的风范，

拥有誉播宇内的成就，

拥有严慈相济的胸襟，

拥有春泥护花的情怀，

拥有节高自重的品性，

拥有与时俱进的精神。

尊敬的恩师，

天不言而人仰其高，地不言而人崇其厚。

四十五年执教生涯，四十五载育人年华；

七十华诞松柏新枝，老骥伏枥壮心不已。

请接受弟子们至诚的祝愿——

祈望您的内心，一直像年轻人一样活跃；

祈望您的身体，永远像年轻人一样康健；

祈望您的生活，总是像年轻人一样多彩丰富；

祈望您的家庭，其乐融融，更加美满、幸福！

众弟子敬呈

2004 年秋

第十一章　再攀高峰

著作问世

"历史的长空群星璀璨，各自留下不可磨灭的印迹，引导着后来者不断求索更辽远的领域；人文的深阁珍玉沉积，典藏着那些年代的风云变幻，凝结着当时多少学人沉思的目光。"2015年，《百年中国金融思想学说史》第二卷和第三卷出版，在编者自序中，曾康霖、刘锡良、缪明杨等人如此写道。他们发出感慨，"思想是积累的"，"思想和实践都在演进"。

"一种经济系统，只有在经历了所有类型的障碍长跑以后，才能取代另一种系统。历史，就是人。"[①]从1911年到2010年，这一百年中，前40年是中华民国时期，后60年是中华人民共和国时期，不同时期金融事业

---

① 曾康霖.百年中国金融思想学说史[M].北京：中国金融出版社,2011.

的发展和金融学科的建设，都有一定的思想，甚至权威的思想在主导。

这是一部耗时 8 年之久，主编者、参编者历经无数艰辛后编成的一部巨著，它填补了中国金融思想学说史的一大空白，财经作家柳红读完这本巨著后感叹："一部皇皇之作，沉甸甸的。"

2008 年，已经步入晚年的曾康霖深感中国金融思想学说

《百年中国金融思想学说史》3 卷，2015 年出版

发展史存在空白，从这一年开始，他聘请了黄达、刘诗白、孔祥毅、刘方健等教授组成顾问团队，邀请刘锡良、缪明杨等人担任主编，前后写作逾 8 年，选取了从辛亥革命后的近百位金融家，以人物及其著述为线索，概括了金融思想精华。目的是彰显中国人在推动经济发展和社会进步中所展现的金融智慧，展示业内人士在推动金融事业和金融学科发展方面做出的贡献，给后人留下了一份宝贵的精神财富。

财经作家柳红读完这本巨著后写道："过去百年，中国金融制度经历了从'市场经济'到计划经济再回归市场经济的过程，同世界的关系从连通到隔绝再到开放。其间，金融思想是如何反映和影响这个转型过程的？对此，本书诉诸的方法是通过一个一个人物的思想，将其串联起来，

并力求保持原汁原味。以人为线索，是这部著作的创新之处。但是，也可能出现遗漏，可能出现所选人物的思想重复，同时也意味着出现思想空白。这无疑是一种挑战。"[1]

为何写作这样一部巨著？2008年的一天，曾康霖找到刘锡良，向他诉说道："这些年，我在带博士生，指导学生写博士论文，在对与论文题目相关的前人的研究成果评述中，文献综述引用的都是'老外'的，难道中国人对此竟一无所知？没有进行研究？难道理论都在'老外'手里？中国人就只能盲从？"

曾康霖所言极是，事实上，一直以来，我国并不注重思想史的研究，20世纪，最早的金融史学研究者为上海财经大学教授刘絜敖。新中国成立后，刘教授耗时10多年写成《国外货币金融学说》，这是我国第一部系统论述西方货币金融学说的专著，是对西方金融思想史的批判。1984年，刘絜敖去世，此后再没有人系统地做过金融思想史的研究。

接着，曾康霖提出："从辛亥革命到2010年这一百年，尽管中国的金融不成学说，但是有很多思想，这是中国最活跃的年代，也是最具变革性的年代，我们能不能把这些人物的思想归纳整理、总结出来，展现中国在金融学说上的研究？"

听到曾康霖的提议，刘锡良感到这事情非同小可，他深知，让什么人入选或将会产生很大争议。第一，选人的标准是什么，哪些人该进来，哪些人不该进来；第二，选定的人，有的人非常重要，找不到资料怎

---

[1]　柳红.金融百年背后的思想学说[J].读书,2012（10）:70-78.

办？在浩如烟海的文献中找不到他的东西，这种事情怎么办；第三，如何客观地站在他的时代、他的立场去评价他的学术思想。

然而，刘锡良的担心并未打消曾康霖想做这样一部巨著的念头，他们随即在北京、成都开了论证会，邀请同行大家们共同商讨。有些人非常拥护，但也有些人表示担忧，有人直截了当地指出，"你们做这个事情，费力不讨好"。

中国人民大学前校长、中国金融学公认的泰斗黄达教授最后谈了自己的看法，"就算你们一家之言吧！本书的贡献在于人家没做，你们做出来了。其次，史料不够，也没办法，只能尽量去还原。再次，即使有人批判就让他批判。如果这个思想史现在没有人整理，以后就更没办法去做了。"

2010 年 10 月 28 日，在北京召开的《百年中国金融思想学说史》工程建设座谈会上，由国内著名金融学家组成的项目顾问组对工程建设的意义和进展都给予了高度评价，黄达直言："很重要，这事肯定得抓，而且早就该抓。这个课题由西南财经大学来完成最可行，只有西南财大才有把这事做成的条件。"

基于这样一个背景，在曾康霖的力推和刘锡良、缪明杨的拥护下，从 2009 年开始，《百年中国金融思想学说史》一书的编写工作终于启动了。

在编著第一、二卷时，他们选择了近 100 位代表人物，包括中国香港的和中国台湾的，这不仅是因为香港、台湾是中国的一部分，两地学者同是中国人，更主要的是尊重知识，尊重人才，尊重其在金融学科方面的建树。在这近百位代表人物中，他们也遴选了研究方向、研究领域非金融学科方面，即经济学方面的人物，这不仅是因为金融学也是经济学的组成部分，同样也是出于尊重知识、尊重人才、尊重其在金融学科方面的建树的初心。

决定要写之后，面临的是按什么思路去编写的问题。曾康霖等人研讨后达成共识。

首先是时段的划分和人物的选择。

该书所指的百年，是指从辛亥革命起到 2010 年的这一百年，在从 1911 年至 2010 年这一百年中，金融领域的变革可区分为三个时期，即从辛亥革命起至废两改元、法币改革时期；从"法币制度兴起"到"法币制度的丧失时期"；人民币制度的建立和实行时期。内容包括学术思想、理论观点和政策主张，它们既蕴藏于代表人物的著述里，也反映在代表人物的言行中。

其次是著述上遵循的特点。

这部学说史的著述进行了横向梳理和纵向梳理。横向梳理以人物为标志，以著述为基础，以学说思想、主张为线索，有选择地集中阐明其价值，而不是全面介绍代表人物在金融方面的所说、所作、所为，更不是简单地描述过程。

不是"述而不作"，而是"既述又作"。也就是：

一要如实地、原原本本地把原作者的思想、学说、主张反映出来，而不能按自己的体会去写，更不能杜撰，要忠于原著、本人的思想学说。

二要论述提出这一思想、学说、主张的历史背景和社会环境，这一思想、观点、政策主张是在什么条件下、针对什么问题提出来的，提出来的目的是试图解决什么问题。针对的问题可能是理论上的，也可能是实际中存在的，还可能是代表人物预见的。总之，历史背景和制度环境要表明的是来自"实践"，而不是"空穴来风"。

三要评价其作用和意义，业内人士是怎么认同的，媒体怎么评价，有关当局接受采纳与否，社会的反响等，当时对它的评价，也就是历史地看待这一问题，辩证地评价它的意义和作用。此外，在讨论这个问题时，也需要从学科发展的角度做一些阐释和概括，即概括出它推动学科进步和发展的意义和作用。

值得一提的是以什么标准去选择人物，这确实是很难的事情。

从辛亥革命至今的百年间，关于金融方面有重要论述和著述的人物不在少数，既不能收录过泛，使得著作显得过分琐碎，又不能遗漏重要人物，丧失代表性和降低学术性。

选择代表人物有三个准则：一是在高校、研究机构从事金融学教学研究，有重要的和有价值的金融思想论述或著述。新中国成立后在金融实际部门工作的，由于他们是政策的制定者和执行者，即使地位很高，也不宜纳入金融学说史的代表人物。

二是代表人物的学术生涯够长，以致沉淀出较为系统的学说思想，便于总结和提炼其重要金融学术思想。因此，一些当代中青年金融专家，即使学术成就非常耀眼，也只能让后人详述，该书暂不纳入。

三是尽量覆盖各个时期和各个地区的代表人物，既包括民国时期的人物，也包括新中国时期的人物；既包括战争时期的人物，也包括和平时期的人物；既包括大陆的学者，也包括台湾、港、澳的学者。

简言之，初选的标准就是：在学术思想上有较深的造诣，并走在时代前沿；在职业生涯中有创新和发展；在致力于改革上有领先的思想和主张；是推动金融事业发展和金融学科建设的先知先觉者；其业绩得到了业内人士的公认，并有相当的知名度。

此外，还确定了被选取的人物2010年已退休或近70岁作为条件。

最终，在第一卷和第二卷中，该书选择了近百位代表人物，对他们的学术思想、理论观点和政策主张进行了梳理：概括其精华—阐述其背景—评价其价值。

在第三卷中，从纵向展开对百年中国金融思想学说进行梳理和研究，概括成17个专题，分为四大类：一是这一时期中国人治理通货膨胀的思想、学说和主张；二是这一时期金融业（包括银行业、证券业、保险业、信用合作业等）展业及制度建设的思想、学说和主张；三是这一时期关于人民币性质的讨论；四是这一时期我国财政与金融制度建设的理论和改革。除了这四大类外，在第三卷中，把"辛亥革命前夕发生在中国的金融危机透视""南开物价指数的学术价值及其影响""台湾'蒋王大战'的来龙去脉及其评价"一并纳入，以承前启后，继往开来，旨在彰显中国人在面对金融危机时，在建立和运用物价指数方面的智慧。

具体实施上，该书采取了三种方式，同时进行。一是主要由曾康霖教授等人的学生整理历史上代表人物发表的文章；二是通过代表人物本人及家属提供素材；三是在全国寻找代表人物的学生，由代表人物的学生去整理。但要强调的是，相关人物的学术著述必须精读，概括其精华，阐述其背景，评价其价值。而在这些方面，主编们下了很深的功夫，应当说，实施过程中的难度超乎想象。

有些学者著述颇丰，比较容易把握其学说思想脉络，但许多人物的金融学说思想虽然比较重要，但可能是散见于报端、会议发言、口头论述或文章的某个部分。因此，首先需要花费大量的人力、物力、财力去收集、整理资料；其次研究者要仔细阅读理解，在众多分散的论述中挖掘提炼出学说思想的脉络，还要在复杂的历史资料中相互佐证，以免误读。

提炼代表人物的学说思想，力图避免编写者主观、片面的理解。在写作这部巨著中，曾康霖等人采取了一些措施，一是在相关人物健在的情况下，请这些学者本人或者其学生来梳理、总结和编写；二是和一些馆藏资料丰富的图书馆建立联系，例如上海图书馆、重庆图书馆，甚至还亲自前往台湾的图书馆查阅了大量珍贵的历史资料；三是在编写过程中，让负责同一时期、同一地区的代表人物的编写者经常交流，相互佐证资料。

在向同行专家汇报第一卷写作情况，以及征求第二、三卷的写作意见时，曾康霖表示：《百年中国金融思想学说史》第一卷，在各位的共同努力下，终于完成交出版社。这是集体智慧的结晶，是大家辛苦劳动的成果。我作为主编之一，应当道一声：各位辛苦了！衷心感谢各位的付出！

第一卷有 50 位代表人物，其中台湾 5 位（蒋硕杰、谢森中、王作荣、费景汉、林钟雄）、香港 1 位（饶余庆）。这 50 位中有 15 人尚健在。这 50 人中除 1 位是 80 岁以下，其余 49 位都在 80 岁以上。曾康霖说，我们编写的初衷，在绪言中讲了"三个为了"。能不能实现？达到没有？让读者去评价。我学习了他们的著述，觉得其中不少人，很有思想，很有见地，很有学问。比如孙中山、梁启超、胡寄窗，读了他们的著述后，使你感到震撼。在这本书中，关于孙中山的经济金融思想，关于梁启超的国债论，可以说国内少有人这样系统地评述过。梁启超的中国国债论，可以说是中国第一本金融学说史。因此可以说，梁启超真的很了不起，学贯中西，博古通今，是中国少有的思想家。

当然，我们的提炼不一定完全，甚至在表述上不到位，欠充分展开，这限于资料，限于水平。但我觉得大家是努了力的。有的同志写孙中山，通读了《孙中山全集》，写了十多万字的读书笔记，大陆缺少代表人物的材料，到台湾、香港去收集，甚至有的到旧书店和旧书摊上去找。应当说各位参编者与我们主编付出了很多。在收集资料的过程中，遇到了"保护知识产权"的障碍。台湾大学、香港大学的图书馆，只对本校或本地区的人开放，而有的资料，比如香港饶余庆的资料，只有其任职的香港大学图书馆才有。在这种情况下，我们人托人，找关系，费了很大劲才得到相关资料。有的材料（如陈岱孙的）还是从旧书摊上找的。

此外，在编写过程中，最不好写的是，如何结合当时的实际，评价代表人物思想、观点、政策主张的价值和社会影响。写作者要熟悉当时学界、政界和舆论界对它的反应和评价，要找不少的参考资料。

尽管如此，我们这个工程还没有完，还有艰巨的任务在后面。今天请各位到这里来开会，主要是听各位专家的意见，下面两卷怎么写。

第一卷是以代表人物为标识，以著述为基础、以学说思想主张为线索，采取三段式的方式写作。第二卷中还要补充一些人物。（没有赶上第一卷的人物纳入第二卷），在第一卷中已经纳入了的人物，如还有值得提出来的思想学说，还可补充纳入。我们初步考察第三卷按问题写：一是金融学术界发生的重大事件。如20世纪30年代中国币制改革大讨论；50年代台湾的蒋王大战；新中国成立后关于人民币性质的讨论等。二是金融界存在的有学术含量的人物，如新中国成立前南开大学经济研究所推出的物价指数，以及"1：8"指标提出的理论与实践等。我不是学历史的，更谈不上研究，望大家多赐教。

曾康霖的这一发言，这套书系的写作要求，其难度可见一斑。

另一方面的困难来自研读材料。老先生的论文，有的是英文写的（比如，蒋硕杰、费景汉），有的是用文言文表述的，或用文夹白表述的。这样的表述，在用词造句方面，与通常习惯的表达方式都不同。在理解其表达的含义上，费了点劲。有的资料因为时间已久，已经发黄了。字迹模糊，看起来很吃力。

安徽大学滕茂桐教授的金融思想学说由曾康霖等人撰写，滕茂桐教授是我国著名经济学家，20世纪40年代在国内多所高校任职，并供职于权威部门。新中国成立后被划为右派，1978年得到平反。总结他的思想时，他本人已去世，且子女均在国外，发掘并梳理他的金融学说思想，费了一番功夫。首先求助安徽大学，请学校找他的著作和学生，但他的著作不多，学生较少，经过一番努力，好不容易找到台湾正中书局出版的他的《货币新论》，并联系上了他的学生——上海外国语学院陈传兴教授。在陈教授的帮助下，最终整理出他的金融学说思想。

曾康霖还发现，湖北财经政法大学谭寿清教授在讨论人民币性质问题上很有见地，但除了 1985 年在《中国社会科学》发表《纸币、信用货币与其他》一篇文章外，少有其他著述。为了寻找谭教授的著作，曾康霖一行人托人找到谭寿清教授的后人和学生，并得到他们的帮助。

2011 年，第一卷出版，媒体评价该书"集中精辟地展示了中国人的金融智慧"，经同行专家评审后，《百年中国金融思想学说史》获得首届金融图书"金羊奖"。

回忆起这部巨著的完成过程，刘锡良感叹："如果不是曾老师坚持，很可能夭折。但第一卷出来之后，大家反映很好。"

首任中国证监会主席刘鸿儒看了书稿，发来书信，他写道：

康霖教授：

看了文稿，深感不安。你年事已高，亲自阅读大量资料，写出长篇评述，十分感动。我的贡献没有达到你评价的水平，确有拔高之感。

关于"学说"的提法，许多学者认为不妥，全国能达到这个水平的学者很少，应慎用。对于我的评述，更不宜用"学说"二字，最多只能用"金融思想"表述，分专题介绍时加上"论"字已经是很勉强了。

文稿写得很好，我只改了几处文字。

……

2014 年 10 月 11 日，黄达教授亲自写来书信，信中掩饰不住他的激动之情，他说：

康霖同志：

粗粗读了一遍，实在高兴，在研究的路程上，你是大大地跃升到了一个更高的台阶。

恐怕这是你从事《百年中国金融思想学说史》的最大收获。你多次说，你接了一个自己无力承担的任务。其实，放在谁的身上，这个任务都难以完成。多方面比较而来，只有你（再加上"中心"），还多少有条件接这个任务。也可以说，你是唯一人选。几年的努力，你和你的团队，收获的不仅是编出了这部史的本身，恐怕是在视野、思想境界、思维方法诸方面取得了大丰收，应该向你，向你们祝贺。

首先是第三卷"纵的梳理"终于厘清了思路，完成了编写。至于四大类 17 个专题等设定，一定会有不同的见解。但第一次尝试吃螃蟹，功绩大焉。至少是提供了改进、调整的起点，甚至是可以论辩的对象。

对于"文化"，对于"宗教和科学"的铺陈，说明你的研究已经是"跳出金融之外来观察金融"。对于我们这个圈子里的人来说，这至关重要。20 世纪 30 年代那辈老学者比我们高明之处，在这方面最为突出。而我们直到今天，依然极少突破到哲理层面。不解决这样的问题，我们的金融学科难以取得突破性的进展。

概括百年来金融制度的发展和指导金融制度建设的思想，并把两者结合起来加以讨论，是一个必须面对的课题。关于学术环境，也是不能避开的问题。其中有许多问题是我们长期难以正面面对的。在序言的后两节里，展开论证，表达了自己的倾向见解，有很大的突破。写到这样的广度、深度，我觉得是很不容易了。要求过高，也不一定现实。

正文后详细的注释，很好很好。

我读了之后，有许多启发，受益匪浅。这绝非客套。其中，有一些也是我想说而没有说，或者是想说而不知如何说的话。

如果时间充裕，建议定下心来、静下心来，再逐字、逐段通读一遍。

黄达

2014 年 10 月 11 日

经济学家厉以宁也亲自发来书信，他在信中称：

康霖同志：

著作（《百年中国金融思想学说史·第一卷》）已收到。第二卷中，对我的金融思想的归纳，很完整，写得也很清楚，但有几页我做了一点改动，附上，供参考，请代向刘锡良、缪明杨两位同志问好。

谢谢！

致

祝好

厉以宁

2013 年 7 月 15 日

《百年中国金融思想学说史》出版以后得到业界好评，产生了广泛的社会影响。

《金融时报》专门发文称，"治天下者，以史为鉴"。

先后获得了第二届孙冶方经济学金融学创新一等奖，教育部第八届高等学校科学研究优秀成果一等奖，四川省第17次社会科学优秀成果一等奖，广东省金融出版社组织评选的优秀金融图书金羊奖。媒体报道，其填补了中国金融学科研究的空白，彰显了百年中国金融思想的光辉。

此外得到台湾同行的高度认可，台湾台北金融业基金协会购买了几十套书送给各大金融机构，作为历史文献保存。该书也是国内高校开设"金融经济思想学说"课程的重要参考资料。

2014年11月，中国经济思想史年会在西南财经大学召开，曾康霖教授发言介绍了主编这部巨著的过程，引起与会专家的兴趣和高度重视。在与会专家中，有一位从法国回来参加会议的世界经济思想史专家，会后立即向西南财经大学有关专家发出邀请，请他们2015年到巴黎参加世界经济思想史大会。西南财经大学刘灿教授于2015年4月参加并出席了大会。

作为主编，曾康霖在编写过程中也获得了以下几点体会。第一，中国人是很有聪明才智的，在过去的100年中，中国人为推动金融学科的建设和金融事业的发展做出了不少贡献。100多年前，孙中山就提出中国要独立富强，首先要防范外国的金融控制。梁启超也提出公债的发行必须由自利到利国。第二，要认真读书，反复看原著，理解其思想脉络和理论精华。第三，学术讨论不仅要有经济态势良好的环境，而且要有宽松的学术研究环境。在这 100 年内的后 30 年（即改革开放后），学术讨论比较活跃。只有宽松的环境才能解放思想，只有解放思想，才能百花齐放，百家争鸣，学术研究要有争论，要有不同的意见，一家之言，不利于学科发展。

"路漫漫其修远兮，吾将上下而求索。"如今，耄耋之年的曾康霖教授依然闲不下来，行在学术研究的潮头，根据新时期、新形势，又参与了一系列前瞻性问题的研究，如：基金的兴起会不会取代商业银行？电子货币兴起、网络银行出现，央行的货币政策还管不管用？全球的货币会不会走向统一？行为金融学会不会取代功能金融学等。

《百年中国金融思想学说史·第一卷》，2011 年出版

终身成就奖

2013 年 11 月 24 日上午，西南财经大学柳林校区腾骧楼人声鼎沸，掌声不时雷动。

几百人参加 2013 年度"中国金融

中国金融学科终身成就奖

学科终身成就奖"颁奖典礼，见证曾康霖教授荣获这一殊荣。刘鸿儒说："中国金融学科是一批老先生开创的，我、曾康霖算是金融学科的开拓者，中国金融学科从无到有，从弱到强，老先生们立下汗马功劳。"该奖项2012年度获得者、中南财经政法大学周骏教授说："我和曾康霖先生相识30多年，曾康霖是我们老一辈的金融工作者，他属于少壮派。他在理论建设、培养人才方面都有特殊的成就。"

在中国金融界，"中国金融学科终身成就奖"被称为"金融诺贝尔奖"，由鸿儒金融教育基金会于2010年设立。

刘鸿儒金融教育基金会是正式注册的非公募基金会，由中国人民银行研究生部（五道口）校友发起，刘鸿儒说，"最初的想法是要搞金融学奖、支持学生学习和金融科研工作。我到现在也不愿意以我的名义。我提过建议，不要以我的名义，就叫'五道口基金会'，他们不同意，说那影响力太小了"[①]。最终，基金会以刘鸿儒老师的名字命名。以教育、智库、公益为支点，在推动中国金融改革、创新与发展方面发挥了积极作用。"中国金融学科终身成就奖"每年评选一次，每届奖励1至2名，每位获奖人奖金100万元。参评对象为长期从事金融学科教学与科研工作、在中国金融学科建设方面做出卓越贡献的优秀学者。

"中国金融学科终身成就奖"是刘鸿儒金融教育基金会推出的、在中国经济和金融学界最有影响力的一个奖项。之所以最具影响力，原因有几个方面：第一，它是权威人士发起并倡导的一个奖项。刘鸿儒教授本

---

① 于江，李霞.刘鸿儒：五道口是一个时代的产物[J].当代金融家，2011.

人是我国最早送去苏联攻读研究生学位的人才之一，回国后在相当长的时期里从事研究和领导工作，后又致力于金融人才的培养，他是人民银行总行研究生部和中国金融学院的组织者和领导人，在推动中国金融改革和资本市场发展中做出了巨大贡献。第二，评奖委员会由中国金融界最有权威的专家组成，第一届专家评委有 17 位，第二、三届专家评委人数扩展到 35 位。评选广泛地听取了同行的意见。第三，坚持标准选人，严格照章程操作，基金会有一套严密的组织和工作程序。由于奖项评审的权威性、广泛性、民主性和其成果得到了时间的检验、社会的认同、同行的肯定，被认为是中国金融学界的最高奖项。

在曾康霖之前，中国金融学科终身成就奖曾颁发给 5 位老先生。第一届获得者是中国人民大学黄达教授，此后还有 4 位，分别为王传纶、洪葭管、周骏、林继肯。

黄达是天津人，1946 年求学于华北联合大学，其科学研究与教学成果集中体现于 1999 年出版的《黄达文集》上、下，2005 年出版的《黄达文集（续）》和 2010 年出版的《黄达文集（再续）》以及 2005 年出版的《黄达书集》（6 卷本）。黄达是新中国金融学教材与课程体系的主要奠基者与引领者，新中国经济学领域综合平衡理论体系的系统论证者，新中国金融学科体系的主要设计者，新中国金融教育事业的主要开拓者，新中国金融理论的积极实践者与金融决策的积极参与者。

2011 年的"中国金融学科终身成就奖"授予了"中国金融史学的主要开拓者、奠基人之一"的洪葭管和"新中国金融与财政学科主要奠基人之一"的王传纶。

洪葭管获得此项殊荣时已经 91 岁，难能可贵的是，2002—2009 年，年逾八旬的洪葭管先生又完成了 8 部著作。他在为中国金融史学奠定基础和在金融史学科建设方面做出的贡献，令金融界、学术界倍加赞许。上海老作家俞天白称其为"中国金融史学的奠基人""小四行里走出来的大学者"。

王传纶教授是我国金融与财政学科重要的开拓者之一，在长期的教学与研究中，凭借深厚的学养、宽阔的视野，在西方现代经济学与马克思主义经济理论之间，在财政税收理论和货币金融理论之间，在中西方学术交流之间，架起了沟通的桥梁，在当年的颁奖典礼上，王传纶呼吁用开放的态度对待学术研究。

2012 年，"中国金融学科终身成就奖"获得者是东北财经大学林继肯教授与中南财经政法大学周骏教授。

林继肯出生于浙江青田，是新中国金融学科发展的重要奠基人与促进者。60 余年来，他与新中国金融学科的建设和发展结下了不解之缘。在"文化大革命"期间，他在东北财经大学金融教研室工作，在极为困难的情况下，他致力学术，坚持不懈，尽力排除干扰，为日后全国财经院校的复课和金融学科的建设、金融课程的衔接与延续、金融师资队伍的培育与储备等奠定了坚实基础。20 世纪 80 年代后，他重新担任金融系系主任，为推动东北财经大学及中国金融学科的建设工作全面深入展开，做出了卓越贡献。

周骏，首批"荆楚社科名家"之一，是新中国经济学领域金融宏观调控体系的系统论证者、新中国金融学科与金融学教材建设的引领者；

新中国金融教育事业的主要开拓者；新中国金融理论与决策实践有机结合的先行者。

2013 年度的这一奖项授予了曾康霖、周升业、张亦春。其中，曾康霖的成就在于，一是在金融业对大量人才的需求与金融学科发展空白的现实冲突下，创建了独特的金融人才培养方案。他从 1991 年招收第一届博士生开始至 2010 年，招收了 19 届博士生，共 76 名。在培养人才的过程中，曾康霖设计了金融高端人才培养方案，明确要求，执行教学方案，规范教学内容，致力调查研究，参加学术研究，承担研究课题。这套方案得到教育部的充分肯定，并于 1997 年获得国家级优秀教学成果二等奖。

他的 24 字学习准则"拓宽领域、以专带博、充实功底、掌握方法、小题大做、求得成果"，以及 24 字求知方针"解放思想、启迪思维、注重实际、包容互鉴、承前启后、继往开来"，在金融学人才培养上发挥了重要作用。尤其是在新世纪的金融学专业博士生培养上，曾康霖主持制定的培养方案培养了大量教学型及务实管理型的高端人才。

有一个理念是曾康霖执教期间极力推崇的，那就是"知识育人，以情动人，更愿为他们的深造做'人梯'"。他最常说的一句话就是："我的成就在于我爱学生，学生爱我。"在"中国金融学科终身成就奖"颁奖典礼上，他说："我爱学生是因为老师要做'人梯'，要为学生打工，要先当学生再当先生，可以说我写了不少东西，主要是为了学生。"

末了，曾康霖宣布将基金会授予他的 100 万元奖金交给西南财经大学金融学院和中国金融研究中心，建立曾康霖奖学金，回报给学生。

聪明在於勤奋
知识在於积累

曾康霖时年八十

曾康霖八十岁所题

与曾康霖同年获奖的还有周升业和张亦春。周升业是中国人民大学教授，张亦春教授为厦门大学国家级金融学重点学科学术带头人，这些老一辈金融教育家始终奋战在教学和科研的第一线，为新中国金融学科的创立和发展做出了杰出的贡献。

黄达曾说："100 多年，我们的金融学科建设基本属于引进型，间或有自己创新的亮点，但影响极难越出国界。中国金融学人仍将继续努力。"

2015 年 11 月，曾康霖迎来 80 岁寿诞。作家冰心说"生命从 80 岁开始"，也就是从 80 岁开始，她的创作出现了第二次高峰，问世的作品数以百计。在冰心眼中，80 岁，明白了人生的意义，也看明白了人间百态，所以，80 岁也是人生命的开始。

我们祝愿曾康霖老师在 80 岁之后掀起另一段人生高峰。我们依稀看见，在幽静的校园小路上，一位老人迎着朝霞而来，他坚定而有力的步伐给这座 90 年的老校增添了别样的风景，迎面走来的是一群稚嫩纯真的青年，错身间完成了历史的交替。

中国金融学史上牢牢地印下了这个名字，这就是一代金融学理论先驱——师者曾康霖。

2013年"中国金融学科终身成就奖"颁奖词

曾康霖教授1935年生于四川泸县，西南财经大学研究所所长、西南财经大学学术委员会主任、四川金融学会副会长，2001年起任西南财经大学中国金融研究中心名誉主任。1991年入选首批享受国务院政府特殊津贴专家，1996年两次获得国家奖项。

曾康霖教授是全国著名金融学家，他在金融学科建设方面做出了突出贡献。他始终坚持马克思列宁主义与金融理论相结合，在银行金融管理方面发表了大量具有开创性的研究成果。他出版的《银行论》《资金论》等8部著作在学术界产生了广泛影响。

2002年，曾康霖教授出版的《金融经济学》，以金融与经济的关系为基本对象，紧密联系实际，达到了一个新的高峰，也是我国金融产业保护中的一朵奇葩，赢得了学术界的赞誉。在20世纪80年代初，曾康霖教授系统研究了货币史，这是改革开放后在该领域最有影响的学术著作之一。在新时期，他主持编写了《百年中国金融思想学说史》，展现了中国人的智慧，填补了国内空白。

　　曾康霖教授是我国金融改革与发展事业的推动者，他的科学研究始终站在学术的前沿，几十年来，他关注并深入研究了金融运行的稳定、金融风险的防范、区域金融的发展和弱势群体的金融支持等重大问题，为我国金融改革和发展贡献了智慧与才华，做出了突出贡献。

　　曾康霖教授是我国金融学科建设的领军人物之一，作为西南财经大学金融学科奠基人，1978年，他主持金融工作时就取消了"姓资姓社"的区分，1991年，又率先推出银行经营管理学，受到了外界的高度认可。1992年，他编写的一部教材获得全国教材一等奖，另有四部教材、专著获得省部级奖。

　　他是金融领域的重要开拓者和奠基者之一。在20世纪90年代曾康霖主持了全国金融学科和人才培养的专题研究，取得了丰硕成果。对多种学科建设和人才培养发挥了巨大作用，成为学科建设的引导者。西南财经大学作为全国首批设立该专业的五所高校之一，曾康霖教授是西南财经大学金融人才，特别是高端金融人才的设计者和实践者，也是全国的一个旗帜。曾康霖教授主持制定金融专业博士生培养方案，在不断探索中规范教学内容，以参加学术研究，承担研究课题为核心的培养方案，获得了国家有关方面的肯定。

　　几十年来他辛勤耕耘，为我们金融部门培养了大批人才，其中包括多位财经领导人和学界业界的骨干。

　　鉴于曾康霖教授做出的贡献，经"中国金融学科终身成就奖"评选委员会评定，评选他为"中国金融学科终身成就奖"
获得者。

曾康霖在 2013 年"中国金融学科终身成就奖"
颁奖典礼上的获奖感言

今天鸿儒金融教育基金会把"中国金融学科终身成就奖"
颁发给我，使我既感到荣幸，又感到不安。在这以前，这个奖
颁发给了 5 位老先生，他们是黄达教授、王传纶教授、洪葭管
研究员、周骏教授、林继肯教授，他们都是我国金融学科领域
中的"大腕"，德高望重，著作等身，获此殊荣，实至名归。他
们都是我的老师，是前辈，而我是晚辈，是学生。所以，今天
我能获得这样的奖项，是基金会和同行对我的抬举，对我的厚
爱，对我的鼓励和褒奖！

我这个人从事金融教学和研究的起点低，没有条件接受良好
的家庭教育；新中国成立后，50 年代读大学面临着一个又一个的
政治运动，而高校又处在运动的"风口浪尖"上。在这样的特殊
年代，人怎么能坐下来读书、学习、做学问？真正让人能安心下
来，读书、学习、做学问是在打倒"四人帮"以后。在我的第一
本专著《金融理论问题探索》的序言中，我表达了这样的心情：
"我们伟大的祖国经过了'十年浩劫'以后，迎来了科学的春天，

形势喜人，形势逼人……"这本书是 1981 年写成，1984 年出版的。可以说，我的金融学科的教学和研究，从 20 世纪 80 年代初才开始。这一点不能与上述几位老先生相提并论。所以，我能获得这样的殊荣，首先要感谢这个伟大的时代，时代激励着我。

当然，我要感恩我的母校，母校培养了我；我要感恩我的同事，同事关照着我；我要感恩我的同行，同行支持着我；我要感恩我的弟子，弟子关爱着我；我要感恩我的家庭，家庭照顾着我。

总之，我要不忘好人的相助和组织的培养，永存一颗感恩之心！这就是说，我能获此殊荣，不仅仅是个人的力量，还是时代的力量、集体的力量；不只是个人的荣誉，还是学校的荣誉、弟子们的荣誉！

要说成就感，使我感受最深的是学生爱我，我爱学生！学生爱我是因为他们继承和发扬了中华民族尊师重教的优秀传统；我爱学生是因为我认为老师要做"人梯"，要为学生打工，要先当学生，后当先生。可以说我写了不少东西，主要是为了学生，为了更新和丰富教学内容。再说，在我看来，在当代，在我们国家，学生是"弱势群体"，他们不仅读书不容易，而且书读出来后，要找个理想的工作也不容易。总之，他们求学、就业都需要社会帮助，当老师的都希望自己的弟子好，不能不关心、支持和助他们一臂之力！

要说在金融学科的建设和发展方面做出了努力，我的自我评价是：倡导历史传承，善于借鉴，包容性强，强调实践出真知。我这个人有不少弱点，但我也有优点：主要是勤奋，容易接受新生事物。我常对学生说："知识在于积累，聪明在于勤奋。"我知识浅薄，但我注重积累；我不聪明，但我勤奋。"我这个人，思想不僵化，不故步自封，乐意接受新生事物。"我经常强调，要理论联系实际，要注重从实践升华到理论，要解放思想，理论并不神秘。当代的问题是对实践升华到理论的认识不够。不注重联系实际，不升华到理论认识，怎么推动我国金融学科发展？

中国人是有智慧的，外国人能思考，中国人也能，还能比他们思考得更深更全面。

我主张中国的社科研究，要有特色，有气魄，能创新。有特色，就是要从中国的实际出发，讲真话，讲中国话，尊重经典，又不迷信经典；讲气魄，就是要继承发扬中华民族的传统，要站在学科前沿，但学科前沿不等于对策性研究，站在学科前沿要把握住时代发展、学术动态，以及经济生活变化；能创新，就是要与时俱进，现阶段，要注重跨学科研究、基础理论研究和国际问题研究。学校科研要注重把科研成果转化为智力，用于培养人才；学校科研要注重研究的系统性和持续性，十年磨一剑，锲而不舍，学校科研要注重营造一个发展繁荣哲学、社会科学的环境。

为了把鸿儒教授的事业继承下来，为了把鸿儒教授的爱发扬光大，我将把这项奖励的奖金交给学校相关部门，建立"奖学金"，让更多的人分享这项成果！

今天来参加我颁奖典礼的，有评奖委员会的专家，有各方面的领导，有其他院校的同行，有我的同事、老师、学生和同学们。对他们的到来，我表示衷心的感谢！他们的到来，不仅是对我的尊重和关爱，更是对刘鸿儒教授发起和成立的这项金融学科终身成就奖的尊重和关爱。

我还要表达的是来参加颁奖典礼的有我的弟子（包括硕士、博士和博士后），还有黄达教授、刘鸿儒教授、刘诗白教授、周骏教授、江其务教授、张亦春教授、邱兆祥教授等人的弟子。我想让他们分享我这份荣誉，见证我这份荣誉，并希望我的弟子弘扬这份荣誉。他们的到来，除了表明对这一奖项的尊重和关爱外，还表明我国金融学科领域，精诚团结，协同发展，后继有人，群星璀璨。表明了金融学科的凝聚力、向心力和蓬勃朝气。对他们的到来，我表示感谢和欣慰！

这次活动，学校领导非常重视。学校、金融中心、金融学院的领导和各位同事，操了不少心，劳累了不少人，在这里我也深表感谢！

赵德武在 2013 年"中国金融学科终身成就奖"颁奖典礼上的致辞：
西财为拥有曾康霖教授这样的名师大家而自豪

曾康霖教授是我国著名金融经济学家，长期致力于金融基础理论创新和金融学说史研究，治学严谨，成果卓著。早在 20 世纪 80 年代初，曾康霖教授就系统研究了前人的货币金融学说，1986 年出版了专著《资产阶级古典学派货币银行学说》，荣获四川省哲学社会科学研究成果一等奖。从 1987 到 1997 年的 11 年间，曾康霖教授对金融基础理论进行了系统研究，先后出版了《货币论》《货币流通论》《资金论》《信用论》《利息论》《银行论》《投资基金论》等 8 部"金融理论系列专著"。2002 年，曾康霖教授出版的《金融经济学》，受到学界的广泛赞誉，荣获刘诗白奖励基金一等奖。2004 年《曾康霖著作集》出版，共收录专著 9 部、论文集 3 部，集中反映了曾康霖教授几十年的学术生涯与成就。2011 年，曾康霖教授"以人物为标志，以著述为基础，以思想为线索"，领衔编著了《百年中国金融思想学说史》，填补了我国在此方面的空白。曾康霖教授的研究站在学科前沿，立足中国实际、关切民生问题，注重交叉融合，形成了前后一贯的学术思想与理论体系，为我国金融理论创新和金融改革发展做出了重要贡献。由于先生杰出的学术成就，荣获了多项荣誉。1991 年成为首批享受国务院政府特殊津贴的专家，1996 年荣获全国金融系统劳动模范称号，多项研究成果荣获国家级和省部级优秀研究成果重要奖项。

曾康霖教授是忠诚的人民教师，始终坚守教学第一线，教书育人，桃李芬芳。先后讲授货币银行学、商业银行经营管理研究等多门课程。先生的教学，注重培养思维方式、拓宽学术视野、挖掘发展潜力，经常带领学生深入社会实践，提出值得思考的问题。曾康霖教授始终把育人放在首位，引导学生树立正确的世界观、人生观和价值观，关爱学生，深受学生的爱戴。人们尊敬先生，不仅因为他学识渊博、孜孜不倦，还因为他为人以诚、言传身教。在他的教导下，一批栋梁精英从西财走出，他们为祖国建设担当重任，也为母校争得了无限荣光。

曾康霖教授是我校金融学科的领军人物，也是优秀的教育管理者。先生先后担任金融系、金融研究所领导职务，以先进理念加强金融学教材建设、专业建设和学科建设，带领我校金融学科取得了一个又一个的突破，为我校金融品牌与特色的形成打下了坚实基础，做出了突出贡献。

今天，曾康霖教授荣获"中国金融学科终身成就奖"，这不仅是对他将一生奉献给我国金融事业和教育事业的最佳褒奖，同时也是对西南财经大学金融学科发展的充分肯定。曾康霖教授的治学理念、学术智慧和人格魅力，已经成为西南财大名师大家文化的重要组成部分。我们西南财大，为拥有曾康霖教授这样的名师大家而感到自豪！

学校诚挚地希望我们的年轻学者，以曾康霖教授等老一辈学者为楷模，立德树人，严谨治学，勇担责任，不断进取，在学术舞台、社会天地，开疆拓土、大显身手！

吴念鲁在 2013 年"中国金融学科终身成就奖"颁奖典礼上的祝词

在得悉曾康霖教授荣获刘鸿儒教育基金 2013 年度"中国金融学科终身成就奖"时，我就表示必须参加颁奖典礼，要向曾老师当面庆贺。

我与曾老师相识三十多年，记得第一次相识是在 1981 年川财（金融系）举办的一次大型研讨会上。特别是近十多年，交往比较密切，多次参加他指导的博士论文答辩和在西南财大金融学院、中国金融研究中心举办的学术研讨会以及其他活动中相聚。在与曾老师的交往中，我们相知相识，建立友谊，成为老朋友、好朋友。

这次西南财大在典礼邀请函中准确、客观、全面评价了半个多世纪以来，曾老师在中国金融学科的建设和发展、教学和研究、金融事业的发展做出卓越贡献。

因此，曾老师获得"中国金融学科终身成就奖"的殊荣，是实至名归。

以下就我对曾老师所做出的卓越贡献的核心价值和突出表现，谈一点自己的感受。

（1）对中国金融学科建设起到重要的推动作用。

曾老师开创了改革开放以来，我国金融学科建设的理论基础和设计思路，他认为，中国金融学科的建设，要在马克思货币金融理论基础上吸收西方金融学的精髓，学科建设要把握学科发展史，要以科研为主导，高校的科研应当推动本学科的发展。一切要从中国的实际出发。他强调，学科建设还要进行跨学科和交叉学科的研究，继承弘扬前人的成果和方法，同时又要站在学科的前沿。他提出，学科建设适当超前才有发展，必须培养梯队，才有更好地继承，正因如此，西南财大的金融学科建设和发展一直走在前列，在国内起到重要推动作用，在国外也产生一定的影响。

（2）教学与科研相结合双丰收，成就卓越，成果最佳。

曾老师在教学中摒弃了苏联教材的束缚，破除了极左思潮的干扰和对权威的迷信，以独立思考，自强创新的精神，紧密结合社会现实，特别是我国经济金融改革的实际，进行教学和研究。他说，在教学、科研中应当尊重经典，又不迷信经典，既注重书本，但更注重实际研究，在特色、气魄、创新上下功夫。所谓特色，即中国是特色大国金融；所谓气魄，即不迷信权威，有自信；所谓创新，即要与时俱进，站在学科前沿。这就是曾老师教学与科研的行动指南和指导思想。

曾老师治学严谨勤奋，视野开阔，笔耕不辍。他编著了许多优秀的金融教材，他是新中国成立以来金融学术成果最多的教授，他的金融理论系列研究出版的专著就有《货币论》《银行论》《信用论》《利息论》《资金论》《货币流通论》等。他学为人师，为人师表，人教，身教，身体力行，做学生的朋友、老朋友，与学生如同亲人。他桃李满天下，如今许多人已成为我国金融领域的高级人才，活跃在重要岗位上。他身上充满感染力、感召力。他豁达睿智，为人谦和，带有一股对真理执着追求，不弄清楚问题就绝不放弃的干劲。身上充满着四川学子自强不息，独立思想、自由精神的品格。

（3）名副其实的金融教育家，金融理论家.

曾老师在中国金融学科建设发展和教学研究上的成就斐然，培养了大批杰出的人才，撰写了许多优秀的教材和学术专著，是名副其实的金融教育家和金融理论家。半个世纪以来，他和他所带领的团队为新中国金融事业的发展做出了不可缺少、不可磨灭的卓越贡献。

在这里，我只想谈一点。长期以来，曾老师一直重视金融思想史的研究，因为不知过去，就不知现在，更不知未来。经过长期努力，2011 年由曾康霖、刘锡良、缪明杨教授主编的《百年中国思想金融学说史》第一卷正式出版。各方面反映很好，填补了空白，具有很高的学术价值和现实意义。

在该卷即将出版之际，开了一个会，在会上，我发现第一卷收录的 50 个人中，没有曾老师，因为曾老师谦虚没有放上。我希望第二卷编写时，务必把曾老师的金融学术思想放入其中，因为曾老师的学术思想不是他个人的财富，而是西南财大、西南财大金融学院、中国金融研究中心乃至全省、全国的财富。如果说今后条件成熟，西南财大建立学派的话，那么曾老师是西财学派中金融学科的最重要学科带头人和学术台柱。他的学术思想的影响力将不断推进中国金融学科建设和中国金融事业的发展。

最后，我衷心祝愿曾老师学术思想常青，身体健康，身心愉快！

谢谢大家。

曾康霖年表

● 1935 年

10 月 8 日，出生在四川泸县五通乡学堂屋基

● 1940 年

在五通小学读初小

● 1942 年

迁至白云场入高小

● 1947 年

考入泸县县立中学

● 1949 年

初中毕业，参加税收工作

● 1951 年

成为泸县兆雅税务所交易员

11 月，提升为干部

12 月 5 日，调至太伏区工作

● 1953 年

入团

● 1953—1954 年

被评为泸县税务战线上的优秀工作者

● 1955 年

2 月 21 日，重庆四川财政干部学校学习，萌生读大学想法

8 月 20 日，调入泸县税务局税政股工作

● 1956 年

任税政股长

8 月 30 日，考入四川财经学院（现为西南财经大学）财政与信贷专业

● 1960 年

10 月，留校任教

● 1978 年

四川财经学院复校，重返教学岗位

● 1980 年

10 月，在《人民日报》发表文章，提出"现行财政银行体制需要改革"，引起了政府有关部门和业界高度关注和争论

● 1981 年

发表论文《金融理论教学的内容需要更新和丰富》，在金融教育系统引起广泛反响

● 1982—1984 年

连续三年被评选为成都市劳动模范

● 1983 年

在《经济体制改革》发表《我国银行体制改革需要解决的几个理论问题》，在《金融时报》发表《银行业务经营的特点和承包的难点》，在《广西金融研究》发表《十三大的精神与金融业的发展与改革》等文章，这一组文章为银行改革奠定了理论基础

- 1983—1990 年

任四川财经学院（西南财经大学）金融系主任

- 1985 年

出版第一本专著《金融理论问题探索》，获得省部级奖

- 1986 年

撰写出版《资产阶级古典学派货币银行学说》，较早对金融学说史进行系统研究，被评为"四川省第三届哲学社会科学研究成果一等奖"

- 1988 年

与何高著教授等共同撰写出版《马克思货币金融学说原论》，为学科建设奠定坚实的理论基础

- 1990 年

曾康霖被批准为博士导师，其"适应金融体制改革，更新教学内容，提高教学质量"的教学研究，获得首届国家级优秀教学成果奖

- 1991 年

主持召开中国金融学博士培养高级研讨会，极大地推动了我国金融学博士人才的培养。成为我国第一批国务院政府特殊津贴获得者

- 1991—1999 年

任西南财经大学金融研究所所长

- 1993 年

当选为中国人民银行系统优秀教师，被选入辽宁人民出版社出版的《中国当代文化名人小传》一书；主编《银行经营管理学》，提出以商业银行各项业务为线索，以头寸调度为核心，以求得"三性"的最佳组合为目标建立课程体系，在国内是首创，获得全国高等金融类教材一等奖

- 1994 年

英国剑桥名人传记中心将其载入《国际名人传记辞典》第 23 卷

- 1996 年

特授予全国金融系统劳动模范称号

- 1997 年

再次获得国家级优秀教学成果奖

主持设计的培养高层次金融人才方案，获得国家级优秀教学成果奖；发起召开我国第一届"金融学科建设与人才培养高级研讨会"，并出版专著《金融学科建设与人才培养》，被业界称为"我国金融研究的转折点"；入选国务院学位委员会办公室主编的《中国社会科学家自述》一书，收录为六位"货币银行学家"之一

- 1999 年

主编国家级重点教材《商业银行经营管理》，获得四川省优秀图书奖和教育部优秀教材奖

- 2000 年

提出建立金融工程专业；任教育部人文社会科学重点研究基地——西南财经大学中国金融研究中心名誉主任

- 2002 年

出版《金融经济学》，荣获刘诗白奖励基金一等奖；西南财经大学成为首批设立金融工程专业的 5 所高校之一，西南财经大学金融学科被教育部评为国家级重点学科

- 2004 年

聘请七所高校的知名教授共同编写了研究生教材《金融学教程》，开

创高校协同创新的先例;《曾康霖著作集》出版,共收录专著9部、论文集3部

12月,上述中央相关领导,提出"以人为本,培育和发展互助性金融和扶贫性金融"的意见,受中央和相关部门肯定

● 2011年

10月,主持编写的《百年中国金融思想学说史》(第一卷)出版,填补国内这一方面空白

● 2013年

获得"中国金融学科终身成就奖"

● 2015年

《百年中国金融思想学说史》(第二卷)出版,《百年中国金融思想学说史》(第三卷)出版

● 2016年

评为西南财经大学文科二级教授(文科没有评一级教授),评分成绩名列前茅

《百年中国金融思想学说史》获评第二届孙冶方金融创新奖

关注精准扶贫,深入调研,主张以县级区域为基础,以广大农村为前沿阵地,建设和发展中国社会经济;提出在精准扶贫中要处理好六大关系

● 2015—2017年

着力研究普惠金融、网络金融和金融基础理论问题,撰写发表一论、二论、三论、四论、五论普惠金融,以及《论虚拟经济与实体经济》《也

论优化国家资本机构》等有分量的论文

● 2017—2018 年

集中学习习近平总书记关于金融的讲话，撰写金融与经济发展、金融与社会进步和发展系列论文；梳理中国改革开放以后，金融学科建设的历程、范围和思路；倡导科研要转化为智力，纳入课堂教学；倡导编写教材，让学生有书可读；建议倡导再次召开"金融学科建设与人才培养"全国顶层会议

出版《曾康霖文集——基础与前沿》

● 2019 年

提出并着力研究大国金融课题

● 2020 年

《笃信致远：曾康霖》出版

后记和致谢

这个冬天的成都似乎比四年前那个冬天要温暖一些,这是 2019 年 12 月 30 日,窗外阳光明媚。我们站在小康的大门口去回望我们这个国家的历史,其中之一是过往数十年金融的支撑越发明显。

敲下这段文字,意味着我们用四年时间又一次完成了对曾康霖教授的记录,他是影响中国金融进程的人,而他就在我们身边。

写作人物传记的任务是比较艰难的,在客观与专业的要求下,很长一段时间内,我们都陷入曾康霖教授的学术著作中不能自拔,他年过八旬,著作等身,桃李天下,我们该如何去客观地记录而不失偏颇,这对我们来说是挑战,也是冒险。

四年前,我们历时三年完成《知行金融:曾康霖》,今天,这部作品的升级版终于基本成型,行文至此,我们想到了七年前成都莲桂西路48

号的那个小院子，我们为创作者搭建了一间图书馆、一个活动室，为真正热爱文字的人提供了一个安静的场所。《知行金融：曾康霖》出版一年后，我们搬到了建设路附近，建设路充满隐喻，尽管我们依然在一座仓库改建的图书馆写作，这里简陋、冬冷夏热，但我们从未忘记初心，我们要用句子搭建一座宫殿。在艰苦的写作中，我们组建的考拉看看团队，茁壮成长。

过去多年，我们和考拉看看的团队沉迷于传记的研究和写作，从褚时健先生到曾康霖教授，从刘诗白教授到宗庆后先生……我们在记录人物传记方面，足迹已遍及中国，领域从学者到企业家，从退伍老兵到山野乡贤，从历史缝隙中的个体到影响中国进程的群像，我们看到每个人身上都有国家历史进程的投射。

尽管如今技术发展迅速，信息更迭很快，但是我们对历史的记录并未同频，不少领域，尤其是对大师们的口述历史和研究挖掘不够，亟待抢救性记录。记录是为了传承，要传承首先需要记录。

曾康霖教授说："过去撰写发表的文章，现在来出版，目的是接受社会检验，同时反思我过去的所想、所为：哪些可行，哪些不可行；哪些能成立，哪些还欠缺。作为一个经济、金融的学者要善于反思，从反思中前进，在反思中审视自己。"这种反思精神深深影响着我们。

曾康霖教授低调而谦逊，说服他以图书的方式记录他的人生颇费周折，反而是他一直很关心我们。写作于我们是爱好，而一群作家聚集在一起写作，则是我们创业的一部分，尽管我们理想地认为这个行业前景光明，可是要坚持做好，非常不容易，甚至可以说是很困难的。

曾康霖教授很关心我们这个团队，关心我们的生活，有好几次我们去看他，他一定要给我们拿一些补品。后来又亲自到我们的办公室，说是看一看我们的环境，那个时候我们在一个临时搭的仓库里办公，冬冷夏热，他回去以后更加担心我们。

发乎于心，现乎于行。一个人的大爱，内化于心，外化于行。一叶知秋，以微知著。就我们数年接触曾康霖教授，还有一些细节：

曾康霖教授准备的资料可以说既详尽又整齐，资料既分门别类地编号，又完全按逻辑作列，手工誊写的部分同时做了复印分别归档。这些资料准备细致而结构缜密，仅是搜罗和整理的方法，就已足够值得人们研习。

这次参与本书工作的编写助手徐丽一开始很担心会否被金融的专业问题困住，而真正参与其中时她发现，因为有曾康霖教授的细致讲解和参与准备，一切似乎都水到渠成。

曾康霖教授家的书房里有一个书柜，打开柜门，我们看到书柜里层层叠叠、整整齐齐存放着各种资料，既有剪报，也有复印件，还有打印和手写后截取下来的碎片，但这些零散的资料是曾康霖教授研究的排列组合，它们零而不乱，按照不同主题形成聚落，密集的标签多数最终构成了新的著述和旧时研究的升级。

这个书柜里不少标注了主题的资料正是中国金融的主流课题，这些资料既是曾康霖教授纵横驰骋金融世界的留心之集，也是他对不同问题长期关注和持续研究的表达。

整齐摆放各种资料的书柜

一柜一世界，透过这个书柜，你会看到一个学者的严谨和细致，也会看到他的奋进和热爱。

也正是因为这次写作，我们知晓了更多金融方面的历史，挖掘到一些鲜为人知的故事，并通过曾康霖教授和他那些优秀的弟子们，学习到许许多多宝贵的知识，这是出乎我们意料的收获。

在了解和记录曾老的点点滴滴中，让我们看到了一位大学者的博大胸怀和铮铮风骨。他"学尽其理，行究其难"。

和曾老的每一次谈话，我们都感觉到他慈父般的亲切。虽然他年事已高，但是思维依然敏捷，目前我们正在沟通如何把《百年中国金融思想学说史》这部填补中国金融史学研究空白的巨著改编成大众通俗读本。

曾康霖教授说话声音不大，但他话语中所蕴含的智慧，总令我们受益匪浅，也让我们改变。他让我们看到宏大历史事件后那些细微的事，每一个人都生活在一个小小的世界里，我们改变自己，世界因此改变。

恒河沙数，明镜非台，这个世界唯一不变的就是变化，历史的序列性和多面性是如此的统一又如此的和而不同。即便这是我们第二次写作曾康霖先生的传记，却依然孜孜不倦，好奇心驱使我们在一个接一个的深夜，重回历史现场。依然在寻找答案，因何是他？即便将要付梓，依然感到吃惊，曾康霖先生所经历，在个人努力和历史选择之间，究竟如何平衡？

完成这部作品一如既往的艰难，必须要说明的是，这本书的成品，从内容到装帧，都是多方平衡的结果。这部作品的成稿是经曾康霖教授本人审定的。曾康霖老师既是这本书的第一读者，也可以说是这本书的第一作者。

仰望历史星空，繁星浩瀚，大师们丰富的个人经历促成历史的复杂与多维，而任何宏大叙事拆解来看，都是细枝末节的累积，什么时间、什么地点、什么人、做什么事情，有什么样的结果，诸多看起来不可动摇的事情似乎谁来写都一样，但"相由心生"，每一件事情究竟因何而成，蕴含何等意义，更可能是千人千面。很多时候，我们纠结于何谓正确，在大同和小我之间被裹挟，然后用所谓理性来表达平衡和妥协之择。

归根结底来说，任何一部作品，都是要交给读者和时间的，如何来读这本书，这里也做一个表达。

历史学家托·卡莱尔说："优秀的传记像优美的人生一样罕见。"至于此次书稿的质量，如本序言之开始所说，不敢说很好，但算尽力而为。就好的方面来说，我们先前所著是曾康霖教授第一部传记，是他较为全面的传记文学的首开先河。此次这部作品，首先已有基础，亦是弥补上一部传记的缺憾，并调整和新增了比较多的资料。目前这一版的内容和写作，几乎涵盖了能查到的所有资料，并已尽力增补。

当然，从完善到完美需要很多努力和极强的能力，而我们也必须承认，曾康霖教授所经历之事、所达成就、所做贡献，远比书中记录要丰富且高远。

作为中国金融领域著名教育家，曾康霖教授是中国金融工程学科开设的先驱，打破旧陈规，引入新模式，奠定现代金融学科建设全体系纵横发展体制。他是银行家的老师，距离金融影响经济最近的人，他的弟子遍布金融投资政商学界，潜移默化影响中国投资。他是教育界的金融家，引入经典金融学理念，广采博纳，推新出奇。他是金融家的引路人，穿越历史、探究现实，迎难而上，解决问题。

写作这样一个人，一本书，始终心存敬畏，不敢有丝毫放松。

再次感谢曾康霖老师，是他给我们这个机会，得以去完成这个记录；这本书是我们创作的，更是他本人创作的，或者说，他才是这本书的真正作者，我们只是用文字尽量去记录了这一切。

我们的这次创作漫长而又充满挑战，需要感谢很多人。感谢曾康霖老师的夫人谢应辉女士，曾康霖老师的其他家人和所有他给予我们创作帮助的亲戚、朋友、学生。感谢刘鸿儒先生和孔祥毅先生和卓志先生为这本书作序，感谢黄铁军先生、张桥云先生、刘锡良先生、冯用富先生、潘席龙先生、徐加根先生、吴富林先生、张炜先生、乔海曙先生、刘玉平先生、许国新先生、徐良平先生、夏政先生、岳志先生、胡正先生、彭维瀚先生、蒙宇先生、李国杰女士、罗晶先生、王明月女士……他们给了我们极大的帮助。这里我们没有能一一列出每一个给予我们帮助的人的名字，但是我们一直心存感激。

感谢刘方健先生，他为这本书付出特别多的努力。

我们要感谢在考拉看看的所有同事，特别感谢参与本项目的成员：康成、李开云、姚茂敦、熊玥伽、邓晓凤、孙晓雪、徐丽、许洪焱、曾思瑜、李莎、陈兰、张奕、景行，这本书没有这个团队共同的努力，在我们手中肯定不能完成。

这本书的出版颇费周折，特别要感谢何志勇先生、黄立新先生、何朝霞女士、张东升先生还有四川人民出版社诸位领导和编辑们的支持与帮助。

因水平有限，本书谬误在所难免，期盼各位方家、读者交流并提出宝贵意见，可以通过电子信箱 24973558@qq.com 直接赐教。

张小军　马玥

2019 年 12 月 30 日

成都考拉看看图书馆

《笃信致远：曾康霖》

著者　张小军　马玥

策划　考拉看看

《笃信致远：曾康霖》是一部波澜壮阔的人物记录作品，聚焦中国著名金融学家曾康霖。

曾康霖从乡村税务员起步，后成为中国转轨金融奠基人。他执教金融学科数十载，他的弟子遍布金融投资政商学界，其创新研究和人生追求的实践，对新中国金融体系建设做出了巨大贡献。

本书记录曾康霖的生平经历，同时全面梳理他的学术研究和教书育人历程，披露其背后新中国跌宕起伏的金融学科建设和金融业发展内幕，首次从学人视角总结西南财经大学金融学科建设的艰辛历程和成功哲学。

读懂曾康霖，读懂中国金融崛起之道。

读者服务

4000213677　028-84525271

著者

张小军

成都文学院签约作家，内容创作与运作机构"考拉看看"首席顾问和重大选题作家。常年从事创意策划和人物传记、企业史研究写作。著有褚时健经营哲学系列及传记等多部广具影响力的作品。联系方式：24973558@qq.com

马 玥

内容创作与运作机构"考拉看看"联合创始人，拥有丰富的企业文化力打造及图书创作和运作服务经验，常年从事企业文化、品牌 IP、城市文化 IP 等研究和出版策划及运营。

创作助理｜徐 丽

财经作家，2019 年加入"考拉看看"，从事商业案例研究与写作，曾出版《电竞简史》《商业简史》。

《笃信致远：曾康霖》
内容工作组其他成员：

康 成　李开云　姚茂敦　熊玥伽
孙晓雪　徐 丽　许洪焱　曾思瑜
李 莎　陈 兰　张 奕　景 行

策划团队

考拉看看
Koalacan

是由资深媒体人、作家、内容研究者和品牌运作者联合组建的内容机构，致力于领先的深度内容创作与运作，专业从事内容创作、内容挖掘、内容衍生品运作和品牌文化力打造。

A content institution jointly established by media experts, writers, content researchers and brand operators, committed to creation and operation of leading-edge and in-depth contents, specializing in content creation, content mining, content derivatives operation and cultural branding.

书服家
Forbooks

是一个专业的内容出版团队，致力于优质内容的发现和高品质出版，并通过多种出版形式，向更多人分享值得出版和分享的知识，以书和内容为媒，帮助更多人和机构发生联系。

A professional content publishing team committed to the discovery and publication of high-quality contents, sharing worthwhile ideas with people through multiple forms of publication, and thus acting as a bridge between people and institutions.

写作｜研究｜出版｜推广｜IP 孵化
Writing Research Publishing Promotion IP incubation
电话 TEL 400-021-3677　　Koalacan.com

特邀编创：考拉看看
装帧设计：云何视觉　汪智昊
全程支持：书服家

微信二维码
考拉看看

微信二维码
书服家

考拉看看 · 杰出学人书系

《经世济民：刘诗白》

《笃信致远：曾康霖》

本书系

更多作品

即将出版

考拉看看

更多独家内容和合作沟通，请扫码
联系电话 400-021-3677
或登录 koalacan.com 查询

声　明

本书在写作过程中使用的部分文字和图片资料，在此向这些图文资料的版权所有人表示诚挚的谢意。

由于本书所用部分图文涉及范围广，并且年代久远，无法一一与这部分图文的版权所有者取得联系，请相关版权所有者看到后，与考拉看看创意中心联系，以便敬付稿酬。

来信请邮寄到：

成都市成华区二环路东一段 29 号电焊机大厦考拉看看图书馆

邮编：610016

电话：400-021-3677